당신이 몰랐던 영화가 내게로 왔다

내 인생은 영화관에서 시작되지 않았지만
두 번째 인생은 영화로부터 출발했다

당신이 몰랐던 영화가 내게로 왔다

초판 1쇄 인쇄 2015년 02월 10일
초판 1쇄 발행 2015년 02월 13일

지은이   이 병 구
펴낸이   손 형 국
펴낸곳   (주)북랩
편집인   선일영   편집   이소현, 이탄석, 김아름
디자인   이현수, 김루리, 윤미리내   제작   박기성, 황동현, 구성우
마케팅   김회란, 박진관, 이희정
출판등록   2004. 12. 1(제2012-000051호)
주소   서울시 금천구 가산디지털 1로 168, 우림라이온스밸리 B동 B113, 114호
홈페이지   www.book.co.kr
전화번호   (02)2026-5777   팩스   (02)2026-5747

ISBN   979-11-5585-462-4 03680(종이책)
           979-11-5585-463-1 05680(전자책)

이 도서의 국립중앙도서관 출판시도서목록(CIP)은 서지정보유통지원시스템 홈페이지(http://seoji.nl.go.kr)와
국가자료공동목록시스템(http://www.nl.go.kr/kolisnet)에서 이용하실 수 있습니다.
(CIP제어번호 : CIP2015004397)

MOVIE

당신이 몰랐던
영화가 내게로 왔다

MOVIE

이병구 지음

북랩 book Lab

멀리서 오는 반가운 사람을 맞는 심정으로,
좋은 것은 반드시 나누겠다는 각오를 다지며…

본문에 들어간 사진은 외국영화의 경우 스틸컷을 사용했으며 국내영화는 포스터를 이용했음을 알립니다.

OPENING

어느 봄날이었다. 바람 한 점 없는 어느 따스한 봄날이었다. 그날 나는 누워 있었다. 방에 등을 대고 누우니 할 일이 없었다. 잠을 자거나 눈을 감고 상상하는 일 이외에 아무것도 없었다. 창밖은 아지랑이가 피어오르고 강남 갔던 제비가 시골 흙집을 그리워하는 그런 봄날이었다.

산하의 꽃들은 저마다 서로 먼저 피기 위해 다투고 서산의 소쩍새는 솥 적다고 노래 불렀다. 그 소리가 귓가에 아련하게 들려오기 시작했다. 들판의 황금물결이 일렁이고 고랑 밭의 장단 콩이 익어가고 나는 불을 피워 콩을 구워 먹고 검은 칠을 지우기 위해 소매로 입가를 훔치고 있었다. 행복한 미소가 침과 함께 흘러나왔다. 하지만 가슴 한 구석은 이미 추수를 끝낸 텅 빈 벌판으로 달려갔다.

나이 오십에 나는 이런 생각을 하면서 지나온 날보다 앞으로 남은 날이 더 적다는 사실에 인생은 무엇인가 하는 개똥철학에 빠져 들었고 이내 찬바람 불고 눈 내린 어느 겨울에 와 있었다. 겨울을 이겨내는 것이 쉽지 않다는 것을 나는 알고 있었다. 누구나 힘든 겨울이 더하면 더 했지 지천명에 들었다고 편할 리 없다는 것을 경험으로 알고 있었던 것이다.

스산한 바람이 불었다. 고개를 세 번 두서없이 흔들고 나는 일어나 앉았다. 일어나지 않으면 선잠이 들어 악몽을 꾸고 말 것이다. 이 역시 수없이 경험한 것이다. 꿈이라는 것을 알지만 아무리 깨어나려고 해도 도무지 깨지 않아 고통스러운 그런 경험 말이다.

나는 꿈속에서 한참 동안 버둥거리다가, 엄지와 검지로 꼬집히면 대낮인데도 별이 삼천 개가 번쩍거릴 정도로 가장 아파하는 눈썹 주위를 세게 비틀고 나서야 현실로 돌아왔고 안도의 숨을 쉬었다.

이런 쓰잘머리 없는 상상은 잠을 자려고 거꾸로 숫자를 세어도 도무지 잠이 오지 않았기 때문이다. 그러다 문득 창 쪽을 바라보았다. 무수한 작은 입자들이 무더운 여름날 졸고 있는 가로등 아래 하루살이처럼 모여 있었다. 꼬물거리며 위로 갔다 아래로 갔다 제멋대로 움직였다. 내 지나온 인생도 저렇게 봄날 하찮은 먼지와 같지 않을까. 앞으로 남은 인생이라고 다를 게 있을까. 그러고 보니 나는 여러 번 내가 창가에 비치는 먼지와 같다는 생각을 해왔다.

엄지와 중지로 잡기에 버거운 아주 두꺼운 책의 마지막 장을 덮고 한동안 밀어오는 감동을 온몸으로 받고 나면 바로 먼지와 내가 동일시됐다. 이럴 때면 나는 할 수만 있다면 저자에게 쓰느라고 수고했다고 어깨를 다독여 주는 그런 불경스런 짓을 해보고 싶었다. 그렇게라도 해야만 내게 여러 시간 동안 터져 나오는 희열을 전해준 숱한 문장들에게 덜 미안하고 주인공의 위대한 인생을 엿본 죄책감을 조금이나마 달랠 수 있기에.

나는 섰다 앉았고 어인 일인지 오래전에 놔두었던 영화를 보기 시작했다. 헤드셋을 귀에 꽂자 나는 곧장 청룡열차에 탄 것처럼 빠른 속도로 컴퓨터 모니터 속으로 빨려 들어갔다. 두 시간 후 나는 예전의 내가 아니었다. 나는 까마득한 옛날 금강산 관광을 하면서 느꼈던 곧 통일이 될 것 같은 벅차오르는 감동을 거부하지 않았다. 오히려 이 느낌 그대로를 다른 사람에게 전달하고 싶은 강렬한 충동에 1시간 33분

동안 자리에서 일어나지 못했다.

인생이 시들해질 무렵 나는 영화를 보았던 것이다. 그때가 2011년 어느 봄날이었다. 꼭 3년 전이다. 이후 나는 일주일에 한 편씩 영화를 보았고 본 영화를 인터넷 신문 《의약뉴스》 '백채기의 내 생애 최고의 영화' 코너에 올리기 시작했다. 나름대로 평점도 매겼다. 한두 번 하다 보니 없던 욕심이 생겼다. 연재가 거듭될수록 책으로 묶어내는 것이 어떻겠느냐는 제법 진지한 목소리도 들었다.

2015년 새해가 밝았다. 무엇이든 소멸하는 것은 아쉽고 시작하는 것은 생동하기 마련이다. 허전함을 달래고 움트는 기운을 받기 위해서라도 나는 서둘러야 했다. 이미 연재는 150여 회를 돌파했고 200자 원고지로 2,000매를 훌쩍 넘기고 있었다. 내 마음의 소리에 귀 기울이니 시작해도 좋다는 사인이 왔다. 그러자 맨 앞자리에 선 개마고원의 팔준마보다 더 달려 나가고 싶은 마음이 일었다.

사실 마음이 급한 것은 책을 내야 한다는 의무감 때문이 아니라 인생이 또다시 시들해졌기 때문이다. 시들해진 인생에 작은 불씨를 지펴야 했다. 매주 한 번씩 올려야 한다는 부담감도 떨쳐 내고 싶었다. 연재 2년이 지나면서 주말이면 가슴 한구석에서 영화를 봐야 하고 평을 써야 한다는 의식이 무의식적으로 용을 썼다. 즐기는 것이 아닌 일이 된 것이다. 아무리 일이 즐거워도 일인 이상 자유로울 수 없는 것이 인생 아닌가. 좋아서 했던 일이 꼭 해야만 하는 일이 된 것이다.

어떤 영화는 보아서 좋았지만 또 어떤 영화는 보아서 시간이 아까웠다. 좋은 영화만 보고 싶은 이기적 마음은 때로는 기대 이하의 영화 때문에 기분이 잡치기도 했다. 이런 영화를 한 편이라도 본 날이면 마감 압박은 더 심해졌다. 다른 영화를 다시 봐야 하는데 머리는 정신집중을 할 수 없는 나약한 상태로 변해 있었던 것이다. 그렇다고 대충 보고 대충 쓸 수는 없는 일. 회가 거듭될수록 마니아는 아니더라도 어떤 영화가 올라오고 어떤 평이 실렸는지 궁금해 하는 독자가 여럿 생겨났고 나는 그 사람들에게 주눅이 들었다.

게으른 것이 천성인 나는 한 발 뒤로 물러났다. 처음 펑크가 났을 때는 이러지 말아야지 다짐했으나 몇 번 되풀이되자 주말의 해가 서녘으로 뉘엿뉘엿 넘어가도 무심했다. 계기가 필요했다. 물먹은 스펀지 인생을 되돌려야 했다. 무엇이든 시작하는 것보다 되돌리는 것이 어렵지만 다른 방법이 없는 외통수였다.

누군가는 재충전하기 위해 『희랍인 조르바』를 읽으며 한대수의 '행복의 나라로'를 듣고 빈센트 반 고흐의 〈별이 빛나는 밤〉을 보고 눈표범이 사는 킬리만자로를 등산하고 천왕봉을 올려다보며 지리산 둘레길을 걷거나 신도림에서 팔당까지 자전거를 탄다. 소주나 몰트위스키를 먹고 씨알 좋은 우럭이 많이 나오는 덕적도에서 갯바위 낚시질을 하고 들키면 안 되는 남몰래 사랑을 하고 그리운 사람이 아닌데도 습관적으로 카톡질을 한다.

다른 상은 상도 아니라며 노벨문학상을 노리고 소설을 쓰고 인용건수 3억 3,000만 건을 목표로 논문을 작성하고 지구를 외계에서 구할 수 있는 결정적 기사를 올리고 베토벤이나 모차르트 정도는 우습게 아는 작곡을 하고 피카소도 울고 갈 그림을 그린다. 그리하여 나는 내가 제일 듣기 싫어하고 도무지 믿지 않았던, 일로써 일을 풀고자 했다. 다행히도 책을 내기 위해 교정을 보면서 다시 읽는 영화평이 감동으로 물결쳤던 당시의 상황으로 나를 인도해 안도했다.

첫 번째로 본 이안 감독의 〈와호장룡〉은 꼭 한 번 더 봐야 할 영화

목록에 이름을 올렸다. 무엇보다도 대나무 밭에서 싸우는 주윤발과 장쯔이의 대결이 가물가물하니 각인을 시켜야 한다. 가슴이 찢어질듯이 아팠던 〈자전거 도둑〉, 남자라면 사랑하는 여자를 위해 이 정도는 해야 한다는 명제를 심어 주었던 멜로의 최고봉 〈카사블랑카〉는 와이프와 함께 이불속이 아닌 의자에 앉아서 보고 싶다.

전쟁영화의 아버지 〈씬 레드 라인〉, 서부극의 진수 〈하이 눈〉, 끔찍한 영화 〈파고〉, 인간의 양심을 돌아보게 하는 〈타인의 삶〉, 미친 인간이 멀쩡한 인간을 감시하는 〈뻐꾸기 둥지 위로 날아간 새〉, 코미디는 적어도 이 정도는 돼야지~ 〈뜨거운 것이 좋아〉, 페데리코 펠리니의 영화 중 가장 쉽고 최고로 순진한 〈길〉, 정의와 진실의 힘을 보여준 〈12인의 노한 사람들〉도 한 번 더 봐야 한다.

엠마 왓슨이 한국 영화 중 제일 좋아한다는 〈똥파리〉, 인간의 더러운 음모가 적나라한 〈워터프론트〉, 빨치산과 이현상의 비극적 현대사가 녹아내린 〈남부군〉, 전쟁의 광기 〈서부전선 이상없다〉, 술 먹는 남자와 몸 파는 여자의 사랑 아닌 사랑 〈라스베가스를 떠나며〉, 한 지식인의 행동하는 양심 〈에밀 졸라의 생애〉, 한국의 장례문화를 코믹하게 그린 〈학생부군신위〉도 잊을 수 없는 영화다.

뮤지컬 영화의 진수를 보여준 〈웨스트 사이드 스토리〉, 베트남 전쟁의 민낯 〈플래툰〉, 마무리도 기가 막힌 〈내일을 향해 쏴라〉, 위대한 감독 장예모의 〈붉은 수수밭〉, 영화와 여자를 사랑한 남자 〈시네마 천국〉, 인육을 즐겨먹는 단정한 남자 〈양들의 침묵〉, 천재 찰리 채플린의 〈모던 타임즈〉, 내 젊은 날의 청춘 〈용쟁호투〉 여름에 봐야 할 〈할로윈〉, 〈보디 히트〉, 완벽한 영화 〈학이 난다〉, 수다쟁이 우디 앨런의 〈애니 홀〉도 마치 어제 본 것 같이 장면의 어느 부분이 생생하다.

반전이 돋보이는 〈크라잉 게임〉, 시가 된 영화 〈베를린 천사의 시〉, 최고의 사이코 영화 〈싸이코〉, 가보지 않은 우주의 경험 〈2001 스페이스 오디세이〉, 약자를 위한 용기 〈앵무새 죽이기〉, 슬픈 호스티스 〈영자의 전성시대〉, 분단이 가져온 비극 〈오발탄〉, 시대를 앞서간 〈자유부인〉, 여자의 내밀한 욕정 〈세브린느〉, 서부로 지금 당장 달려가자 〈용서받지 못한 자〉, 러시아의 압도적 풍광 〈닥터 지바고〉는 대화면으로 보면 더욱 좋다.

시청률 살리기 〈네트워크〉, 한국영화의 자존심 〈하녀〉, 제일 비싸게 구입한 DVD 〈알제리 전투〉, 차라리 박정대의 시가 더 쉬운 〈지난해 마리앙바드에서〉, 정말로 죽이는 영화 〈킬 빌〉, 책받침의 추억 올리비아 핫세의 〈로미오와 줄리엣〉, 애들은 가라 〈파리에서의 마지막 탱고〉, 스코틀랜드인의 기상 〈브레이브 하트〉, 제대로 멋진 남자 〈셰인〉, 소리 없이 세상을 바꿔라 〈전함 포템킨〉을 어찌 잊으랴.

화면을 멈추고 대사를 옮겨 적고 장면을 음미하고 입을 벌리고 고개를 끄덕이고 그러다 보면 두 시간짜리 영화가 네 시간이 되기도 한다. 반나절이 영화 한 편으로 훌쩍 지나가는 것이다. 그러나 내가 봐서 느낀 감정, 먼지가 되는 과정을 나 이외의 다른 사람과 공유하고 싶은 의욕에 그까짓 시간 같은 것 지나가라. 없던 관대한 마음이 생긴 것은 순전히 이런 영화들 때문이다.

아카데미가 사랑한 배우 로버트 드 니로의 연기가 볼만한 〈분노의 주먹〉, 시간여행 〈백 투 더 퓨처〉, 위대한 인간승리 〈간디〉, 인종차별에 정면으로 맞선 〈흑과 백〉, 피는 물보다 진하다 〈레인 맨〉, 영화는 감독의 예술이라는 것을 보여준 〈비열한 거리〉를 보고 선한 인간이 되고자 수없이 다짐했던 나날들. 영화의 한계를 훌쩍 뛰어 넘은 영화,

영화가 아닌 아트 그 자체인 영화를 어찌 사랑하지 않겠는가.

무언가에 '빚을 졌다'는 표현을 쓴다. 민주화 과정에서 아무런 힘도 보태지 않고 누리는 지금의 민주주의에, 민주를 위해 희생당한 모든 사람들에게 경의와 미안함과 부끄러움을 느끼듯이 위대한 고전을 만든 작가, 들으면 한 순간 무너지는 노래, 그 노래를 만든 작곡가와 부른 가수에 대한 고마움, 유화 한 점에 마냥 기뻐 하루 종일 그림 앞에서 맴돌던 기억, 각도가 없는 사각지대에서 골문을 흔드는 축구선수, 구 회 말 투 아웃 투 스트라이크에서 역전 홈런을 치는 타자와 4할 선수도 서서 삼진 당하는 마구를 뿌리는 피처, 나를 찰라 적으로 전율시켰던 그 모든 위대한 인간승리. 삶에 영감을 주고 희로애락을 준 세상의 모든 사람에게 보잘것없는 이 영화평을 바친다.

살면서 제대로 착한 일 한 번 해보지 못한 미숙한 인간의 속죄하는 마음으로 맨날 책 속의 주인공을 보며 시도 때도 없이 먼지가 됐던 나 자신에게도 위로의 말을 건네고 싶다. 천성이 낭만주의자인 나를 있게 한 부모님, 그리고 하늘 아래 제일 소중한 '백, 채, 기' 나의 가족과도 따뜻한 손을 오래 잡고 싶다.

생각이 태평양의 바다처럼 깊어지고 모르는 타인을 알고 지내는 내 이웃처럼 걱정하고, 모든 전쟁은 그 어떤 나쁜 평화보다도 나쁘다는 사실을 자각하고, 세상은 누구에게나 공평하다는 믿을 수 없는 사실을 두 번이 아닌 한 번쯤 믿어보고, 적어도 착한 사람은 아니더라도 나쁜 사람은 되지 않겠다는 다짐을 하고, 통일은 반통일보다 33배는 낫다는 자각을 하고, 악인을 응징하지는 못하더라도 협조는 하지 않겠다는 각오를 다지는 사람에게도 고마워요, 사랑해요 인사하고 싶다.

1분 1초도 아깝지 않다는 진지한 눈빛을 보낼 수 있고, 어떻게 이런 시나리오와 화면이 나올 수 있고 어떻게 저런 표정을 지을 수 있는지 찬탄을 하고, 인간의 머리로 상상할 수 없는 톱니바퀴와 같은 연결고리에 감탄사를 절로 보내는 감수성이 영근 포도알처럼 충만한 관객들에게 감사를 보내지 않으면 큰 잘못이다. 볼 때마다 다른 주제를 내 것으로 완전히 소화해서 내 몸의 일부로 만들어 버리는 사람에게는 더 말해 무엇 하랴.

이 모든 것은 영화이기 때문에 가능했다. 영화가 내 몸을 관통하면 나는 또다시 먼지가 되고 먼지는 지구를 떠나 〈인터스텔라〉의 주인공처럼 우주공간을 마구 휘저으며 중력을 상실한 채 유영하게 된다. 영화는 불치의 병을 치료하는 명약이며 모르는 것을 알게 해주는 참고 문헌인 동시에 창밖의 또 다른 세상을 비추는 잘 닦은 거울이다. 몸이 아픈 사람, 사랑을 상실한 사람, 의욕을 잃고 방황하는 사람, 배고프거나 기분 나쁜 사람, 나보다 공부 못했던 애가 더 좋은 대학에 들어가 배가 몹시 아픈 재수를 결심한 수험생, 집이 없어 전세금 때문에 괴로워하는 그 누구라도 영화를 보면 치유가 되고 위로받고 입가에 미소를 띠게 된다. 그것이 영화의 힘이며 생존이유다.

여운이 남는 영화, 보고 나서도 한동안 상상의 나래를 펼치게 만드는 영화, 가볍게 주먹을 쥐게 만드는 영화, 그래서 가치관이 바뀌고 나 자신이 바뀌고 세상이 변하는 그런 영화. 그 영화들이 바로 여기에 있다고 감히 자부한다. 웰 메이드의 '불후의 명작'이 넘치는 잔처럼 가득하니 따라 마시기를 바랄 뿐이다. 목 안을 촉촉이 적시는 잘 빚은 술과 같은 영화가 내 마음의 소리를 마이산 큰 북처럼 둥둥 울릴 때 비로소 나는 안도의 긴 한숨을 내쉬게 되는 것이다.

볼 때마다 수백 가지의 새로운 이론과 해석이 가능한 것이 영화다.

정답이 있기도 하고 없기도 하고 그래서 누구나 만점을 맞는 것이 영화해석이니 이것이 아니라고 부정할 필요도, 맞다고 손뼉을 칠 일도 아니다. 내가 본 느낌과 비교해 보고 아, 이렇게도 보는구나, 저렇게도 볼 수 있구나 하는 정도만의 평가를 받는다 해도 만족한다.

누구나 자기 편한 대로 세상을 살듯이 누구나 자기가 느낀 대로 해석하면 그만이다. 혹 사실 관계가 어긋나거나 누구나 인정할 만한 객관성과 부합하지 않는 내용이 있다면 그것은 전적으로 저자의 무능일 뿐이니 이에 대한 지적은 많을수록 좋다. 영화를 감상할 권리가 만인에게 있듯이 비판의 자유는 무한대이기 때문이다.

지금 생각해 보면 나름대로 평을 했다고는 하지만 하지 않아도 아무런 문제가 없듯이 남들이 이미 한 것에 숟가락 하나 더 얹어 놓은 것은 아닌가 하는 부끄러움이 앞선다. 수십 년간 미국인의 영화수준을 한 단계 올린 엄지손가락의 사나이 로저 에버트도 아니면서 새삼 말을 보탠다 한들 어떤 의미가 있는 것도 아니니 그야말로 불필요한 사족일 수 있다. 그러나 자기 생각대로 말하고 쓰는 것이 미세하게나마 자존심 있는 인간들의 특성이고 보면 그러려니 이해해도 무방하겠다.

영화 보기 TIP 1 영화관을 싫어한다고 주문을 외워라. 관객이 많은 영화관 대신 정적이 느껴지는 골방에서 나 홀로 보는 것을 좋아한다고 거듭 주문을 외워라. 정말 영화를 좋아한다면, 제대로 영화를 보고 싶다면 영화관이 아닌 가급적 혼자 있는 공간을 선택하라고 권하고 싶다. 과자를 집어 먹는 소리, 안방에 온 것처럼 코를 골거나 별것 아닌데도 내가 이렇게 감각이 있는 사람이라는 것을 온 영화관 사람들에게 알리고 싶어 안달이 난 웃자고 달려드는 천박한 목소리, 귀엣

말인 것처럼 몸을 기울이는 시늉을 내지만 목소리는 의도적으로 크게 내는 내 이웃으로부터 완전히 해방되는 그런 공간 말이다. 몸 전체로 감동을 받아들이는 가장 소중한 시간에 여럿이 몰려가서 여기저기 시선이 뒤엉키는 그런 공간은 피하라고 권하고 싶다. 대충 느끼고 킬링 타임이 필요한 경우가 아니라면.

영화 보기 TIP 2 가능하면 DVD를 구매하라. 소장하고 있다는 사실만으로도 마치 내가 영화인이 된 것 같은 기분을 느낀다(소장이라는 단어는 묘한 매력을 물씬 풍긴다. 뭔가 소중하거나 심오한 철학이 담겨 있기 때문이다. 먹지 않고 말만 들어도 배부를 것 같은 소장의 의미를 마음 한 가득 받고 싶다면 아름답고 우아하고 고상한 단어인 소장가가 되기를 바란다). 최고의 영화감독은 아니어서 영화사에 남을 걸작은 아니더라도 삼류는 아닌 2류 정도인 영화는 만들 수 있는 그런 감독이 된 자신을 보는 것은 DVD에 묻혀 있을 때 가능하다. 때로는 콜로세움 기둥처럼 우뚝 선 훈남, 더 깎아 낼 곳이 없는 미녀 배우가 바로 나 자신이라는 환상에 빠질 수도 있다. 만약 〈카사블랑카〉를 집어 들었다면 험프리 보가트나 잉그리드 버그만이 된 스스로를 확실히 상상할 수 있다.

그러나 무엇보다도 DVD를 소장하면 내 사랑하는 사람에게 선심 쓰면서 빌려줄 수 있고 같이 보기를 원한다면 언제든지 그럴 수 있는 기회가 생긴다는 점이다. 〈자전거 도둑〉을 어린 아들과 같이 본다면 그 아이는 적어도 세상을 자기 눈으로 볼 수 있는 자신감을 얻을 것이고 그 부모는 인생을 헛살지언정 타인의 삶을 괴롭히지는 않을 것이기 때문이다.

영화 보기 TIP 3 본 다음에는 밀려왔던 파장이 물러나기 전에 영화 제목과 감독이름, 주연배우 정도는 따로 메모해 두면 좋겠다. 가능하면 한 줄 느낌을 첨부하면 금상첨화다. 걸작만 만드는 마틴 스콜세지나 코엔 형제의 다른 작품을 손꼽아 기다리는 재미도 있고 홍상수 새 영화의 신인배우가 누구인지 궁금해지기도 하고 문근영이나 김태희의 근황이 풍문에 떠돌면 살아난 기억력 덕분에 돋아나는 소름을 맛볼 수 있다.

이렇게 메모를 해 놓다 보면 세계의 명감독들이 눈에 들어오고 작품과 배우가 어렴풋이나마 서로 연결되어 있는 작은 끈 정도는 만져 볼 수 있다. 술자리에서 한마디 하는 것이 잡담이 아닌 평의 수준으로 올려놓을 수 있는 것은 물론이다. 이 상태가 되면 누가 알아주지 않아도 혼자 속으로 느끼는 포만감은 아주 크다. 그래서 어디서 본 듯한 적도 없는 전혀 낯선 누군가가 영화에 대해 무슨 말을 하면 덧붙이지 않아도, 말을 입 밖에 내지 않아도 입술을 열고 작은 미소를 날릴 수 있는 것이다. 영화사랑은 이렇게 이어지는 것이다. 여기 소개된 영화를 보고 자신만의 영화를 찍어 보자. 시나리오를 쓰고 배우를 섭외하고 촬영감독과 상의하고 이 모든 것을 감독해 보자. 내 인생을 비극으로 만들지 희극으로 만들지 연출해 보는 것이다. 멋지지 않은가. 내가 만든 작품이 굳이 영화관에 걸리지 않아도 좋다. 내 마음속의 영화는 필름이 없어져도 영원히 남아 있기 때문이다.

CONTENTS

12인의 노한 사람들
12 Angry Men, 1957

MOVIE

국가 | 미국
감독 | 시드니 루멧
출연 | 헨리 폰다, 리 J. 코브, 에드 베글리

'죽느냐 사느냐, 죽이느냐 살리느냐.'

시드니 루멧 감독(1924~2011)이 33살에 불과 20일 만에 만든 데뷔작 〈12인의 노한 사람들〉의 핵심 내용은 이 한 줄로 요약될 만하다.

"한 사람이 죽었고 한 사람의 목숨이 달린 문제다, 유무죄 평결을 내려달라. 어떤 결정이든 만장일치여야 하며 1급 살인사건의 유죄는 곧 사형을 의미한다."

몹시 더운 어느 날 거대한 기둥이 위압적인 법원으로 서류가방을 든 사람들이 모여든다. 228호 법정에 들어온 이들은 12명의 배심원들이다. 부친 살해혐의로 기소된 소년에 대한 길고 복잡한 살인사건 청문이 끝나고 증언과 법해석도 마친 상태에서 평결을 위해 선정된 사람들이다. 유죄 평결의 경우 재판관의 자비는 없다.

직업도 다르고 연령대도 다르며 사고방식도 같을 수 없는 사람들이지만 법원의 판단대로 유죄로 쉽게 의견이 모아질 분위기다. 사회자는 투표로 결정할 것을 제의한다.

결과는 유죄 11, 무죄 1이다. 순간 배심원들은 놀란다. 무죄에 표를 던진 사람을 도무지 이해할 수 없다는 표정이다.

자리에 앉은 순서대로 8번 배심원으로 결정된 키 크고 잘 생긴 중년의 남자(헨리 폰다)는 "나까지 유죄를 주장하면 소년은 죽는다."고 무죄 이유를 말한다.

11명의 배심원은 "항상 한 명이 반대한다."며 비아냥거리고 이게 어떻게 무죄가 되느냐고 힐난한다. 방은 덥다. 창문을 여는 것도 쉽지 않다. 에어컨은커녕 선풍기도 고장 났다. 사람들은 서성인다. 담배를 피우거나 껌을 씹고 주식중개 이야기를 하고 야구경기에 열을 올린다.

그 와중에 누군가 반대 이유나 한번 들어보자고 한다. 살인의 증거인 칼이 있고 노인과 여자의 증언도 있는 확실한 사건에 반대라니. 이들은 빨리 결론을 내고 각자 자기 일을 하고 싶어 한다. 평생 학대받고 자랐고 9살에 어머니가 죽고 아버지는 위조범으로 감옥에 가고 순탄하지 않은 삶을 살아온 빈민가 출신의 18살 소년의 생명에 배심원들은 별로 관심이 없다.

올해 들어 가장 더운 날의 방안 열기는 더욱 가열되고 창밖은 비가 억수로 쏟아진다. 시간이 지날수록 자신과 견해가 다른 배심원에게 욕설을 퍼붓고 거칠고 무례한 행동이 일촉즉발의 위험한 상황까지 간다. 하지만 논리 정연한 의심이 힘을 받으면서 상황은 점차 무죄 쪽으로 기운다.

여러 번의 투표 과정을 거치면서 반전이 일고 3번 배심원(리 J. 코브) 한 사람만이 유죄 편에 선다. 화가 머리끝까지 난 그는 신념을 배신한 자들을 노려보면서 지갑을 내동댕이치는데 거기에는 아들과 함께 다정한 모습으로 찍은 사진이 있다.

그는 흐느끼면서 사진을 갈기갈기 찢는다. 결국 그도 "유죄, 유죄."를 외치다 "무죄(Not guilty)." 하고 힘없이 쓰러진다. 9회 말 투 아웃 투 스트라이크 상태에서 역전 만루 홈런으로 게임을 끝냈으나 12명의 뛰어난 연기자들은 환호하지 않는다. 헨리 폰다의 지적이면서 침착한 설득 연기와 리 J. 코브의 분노와 호전적인 성격 연기가 압권이다.

밖은 어느새 비가 그치고 법원 계단 밖으로 나온 이들은 뿔뿔이 흩어진다. 어려운 시험을 마친 기분이 이럴까. 영화는 여기까지다.

배심원이 무죄 평결을 내렸다고 해서 소년이 무죄가 확정된 것은 아니다. 검사가 증거를 더 보충해 기소하거나 판사가 배심원을 바꿀 수도 있다. 하지만 그런 것까지 관객들이 생각할 필요는 없다. 관객들은 13번째의 배심원이 돼 억울하게 사형 당했거나 수년씩 옥살이하는 누명을 쓴 '죄인 아닌 죄인'은 없는지 잠시 생각에 잠기기만 하면 된다.

자신들은 전지전능한 신이고 그래서 판결은 언제나 정확하다고 믿는 사법부 관계자들은 시간이 지날수록 새롭게 태어나는 영원한 고전 〈12인의 노한 사람들〉을 여러 번 봐야 할 것 같다. 배심원들은 모두 헨리 폰다와 같은 합리적인 의심과 반전의 기술자였으면 좋겠다.

(사족: 무죄인 한 명을 옥박지르다 유죄인 한 명을 구석으로 모는 역전극은 민주주의가 과연 가장 좋은 제도인지 의구심을 품게 만든다.)

이 영화는 1997년 윌리엄 프리드킨 감독과 2007년 러시아의 니키타 미할코프 감독이 리메이크하기도 했다. 우리나라도 올해 나온 정지영 감독, 안성기 주연의 〈부러진 화살〉이라는 법정 영화가 관객들의 큰 호응을 얻었다.

2011년 타개한 시드니 루멧 감독은 '시대의 양심', '할리우드의 거장' 등으로 불리면서 〈형사 서피코〉(1973), 〈뜨거운 오후〉(1975), 〈네트워크〉(1976), 〈심판〉(1982) 등 수많은 걸작을 후세에 남겼다.

2001 스페이스 오디세이

2001: Spaces Odyssey, 1968

MOVIE

국가 | 영국, 미국
감독 | 스탠리 큐브릭
출연 | 케어 둘리, 게리 록우드

아폴로 11호가 달에 착륙한 것은 1969년의 일이다. 닐 암스트롱은 달에 착륙한 직후 "이것은 한 인간에게는 한 걸음이지만 인류에게는 위대한 도약이다."라는 말을 남겼다. 세상은 흥분했고 달은 더 이상 토끼가 사는 곳이 아닌 인간이 구경 가는 곳으로 가깝게 느껴졌다.

그런데 그 한 해 전에 스탠리 큐브릭 감독이 〈2001 스페이스 오디세이〉를 발표했다. 요상하게 생긴 우주복을 입고 무중력 상태의 달에서 유영하는 모습은 영화에서 먼저 고스란히 나왔다. 8개의 문이 달린 모형과 4개의 다리, 우주선의 첨단 시설 등 외계 생활에 필요한 모든 것들이 아폴로에 앞서 영화로 재현됐다.

스탠리 큐브릭 감독의 영화를 보고 나서 미 항공우주국이 달에 우주선을 쏜 것은 아닌가 하는 착각이 들 정도로 영화의 장면과 실제 장면이 흡사하다. 그만큼 영화는 선구적이다.

보는 내내 21세기 영화로 착각할 정도로 시대를 앞선 SF영화의 진수를 스탠리 큐브릭 감독은 50년 전에 다 보여줬다. 이후에 나온 우주 공간을 다룬 영화들은 모두 〈2001 스페이스 오디세이〉에 빚을 졌다고 해도 무방하다.

유인원들이 등장하는 첫 장면은 놀랍도록 세밀하다. 동물의 뼈를 도구로 이용할 줄 아는 원숭이가 세력의 절대강자가 되고 그 원숭이가 내던진 뼈다귀는 하늘로 날아오른다.

전반부가 원숭이의 세계였다면 이후의 영화는 인간과 컴퓨터와 우주공간이 지배한다. 사각형의 비석과 인류문명의 근원을 파헤치기 위해 우주선은 목성으로 날아간다.

숨 막히는 고요와 거친 숨소리가 우주선을 왔다 갔다 하는 사이 컴퓨터 '할 9000'은 반란을 일으킨다. 우주선을 조종하는 할은 비밀이 탄로 날 것을 염려해 선장 데이비드 보우먼(케어 둘리)과 동료 프랭크 풀(게리 록우드)을 모선 밖으로 내보내고 결국 풀을 죽게 만든다.

전력 동선의 이상으로 냉동상태에 있는 연구원들은 깨어나지 못하고 죽고 데이비드는 사력을 다해 할과 싸운다. 감정까지 있는 이 컴퓨터는 선장이 칩을 하나씩 빼면서 자신을 망가트리자 죽이지 말아달라고 애원한다. "느껴진다, 기억이 사라지고 있다. 두렵다."는 할의 음성은 컴퓨터의 마지막 애원인데 마치 인간처럼 연민의 정을 불러일으킨다.

선장과 동료의 입술 모양으로 대화내용을 알아채거나 연구원과 장기를 두는 할의 능력을 보여주는 감독의 재주가 놀랍다. 카메라 뷰파인더에 초점이 잡힌 붉은 표시등 같은 두뇌를 가진 할과 인간의 대결은 느슨한 영화에 긴박감을 더해준다.

시대를 앞서간, 볼수록 진귀한 영화다. 음악 역시 빼놓을 수 없다. 리하르트 슈트라우스의 '짜라투스트라는 이렇게 말했다'와 요한 슈트라우스의 왈츠 '푸른 도나우'는 장엄함과 함께 인류 탄생의 기원을 풀어줄 신비한 우주와 너무도 잘 어울린다.

1977년 미 항공우주국은 보이저 1호를 우주로 발사하면서 바흐의 '브란덴부르크' 협주곡을 실었다. 스탠리 큐브릭 감독의 선구안은 놀랍

다 못해 찬탄의 대상이다(2014년, 〈인셉션〉의 크리스토퍼 놀란 감독은 놀랄 만한 우주 영화 〈인터스텔라〉를 만들었다. 그는 영화에 나오는 로봇이 〈2001 스페이스 오디세이〉의 오마주라고 대놓고 말했다).

400번의 구타

The 400 Blows, 1959

|MOVIE

국가 | 프랑스
감독 | 프랑소와 트뤼포
출연 | 장 피에르 레오, 클레어 모리어, 앨버트 레미

단순한 스토리, 뻔한 이야기 구조인데도 묘하게 긴장의 끈을 놓지 못하는 경우가 있다. 바로 프랑소와 트뤼포 감독의 〈400번의 구타〉가 그렇다. 세월을 뛰어넘는 감독의 재간은 이런 데서 진가를 발휘한다.

15살 주인공 앙투안(장 피에르 레오)은 장난꾸러기다. 문제는 이런 장난을 받아줄 줄 모르는 어른들의 태도다.

정부와 길거리에서 대담하게 애정행각을 벌이는 어머니(클레어 모리어)는 계부(앨버트 레미)와 사이가 좋지 않다. 아들과도 좋은 관계는 아니다. 부모에게 보고 배울게 없다. 애가 겉돌 수밖에 없는 전형적인 조건이다. 제목이 의미하는 것처럼 '할 수 있는 모든 어리석은 짓은 다 하겠다'는 듯 앙투안의 얼굴은 전의가 가득하다.

가정이 문제투성이면 학교라도 괜찮으면 좋으련만 선생님은 아예 한 술 더 뜬다. 얼굴이 돌아갈 정도로 따귀를 갈기고 분필을 집어던지고 처벌을 밥 먹듯이 한다.

조각처럼 잘생긴 앙투안이 나쁜 길로 빠져들수록 관객들의 한숨소리는 높아만 간다. 차라리 악당처럼 생겨 먹었다면 그러려니 하겠지만 이목구비 뚜렷하고 뭘 해도 귀여울 것 같은 천진한 얼굴이 고통으로 일그러지는 모습을 보는 것은 괴롭다.

수업시간에 반라의 여자 사진을 돌려보다 불려 나왔음에도 칠판에

글을 쓰는 선생님의 뒷머리를 만지는 흉내를 내는 등 장난기가 타고났다. 집에 와서는 숙제보다는 어머니 향수에 손을 대고 레이싱에 정신이 팔려 있는 아버지의 카탈로그를 슬쩍 하는 등 말썽만 피운다.

학교생활에는 별로 관심이 없다. 등굣길에 만난 친구와 영화를 보거나 벽에 뒤로 매달리는 이상하게 생긴 놀이기구를 타면서 시간을 보낸다. 심지어 엄마의 글씨를 위조해 아파서 학교에 가지 않았다는 사유서를 내는 등 정도가 심해진다.

엄마는 회사에서 야근을 한다는 핑계로 늦은 귀가가 예삿일이고 그런 엄마에게 계부는 화를 낸다. 어느 날 앙투안은 전처럼 학교 대신 샛길로 새면서 하루를 보내는데 선생님에게 들키자 엄마가 죽었다고 거짓말을 한다.

정학당한 앙투안은 갈 곳이 없다. 더 이상 부모와 살 수도 없어 가출한다. 어른이 돼서 돌아오겠다는 편지를 남긴다. 그리고 친구 삼촌이 하는 인쇄소에서 하룻밤을 잔다. 우유를 훔쳐 먹기도 하고 건달처럼 거리를 어슬렁거린다.

담배를 피우고 집에서 촛불을 켜놓다 잘못돼 불이 나는 등 설상가상이다. 잠시 돌아왔던 앙투안은 영원히 가출하기로 작정한다. 친구 집에서 숨어 지내면서 타자기를 훔친다.

계부는 아이를 경찰서로 끌고 간다. 경찰은 형식적인 조서를 작성하고 앙투안은 소년원으로 보내진다. 또래의 아이들이 제법 있다. 어머니는 아들의 석방보다는 기술을 익힐 수도 있는 소년원에 있기를 바란다.

앙투안은 철조망이 쳐진 소년원에서 탈출한다. 죄수복을 입고 달린다. 보고 싶어 했던 바다를 향해 질주한다. 모래사장을 지나고 마침내 파도가 철썩이는 해안에 멈춰 선다. 발이 바닷물에 닿는다. 앙투안이 카메라를 향해 고개를 돌린다. 그 표정, 소년의 표정이라고는 할 수 없는 그 모습, 세상을 다 산 듯이 보이는 무표정에서 소년의 비애, 자유에 대한 갈망이 드러난다.

이 영화는 누벨바그의 선두에 선 작품으로 평가받고 있다. 지금 봐도 세련된 화면은 이후 나오는 영화에 큰 영향을 미쳤으며 경쾌한 카메라 워크가 볼만하다.

감독은 이 영화를 '앙드레 바쟁'에게 헌사했다.

간디

Gandhi, 1982

MOVIE

국가 | 미국, 영국
감독 | 리처드 아텐보로
출연 | 벤 킹슬리, 로산 세스, 캔디스 버겐

소설보다 기구한 인생도 있고 영화보다 더 드라마틱한 인생도 있다. 누구나 알 만한 인생이 있고 아무도 모르는 인생이 있으며 세상에 왜 태어났는지 비난받는 인생도 있고 태어나서 대대로 칭송받는 인생도 있다.

나보다는 남을 위해, 패거리보다는 국가를 위해 자신의 몸을 바친 사람. 이런 인생을 산 사람을 우리는 '영웅'이라고 부른다. 영웅이 넘쳐나는 시대이지만 이 사람의 인생은 가히 '영웅 중의 영웅'이라고 해도 과언이 아니다.

아인슈타인은 그가 죽자 "앞으로 인류 앞에 그와 같은 사람이 다시 나타나기는 힘들 것"이라고 애도했다. 조지 마셜 당시 미 국무장관은 "온 인류의 양심을 대표한 사람"이라고 말했다.

그의 이름은 간디다. 세상이 아는 이름, 한 번쯤 들어봤을 법한 비폭력 저항과 단식 그리고 인도독립.

영화제목 그대로 리처드 아텐보로 감독의 〈간디〉는 간디의 인생이야기다. 사실의 기록이다 보니 어떤 내용일까 하는 궁금증은 없다.

그러니 선뜻 보기가 망설여진다. 러닝타임도 장장 3시간이다. 간디 연구로 박사학위를 따거나 시간이 남아 죽을 정도인 사람이 아니고는 DVD를 사거나 샀다 하더라도 모니터 앞에 앉기까지는 상당한 고뇌가 필요하다. 하지만 일단 디스켓을 삽입하고 나면 상황은 달라진다.

1948년, 늙은 간디는 한결 여유롭다. 비록 인도와 파키스탄으로 나뉘었지만 힌두교와 회교도의 갈등도 어느 정도 봉합됐다. 시민들은 그의 기도를 듣기 위해 모여든다.

시민 가운데는 간디의 평화주의가 못마땅한 이도 있다. 그의 눈은 살기로 번뜩이고 품속에는 사람을 죽이는 권총이 숨겨져 있다. 흰 옷을 입은 간디의 가슴이 세 발의 총탄으로 붉게 물든다. 이렇게 간디의 암살로 영화는 시작된다.

젊은 간디는 남아프리카에서 변호사로 활약하다 인도로 돌아온다. 1등 칸에 탄 간디는 3등 칸으로 옮기든지 다음 역에서 하차하라는 명령을 받는다. 인종차별을 느낀 간디는 슬픔을 안고 인도 전역을 기차 여행한다.

빨래하는 여인과 수영하는 아이들. 물을 먹는 물소와 하늘을 나는 새떼들. 코끼리. 염전. 거대한 사원. 판자촌, 굶주림. 눈 뜨면 일하고 해지면 돌아오는 고된 일상이지만 늘 허덕이는 국민들.

간디는 영국의 지배에서 벗어나 독립하는 것이 급선무라는 것을 깨닫는다. 언론을 상대하고 정당을 만들고 연설을 하고 조직을 결성한다. 영국에서 공부하다 돌아온 네루도 힘을 보탠다.

세력이 커질수록 영국의 탄압도 거세다. 총독은 시위대를 무자비하게 폭행하고 총을 쏜다. 사람들은 흥분한다. 눈에는 눈으로 맞서자고 고함친다. 간디는 반대한다.

"폭력은 억압을 정당화하고 독재자에게 탄압의 기회만 주는 것이다. 불의가 있는 곳에 투쟁이 있지만 그 투쟁은 폭력이 아닌 비폭력이다."

그의 비폭력에 반대하는 여론이 높아지면 간디는 단식을 한다. 정치인들처럼 쇼하는 단식이 아니라 죽어도 좋다는 단식이다. 간디에 반대하던 사람들도 간디가 굶어 죽는 것은 원치 않는다. 그들은 폭력을 멈춘다. 힌두교와 회교도의 죽고 죽이는 살육전도 진정된다.

간디는 말한다.

"절망을 느낄 때 난 역사를 되돌아본다. 진리와 사랑의 방법은 늘 승리했다. 독재자, 살인자는 한동안 강건해 보이고 당장은 대항할 수 없어도 결국엔 무너졌다. 그걸 잊지 말아라."

역사에는 가정이 없다고 하지만 이런 가정은 해보고 싶다. 아쉽고 속상하기 때문이다.

만약 김구가 누군가의 사주에 의한 안두희의 총탄에 쓰러지지 않았다면 한국이 지금까지 분단된 상태로 있을까. 민중의 삶이 도탄에 빠진 기간이 그리도 길었을까.

제국주의 영국은 비록 감옥에 가두기는 했지만 간디의 목숨만은 지켰다. 그런데 우리는 같은 민족임에도 죽였다.

간디가 김구처럼 조국에 돌아와서 채 꽃도 피우지 못하고 죽었다면 이후 인도는 어떤 모습이었을까 상상해 보는 것은 부질없다.

〈벤허〉(1959) 이후 처음으로 아카데미 8개 부문을 수상했다. 간디 역의 벤 킹슬리는 남우주연상을 받았다.

역사적 장소에서 실제로 촬영해 사실감을 높였으며 간디의 장례식에 엑스트라만 40만 명이 참여했다고 한다.

이 영화를 본 관객들은 감독의 말처럼 간디와 만나 더욱 풍요로운 내면을 느꼈을 것이 틀림없다. 한 위대한 인물의 인생을 보는 것은 혼

자 서는 것도 위태로운 초라한 인생에게는 더없이 벅찬 감동이기 때문
이다.

웃통을 벗고 물레질을 하는 간디의 잔영은 오래도록 남는다. 광활
한 인도의 대자연을 보는 것만으로도 본전은 뽑고도 남는다. 인도인
의 영원한 바푸(아버지)이며 마하트마(위대한 영혼)인 간디의 인생은 볼수
록 숙연해진다.

게임의 규칙

La Regle Du Jeu, 1939

MOVIE

국가 | 프랑스
감독 | 장 르누아르
출연 | 노라 그레고르, 가스통 모돗, 폴레트 더보스

개봉 당시에는 인정을 받지 못했지만 시간이 지나면서 진가가 드러나는 영화가 있다. 관객이 이해 못했거나 사회적 분위기 때문에 흥행에 참패했지만 세월이 흐른 후 명작으로 추앙받는 그런 영화 말이다.

프랑스 장 르누아르 감독의 〈게임의 규칙〉은 1956년 복원된 후 1959년 베네치아 영화제에서 다시 한 번 소개되면서 〈시민 케인〉(1941)과 함께 영화사에서 가장 중요한 작품으로 손꼽히고 있다.

2차 세계대전 후 '기록될 만한 기록'으로 대서양 횡단에 성공한 비행가 앙드레 쥐리에(롤랑 투탱)는 라디오 방송에서 엉뚱하게도 소감 대신 크리스틴(노라 그레고르)이 비행장에 마중 나오지 않은 것에 대해 불평한다.

그런데 크리스틴은 남편이 있는 엄연한 유부녀다. 공개석상에서 유부녀 이름을 거명하면서 사랑을 고백하는 청년의 기개는 당시 프랑스 사회가 얼마나 성적으로 성숙해 있었는지를 증명한다.

거대한 성에서 살면서 움직이는 인형 등을 수집하는 크리스틴의 남편은 친구인 옥타브(르누아르 감독이 직접 출연했다.)의 권유로 젊은 비행가를 집으로 초대한다.

집으로 초대했으니 그와 크리스틴이 만나는 것은 자연스럽다. 성에서는 각종 성추문이 난무한다. 상류사회 지식인들은 먹고 마시고 춤추고 사냥하면서 성적 유희가 진정한 인간행복의 최정점이라는 것을 보여준다. 친구와 친구 아내, 청년과 유부녀, 유부남과 유부녀의 밀회가 너무나 자연스럽다.

한편 하류층이라고 할 수 있는 하녀 리제트(폴레트 더보스)와 그녀의 남편이며 관리인 쉬마세르(가스통 모돗) 그리고 그가 데려온 또 다른 하인 마르소(줄리앙 카레트)의 삼각관계도 볼만하다.

마르소는 리제트를 만지고 리제트는 그런 마르소가 싫지 않다. 두 사람의 관계를 눈치 챈 쉬마세르는 이들을 갈라놓기 위해 주먹을 쓰기도 하고 협박도 하지만 먹혀들지 않는다. 급기야 권총을 꺼내 들고 파티장을 아수라장으로 만든다. 이 일로 그는 해고자 신세가 된다.

서로 넋두리를 하면서 앞으로 살아갈 인생에 대해 신세한탄을 하는데 불륜의 두 남녀가 그들 앞에 나타나고 그는 사냥총으로 앙드레를 살해한다.

연기자들의 연기가 좋고 대사가 유려해 한 편의 잘 된 문학작품을 읽는 것 같다. 그러나 내용이 조금 복잡해 한 번 봐서는 등장인물들의 관계를 제대로 파악하기 어렵다.

토끼나 꿩 사냥 장면 등은 지금 봐도 멋지다. 죽어 넘어지면서 파르르 떠는 꿩과 토끼의 죽음 앞에서 승리자가 된 잔인한 인간의 활짝 웃는 모습은 불륜만큼이나 호기롭다.

기록 영화의 대가 '알랭 레네'는 "나는 내 나이 또래의 다른 감독들처럼 적어도 이 영화를 15번 이상 봤다."고 찬사를 보냈다. 감독은 누벨바그운동의 선구자인 영화 비평가 '앙드레 바쟁'에게 이 영화를 바쳤다.

공공의 적

The Public Enemy, 1931

MOVIE

국가 | 미국

감독 | 윌리엄 A. 웰먼

출연 | 제임스 카그니, 에드워드 우즈

세 살 버릇 여든 가고 하나를 보면 열을 안다고, 갱으로 성장할 사람은 떡잎부터 다른가. 못된 송아지 엉덩이에 뿔난다더니 윌리엄 A. 웰먼이 감독한 〈공공의 적〉의 주인공 톰 파워스(제임스 카그니)의 새싹은 애초부터 구부러져 있었다. 구부러진 나무는 곧게 펴지지 않고 끝내 구부러진 채로 잘리고 만다.

영화는 아이가 청년이 되고 청년이 어른이 되고 그리고 총 맞아 죽는 최후까지 일련의 과정이 시대순으로 정리된다.

대낮에 대로에서 맥주를 마시는 소년 톰은 스케이트를 타는 여자애의 발을 걸어 넘어뜨리고도 미안한 마음이 없다. 마음 한구석에 악마의 씨를 키운 톰은 그 마음을 고스란히 간직하면서 동네 깡패로 성장해 간다. 깡패는 홀로 다니지 않고 패거리로 다니는 것을 좋아하므로 그에게도 맷(에드워드 우즈)이라는 못된 친구가 시계불알처럼 따라다닌다.

시계를 훔쳐 장물아비에게 넘기고 푼돈을 받던 톰 일당은 당구장을 드나들 만큼 성장하자 "좋은 일이 있으면 너희부터 키워주겠다."는 나쁜 어른의 수하에 들어간다. 세상에 공짜 밥은 없는 법이니 먹고 쓰기 위해서 톰 일당은 모피를 터는 큰일을 감행한다.

늦은 밤 가게 문을 열고 들어가는 데 성공한 톰은 그러나 커다란 박제 곰을 사람으로 착각해 권총을 마구 발사한다. 호각소리가 들리고 경찰과의 추격전이 벌어진다. 골목길에서 다시 두 발의 총소리가 들린다.

그리고 경찰이 쓰러져 있다. 경찰을 살해한 톰 일당은 이제 잠수를 타는 일밖에 없다. "무슨 일이 생기면 지켜주겠다."던 나쁜 어른을 찾았으나 이미 그는 튀고 없다.

배신의 쓴 맛을 미리 맛본 톰은 "해준 것도 없는데 도와주는" 또 다른 실력자의 편에 선다. 행동대원이 필요했던 밀주업자는 톰 일당에게 "세상에는 두 부류의 인간이 있는데 좋은 사람, 나쁜 사람"이라며 그들에게 일거리를 준다.

미국이 1차 세계대전 참전을 결정하자 톰의 모범생 형은 입대를 결정하고 금주령이 시행되자 술값은 급등한다. 돈 냄새를 맡은 실력자는 톰에게 양조장의 술을 호스로 빼내오라는 명령을 내리고 톰은 기꺼이 그 일에 동참한다.

난생처음으로 엄청난 돈을 번 톰은 "당신이랑은 뭐든지 하겠다."는 충성맹세를 하고 새 차를 뽑고 흥청망청 기분을 낸다. 술집에 들어가 강매를 하고 바가지를 씌우는가 하면 "훼방꾼은 모두 처치한다."고 기세가 등등하다.

제대한 형은 깡패로 성장해 맥주 불법 판매로 돈을 버는 톰을 개선시키려고 한다. 그러나 "맥주에 인간의 피가 섞여 있다."는 형에게 톰은 오히려 "형의 손도 깨끗하지 않다."고 반박한다. "죽이면서 쾌감을 느끼고 훈장은 독일군과 악수해서 받은 게 아니냐?"고 역공을 편다. 형을 위해 정성스럽게 마련한 환영식은 개판이 되고 톰은 집을 나와 여자가 있는 호텔로 짐을 옮긴다.

한편 동료는 부도수표를 받고 화가 머리끝까지 나서 톰에게 전화한다. "현금으로 받아 오든지 그 놈의 심장 둘 중의 하나를 가져와라." 신경이 곤두선 톰은 여자가 마음에 들지 않자 케이크를 얼굴에 박는 멋진 장면을 연출하고 맷과 함께 술집으로 간다.

춤추고 먹고 마시는 와중에 '무슨 일이 생겨도 지켜주지 못할' 배신자를 만나자 그를 따라 나간다. 어릴 때 그의 피아노와 노래를 듣고 좋아했던 톰이지만 이제 그는 더 이상 어린 시절의 추억을 먹고 살지 않는다. 죽기 싫다고 애원하는 배신자에게 두 발의 권총을 발사한다.

경찰이 죽는 것처럼 배신자에게 직접 총을 쏘거나 쓰러지는 장면은 없지만 그가 죽었다는 것을 알 수 있는 장치는 마련됐다. 피아노 음이 한꺼번에 눌리면서 나는 둔탁한 소리가 바로 배신자의 죽음을 알리는 것이다.

살인을 하고 오랜만에 집으로 온 톰은 거액을 엄마에게 준다. 엄마는 고마워 하지만 마침 집에 온 형은 "네 돈 필요 없다, 피 묻은 돈 들고 오지 마라."며 거부한다. 돈을 찢어 형의 얼굴에 던지고 톰은 집을 뛰쳐나온다.

집에서 혼나고 여자와 싸우고 다른 여자를 품는 톰의 정신이 온전할 리 없다. 설상가상이라고 했던가. 그때 동료 네일즈(레슬리 펜튼)의 죽음 소식이 들려온다. 낙마사고로 죽은 네일즈의 복수를 위해 톰은 마구간에서 말을 쏴 죽이는 것으로 화풀이를 한다.

네일즈가 죽으면서 톰의 세력은 급속히 약화된다. 라이벌 패거리는 차를 타고 지나가면서 가게에 수류탄을 투척하는 등 세과시를 하고 톰 일당은 잠시 안가에서 휴식을 취하면서 후일을 도모한다.

그러나 아지트가 발각되고 상대방은 기관총 두 정을 톰이 있는 곳에 세워 둔다. 석탄트럭으로 위장망까지 쳤으니 톰 일행의 생명은 이제 끝난 것이나 다름없다.

여자와 하룻밤을 보낸 톰은 맷과 함께 거리로 나서는데, 그때 기관총이 불을 뿜고 언제나 항상 같이 다녔던 맷이 벌집이 돼 죽는다. 톰은 최후의 일전을 위해 두 정의 권총을 탈취하고 패거리가 있는 곳으로 단신으로 들어간다.

총소리가 들리고 톰이 비틀거리며 밖으로 나온다. "난 별로 강하지 못해."라며 쓰러지는 톰의 얼굴에 굵은 빗방울이 쉬지 않고 쏟아진다. 하지만 톰은 죽지 않고 병원에 입원한다.

뒤늦게 형에게 미안하다고 사과하지만 그것이 형제의 마지막 장면이다. 딩동, 초인종이 울리고 붕대로 감은 머리, 상체를 밧줄로 묶은 톰의 시체가 택배처럼 배달된다. 관객들은 이 장면 하나만 기억해도 본전은 뽑은 것이다.

갱 영화의 기원으로 추앙받고 있으며 머빈 르로이 감독, 에드워드 로빈슨 주연의 〈리틀 시저〉(1930), 하워드 혹스 감독, 폴 무니 주연의 〈스카페이스〉(1932)와 함께 30년대 초 갱 영화의 진수를 보여줬다.

특히 주인공 제임스 카그니가 보여주는 소년스런 모습의 청년 갱스터는 윌리엄 감독의 "이 영화의 성공은 모두 제임스 카그니 덕분"이라는 찬사가 지나치지 않다는 것을 보여준다.

강우석 감독은 설경구 주연으로 2002년 동일한 제목의 영화를 내놓았다.

관계의 종말
Pat Garrett and Billy the Kid, 1973

MOVIE

국가 | 미국
감도 | 샘 페킨파
출연 | 제임스 코번, 크리스 크리스토퍼슨, 밥 딜런

시대가 변했는데도 바뀌지 않는 사람이 있다. '시대와 불화'하는 이런 사람들은 현실에서도 그렇지만 영화에서도 골칫거리다. "바뀐 것은 시대지, 난 아니다."라고 버틴다면 법보다 주먹이 더 필요하다.

　잔인한 폭력영화의 대부로 불리는 샘 페킨파 감독의 〈관계의 종말〉은 변한 시대를 거부하고 종전대로 살기를 원하는 빌리(크리스 크리스토퍼슨)에 관한 이야기다.

　빌리만 나오면 영화는 싱겁다. 시대와 불화하는 사람이 있으면 시대와 찰떡궁합인 사람도 있기 마련이다. 팻(제임스 코번)은 영혼을 팔고 시류에 영합하는 사람이다. 한때 둘은 찰떡궁합이었다.

　아버지와 아들 혹은 둘도 없는 친구사이로 불렸다. 실력과 무자비함을 겸비한 두 사람은 거친 황야의 시대에 두려움 없는 존재였다. 그러나 시대는 바뀌었고 팻은 보안관으로, 빌리는 살인자로 팻의 추격을 받는다.

　팻을 죽일 수도 있었지만 "친구인데 어떻게 그렇게 할 수 있느냐?"고 말하는 빌리는 순진하다. 5일간의 시간을 주지만 빌리는 멕시코로 떠나라는 팻의 제의를 거부한다.

　포로로 잡힌 빌리의 신세는 처량하다. 8일 후면 교수형에 처해진다. 아이들은 감옥 밖 교수대의 줄을 그네 삼아 놀고 있다.

주인공 빌리가 그냥 죽을 리는 없다. 감시자를 등 뒤에서 쏘아 죽인다. 우리가 지금까지 알고 있는 서부극과는 다르다.

아무리 악당이라고 해도 등 뒤에서 총을 쏘는 장면은 흔치 않다. 그런데 주인공 빌리는 "설마 뒤에서 쏘지는 않겠지?"라고 애원하는 간수를 망설임 없이 쏘아 죽인다(이후에도 빌리는 열을 세고 난 후 방아쇠를 당긴다는 약속을 어기고 다섯에 뒤돌아서 상대를 죽이기도 한다).

그리고 가장 좋은 말을 얻어 타고 마을을 떠난다. 진정한 총잡이로 존경받을 수 없는 이유이다. 이때부터 쫓고 쫓기는 정통극의 형식이 펼쳐진다.

그런데 보안관 팻도 빌리만큼 저질이다. 팽개친 가정은 그렇다 쳐도 억지로 술 먹여 취한 자를 죽이거나 강탈로 얻은 재산으로 부자가 된 지주의 머슴역할을 충실히 한다.

한마디로 선과 악의 개념은 아니다. 그런데도 가슴에 배지를 달았으니 합법적이다. 빌어먹을 법이지만 팻은 쫓는 자이고 빌리는 도망자 신세다.

둘 중 하나는 죽게 되어 있다. 누가 죽어도 영화는 이상할 게 없다. 배신자 팻을 죽이고 빌리가 의기양양한 모습으로 귀향을 하면서 끝나도 괜찮다. 보안관이 정의의 이름으로 처단해도 무난하다.

하지만 영화는 변한 시대에 초점을 맞추고 있다. 빌리가 죽어야 마땅한 이유다. 예상대로 빌리는 팻의 권총 두 발에 가슴이 뻥 뚫려 죽는다.

팻은 거사 직전 빌리가 자주 불렀던 엉덩이가 젖소만한 창녀를 폭행하고 4명의 여자와 놀아난다. 마치 전투를 앞둔 병사가 마음가짐을 새롭게 하듯이 여자를 품으며 전의를 다진다.

빌리 역시 죽기 직전 여자와 잔다. 자신에게 목걸이를 주면서 애정 표시를 했던 머리카락이 배꼽 아래까지 오는 혼혈여인과 사랑을 나눈다. 팻은 두 사람의 거친 숨소리가 들리는 창밖의 흔들의자에 앉아 있다. 기다려 주는 심정은 남자만이 안다.

한바탕 회오리가 지나고 배가 고픈 빌리는 먹을 것을 찾아 밖으로 나온다. 그런 모습을 팻의 똘마니들은 지켜보고 있지만 감히 총을 꺼내지 못한다.

그러나 빌리는 죽을 운명이므로 선혈이 낭자한 채 한 많은 세상을 하직한다. 일당 중 한 명이 죽은 빌리의 집게손가락을 잘라 못에 박자고 호들갑을 떨자 팻이 개머리판으로 저지한다. 한때 아들처럼 사랑했던 친구의 죽음을 애도하는 것일까.

세상의 모든 관계는 종말을 고하듯 팻과 빌리도 운명을 달리한다. 나아갈 때가 있고 물러날 때가 있는데 때를 알지 못한, 아니 알려고 하지 않은 빌리의 죽음은 팻의 변신과 대조적이다.

팻은 자신의 존재 이유로 설명했던 '살아가면서 막막한 순간'을 빌리를 죽여 해소했나.

서부극에 자주 나왔던 기라성 같은 배우들이 대거 참여했다. 빌리의 동료로 나오는 유명한 가수 밥 딜런의 'Knocking On Heaven's Door'는 영화의 묘미를 더해준다.

하지만 샘 페킨파 감독의 또 다른 명작 〈와일드 번치〉에는 조금 미치지 못하는 아쉬움이 있다.

광부의 딸

Coal Miner's Daughter, 1980

MOVIE

국가 | 미국
감독 | 마이클 앱티드
출연 | 씨씨 스페이식, 토미 리 존스

갱도의 마지막인 '막장'이 일터인 광부는 성실하다. 아내도 사랑한다. 그래서 자식도 셀 수 없을 만큼 많다. 당연히 딸도 있다. 그 딸이 14살 때 결혼을 하겠다고 마을 건달 비슷한 남자를 집으로 데리고 온다. 헤드랜턴을 쓰고 얼굴에 검은 칠을 한 광부가 나오는 장면은 여기까지다.

마이클 앱티드 감독의 〈광부의 딸〉은 광부의 이야기가 아니라 광부를 아버지로 둔 딸 로레타 린(씨씨 스페이식)과 남편 두리틀 린(토미 리 존스)의 이야기다.

때리지 말고 멀리 가지 말라는 조건으로 광부는 딸의 결혼을 승낙한다. 이미 막장에 오른 불타는 사랑을 막을 재간이 없기 때문이다. 하지만 어린 나이에 결혼했으니 그 결혼이 순탄할 리 없다. 다투고 화해하다 아이가 생긴다. 이들은 온통 회색인 고향 켄터키를 떠난다.

어느 날 로레타는 결혼식 때 받지 못한 반지이야기를 꺼내고 두리틀은 반지 대신 기타를 사온다. 애들을 보면서 평소 노래를 부르던 아내에게 적합한 선물이라고 판단했던 것이다.

책도 못 읽던 로레타는 기타를 배우고 작곡을 하면서 음악의 천재성을 드러낸다. 이를 간파한 두리틀은 녹음 앨범과 편지를 방송국에 보내고 전국 각지를 돈다.

카바레에서의 첫 무대를 성공적으로 마치고 마침내 꿈의 무대에까지 선다. 당시 최고의 전성기를 누리던 팻시 클라인(비벌리 단젤로)이 자신보다 더 자신의 노래를 잘 한다고 칭찬할 정도로 로레타는 컨트리 가수로 전국적 명성을 얻는다.

부와 명예가 따른다. 대저택을 지을 곳으로 아름다운 경치가 내려다보이는 곳을 점찍어 두기도 한다. 하지만 어렵게 올라온 자리는 참을 수 없는 긴장에서 오는 격심한 두통으로 허물어지기 시작한다. 가사를 잊어버리는가 하면 무대에 오르기 직전 실신하기도 한다.

그때 언제나 힘이 돼주는 남편 두리틀의 도움으로 다시 재기 무대에 선다. 그가 통기타에 맞춰 부르는 노래는 애잔하면서도 심금을 울리고 깊은 여운을 남긴다.

씨씨 스페이식은 그해 아카데미 여우주연상을 받았다. 지치고 힘든 현대인들에게 힐링 영화로 추천할 만하다.

주제가 복잡하지 않고 주인공이나 등장인물이 단순해 편한 마음으로 부담 없이 볼 수 있다. 컨트리 가수 로레타 린의 자서전을 바탕으로 만들어졌다. 인생은 자신의 것이며 자신이 책임져야 한다는 말은 이 영화에 흐르는 일관된 문장이다.

괴물

The Thing, 1982

MOVIE

국가 | 미국
감독 | 존 카펜터
출연 | 커트 러셀, 윌포드 브림리

처서가 지났지만 여전히 덥다. 다행이다. 여름이 가기 전에 아직 공포영화를 보지 못한 독자에게 존 카펜터 감독의 〈괴물〉을 추천한다.

화려한 컴퓨터 그래픽이 난무하는 시대에 30년이 지난 세월의 공포물은 어딘지 모르게 촌스럽게 느껴진다. 하지만 보고 나면 생각이 달라진다.

1982년 남극대륙의 겨울. 미국의 과학기지, 연구원들은 무료하다. 술을 마시거나 탁구를 치거나 오락하는 것으로 시간을 때운다. 이해한다. 연구원이라고 매번 연구만 할 수는 없지 않은가.

하지만 무료함은 여기까지다. 캠프의 정적을 깨는 날카로운 헬기소리가 들린다. 이어 들리는 총소리와 쫓기는 개의 모습. 조종사는 권총에 맞아 죽고 헬기는 폭파된다. 평온했던 캠프는 아수라장이다.

어느 날 쫓기던 개는 발작을 하며 흉측한 괴물로 변하고 기지의 연구원들도 하나둘 괴물에게 희생당한다. 서로를 의심하면서 캠프는 누가 괴물의 복제물인지 알지 못해 극심한 공포에 휩싸인다.

마침내 맥레디(커트 러셀)와 블레어 박사(윌포드 브림리) 등이 주축이 돼 진상 조사를 벌이지만 박사도 이미 괴물의 숙주로 변해 버린 상태다.

남은 사람들을 상대로 맥레디는 괴물 여부를 판단하기 위해 각자 피를 모은다. 지금은 한두 사람에 불과하지만 봄이 되면 기지에 있는 모든 사람이 복제될 수 있기 때문이다.

이 과정에서 공포는 극에 달한다. 달궈진 쇠꼬챙이에 피가 반응하면 그가 곧 괴물이다. 대원들은 차례로 쓰러진다. 맥레디 역시 생존할 수 없다는 것을 안다.

그는 캠프를 폭파해 괴물이 민간지역으로 나가는 것을 막아야 한다고 결심한다. 하나 혹은 그 이상의 침입자가 감염시킬 확률은 75%고 민간인 지역에 도달하면 전 세계 인구는 첫 접촉으로부터 2만 7,000시간 안에 모두 감염된다.

한마디로 인류 멸망이다. 괴물의 동면을 막는 그는 인류를 구원하는 슈퍼맨에 다름 아니다.

말미잘처럼 부드럽고 뱀의 혀처럼 날렵하고 늑대의 이빨처럼 날카로운 괴물의 몸놀림은 보는 내내 오싹하다. 손에서 괴물이 튀어나올 때면 누구나 심장이 벌떡 일어선다.

화염방사기로 태워야 겨우 죽는 문어발 괴물을 보고 있노라면 내가 있는 이곳이 남극의 과학자가 아니라는 사실에 안도하기 마련이다. 선홍빛 육체의 절단면과 살아 꿈틀거리는 내장기관은 볼수록 장관이다.

자신의 몸은 물론 목소리와 행동까지 똑같은 복제물이 인간의 생명을 스펀지로 물을 빨아들이듯이 흡수하면서 어디선가 활개치고 있다고 상상해 보라.

영하 40도의 날씨에 어쩌다가 수천만 년 만에 깨어난 괴물이 인간을 복제하는 현실은 공포영화의 소재로 제격이다. 〈괴물〉 이후 수많은 아류 영화들이 쏟아져 나왔다.

결과는 아시다시피 이 영화를 능가하는 작품은 찾기 어렵다는 점이다. 영화가 끝날 때까지 여성은 한 명도 등장하지 않는다.

본드걸처럼 예쁘진 않아도 강인한 캐릭터의 여성이 한두 명쯤 나왔더라면 어땠을까 하는 생각을 해본다. 여성차별 영화라고 손가락질받을까봐 걱정이다.

굿바이 레닌

Good Bye Lenin!, 2003

MOVIE

국가 | 독일
감독 | 볼프강 벡커
출연 | 다니엘 브륄, 카트린 사스

볼프강 벡커 감독의 〈굿바이 레닌〉은 영화 이름만 보면 레닌이 주인공인 것처럼 보이지만 실제로 레닌은 스쳐지나가는 조연에 불과하다. 그것도 헬리콥터에 실려 가는 아주 짤막한 등장일 뿐이다. 지하의 레닌이 보면 통곡할 일이지만 사실인데 어쩌란 말이냐. 그러나 영화를 관통하는 힘은 제목에 어울린다. 안녕을 고하는 레닌의 혼적이 시종일관 따라 다니기 때문이다.

알렉스(다니엘 브륄)와 엄마(카트린 사스) 그리고 누나(마리아 시몬)는 아버지가 서독으로 망명했지만 그럭저럭 즐거운 인생을 보낸다. 당시 동독은 소련 우주선 소유즈에 최초의 동독인 지그문트 얀을 태워 달에 보낸다.

알렉스는 성장해 우주비행사 대신 텔레비전 수리공으로 산다. 열성적인 공산주의자인 어머니는 교육을 통해 아이들에게 사회주의의 위대성을 전파하는 전위대로 활약한다. 거리에는 공화국 수립 40년의 구호가 물결친다.

그런 가운데 사회주의를 반대하는 시위대가 동베를린에 모여든다. 경찰의 진압은 무자비하다. 시위대 속에 알렉스가 있다. 다른 체포자들과 함께 끌려가는 알렉스를 본 엄마는 기절한다. 하지만 알렉스는 엄마에게 심각한 문제가 있다는 전갈을 받고 풀려난다. 엄마는 심장

마비로 위험한 상태다.

그 사이 동독 수상 호네커는 사임하고 베를린 장벽은 무너진다. 동서로 갈린 독일이 하나로 합친 것이다. 1989년의 일이다.

그런 내용을 모르는 엄마는 여전히 병상에 누워 사경을 헤맨다. 8개월이 지났다. 알렉스는 러시아 교환학생으로 온 라라(슐판 하마토바)와 연인관계로 발전하고 누나는 동거하는 남자와의 사이에 아이를 낳았다. 죽음의 문턱에서 빠져나온 엄마는 의식을 회복한다. 하지만 여전히 심장마비의 위험이 있다. 의사는 알렉스에게 이 점을 충분히 설명한다.

집으로 돌아올 엄마를 위해 알렉스는 분단된 상황 그대로를 재현해 놓는다. 엄마가 숭배했던 사회주의가 붕괴된 사실을 알면 틀림없이 큰 충격을 받을 것이기 때문이다. 이때부터 엄마를 속이는 기상천외한 방법이 동원된다.

친구인 데니스(플로리안 루카스)가 동독 뉴스를 만들고 동독 음식을 찾기 위해 백방으로 노력하고 목에 파란 수건을 두른 소년단이 사회주의 찬가를 부른다.

생일날도 치장은 완벽하다. 알렉스는 말한다. 한 살 더 드셨지만 변한 게 없다고. 엄마의 아들로 태어난 것이 좋다고. 그때 창밖으로 코카콜라 선전물이 보인다. 위기일발. 하지만 잘 둘러댄다. 이런 모습을 라라는 참지 못한다. 네 거짓말에 신물이 나고 엄마가 불쌍하다, 양심의 가책을 느끼지 못하느냐고 화를 낸다.

그 사이 서독의 문명이 물밀 듯이 들어온다. 동독 지폐는 교환시기인 2주일만 지나면 떨어지는 낙엽과 같은 신세다. 엄마는 돈 둔 곳을 모른다. 우여곡절 끝에 기억이 돌아와 구동독 화폐를 찾았지만 기한이 지났다. 돈은 쓸모가 없다. 40년 동안 모은 3만 마르크를 집어 던진다. 그러나 지폐는 서풍을 맞고 다시 돌아온다. 씁쓸하다.

엄마의 건강은 다행히 좋아진다. 알렉스가 없는 사이 홀로 일어나 밖으로 나간다. 세상은 변해있다. 심상치 않다. 상반신만 있는 레닌 동상이 십자로 줄에 묶여 헬리콥터에 실려 떠다닌다. 또다시 위기다. 그런데 이번에도 서독 난민이 대거 유입된 것으로 새로운 뉴스를 제작해 엄마를 이해시킨다.

별장으로 여행을 떠난다. 거기서 엄마는 사실은 아빠가 많은 편지를 보냈으나 답장하지 않았다고 실토한다. 아빠가 가족을 버린 것이 아니라는 사실에 알렉스와 누나는 놀란다.

엄마는 병원에 입원한다. 우려했던 심장마비가 온 것이다. 입원한 병실에 아버지가 찾아온다. 이제 사상 최대의 거짓말을 끝내야 할 때가 왔다. 밤하늘에 폭죽이 장엄하다. 통일의 축복이 아기예수의 탄생만큼이나 벅차다.

3일 후 엄마는 죽고 로켓에 실려 유골은 하늘로 날아간다.

이런 영화를 한국에서도 만날 날이 올까. 우리는 언제 하나가 될까. 화해보다는 대결로 치닫는 남북관계를 보면서 독일의 통일이 더욱 위대하게 느껴진다.

귀로

Way to Home, 1967

MOVIE

국가 | 한국
감독 | 이만희
출연 | 문정숙, 김진규

침대에 한 남자가 누워있다. 자는 것 같지만 아니다. 온 신경은 삐걱거리는 계단을 오르는 아내의 발자국 소리에 모아진다. 이윽고 아내는 약사발을 내려놓고 남편은 그제야 깨어난 듯 시늉을 한다. 이 짓을 무려 14년간 해왔다.

하반신 마비의 남편과 사지 멀쩡한 아내의 심리를 그린 이만희 감독의 〈귀로〉는 아내 역의 문정숙이 남편 아닌 다른 남자에게 다리를 벌리느냐, 아니냐에 모아진다. 눈치 빠른 독자라면 영화의 제목과 영화가 나온 1967년의 분위기를 파악해서 이미 결론을 알고 있을 것이다.

내용을 알고 나서 보는 영화는 싱거울 수 있다. 하지만 이만희가 누구인가. 당대 최고의 감독이 어설픈 설정으로 재미없게 끌고 갈리는 만무하다. 과연 영화는 흥미롭다.

한국의 잭 니콜슨이라고 불러도 좋을 김진규가 연기한 남편은 일간지에 소설을 연재하는 작가다. 아내는 거동이 불편한 남편 대신 원고를 서울의 신문사로 전달하기 위해 인천 집을 나선다.

경인선 3등 칸에 탄 아내는 다 앉아 있는데 홀로 서서 손잡이처럼 흔들린다. 역에서 내린 아내의 시선은 호기심 가득하다.

계단을 오르고 내리고 육교를 총총히 건너는 아내의 모습은 막 데이트 신청을 받아 약속장소로 나가는 달뜬 10대의 모습과 다를 바 없다.

또각또각 하이힐 소리가 "나 이제 준비 됐어요." 하고 말하는 듯하다.

신문사 책임자는 시대적 감각에 뒤떨어진 재미없는 소설을 탓하고 신입 사회부 기자(김정철)는 첫눈에 부인에게 반한다. 두 사람은 어찌어찌해 서로 사랑하는 사이로 발전하고 촉수가 예민한 남편은 드디어 아내의 변신을 눈치 챈다.

어느 날 자고 일어났더니 커다란 벌레로 변해버린 것처럼 남편은 아내의 변신에 괴로워한다. 그러다 여자의 지조가 아닌 부정으로 자신이 쓰던 소설의 줄거리를 확 바꾼다. 그의 소설 속 여주인공은 남편을 버리고 다른 남자와 결혼한다. 마치 자전소설을 쓰는 것 같다. 시누이(전계현)는 올케를 이해한다며 오빠를 떠나라고 한다.

서울역 근처의 술집에는 선남선녀들의 거침없는 애정행각이 벌어지고 두 사람 역시 가슴을 맞대고 춤을 추는 게 자연스럽다. 시간은 자꾸 지나 자정으로 가고 경인선의 막차 소리가 시끄럽다. 가는 시간이 아까운 남자는 키스를 원하지만 두려운 여자는 손 키스만 허락한다.

남편은 총을 꺼내 들었다. 그리고 아내가 사랑하는 커다란 검은 개를 쏴 죽인다. 개처럼 죽을 수 있다는 경고를 아내에게 보내는데 이 장면에서 소름이 돋는다.

남편도 할 말은 있을 것이다. 나쁜 짓 하다 그렇게 된 것이 아니다. 나라를 지키기 위해 6·25 전쟁에 참전해서 얻은 병이다. 그러니 그의 성적 무능은 부끄러운 것이 아니다.

예쁜 성당의 십자가가 간혹 보이는 것은 신을 통해 원초적 욕망을 눌러 보라는 암시 같다.

세찬 비가 내리고 공중전화의 젊은 남자는 오라고 소리친다. 불안한 아내는 나가는 척 하다 주저앉는다. 막대 모양의 루주를 꺼내 입술을 짙게 바르고 눈썹을 그리지만 그것으로 끝이다. 흠뻑 젖은 남자가 할 수 있는 일은 코트 깃을 바짝 세우고 주머니 깊숙이 손을 찔러 넣는 일뿐이듯이.

영화가 끝난 후에도 아내는 불타는 성적 욕망을 억누르면서 일상을 계속할 것이다. 발길을 돌리는 관객들은 후련한 마음보다는 오래 묵은 체증처럼 답답한 안도감을 느낀다. 남의 남자에게 동정도 구원도 얻지 못한 여자의 일생은 눈물겹다.

개가 죽고 난 후 영화의 긴박감이 더 나아가지 못한 것이 아쉽다. 문정숙의 세련된 옷차림, 단정한 헤어스타일, 칼로 깎은 듯한 외모가 볼 만하다. 다만 카메라를 의식하는 연기력은 김정철 만큼이나 어색하다.

귀신이 온다
Devils on the Doorstep, 2000

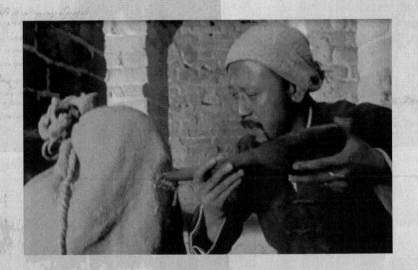

MOVIE

국가 | 중국
감독 | 강문
출연 | 강문, 카가와 테루유키

살다보면 황당한 일을 겪는 것이 인생이다. 남의 집 젊은 며느리 유아(강홍파)와 흔들리는 호롱불 아래에서 이마에 땀이 나면서까지 열심히 그 일을 하고 있는데 느닷없이 봉창 두드리는 소리가 난다면 미치고 환장할 일이다.

"누구냐?"라는 떨리는 외침에 좀도둑이라면 인기척에 놀라 도망이라도 가겠지만 총도 있고 칼도 있는 '나'라면 그럴 이유가 없다. 정체불명의 괴한 '나'는 자루 두 개를 젊은 남녀 앞에 던져 놓는다.

섣달그믐이 닷새 후이니 반드시 찾으러 온다는 정월 초하루가 멀지 않다. 일본군에 신고하면 네 놈을 죽이고 마을 사람들도 죽인다고 이마에 권총을 들이대니 철건리 시골 촌놈 마다산(강문)은 연신 "예, 예."를 되풀이할 수밖에 없다.

강문 감독의 〈귀신이 온다〉는 전체적으로 웃기는 영화다. 그런데 단순한 코미디가 아니다. 웃다가 보면 화가 나고 화를 내다보면 마음속 깊은 심연에 참을 수 없는 슬픔과 고통이 파도처럼 몰려온다.

태평양 전쟁 말기, 일본 점령지역 중국의 어느 시골마을에서 벌어지는 '사람이 담긴 두 자루 이야기'는 힘없는 국가의 불쌍한 인생에 대한 이야기에 다름 아니다.

자루를 떠맡은 마다산은 두 사람을 심문해 놓으라는, 이름 대신 '나'

라는 자의 말을 거역하지 못해 마을 사람에게 이 사실을 알리고 동네
는 일대 긴장에 휩싸인다.

심문 결과 자루 속의 하나는 일본군 하급 졸병 하나야(카가와 테루유
키)이고 다른 하나는 중국인 통역병이다.

살기 위해 거꾸로 통역하는 중국인과 깨끗하게 죽게 해달라는, 천황
의 군대에 자부심이 대단한 일본군의 기개는 나라를 빼앗긴 중국과
나라를 빼앗은 일본의 입장을 대변하는 듯하다.

여기에 마을 사람들의 우유부단함과 마다산의 착하고 순진하기만
한 행동은 보는 내내 중국인이라면 울화통이, 일본인이라면 맥주 한 잔
을 마시며 박장대소하기에 딱 알맞다.

영화는 중반을 지나 종반으로 가면서 웃음 대신, 노인과 아이를 찔
러 죽이고 마을을 쓸어버리는 일본군의 잔인한 행동에 넋을 잃게 만
든다.

중국은 이 영화의 상영을 금지시키고 감독 겸 주연으로 출연한 강
문을 7년간 활동 정지시켰다. 당국은 보여주기 싫은 나약하고 비굴한
중국민족의 전형을 그렸다고 판단했을 수도 있다.

영화를 보는 내내 루쉰의 『아큐정전』과 겹쳐졌다. 결론을 내리지
못하고 우물쭈물 잘난 체만 하다 결국 비굴하게 생을 마감하는 아큐
와 마다산의 일생이 자꾸 중첩되는 것은 그들의 행동이 엇비슷하기
때문이다.

마다산은 그가 먹여주고 재워주고 치료해준 일본군의 군도에 의해
목이 잘린다. 잘리기 전 마다산은 긴 군도를 들고 금방이라도 내리칠
것 같은 무서운 얼굴의 하나야를 힐끗 본다.

닭의 모가지처럼 비틀어서 죽일 수 있는 기회가 수도 없이 많았지만 살려둔 것을 후회하는 눈빛일까. 강렬한 태양은 하나야와 마주친 마다산의 시선이 어떤 의미인지 파악하는 데 어렵다.

잘린 목은 아홉 번 구르고 세 번 눈을 껌벅이지 않고, 겨우 서너 번 구르다 멈추고 단 한 번의 눈 껌벅임으로 더 이상 미동이 없다. 한쪽 입엔 옅은 미소가 흐르는 듯한데 죽음에 감사하는 미소인가.

일본으로부터 해방된 조국에서 이제는 포로가 된 일본군의 군도에 목이 잘리는 마다산의 잘린 목 앞에서 우리는 세상을 착하게만 사는 사람들의 비참한 말로에 대신 분노한다.

왠지 개운하지 않은 뒷맛이 아주 애처롭고 씁쓸한 것은 식민지 시절 권력 앞에 굽실거리던 우리 백성들의 처지가 마다산의 그것과 진배없다고 생각하기 때문이다. 커다란 웃음 대신 가슴을 쥐어짜는 속울음이 터져 나온다.

시작과 끝 부분의 아주 짧은 동일한 컬러화면 대신 내내 흑백이 시선을 압도한다. 제53회 칸영화제 심사위원 그랑프리를 수상할 만큼 그해 영화계의 큰 주목을 받았다.

해군 군악대의 행진곡이 오랫동안 귓가에 맴돈다. 아큐에게 정전을 지어준 루쉰이 이 영화를 봤다면 귀신이 붙었다고 생각했을까.

귀여운 여인
Pretty Woman, 1990

MOVIE

국가 | 미국
감독 | 게리 마샬
출연 | 리처드 기어, 줄리아 로버츠

낮보다는 밤에, 인적이 드문 곳이 아닌 많은 곳에 비비안(줄리아 로버츠)이 있다. 주로 혼자서 일하지만 친구와 함께 하기도 하고 여기저기 떠돌기보다는 정해진 자기 구역 내에서 활동한다.

　비비안의 직업은 몸 파는 거리의 여자다. 척 봐도 스타일이 창녀다. '창녀 스타일'이 따로 있는 것은 아니지만 입은 옷이나 하는 행동, 내뱉는 말이 그 직업이 아닌 여자라면 소화하기 어렵다.

　그는 같이 일하는 친구보다는 비싸다. 얼굴이나 몸매가 한 수 위기도 하지만 남다른 자존심 때문에 시간당 100달러, 하루 300달러, 일주일에 3,000달러를 받아야 한다.

　이런 큰돈을 선뜻 낼 사람은 에드워드(리처드 기어) 정도는 돼야 한다. 그는 재정적으로 어려운 회사를 손쉽게 먹어치우는 M&A 전문가로 호텔 특실을 이용하고 자가용은 리무진이다.

　생긴 것은 말할 것도 없고 인자한 표정은 창녀가 아니라도 달라붙을 여자는 널려있다. '이 달의 애인'을 정해 놓고 만날 수 있을 정도로 많은 여자가 그 주위에 있다. 아내도 있다.

　하지만 지금 그는 외롭다. 10억 달러에 이르는 성사 직전의 큰 건을 앞에 두고 있으나 왠지 모를 공허한 바람이 일고 있다. 비비안이 그 틈을 바람처럼 파고든다.

비비안과 일주일을 보내면서 마음의 변화는 더 크게 일어난다. 천방지축 제멋대로인 비비안의 생활과 뭐든지 계획대로만 움직이는 자신의 생활이 비교된다.

어머니와 이혼했다는 이유로 자신이 세 번째 사들인 아버지의 회사를 조각조각 찢어 놓을 정도로 냉혈한인 이 남자, 무슨 큰일을 저지를 것만 같다. 아니나 다를까.

은행에 대출을 거부하라는 전화 한 통화만 하면 거대 조선회사를 헐값에 살 수 있는데 망설인다. 급소가 노출됐으나 결정타를 날리지 않는다.

동료는 동요하나 그의 표정은 여유롭다. 어렵게 결정했으나 그 결정이 옳다는 확신을 가진 남자의 표정은 원래 이런가. 런던이나 도쿄의 주식시세보다는 오페라를 보거나 쇼핑을 하는 등 비비안과 데이트가 더 즐겁다. 회사는 사지도, 분해하지도, 남에게 팔지도 않고 대신 공동 경영에 참여하기로 한다.

꿈같은 일주일이 가고 두 사람은 이제 헤어져야 한다. 에드워드는 "아파트도 사 놨으니 더 있자, 당신은 이제 거리의 여자가 아니다."라고 말한다. 하지만 비비안은 "장소만 바뀐 것"이라며 자리를 털고 일어선다.

그리고 약기운이 떨어지면 하루 종일 몸을 파는, 그래도 방세도 못 내는 친구들이 있는 구역으로 돌아온다. 창녀 생활을 계속하기 위해서는 아니다. 그는 고등학교를 마치기로 작정했다.

샌프란시스코행 버스는 한 시간 후에 온다. 일을 마친 에드워드는 뉴욕행 비행기를 예약해 놨다. 비비안이 버스를 타거나 에드워드가 비행기에 오르면 상황은 종료된다. 그런데 버스도, 비행기도 타지 않는다.

고소공포증이 있는 에드워드는 비비안이 있는 건물을 오르기 위해 비행기 대신 사다리를 탄다. 입에는 붉은 장미를 물고 있다. 이쯤 되면 우리는 '영화는 영화다' 하고 고개를 끄덕일 수밖에 없다. 영화는 간혹 현실에서는 절대 일어날 수 없는 일들을 보여주기 때문이다.

그러나 공허하지 않다. 길을 물어보다가 우연히 만났다고 비현실적이라 비판하고 싶지도 않다. 우리가 사는 현실은 꿈이 아니지만 할리우드에서는 간혹 꿈이 현실이 되기도 한다.

시나리오는 잘 짜진 한산모시처럼 만들어졌다. 주인공의 연기가 멋지다(예쁜 여자가 걸어오는데 만나고 싶다는 '프리티 우먼'이 자주 반복되는 노랫말도 언급하지 않을 수 없다).

옷을 사기 위해 로데오 거리를 활보하는 줄리아 로버츠는 하늘에서 떨어진, 반쯤 먹었으나 나머지 반쪽도 먹어도 상관없을 만큼 싱싱한 사과와 같다.

쾌락을 거부하기보다는 즐기는 리처드 기어는 돈의 위력으로 세상을 지배하지만 뿌릴 때 뿌릴 줄 아는 돈만 많은 쓰레기가 아닌 고상한 젠틀맨이다.

클럽보다 넓은 욕조에서 88인치의 다리로 휘어 감는 장면이나 혹은 피아노 건반 위에서의 사랑은 억만장자와 창녀의 섹스가 아니다. 입에 키스하는 것까지 허락하는, 사랑의 힘으로 뭉친 근육과 근육, 살과 살의 만남이다.

금지된 장난

Les Jeux Interdits, 1952

MOVIE

국가 | 프랑스
감독 | 르네 클레망
출연 | 브리지트 포시, 조르주 푸줄리

영화음악 때문에 영화가 더 알려지기도 한다. 작자미상의 '로망스'가 주제곡인 르네 클레망 감독의 〈금지된 장난〉도 그 가운데 하나다. 기타를 배우는 사람들이 첫 번째로 쳐보고 싶어 하는 노래일 만큼 우리나라에서도 '로망스'의 인기는 대단했다. 하지만 음악만 좋다고 해서 영화음악의 생명력이 있는 것은 아니다. 음악에 견줄 만한 영화가 있기 때문에 가능한 것이다.

영화의 배경은 2차 세계대전이지만 영화가 나온 해는 1952년이고 이 해는 세계전쟁이 끝나고 한국전쟁의 피비린내 나는 공방이 가열되던 시기다. 영화를 보는 내내 전투기서 쏟아지는 폭탄과 기총소사의 공격 목표는 프랑스가 아닌 한국의 어느 도시 같다는 생각이 떠나지 않는다. 피를 흘리고 죽는 사람 역시 한국 사람이고 부모를 잃고 고아 된 아이도 금발의 푸른 눈이 아닌 검은 머리 검은 눈동자의 한국아이로 보였다. 더 하면 더 했지 덜 하지 않았을 6·25 전쟁이 눈에 선해 보는 내내 가슴이 답답하다.

영화는 그 유명한 '로망스'와 함께 시작된다. 독일 전투기가 날렵하게 선회비행하면서 무수한 폭탄을 비 오듯이 쏟아 붓는다. 낮게 나는 비행기는 다리 위 피난행렬을 향해 기관총을 난사한다.

추풍낙엽처럼 사람들이 쓰러지고 대열은 헝클어진다. 5살의 여자아이 폴레트(브리지트 포시)는 놓친 강아지를 쫓아가고 그 사이 부모는 죽는다. 어느 마차에 태워졌지만 혼란한 틈을 타 죽은 강아지를 찾기 위해 강가로 내려간다. 거기서 11살 먹은 남자아이 미셸(조르주 푸줄리)을 만나 그의 집으로 간다. 여기서부터 아이들의 '금지된 장난'이 본격적으로 시작된다.

부모를 잃었지만 폴레트는 천진난만하다. 미셸과 함께 새나 쥐, 벌레 같은 죽은 동물들을 묻어주고 십자가를 박아주는 데 재미를 붙인다. 폴레트는 더 예쁜 십자가를 원하고 미셸은 폴레트를 기쁘게 해주기 위해 성당의 십자가를 훔치고 심지어 마차 사고로 죽은 형의 무덤에 있는 십자가까지 뽑는다. 십자가 앞에서 두 아이는 신부처럼 기도문을 외운다.

이런 행동이 잘못됐다는 것을 미셸은 알지 못하고 오직 폴레트와 죽은 동물의 시체를 묻어 주고 십자가를 세워 주는 것에 온통 관심이 쏠려 있다.

미셸의 이웃집에는 군대에 간 아들이 돌아오고 그 아들과 미셸의 누이는 사랑하는 사이다. 하지만 두 집안은 앙숙이다. 서로 못 잡아먹어서 으르렁거리고 마침내 두 집안의 가장은 묘지에서 한바탕 싸움을 벌이기도 한다.

사소한 일에도 부모의 자식폭행이 흔해 놀랍다. 미셸의 아버지는 폴레트의 따귀를 때리고 집어 던지고 발길질을 예사로 한다. 다 큰 아들도 예외가 아니고 공부하는 딸에게도 거칠게 밀어붙인다. 폭행은 전쟁과 상관없이 프랑스 농가의 전통 교육인 것처럼 보인다.

한편 폴레트는 적십자단체의 사람들에 의해 미셸과 헤어지는 운명

을 맞는다. 십자가 있는 곳을 알려 주면 폴레트를 안 보낸다는 아빠와
의 약속이 헛된 약속으로 끝나자 미셸은 방앗간에 수북이 쌓인 무덤
앞의 십자가를 울면서 강물에 버린다. 차마 버리지 못한 폴레트의 목
걸이는 100살도 넘게 산 올빼미 옆에 걸어 주면서 끝내 함께 하지 못
하는 애틋함을 드러낸다.

올해는 한국 전쟁이 발발한 지 꼭 62주년이 되는 해다. 아직도 전쟁
의 상흔은 곳곳에 남아 있고 남북은 여전히 대치상태다. 영화는 아이
들의 눈을 통해 전쟁의 참상이 이런 것이라는 것을 알리는데, 어른들
은 여전히 냉전의 세계에서 한 발짝도 앞으로 나아가지 못하고 있다.

길

La Strada, 1954

MOVIE

국가 | 이탈리아
감독 | 페데리코 펠리니
출연 | 안소니 퀸, 줄리에타 마시나, 리처드 베이스하트

『로마인 이야기』로 우리에게 잘 알려진 시오노 나나미는 페데리코 펠리니(1920~1993)의 영화를 좋아했던 모양이다. 그는 1993년 펠리니가 죽자 〈비열한 거리〉(1973), 〈택시 드라이버〉(1976), 〈분노의 주먹〉(1980)을 만든 거장 마틴 스콜세지의 "펠리니는 죽지 않았다, 그는 그의 작품을 통해 살아 있다."고 한 말을 전하면서 죽음을 애도했다(직접 추도하지 않고 거인의 입을 빌리는 것이 펠리니에게 더 어울린다고 생각한 모양이다).

시오노 나나미가 특히 좋아했던 펠리니의 영화는 〈달콤한 인생〉(1960), 〈로마〉(1972)였다. 하지만 "50년의 활동기간 중 많은 시나리오를 썼고 23편의 영화를 감독했다. 그런데 놀랍게도 졸작이 하나도 없다."고 찬미했으니 〈길〉 역시 그가 좋아했던 영화였음이 분명하다.

이 작품은 전후 시대에 보통 사람들의 사회적 문제를 주로 담았던 네오리얼리즘을 한 단계 더 발전시킨 이탈리아 현대영화의 새로운 시대를 연 세계적 걸작으로 평가 받는다.

난폭하고 힘이 센 떠돌이 차력사 잠파노(안소니 퀸)는 딸만 밑으로 넷이나 있는 찢어지게 가난한 집안의 젤소미나(줄리에타 마시나; 펠리니의 아내)를 1만 리라에 사온다. 조수로 쓰기 위해서이다.

팔 때는 언제고 팔리고 나니 울고불고 난리를 치는 어머니를 남겨두고 두 사람은 삼륜 오토바이에 몸을 싣고 떠돌이 생활을 위해 험난한 길을 떠난다. 잠파노는 좀 모자라 보이지만 어린아이처럼 순진한 젤소미나와 광대짓으로 하루하루 생활해 간다.

길을 가다 마을이 나타나거나 사람이 모여 있는 곳이면 어디서든 잠파노의 '흉부대근육을 이용한' 쇠사슬 끊기 어릿광대가 벌어진다.

어느 날 두 사람은 서커스단에 합류하고 여기서 줄 타고 쇼하는 일 마토(리처드 베이스하트)를 만난다. 일 마토는 착하고 여린 젤소미나를 걱정하면서 그에게 웃음을 준다.

잠파노는 싫어한다. 두 사람은 끝내 다투고 또다시 길을 떠난다. 여러 해를 같이 지내면서 젤소미나는 잠파노가 다른 여자와 함께 자는 것을 질투하면서 미묘한 사랑의 감정에 휩쓸린다.

우연히 타이어가 터져 고생하는 일 마토를 만난 잠파노는 '죽일 생각 없이 몇 대 갈긴 것'이 그만 끔찍한 살인으로 이어진다. 젤소미나의 슬픔은 깊어지고 정신이상 증세까지 보인다.

이런 젤소미나를 두고 어느 눈 내린 추운 겨울 잠파노는 몰래 떠난다. 떠날 때 트럼펫과 돈 몇 푼을 옆에 놓는다. 잠파노 역시 젤소미나를 조금은 좋아했는지도 모른다.

더 많은 세월이 흐른 후 잠파노는 젤소미나가 즐겨 불렀던 익숙한 멜로디를 따라가다 그가 4~5년 전에 죽었다는 말을 듣는다. 만취한 잠파노는 젤소미나의 고향이자 한때 두 사람의 추억이 서렸던 해변을 찾아 짐승처럼 울부짖는다.

검은 바다와 흰 파도가 부딪치는 모래사장에서 미친 듯이 주먹을 쥐고 흐느끼는 마무리는 이 영화가 질투와 사랑과 용서를 담고 있다는 것을 말해주는지도 모른다.

나는 살고 싶다
I Want to Live!, 1958

|MOVIE

국가 | 미국
감독 | 로버트 와이즈
출연 | 수잔 헤이워드, 버지니아 빈센트

의사의 오진율, 판사의 오심률, 검사의 오기소율, 기자의 오보율 중 어느 것이 더 높을까. 이런 질문을 해보는 것은 이들의 판단 하나 하나가 갖는 크기의 무거움 때문일 것이다.

판단의 잘못은 인간이 신이 아닌 이상 늘 일어날 수밖에 없다. 그렇기에 숙련된 전문가라 하더라도 잘못된 판단은 용서될 수 있다. 그러나 알면서도 일부러 그런 행동을 한다면, 이야기는 달라진다.

돈 벌이를 위해 혹은 어떤 불손한 의도를 가지고 고의로 잘못된 길로 간다면, 한 인간의 삶은 쑥대밭이 되고 심지어 생명까지 위태롭게 된다.

로버트 와이즈 감독의 〈나는 살고 싶다〉는 검사의 오기가 가져온 끔직한 실화를 바탕으로 한다. 젊고 아름다운 여인 바바라 그레이엄(수잔 헤이워드)은 사회의 마이너리티다. 태어나서 아버지를 본 적도 없고 어머니한테 구박만 받고 자랐으니 그 삶이 오죽할까. 소년원을 드나들고 절도를 하고 커서는 매춘이며 위증이 그의 범죄 이력이다. 보호관찰만 5년이다.

살아가는 것도 한심하다. 3번의 결혼과 그만큼의 이혼이 있다. 새로운 남편은 마약중독에, 경마에 빠져 있다. 어린 아들은 울고 미친 아빠는 아내의 따귀를 때린다. 10달러 달라고. 경마에서 따온다고.

갈 데까지 갔다. 바바라는 막판까지 왔으니 나도 할 말이 있다고 소리친다. 마약쟁이의 뒤치다꺼리가 신물 나고 네 냄새도 싫다고.

밖으로 나온 바바라는 일당들과 어울리다 경찰의 미행에 덜미가 잡힌다. 카메라 기자들의 플래시가 마구 터진다. 제목도 선정적이다. '살인의 여왕, 잔인한 호랑이 여인'(호랑이는 아들의 장난감으로 이 호랑이 인형은 죽을 때까지 바바라와 함께 한다.)이 헤드라인이다.

바바라는 살인사건의 피의자로 몰려 있다. 검사는 회유한다. 대충 불면 석방해 주겠다고. 하지만 바바라는 도도하다. 진술서를 작성하면 풀어준다는 검사에게 "당신이 더 바보"라고 거친 언행을 자유롭게 하고 심지어 땀 흘리는 수사관을 조롱한다. 약이 오른 수사관들이 성깔이 대단한 바바라에게 어떤 선택을 할지 관객들은 안다.

그는 살인죄로 기소돼 철창에 갇힌다. 감방에서 그는 동료 죄수로부터 살인 당일 남편과 함께 있었다는 알리바이를 대줄 증인을 소개받는다. 코너에 몰린 바바라는 고심 끝에 이 제의를 받아들인다. 그러나 죄수가 소개한 '증인 대행'은 LA 경찰관이다.

면회 온 그와 일정을 짜는 녹음된 대화 내용이 고스란히 법정에서 공개된다. 바바라는 완벽한 함정에 빠졌다. 변호인은 피고가 자신도 속였다며 변호를 포기한다. 덫에 걸린 가련한 여인은 이제 가스실로 가는 일만 남았다.

영화는 살인 집행 과정을 친절하게도 아주 자세히 보여준다. 간혹 감옥 밖에서 국선변호인이 구명운동을 벌이는 장면이 나오지만 대세는 이미 기울었다.

사형집행 명령을 내리는 검은색 전화기의 벨소리가 요란하다. 황산이 가득한 밀폐된 가스실에 구경꾼들이 몰려든다. 마치 체포되는 과정에서 기자들에 둘러싸인 것처럼 바바라는 자신을 둘러싼 구경꾼 앞에서 몸을 떨며 최후의 순간을 맞는다. 죽음이 두려워, 자신의 죽음을 보는 관객들이 두려워 안대를 했지만 죽음의 공포는 피해갈 수 없다.

육삼석이고 예쁘고 젊은 여인 바바라 역의 수잔 헤이워드는 내장을 들어내는 것과 같은 죽음의 공포와 그에 따르는 내면 연기를 잘 소화해 아카데미 여우주연상을 받았다.

물처럼 와서 바람처럼 간 여인 바바라. 마지막 순간, 신부에게 "나는 죽이지 않았다."고 속삭이는 바바라는 우리와는 아무 상관이 없는 먼 나라 사람인가. 아닐 수도 있다는 생각에 오싹 전율이 인다.

나라야마 부시코

楢山節考, 1982

MOVIE

국가 | 일본
감독 | 이마무라 쇼헤이
출연 | 사카모토 스미코, 오가타 켄

산은 높고 계곡은 깊다. 가을이다. 낙엽 진 오솔길은 운치가 있고 붉은 단풍은 바람에 날린다. 지게를 탄 노인은 행복해 보인다. 죽음에 이르는 길이 이 정도만 같으면 한 번 죽어 봐도 괜찮다는 생각이 들 정도다. 하지만 만산홍엽의 절경은 슬픔을 더욱 키우는 도구일 뿐이다. 그래서 더 처연하고 구슬프다. 나이든 어머니를 나라야마에 버리는 아들의 심정은 담담하다.

일본인 감독 이마무라 쇼헤이는 〈나라야마 부시코〉를 통해 삶과 생활 섹스 그리고 죽음을 노래했다.

영화는 정말 노래로 시작해 노래로 끝나는 듯하다. 69살의 노인 앞에서 70살에도 죽지 않고 살아있으면 이빨이 33개나 달린 귀신이라고 아이들은 동요를 부르듯이 합창을 한다.

사는 것이 짐이다. 가난 때문이다. 남의 일 같지 않다. 오늘날에도 많은 노인들이 자식에게 피해를 주지 않겠다며 아파트 옥상으로 올라간다. 세월은 흘렀어도 지독한 가난은 방식만 다를 뿐 죽음과 깊은 연관이 있다.

이제 죽을 때가 됐는데 그래서 더는 거동을 하지 못해야 하는데 육신은 너무나 싱싱하다. 오린(사카모토 스미코)은 건강한 자신이 너무 밉다. 그래서 몰래 돌로 치고 절구통에 부딪쳐 생니를 부순다. 오죽하면 그럴까. 그런데 이 정도는 약과다.

죽은 사내아이의 시체가 논두렁에 널부러져 있다. 기근에 감자를 훔 쳤다고 한 가족을 생매장하는 장면은 끔찍하다 못해 소름이 끼친다. 오린은 손주를 임신한 아들의 신붓감을 죽음의 수렁으로 밀어 넣는 다. 이 가난한 마을에서 죽음은 흔한 일이다.

그리고 어느 날 오린은 아들 다츠헤이(오가타 켄)에게 나라야마에 가 자고 통보한다. 나라야마는 멀고도 먼 길이다. 어머니는 죽으러 가기 전에 집안 청소도 하고 새로 온 며느리에게 물고기 잡는 법 등을 가리 킨다. 새 옷으로 갈아입고 먹을 것도 챙겼다. 이제 죽음을 위한 만반 의 준비는 끝났다. 아들은 어머니를 지게에 이고 이제 가면 더는 되돌 아 올 수 없는 멀고 먼 길을 떠난다.

가는 길은 험하지만 산세는 수려하다. 한 폭의 그림이 따로 없다. 앞 부분을 건너뛰고 그 장면만 보면 효심 깊은 아들이 노모를 위해 산천 여행을 하는 것이라고 오해할 만하다. 그만큼 짜임새가 있다.

까마귀가 운다. 죽음을 알리는 장송곡이다. 주변에는 뼈들이 널려 있 다. 시체에서 까마귀가 나온다. 아들과 어머니는 무심한 듯 바라본다.

그리고 마침에 나라야마에 도착했다. 아들은 가지고 온 음식을 어 머니에게 주지만 엄마는 한사코 거부하고 아들의 지게에 음식 보자기 를 걸어준다. 나라야마에 가서는 돌아보지 말라는 어른들의 충고도 무시하고 아들은 한 번 뒤돌아본다.

어머니는 태연하다. 모자는 한동안 껴안고 말이 없다. 떨어지지 않 는 아들에게 어머니는 철썩 따귀를 갈긴다. 아들은 발길을 돌린다.

돌아오는 길목에서 다츠헤이는 새끼줄 그물에 짐승처럼 묶인 한 노인이 살고 싶다고 발버둥 치는 모습을 목격한다. 아들은 그런 아버지를 벼랑으로 밀어 떨어뜨린다. 집으로 돌아가는 발길은 무겁다.

어느 순간 눈앞에 흰 눈이 펑펑 쏟아진다. 첫눈이다. 휴양림의 집처럼 멋진 집들이 눈 속에 파묻힌 첫 장면처럼 그런 흰 눈이 펑펑 내린다.

집에 온 아들은 아내와 아이들과 함께 따뜻한 음식을 먹는다. 어머니를 갖다 버린 아들이 불효자가 아닌 것처럼 보인다. 어머니도 아들을 탓하지 않고 죽음을 슬퍼하지 않는다. 숙명으로 받아들이는 일본판 고려장은 어떻게 보면 해피엔딩이다.

사는 것이 죽는 것만큼이나 힘들어 괴로울 때면 어김없이 나타나는 진한 섹스는 참 볼만하다. 땅꼬마 시절 시골에서 보았던 독이 없고 몸길이가 매우 긴 구렁이를 보는 재미도 쏠쏠하다. 쥐, 올빼미, 사마귀, 개구리, 노루 등 온갖 동물들이 등장하는 장면들은 테렌스 맬릭 감독의 전쟁영화 〈씬 레드 라인〉과 겹쳐지면서 삶과 죽음을 이어주는 끈처럼 보인다.

나의 계곡은 푸르렀다
How Green was My Valley, 1941

MOVIE

국가 | 미국
감독 | 존 포드
출연 | 월터 피전, 모린 오하라, 도널드 크리스프, 로디 맥도웰

스스로를 '서부극의 감독'으로 불렸던 〈역마차〉(1939)를 만든 존 포드는 〈분노의 포도〉(1940)를 감독할 만큼 시대정신을 외면하지 않았던 용감한 사람이었다. 그의 또 다른 역작인 〈나의 계곡은 푸르렀다〉역시 당시 상황을 영화에 적절히 녹여내 그해 나온 〈시민 케인〉이나 〈말타의 매〉를 제치고 아카데미 작품상·감독상 등을 거머쥐었다(아카데미 작품상을 받았다고 해서 최고의 영화라는 말은 아니다. 어쩌 보면 상을 받지 못한 〈시민 케인〉이나 〈말타의 매〉 등도 그에 못지않다).

　영화는 성장한 소년이 지난날을 회상하는 목소리로 시작한다. "추억 속의 사람들은 모두 죽었지만 내 기억속의 그들은 잊지 않고 영원히 남아 있다. 눈을 감으면 어느새 현재를 지나 온통 푸르렀던 어린 시절의 과거로 달려간다."

　언제나 틀린 적이 없는 아버지의 말씀과 예쁘고 상냥했던 누나의 목소리가 생생하다. 잘 짜인 세트장이 마치 한 폭의 그림처럼 어울리는 웨일즈의 시골은 광부들이 행진하면서 부르는 목소리로 마을 전체가 활력이 넘친다. 석탄공장이 있지만 손톱 밑에 때가 끼는 정도일 뿐 아름다운 자연을 해치는 정도는 아니다.

　아버지(도널드 크리스프)는 아내와 4명의 장성한 아들, 시집갈 나이인 딸 그리고 아직 꼬마인 '나'(로디 맥도웰) 이렇게 일곱 식구를 거느린 가장이다. 광부 일을 하지만 먹고 사는 데 지장이 없고 더 바랄 것도 없다. 행복은 매일 반복된다. 그러던 어느 날 임금이 깎이면서 분위기가 심상찮게 변한다.

아들들은 노조를 만들자고 하고 아버지는 조금 줄었다고 해서 굶어 죽지는 않는다고 반대한다. 즐겁던 마을이 석탄연기처럼 잿빛이다. 아들은 집을 떠나 미국으로 간다. 예절 때문에 할 말을 하지 못한다면 예절 없이 살겠다는 말을 남기고.

더 이상 힘찬 노래 소리도 들리지 않고 모두 침묵하고 있다. 발걸음은 힘이 없고 마침내 파업이 시작됐다.

새로 부임한 마을의 목사(월터 피전)는 예전으로 돌아갈 수 없는 변화가 생긴 것으로 마을 분위기를 파악했다. 파업이 다섯 달을 넘기면서 장기화되자 노조를 거부했던 아버지는 동료들로부터 적으로 매도된다.

누군가 던진 돌이 날아들어 유리창이 깨진다. 겨울이다. 눈이 온다. 집으로 돌아가던 '나'와 엄마가 얼음 구덩이에 빠진다. 적이었던 마을 사람들이 구해준다. '나'는 완치되더라도 걸을 수 없다는 의사의 진단을 받는다. 그러나 목사의 헌신적인 도움으로 걸을 수 있게 된다.

목사는 노조는 필요하다며 약자들의 편에 선다. 누나(모린 오하라)와 목사는 사모하는 관계로 발전한다. 하지만 누나는 원하는 목사와 결혼하지 못하고 평생 굶을 걱정이 없는 탄광주 아들의 아내가 된다.

한편 '나'는 마을에서 유일하게 공립학교에 입학한다. 입학 첫날 아이들에게 맞지만 마을 아저씨의 권투 지도로 괴롭히는 친구를 멋지게 때려눕힌다. 그런데 선생이라는 사람이 가관이다. '나'를 엄청나게 두

들겨 팬다. 겨우 걸어서 집에 올 정도로 얻어 터졌다. 권투를 가르쳤던 아저씨가 찾아가 '선생 같지 않은 선생'에게 멋진 복수를 한다.

이후 학교생활은 순조롭고 공부도 잘해 탄광촌에서 용 났다는 소리를 듣는다. 아버지는 의사나 변호사가 되겠느냐고 묻지만 '나'는 아버지와 형들처럼 광부가 되겠다며 굴속으로 들어간다.

어느 날 요란한 경적음과 함께 사고가 터진다. 큰형이 죽는다. 큰형이 죽는 날 형수가 아이를 낳는다. 하나가 가니 하나가 온다고 아버지는 탄식한다.

해고된 형들 역시 캐나다, 뉴질랜드, 미국으로 뿔뿔이 흩어진다. 어느 날 누나는 남편과 헤어져 마을로 돌아오고, 목사와 그렇고 그런 사이라고 온 마을에 소문이 퍼진다. 목사는 가벼운 입과 마음이 빈곤한 자들을 꾸짖고 마을을 떠날 결심을 한다. 사랑이 없고 위선으로 가득 찬 사람들이 양복을 입고 교회에 나오는 것은 두려움 때문이라며.

'나'와 작별인사를 하는 목사는 시계를 선물로 준다. '나'는 누나를 안 만날 거냐고 묻지만 목사는 누나를 다시 보면 떠날 수 없을 것이라며 고개를 젓는다.

목사가 떠나려는 순간 또 사고가 난다. 이번에는 아버지가 당했다. '나'는 목사와 함께 침목이 떠다니는 물로 가득한 갱도로 들어간다. '나'는 아버지를 껴안고 아버지는 '나'의 품에서 죽는다.

남부군

North Korean Partisan in South Korea, 1990

 MOVIE

국가 | 한국
감독 | 정지영
출연 | 안성기, 최진실

해방 전후 한반도는 미국과 소련을 중심으로 급격한 변동기를 맞는
다. 미·소 갈등으로 우리나라는 전쟁의 피비린내와 남북이 갈라지는
아픔을 겪는다. 북쪽은 소련군이 점령하고 남쪽은 미군이 진주한다.

　1946년 대구사태와 남로당이 결성되고 1947년 미·소회담이 결렬되
면서 세계는 냉전으로 치닫는다. 그해 여운형이 암살되고, 1948년 제
주 4.3이 발생한다. 1948년 5월 10일, 남한만의 단독선거가 실시되고
여순사건으로 사회 혼란은 극에 달한다.

　1949년 위대한 지도자 김구 선생이 암살되고 1950년 한국전쟁이 발
발한다. 전쟁 개시 한 달이 채 못돼 한국은 미국에 군통수권을 이양하
고 낙동강 전투, 1.4 후퇴, 인천상륙작전 등 크고 작은 전투를 벌이며
일진일퇴를 거듭한다.

　정지영 감독의 〈남부군〉은 이런 한국전쟁 전후가 배경이다. 지리산
을 주 은거지로 삼아 활동했던 빨치산 이태의 생생한 기록을 바탕으
로 만들었다. 통신사 기자 이태(안성기)는 전주로 내려가 있다 인민군이
점령하면서 전북도당 소속으로 빨치산에 합류한다. 소대장 임무를 맡
은 이태는 겨우 기본교육을 받고 첫 전투에 나선다.

　변변한 전투복도 없고 계급장도 없다. 당성이나 전투의지도 별로다.
그곳에서 이태는 일찍이 부모를 여의고 대전도립병원에서 간호사로 일

하다 간호부대에 편성된 박민자(최진실)를 만난다. 민자의 오빠는 국군으로 입대해 전투에서 죽는다. 이태는 독백처럼 "오빠를 죽인 인민군과 한 편이 돼서 일하는" 민자를 통해 전쟁의 모순을 알린다.

첫 전투에서 총알이 스치는 부상을 당한 이태를 민자가 치료하면서 두 사람은 연인사이로 발전한다. 배속받은 부대로 이동하면서 산간마을에서 밥을 얻어먹고 남은 김치 한 조각을 둘로 나누고 가랑잎 속에서 포옹하기도 하고 토벌대의 기습으로 위기도 맞지만 무사히 탈출한다. 민자는 헤어지면서 만년필을 선물로 준다. 이태는 그 펜으로 "그대는 나와 운명을 달리 한다."는 바이런의 시를 써준다.

이후 목숨을 건 전투는 계속된다. 마을을 사이에 두고 총격전이 대단하다. 그때 개 한 마리가 싸움의 중간으로 끼어들고 아이가 개를 쫓아간다. 양쪽은 사격을 멈추고 서로 이쪽으로 오라고 소리 지른다. 갈등하던 아이는 "싸게 오라."는 엄마의 소리를 듣고 뛰어간다.

잠시 전투를 멈춘 국군과 빨치산은 '두만강' 노래를 부르면서 서로 산돼지 새끼들, 노란 개새끼들 등 가벼운 욕을 해대면서 같은 말을 쓰는 한민족이라는 사실을 깨닫는다.

전쟁이 길어지면서 틈틈이 사색에 잠기고 시를 읽고 편지를 쓰는 빨치산 김영(최민수)의 인간미가 그려지고, 소년병(임창정)이 두려움에 떤다. 인간이 죽음 앞에서 두려움을 느끼는 것이 죄악인가 하는 그들답지 않은 고민을 하기도 한다. 빨치산 간부(트위스트 김)는 해방지구 안에서 밀고한 경찰관 부인을 겁탈했다 스스로 권총자살을 한다.

조국과 인민을 배신한 죽음 앞에서 동료들은 환영의 박수를 친다. 전쟁이 장기전으로 접어들면서 국군의 압도적인 화력 앞에서 빨치산들은 고전을 거듭한다. 겨울은 가지 않고 아직 봄은 오지 않은 지리산은 죽고 죽이는 피비린내도 다 용서한다는 듯이 장엄하고 때로는 사무치도록 아름다운 산하를 보여준다.

연합군은 38선을 따라 북상하고 빨치산은 소백산맥을 따라 이동한다. 보급부대의 지원이 시원치 않아 진달래꽃을 따먹으면서 버티는 빨치산들은 급성 전염병인 재귀열로 고열과 통증에 시달리면서 수많은 희생자를 낸다. 겨우 목숨을 유지하고 있는 야전 부상병동에 민자가 아스피린 6개를 보내온다.

이때쯤 베일에 가린 남부군 총사령관 이현상의 전언이 하달된다. 51년 남덕유산에 모인 빨치산의 일부는 남부군에 합류하면서 죽음에 한 발 더 다가간다.

지리산 깊은 계곡이 장관이다. 물은 맑고 폭포소리는 시원하다. 남부군들은 발가벗고 목욕한다. 간호부대 여성들 역시 올 누드다. 항일운동가이며 철저한 공산주의자였고 민족주의자였던 이현상은 이들에게 남한 혁명의 고독한 투사가 되라고 격려한다.

지리산 골짜기가 함성으로 가득하다. 남부군에게 지리산 은석봉 경찰 보루대를 격파하라는 명령이 떨어진다. 하지만 포 사격을 하기에는 민간인들이 밀접해 있다. 빨치산들은 민간인을 소개하고 포 공격을 하는 신중한 작전으로 많은 희생자를 낸다.

여기에 여전사 김희숙(이혜영)이 등장한다. 아버지는 반란사건 때 청년단에 맞아 죽고 어머니는 빨갱이 매타작으로 죽기 직전이다. 복수를 위해 산사람이 된 희숙은 혁혁한 전과를 올리면서 이현상의 훈장도 받고 대대장으로 활약이 대단하다.

이들은 전선을 혼란시켜 국군의 진격을 막는다. 정치국 소속이 된 이태는 피 끓는 연설문을 쓰지만 의욕만으로 전쟁을 할 수는 없다. 하얀 눈 위로 빨치산들의 붉은 피가 튄다.

굶어 죽고 얼어 죽고 병 걸려 죽고 총 맞아 죽고, 그렇게 빨치산들은 토벌대에 의해 지리산에서 궤멸된다. 16개월 후 휴전협정이 체결됐지만 빨치산에 대한 고려는 전혀 없었다.

정지영 감독은 영화를 통해 이름 없이 사라진 빨치산들의 죽음과 그 죽음을 통해 우리의 비극적인 현대사를 조명하고 있다.

엄혹한 시대, 무섭고도 두려운 영화 〈부러진 화살〉(2011)을 겁 없이 만든 정지영 감독의 역사의식이 남부군에 고스란히 녹아 있다. 자살로 생을 마감한 최진실의 눈부신 연기를 더는 볼 수 없다는 사실이 또 다른 아픔이라면 아픔이다.

내가 가는 곳은 어디인가

I Know Where I'm Going!, 1945

MOVIE

국가 | 영국
감독 | 마이클 포웰, 에머릭 프레스버거
출연 | 웬디 힐러, 로저 리브시

떠나야 할 때를 알고 떠나는 사람의 뒷모습이 아름다운 것처럼 정해진 곳을 알고 가는 사람의 모습 역시 아름답다.

마이클 포웰과 에머릭 프레스버거 감독의 〈내가 가는 곳은 어디인가〉는 어려서부터 자신이 갈 곳을 정확히 알고 가는 한 여성의 사랑에 관한 이야기다.

조안(웬디 힐러)은 1살 때부터 그러니까 기어 다닐 때부터 어디로 가야 할지를 정확히 알았다. 왼쪽이나 오른쪽이 아니고 바로 직진하는 것이다. 5살 때 글을 쓸 줄 알았고 12살이 되기 전 인조 실크일망정 스타킹을 얻었고 다른 애들이 버스를 기다릴 때 우유배달 마차를 얻어 탔다.

18살에 직장인이 돼서는 원하기만 하면 일주일에 두 번은 남자와 함께 영화를 볼 수 있지만 최고급 호텔에서 먹는 저녁을 더 좋아했다. 25살이 돼서는 아빠뻘의 남자와 결혼하기로 한다.

은행지점장인 아버지는 검소하지만, 조안은 사랑보다는 영국 최고의 갑부 중 하나인 남편의 돈을 택한다.

나이가 많다는 아빠의 지적에는 "어때서?"라고 반문하면서 약혼을 의미하는 다이아몬드를 낀 손을 보여준다. 걱정하는 아버지에게 "아빠, 걱정하지 말아요, 저는 제가 가는 길을 알아요."라고 안심시킨다.

그리고 결혼을 하기 위해 집을 떠난다. 기차 여행 후 목적지인 킬로 란 섬으로 가기 위해 근처 어느 섬에 잠시 묵는데 날씨가 고약하다. 비바람이 불고 파도가 치고 하늘은 잔뜩 흐려있다. 눈으로 보면 보일 정도로 가까운 곳이지만 배는 묶여 있고 내일로 예정된 결혼식에 참 석하기가 어렵다. 30분이면 갈 수 있으나 자칫 몇 초 만에 저세상 사 람이 될 수도 있는 날씨가 발목을 잡는다.

호텔에 머물면서 조안은 역시 섬에서 휴가를 보내기로 한 군인 맥닐 (로저 리브시)의 유혹에 그만 한눈을 팔게 되고, 더 묵게 되면 그를 사랑 할 수밖에 없다는 판단에 따라 돈으로 한 젊은이의 배를 산다. 결혼 할 애인이 있는 젊은 뱃사공은 4~5년 뒤가 아니라 당장 결혼하고 싶 은 나머지 죽을 각오를 하고 배를 띄운다.

뒤늦게 배가 떠나는 것을 안 맥닐은 같이 배에 올라타는데 소용돌 이 근처에서 배는 엔진 고장을 일으킨다. 결혼식에 입을 웨딩드레스 가 바다에 빠진다.

절체절명의 상황에서 맥닐은 배를 고쳐 다시 섬으로 돌아온다. 조 안은 자신이 가야 할 길이 돈 많은 갑부를 따라가는 것이 아닌 자신 을 진정으로 사랑하는 맥닐과 함께 하는 것이라는 것을 안다. 두 사 람은 저주를 풀듯 오래된 고성에서 깊은 키스를 한다.

영화에서 조안의 결혼상대 남자는 한 번도 얼굴을 비치지 않는다. 다만 그가 돈은 많지만 인격적으로 덜 성숙됐다는 것을 버스를 탄 사 냥꾼의 입을 빌려 말한다. 그에 반해 맥닐은 용모가 준수하고 점잖은 신사로 나온다.

둔한 눈치의 관객이라도 두 사람의 사랑이 엮이게 되리라는 것을 짐작할 수 있는 대목이다. 폭풍우가 치는 바다 한가운데서 나뭇잎 같은 목선의 위태로운 모습은 당시 어떻게 저런 모습을 촬영했을까 하는 감탄을 자아내게 한다.

내시

内侍, 1968

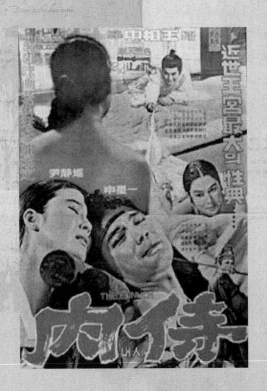

| MOVIE

국가 | 한국
감독 | 신상옥
출연 | 윤정희, 신성일, 박노식, 남궁원, 도금봉

알맹이도 없고 씨도 없는 쭉정이 사내를 천하게 불러 '내시'라고 했다. 내시는 구중궁궐 깊숙한 곳에 살면서 상감마마를 보필하고 정사를 도왔다. 간혹 중국 역사에 등장하는 '십상시'처럼 간신배 역할을 하면서 역사의 중추인물로 부상하기도 한다.

조선조 13대 임금 명종 시대. 새로운 내시들을 훈련시키는 내시감(박노식)의 호령이 서릿발 같다. 혹 있을지 모를 역적질에 대비해, 귀하신 분이라 빨리 달릴 수 없는 임금을 등에 업고 피신시키기 위해 하는 훈련이다.

훈련생 중에는 정호(신성일)도 있다. 하급양반에 속했던 정호는 애초 내시에 지원한 것은 아니다. 자옥(윤정희)을 사랑한 죄로 김참판(최남현)의 졸개들에게 강제로 불알이 발려 내시가 된 경우다.

내시가 됐어도 두 사람은 여전히 사랑하는 사이다. 김참판은 가문의 영광과 자신의 출세를 위해 자옥을 임금(남궁원)의 후궁으로 밀어 넣는다. 이때 자옥의 몸종(김혜정)도 같이 입궐하고 임금은 자옥 대신 '종년'을 품는다. 사사건건 정사에 간섭하며 세자를 빨리 낳으라는 대비(윤인자)의 섭정에 대한 반발심 때문이다.

종년에서 일약 후궁 신분으로 상승한 몸종은 주인 자옥을 박대하는 악녀가 되고 자옥은 사랑의 힘으로 꾀병을 부리며 수청 들기를 거부한다.

감히 왕명을 거부한 자옥의 운명은 이때 이미 결정 난 것이나 다를 바 없다. 화가 머리끝까지 오른 임금은 내시 정호를 창문 앞에 세워 두고 자옥을 겁탈하는데 자옥의 신음소리를 문틈으로 듣는 정호의 몸부림은 비록 씨 없는 수박이지만 사내의 슬픈 분노가 온몸으로 사무쳐 온다.

한편 후궁들을 관리하는 상궁(도금봉)은 자옥의 자태에 반해 뺨을 부비고 가슴을 만지고 입술을 대는 등 동성애를 시도해 관객들의 숨소리를 멎게 하지만 자옥은 상궁에는 도통 관심이 없다.

"자옥아, 여기 궁중에서는 상감만 빼고는 모두 외로운 사람들이다, 내가 싫으냐, 자옥아!"라고 울부짖으며 자기 몸을 만지는 상궁의 달뜬 얼굴이 깊이를 알 수 없는 여인의 욕정을 짐작케 한다.

내시감의 도움으로 살아서는 못나간다는 궁을 탈출한 정호와 자옥은 소쩍새 울음소리가 나는 깊은 산속에서 서로 사랑한다. 하지만 그 사랑이 온전하겠는가.

있어야 할 물건을 거세당한 정호는 이미 사내 맛에 길들여진 자옥을 만족시킬 수 없자 거친 분노를 표출하고 그런 정호를 자옥은 여전히 사랑의 힘으로 이끈다. 하지만 왕의 추격대가 정호를 처참하게 죽이고 자옥은 다시 궁으로 끌려 들어간다.

이때 스스로 간택된 자옥 역을 맡은 윤정희의 눈빛은 요염한 계집아이로 돌변한다. 몸 따로 마음 따로가 아니다. 몸은 여기 있지만 마음은 정호에게 가 있는 것이 아니라 몸과 마음도 온전히 왕에게 있는 것이다.

꺼지기 직전의 촛불이 가장 화려하듯 임금과 자옥은 뜨거운 육체를 마음껏 불태우는데 임금에게는 오늘이 바로 제삿날이다. 입속에 독침을 품고 있던 자옥은 절정의 순간에 자신의 몸 위에 올라와 있던 임금의 뒷목에 깊숙이 침을 꽂아 넣는다. 임금도 죽고 자옥은 자살한다.

남궁원과 몸을 섞을 때 보여주는 윤정희의 '치명적인 눈웃음'은 영화가 끝나고 나서도 좀처럼 잊혀지지 않는다.

신상옥 감독은 〈내시〉로 한국의 대표감독의 위상을 확고히 다진다 (1953년 당시 최고의 여배우였던 최은희와 결혼했다. 1978년 납북된 후 북에서 활동하다 1986년 탈출해 세간의 화제가 되기도 했다. 2006년 79세로 사망했다).

'내시'라는 발칙한 단어를 제목으로 삼을 만큼 도전적인 이 작품은 한국영화의 황금기인 60대를 더욱 풍성하게 하는 데 일조했다.

국도극장 단일관에서 상영된 이 영화는 당시 32만 명이라는 파격적인 관객 동원에 성공했다. 언론은 우리 영화를 세계 수준으로 끌어올린 설명이 필요 없는 영화예술의 최고봉이라고 칭찬을 아끼지 않았다.

한문투성이의 자막과 일부러 강약을 조절해서 내는 해설자의 설명, 작은 먼지 같은 점점이 빛, 번쩍이는 컬러화면, 화려한 칼싸움이 볼만하다.

내일을 향해 쏴라

Butch Cassidy and the Sundance Kid, 1969

MOVIE

국가 | 미국
감독 | 조지 로이 힐
출연 | 폴 뉴먼, 로버트 레드포드, 캐서린 로스

실화를 바탕으로 했다는 영화들은 더 솔깃해지는 것이 사실이다. 1890년대 미 서부에 전설적인 갱들이 살았다. 치안은 부실하고 악당들의 명성은 자자했다.

조지 로이힐 감독은 〈내일을 향해 쏴라〉에서 신문에도 난 실제 인물인 부치 캐시디(폴 뉴먼)와 선댄스 키드(로버트 레드포드)를 등장시켜 남자들의 우정과 갈등 그리고 위기를 극복하는 버디영화(주로 동성인 두 명을 등장시켜 풀어나가는 영화장르. '친구'라는 뜻의 'buddy'에서 나왔다.)의 신기원을 열었다.

역대 최강의 콤비(폴 뉴먼과 로버트 레드포드는 73년에 나온 극적인 반전이 돋보이는 도박영화 〈스팅〉으로도 단짝을 이룬다.)로 불리는 두 사람은 관객들을 울고 웃기고 배꼽을 빼게 하면서 나쁜 놈을 선한 놈이라고 판단하게 만드는 기묘한 재주를 부린다.

한 여자 에타 플레이스(캐서린 로스)를 동시에 사랑하고 동시에 잠자리를 함께 하는데도 여자에 대한 질투는 없다. 그렇다고 색을 싫어하는 것도 아니고 오히려 좋아하는 편인데도 이런 관계를 지속한다.

이들의 주특기는 은행털이다. 심심하면 열차도 터는데 턴 열차를 연속으로 털기도 한다. 실패는 없다. 추격대가 쫓아오지만 "저 친구들은 누구야?" 하고 시니컬하게 응수하면 그만이다.

서부에서 싫증이 나면 말 타고 국경을 넘으면 된다. 참 세상 편하게 산다. 죽었어도 영원히 살아있는 혁명가 체 게바라의 안식처 볼리비아가 강도질하기 적당한 곳으로 꼽힌다.

에타는 망설임이 없다.

"나는 스물여섯이고 미혼에 학교 선생님이다. 인생의 즐거움을 이제 막 알기 시작했다."

"그래서 못 간다고? 오, 노." 다음 말을 들어보자.

"아니, 함께 갈 거야. 징징거리지 않을 거고 너희들 양말도 꿰매 주고 상처 나면 치료해 주고 뭐든 다 한다."

"뭐든 다 한다고?"

"단, 한 가지 너희들 죽는 것은 보고 싶지 않다."

얼마나 쿨한 여자인가(이런 여자 어디 없나).

그런데 문제가 생겼다. 그 나라 말이 안 된다. 강도질 언어가 세계 공통어가 아닌 이상 인질극에 필수적인 '움직이지 마, 손 들어, 벽에 붙어' 정도는 해야 하는데 입이 떨어지지 않는다. 에타는 역시 선생이다. 가르친다. 그리고 멋지게 성공한다.

공돈이 생겼으니 써야 한다. 화려한 식사는 기본이다. 인생 뭐 있나. 돈 있으면 먹고 없으면 총질하면 된다.

피가 튀고 살점이 찢기고 방금 전까지 살아 있던 사람이 죽어도 슬프기보다는 웃음이 나온다. 경쾌하다. 사람을 죽인 악당이 더 살았으면, 그래서 더 많은 악당질을 했으면 하는 생각이 들어도 이상할 게 없다.

그러나 이들에게도 끝이 있다. 죽음의 순간이다. 마지막에도 두 사람은 그들답게 어디로 갈 것인지 티격태격한다. 이들에게 내일은 호주다.

멋지게 탈출해 흰 백사장과 푸른 바다 넘실대는 해변에서 한 여자를 사이에 두고 두 남자가 맥주를 홀짝이며 호탕하게 웃는 모습을 보고 싶다(하지만 영화는 여기까지는 보여주지 않는다).

'내일을 향해' 쌍권총을 쏘는데 영화는 개죽음 직전에 멈춘다. 마무리로 최고의 장면이라는 찬사를 받을 만하다.

시대를 앞서간 영화만큼이나 유명한 주제가 'Raindrops Keep Falling On My Head'가 나올 때 치마 입은 여자를 앞세우고 자전거를 타는 장면은 멋진 자연과 어울려 한 폭의 그림을 만든다(그런데 그 장면에서 비는 안 오고 해는 반짝인다).

남자도 귀엽고 깜찍할 수 있다는 것을 보여준 로버트 레드포드는 '선댄스'라는 이름을 걸고 1985년 잠재력 있는 영화인의 발전과 후원을 위해 협회를 만들고 매년 영화제를 개최하고 있다. 연기만 잘 하는 것이 아니라 하는 짓도 봐줄만 하지 않은가.

네 멋대로 해라
A Bout de Souffle, 1959

🎬 MOVIE

국가 | 프랑스
감독 | 장 뤽 고다르
출연 | 쟝 뽈 벨몽도, 진 세버그

개선문 광장에는 멋진 차들이 넘쳐나고 부유한 남녀들은 에펠탑 주변에서 여유롭다. 1960년대 프랑스는 돈과 자유와 사랑 빼면 남는 게 없는 것처럼 보인다. 너무 여유롭고 느긋한 젊은 갱 미셸(장 뽈 벨몽도)은 훔친 차를 몰고 가다 차 안에 있는 권총으로 추격해온 경찰을 살해한다.

미셸은 불만투성이며 제멋대로다. 여자들은 왜 돈이 없느냐고 짜증을 부리고 신문을 사고는 돈도 안 내고 그냥 도망가고 5만 프랑을 꿔달라고 여자를 귀찮게 하고 뜻대로 되지 않자 지갑에서 돈을 훔치기도 한다.

그리고 소르본대학에 입학하기 전까지 거리에서 《뉴욕 헤럴드 트리뷴》 파리판을 팔고 있는 미국인 패트리샤(진 세버그)를 찾아가 파리는 지겹다며 로마로 가자고 꼬드긴다. "여자 옆에서 자는 것보다 여자 옆에서 깨는 것이 좋다."거나 "너랑 헤어지고 나서 두 명의 여자를 만났지만 흥이 나지 않았다." "너와 같이 보낸 시간이 3일이 아니고 5일"이라고 우기고 "왜 브래지어는 하지 않느냐?"고 따진다. 아이들을 도와달라는 행상인의 도움 요청에는 나는 노인을 좋아한다고 매정하게 돌아선다.

하는 짓은 이 정도이고 생긴 것은 어느 평론가 말마따나 "보는 사람을 최면에 빠지게 할 정도"이니 미셸이 어떤 종류의 인간인지는 알 만하다.

패트리샤는 머리를 아주 짧게 깎은 것 말고는 그렇게 밉상도 아니다. 대학에 입학할 정도로 지적이고 쇼팽이나 모차르트 등 고전음악에 조예가 있고 문학에도 일가견이 있으며 신문사의 요청에 따라 작가를 인터뷰하기도 한다.

그런데 패트리샤는 미셸의 아기를 임신한 것 같고 그가 살인자라는 것을 알고 이름도 가명을 쓴다는 것을 눈치 챘으면서도 어울린다. 시쳇말로 표현하면 너무 쿨한 여자라고나 할까.

한편 미셸은 돈이 궁해 화장실에서 두 번째 살인을 하고 경찰은 그를 추격한다. 도망가는 와중에도 미셸은 흰색의 포드 컨버터블을 훔치고 훔친 차로 두 사람은 파리를 여유롭게 돌아다닌다.

호텔에서 두 사람은 같이 자자, 못 잔다 티격태격 하기도 하고 서로 스킨십을 하다가 따귀를 때리고 맞더니 마침내 한 이불속으로 낄낄거리며 파고든다. 이 과정에서 쿨한 대화들이 당시를 놀라게 한 '점프 컷' 기법만큼이나 볼거리를 제공한다.

이를 테면 "왜 쳐다보는데?" 하고 물으면 "쳐다보니까 쳐다본다."거나, "나 없인 못산다고 했지만 너는 로미오가 아니라서 잘만 살 거다."라거나, "8까지 셀 때까지 안 웃으면 목을 조르겠다."고 협박하다가 다 세도 안 웃자 "넌 비겁해서 웃을 거다."라고 웃게 만들고 "네가 미인이라서 같이 자고 싶다."고 말하자 "난 추녀야."라고 받아치고 "눈을 맞춰도 소용없다."고 말한다.

미셸은 다른 남자가 만져도 괜찮냐고 같은 말을 되풀이하고 손가락을 꼽아 보면서 7명의 남자와 잤다고 말하는 패트리샤에게 어쩔 수 없는 남자의 속물근성을 보이기도 하지만 그렇다고 그걸 꼬투리 삼지도 않는다.

"이젠 포기하거나 두 배로 받아야 한다거나 우리가 이야기할 때 나는 내 이야기만 했고 너는 네 이야기만 했다, 서로에 대해서 얘기했어야 했을 때."

이런 가볍기도 하고 의미심장한 말을 하고 웃고 떠들고 만지고 때리고 잠자고 시시덕거린다.

작가의 기자회견장에서도 말의 성찬은 계속된다. "사랑 빼면 믿을게 있느냐." "미국 여자는 남자를 지배하는데 프랑스 여자는 아니다." "여자는 잘해 주면 다 넘어간다." "세상에는 중요한 게 두 가지 있는데 남자들에게는 여자들이, 여자들에게는 돈이 중요하다." 등등. 패트리샤는 다시 미셸을 만나고 미셸이 신문과 우유를 사러 나온 사이에 경찰에 그를 밀고하고 밀고한 사실을 미셸에게 말한다.

"사랑을 확인하기 위해 같이 있었지만 남이 내 인생에 개입하는 것이 싫다."며 "사랑하지 않으니 떠나."라고 말한다. 밖으로 나온 미셸은 도망치다 경찰의 총에 맞는다. 쓰러질 듯이 하다가 쓰러지지 않고 잘도 버티던 미셸은 더 버티면 영화가 이상해진다는 생각이 들 때쯤 쓰러진다. 입에서는 담배 연기 같은 것이 나오는데 죽을 때까지도 엄청나게 담배를 피워댔다는 사실을 관객들은 한 번 더 깨닫는다.

장 뤽 고다르 감독의 데뷔작인 정말 멋진 영화 〈네 멋대로 해라〉는 대다수 평자들이 왜 현대영화의 시작점이라고 하는지 보면 볼수록 고개가 끄덕여진다. 적어도 세 번 정도는 봐야 직성이 풀릴 만큼 당시는 물론 지금도 영화사의 걸작으로 남아 있다.

'남녀의 사랑이 이처럼 쿨하고 잔인할 수 있을까?'

한편 진 세버그에 관한 책도 최근에 나왔다. 45살의 로맹 가리와 21살의 진 세버그는 각각 부인과 남편이 있었음에도 깊은 사랑에 빠졌다. 책에 의하면 둘은 만나자마자 서로에게 강하게 끌렸다고 한다. 둘은 각자 이혼 후 결혼했으나 결국 갈라섰다. 진 세버그가 약물중독으로 사망하고 그 1년 뒤 로맹 가리는 권총자살로 생을 마감했다.

네트워크

Network, 1976

▣MOVIE

국가 | 미국
감독 | 시드니 루멧
출연 | 피터 핀치, 페이 더너웨이, 윌리엄 홀든

방송국의 시청률 싸움은 예나 지금이나 변한 게 없다. 과거에는 안 그랬다는 생각은 순진하다. 시드니 루멧 감독의 〈네트워크〉는 시청률에 관한 이야기다.

　뉴스 앵커 하워드 빌(피터 핀치)은 시청률이 떨어지자 해고당한다. 예고 방송에서 하워드는 자신이 자살할 것이라고 말한다. 시청자들의 반응은 뜨겁다. 고별방송에서도 방송에 부적절한 언사가 동원된다.

　그와 절친인 방송 제작국장 맥스(윌리엄 홀든)는 노심초사한다. 하지만 프로그램 기획자 다이아나(페이 더너웨이)는 상사인 프랭크 하켓(로버트 듀발) 등과 의기투합해 하워드를 계속 진행자로 놔둔다.

　시청률 때문이다. 시청률이 상승하자 방송국은 하워드가 무슨 말을 하든 개의치 않는다. 오히려 부추긴다. 그는 거침이 없다. "나의 분노는 극에 치달았다. 더 이상 참을 수 없다, 분노를 폭발시켜라."라고 외친다. 시청자들은 생방송으로 진행되는 이 뉴스를 보면서 창문을 열고 외친다. "나의 분노는 극에 달했다."

　뉴스는 대성공이다. 시청률은 치솟고 방송국 매출이 올라간 경영진은 기분이 좋다. 그러나 달이 차면 기우는 법. 하워드의 진술한 방송도 어느 새 식상해지고 시청자들은 그를 외면한다.

　여기에 추악한 음모가 더해지면서 방송은 막장으로 치닫는다. 실제

방송 중 테러리스트가 하워드를 살해하도록 방송 제작진은 스튜디오 뒤에서 작전을 짠다.

한편의 코미디 같기도 하고 모양새 좋은 드라마 같기도 한데 살해되는 장면에서는 오싹 소름이 돋는 스릴러물 같기도 하다. 지루하기 십상인 소재로 이처럼 강렬한 영화가 탄생한 것은 〈12인의 노한 사람들〉을 감독한 시드니 루멧의 탁월한 감각 때문이다.

속도감 있는 진행, 의미 있는 대사가 한시도 눈을 떼지 못하게 하며 생존을 위한 방송국 고위 간부들의 배신과 술수는 지금 보아도 여전히 사실 그 이상이다. 시청률의 노예가 된 경영진과 제작진의 배후는 오직 더 큰 자극만을 바라는 시청자들이다. 바보상자에서 자석처럼 붙어 있는 오늘날 우리들은 막장 TV의 주범임을 부인할 수 없다.

노인을 위한 나라는 없다
No Country for Old Man, 2007

MOVIE

국가 | 미국
감독 | 코엔 형제
출연 | 하비에르 바르뎀, 조슈 브롤린, 토미 리 존스

이 정도는 돼야 사이코패스라고 하겠다. 이유 없이 사람을 죽인다. 자신에게 호의적인 사람도 죽인다. 동전을 던지고 나서 죽인다. 죽이는 것이 밥 먹는 것처럼 자연스럽다. 그에게 죄책감은 없다. 킬러가 갖추어야 할 모든 것이 다 있다. 명확한 두뇌와 빠른 상황 판단력, 감정에 휘둘리지 않는 냉혹함.

코엔 형제의 〈노인을 위한 나라는 없다〉는 살인청부업자에 관한 이야기다. 인정사정 볼 것 없는 잔인한 킬러 안톤 시거(하비에르 바르뎀)는 자신이 사람을 죽이면서도 왜 죽이는지 모른다. 아니 알고 싶지 않다. 그냥 죽일 뿐이다. 방금 전까지 살려 달라고 애원하던 사람이 싸늘한 시체가 돼서 고꾸라져 있지만 그의 표정은 살인 전과 후가 다르지 않다. 다만 옷에 피가 튈 때 잠깐 미간을 찌푸릴 뿐이다.

살고 싶다면 우연이든 필연이든 그와 마주치는 것을 피해야 한다(어떤 장면이 나와도 놀라서는 안 된다. 더 놀라운 일들이 계속 나오기 때문이다). 스토리는 단순하지만 짜임새는 강하다.

미국 텍사스 사막지대에 사냥을 나온 모스(조슈 브롤린)는 이미 상황이 끝난 처참한 살인현장을 목격한다. 죽어가는 부상자가 물을 달라고 애원하지만 외면하고 돈 가방을 챙겨 들고 젊고 예쁜 아내가 있는 집으로 간다. 집에 가서 돈을 조금씩 쓰면서 인생을 즐기면 그럭저럭 해피엔딩인데 그렇게 하면 영화는 재미없다.

일이 되려고 그랬는지 모스는 살인을 저지르지 않고도 물병을 들고 살인자처럼 살인현장을 다시 찾는다. 여기서부터 일은 꼬인다. 그는 도망자 신세다.

그를 쫓는 시거와 시거를 쫓는 늙은 보안관 벨(토미 리 존스)의 삼각관계가 볼수록 가관이다. 벨은 코엔 형제의 전작 〈파고〉에 나오는 만삭의 형사 마지 군더슨처럼 어수룩해 보이고 굼뜨지만 베테랑답게 조금씩 유머를 흘리면서 사건의 실체에 접근한다. 하지만 실타래는 쉽게 풀리지 않는다.

그 와중에 킬러는 산소통을 들고 다니며 연쇄살인의 숫자를 불려나간다. 이마에 구멍이 났는데 뚫린 흔적은 없고 총알도 없는 이 기괴한 살인사건은 미궁으로 점차 빨려 들어간다.

모스가 잡히면 영화도 끝날 텐데 아직 시간은 많이 남아 있다. 보통내기가 아닌 모스는 따돌리고 숨는 데 잔재주가 대단하다.

영화 제목만 보면 복지혜택의 사각지대에 몰려 위기에 처한 노인들의 이야기인 것처럼 보인다. 젊은 세대에 치받혀 눈치만 보는 생산력 없는 잉여인간들의 애달픈 자화상을 그린 애잔함이 흐르는 슬픈 영화처럼 보인다. 하지만 그런 것과는 연관이 있는 것 같기도 하고 없는 것 같기도 하다. 궁금하면 영화를 보시라.

영화를 보고 나서 극장을 나설 때 뒷덜미가 섬뜩하다면 뒤돌아 봐서는 안 된다. 죽이는 머리 스타일을 하고 산소통을 든 소통이 불가능한 스크린 사상 희대의 살인마 시거가 쳐다봤다고 죽이고 외면했다고 죽이고 재수 없게 생겼다고 죽일지도 모르기 때문이다.

가던 길을 그냥 간다고 살아난다는 보장은 없지만 그래도 그냥 가는 것이 살 수 있는 확률이 높다. 뒤통수 공격은 치사해서 될 수 있으면 피하는 게 사랑받기보다는 죽이기 위해서 태어난 시거의 유일한 인정이기 때문이다.

〈파고〉가 10점 만점에 9점이라면 〈노인을 위한 나라는 없다〉는 10점 만점에 만점을 주고 싶다. 세상의 관객은 코엔 형제가 있으므로 행복하고 그가 만들면 걸작이 되는 영화는 기다리는 마음이 된다.

심장이 울리는 음악이 없이도 팽팽한 긴장감은 밤하늘의 불꽃처럼 수없이 터진다.

닥터 지바고

Doctor Zhivago, 1965

MOVIE

국가 | 미국
감독 | 데이비드 린
출연 | 오마 샤리프, 줄리 크리스티

남자가 묻지 말아야 할 것은 여자의 과거다. 어처구니없이 이런 질문을 받았다면 사실 여부와 상관없이 여자의 대답은 무조건 '노'다. 이는 동서고금을 통한 진리다.

데이비드 린 감독의 〈닥터 지바고〉에서 주인공 라라(줄리 크리스티)는 결혼 첫날밤 이 같은 질문을 받는다. 엄마에게는 단호히 "노."라고 말했던 라라는 남편 파샤(톰 커트니)에게 과거를 털어 놓는다.

두 사람의 사랑이 온전할 리 없다. 혁명의 거대한 꿈을 꾸고 있는 남자라도 사랑하는 여자의 과거 앞에서는 무력하다.

대학에서 의학을 공부한 지바고(오마 샤리프)는 라라에게 이런 질문을 절대 하지 않는다. 다른 사람을 위해서 의사가 되고 자신을 위해서 시인이 된 이 사내는 물어야 할 것과 묻지 말아야 할 것을 안다. 두 사람이 불같은 사랑을 할 것이라는 예감은 적중한다.

라라의 첫 상대는 엄마의 정부 코마로프스키(로드 스테이거)다. 17살이 되던 생일날 라라는 엄마의 정부를 따라 나선다. 그를 증오하면서도 남자의 맛에 길들여진 라라는 그의 수중에서 좀처럼 빠져 나오지 못한다. 코마로프스키는 라라가 그 나이 또래의 여자와는 확실히 다르다는 것을 안다. '뜨거운 여자' 라라는 그에게서 도망칠 수 없다.

지바고의 아버지는 그가 8살 때 생을 마감했다. 아버지를 파산하게 하고 달리는 열차에서 뛰어내려 자살로 이끈 사람은 공교롭게도 코마로프스키다.

지바고는 요오드를 먹고 음독자살을 시도한 라라의 엄마를 치료하면서 라라를 처음으로 만난다. 라라는 파티장에서 코마로프스키에게 권총을 발사하고 지바고는 환자를 치료하면서 두 번째로 라라와 만난다.

지바고는 자신을 입양한 집안의 딸 토냐(제랄딘 채플린)와 결혼한다. 이즈음 러시아는 혁명의 불길에 휩싸인다. 사랑에 괴로워하던 라라의 남편은 전선으로 가고 지바고 역시 군의관으로 독일군과 맞선다.

부상을 당한 지바고를 라라가 치료하고 두 사람은 세 번째로 만난다.

하지만 아직 사랑은 가슴속에만 불타오른다. 두 사람은 각자 자식과 아내가 있는 우랄산맥으로, 모스크바로 간다.

모스크바는 황제를 축출한 볼셰비키(다수파라는 뜻으로 레닌을 지지했다. 러시아 혁명 후 소련의 정치를 주도했으며 반대말로 멘셰비키가 있다.) 혁명세력이 장악했다.

지바고의 넓은 집은 수용돼 6가구가 공동생활을 한다. 토냐를 사랑하는 지바고의 친구는 그 지역 병원장이 됐고 지바고는 전염병이 도는 병동에서 환자를 돌본다. 시대는 변했지만 지바고는 여전히 시를 쓴다.

그는 반동분자로 낙인찍혀 총살형을 당할지 모른다. 대학에서 쫓겨난 장인과 가족들은 오래전에 살았던 우랄산맥의 고향으로 쫓겨났다. 우랄산맥에는 먼저 간 라라가 있다. 두 사람이 아니 만날 수 없다.

네 번째 만남에서 두 사람은 비로소 육체와 육체, 부드럽고 예민한 살과 살의 만남을 한다.

늦바람이 무섭다고 두 사람은 한 시도 떨어질 수 없다. 왔던 길로 되돌아갈 수 없다. 라라의 딸까지 세 사람은 행복하다. 남편을 배신하고 아내의 가슴에 구멍을 뚫은 이 행복, 오래갈까.

지바고는 라라를 만나고 돌아오는 길에 빨치산에 납치당한다. 토냐는 라라가 사는 집을 찾아간다. 극적으로 탈출해 라라가 있는 집으로 돌아온 지바고는 라라와 한 번 더 운명과 같은 사랑을 나눈다.

욕조에서의 사랑은 자극적이라기보다는 어떤 숭고한 인류의 행위처럼 느껴질 정도다. 그 장면에서 관객들은 누구나 푸른 눈의 라라가 되고 시인 지바고가 되는 환영을 본다.

3시간이 넘는 영화의 줄거리를 계속 옮기는 것은 독자모독이다. 분명한 것은 사랑을 아는 사내라면 죽기 전에 단 한 번만이라도 라라와 같은 여자를 만나 보는 것이다. 살아생전에 꼭 한 번만이라도 지바고와 같은 남자의 품에 안기고 싶은 열망이 있다면 사랑을 아는 여자다.

"당신은 라라를 닮았네요." "당신은 지바고 같은 사람이에요."라는 말을 듣는다면 그 사람은 인생에서 최고의 칭찬을 받은 것이다(좀 과했나).

하지만 우리는 라라도 지바고도 아닌 봄날 창가에 비쳐지는 한 점 먼지와 같은 존재로 만족해야 한다.

장면 한 컷, 대사 하나하나는 마치 잘 만들어진 성벽처럼 빈틈이 없다. 어떻게 이런 영화를 만드는가. 그저 찬사를 보낼 뿐이다.

준수한 외모에 애수 어린 눈빛의 오마 샤리프와 지금 당장 죽어도 좋다는 듯이 빨아들이는 미소의 줄리 크리스티의 연기 또한 일품이다. 정숙한 여자와 창녀를 구별할 줄 아는 중년의 사내 로드 스테이거의 욕망에 들뜬 표정 또한 잊을 수 없다.

눈 덮인 시베리아의 광대함, 달리는 열차와 마차를 끄는 세 마리 검은말의 질주. 이 세상 누군가가 내 존재의 열쇠를 쥐고 있을지 모른다고 생각하면 지금 당장 이 영화를 봐야 한다.

러시아 혁명사를 읽거나 피의 일요일, 1905년 혁명, 내전 등의 내용을 알고 나면 영화가 더 잘 보인다. 소련 정부의 압박 때문에 노벨상을 거부한 보리스 파스테르나크의 『닥터 지바고』가 원작이다.

달콤한 인생

La Dolce Vita, 1960

MOVIE

국가 | 이탈리아/ 프랑스
감독 | 페데리코 펠리니
출연 | 마르첼로 마스트로얀니, 아누크 에메, 아니타 에크베르그,
　　　이본느 퍼노

1993년 늦가을, 〈달콤한 인생〉을 만든 이탈리아의 세계적 영화감독 페데리코 펠리니가 73살의 나이로 사망하자 〈비열한 거리〉(1973)의 마틴 스콜세지 감독은 이런 말을 했다.

　"펠리니는 죽지 않았다. 그는 그의 작품을 통해 살아 있다."

　이 정도 헌사라면 펠리니도 죽음을 그렇게 서운해 하지는 않았을 듯싶다.

　영화 〈달콤한 인생〉은 인생의 달콤함과는 거리가 멀다. 아니 그 반대인지도 모른다.

　헬기로 거대한 예수상이 옮겨진다. 시간은 정오경인 듯 비행기의 그림자가 로마 시내에서 일광욕을 하는 잘빠진 금발 여인들 옆으로 길게 늘어진다.

　기내의 남자 마르첼로(마르첼로 마스트로얀니)는 전화번호를 달라고 아래를 향해 소리친다. 여자들은 싫다고 말하지만 손을 흔들며 웃음 띤 얼굴이다. 싫지 않다는 표정이다.

　이 남자는 지금으로 치면 신문사 연예부 소속 기자다. 술집에서 만난 선글라스가 잘 어울리는 막달레나(아누크 에메)와 창녀의 집으로 가서 정사를 벌인다. 초반부터 이러니 이 남자의 관심은 여자라는 것쯤은 짐작이 간다.

집에는 그를 사랑하는 약혼녀 엠마(이본느 퓌로)가 있지만 눈 밖이다. 엠마는 독극물 자살을 시도한다. 마르첼로는 그녀를 병원으로 옮긴다. 그러나 그뿐이다.

공항에 기자들이 떼거리로 몰려 있다. 활주로까지 다가가는 기자들의 성화가 대단하다. 트랩을 내려오는 미국의 여배우 실비아(아니타 에크베르그)는 마릴린 먼로를 연상할 만큼 엄청난 가슴을 앞으로 내밀며 카메라 세례를 받는다.

포토라인도 없다. 공항은 순식간에 엉망진창이 된다. 여기에 마르첼로의 친구 파파라초(월터 산테소)도 끼어 있다. 실비아가 탄 차량이 겨우 아수라장을 빠져나왔나 싶지만 파파라초 일당은 계속 그녀를 쫓으며 연신 카메라 플래시를 터트린다.

클럽에서 마르첼로는 실비아와 블루스를 춘다. 그녀의 귀에 뜨거운 입김을 불어 넣으며 "당신은 천지창조 첫날의 첫 번째 여자"라고 유혹한다. 여자를 꼬드기려면 적어도 이런 표현 하나쯤은 알고 있어야 바람둥이 축에 낀다. 어떻게든 해보려는 마르첼로는 마침내 로마의 밤거리에서 실비아와 둘만의 시간을 갖는다.

실비아는 길 잃은 새끼고양이에게 먹일 우유를 찾고 마르첼로는 가게로 간다. 그 사이 실비아는 텅 빈 광장의 분수대로 들어가고 마르첼로도 뒤따라 물속에 따라 들어간다. 대단한 정성이다.

이 정도 했으면 조용한 호텔방에서 둘만의 달콤한 시간을 가질 법도 하건만 감독은 그것까지는 허락하지 않는다. 오히려 실비아의 술 취한 애인에게 얻어터지게 만든다. 달콤하려다 마는 이런 장면은 이후로도 계속된다.

정신적 스승이라고 할 만한 철학자 친구 스타이너(알레인 커니)는 사랑스런 남매를 살해하고 그 자신은 권총 자살을 한다. 마르첼로는 혼란에 빠진다. 거의 완벽한 인간이라고 여겼던 친구의 처지가 도무지 이해할 수 없다.

마르첼로는 아무것도 모르는 스타이너의 부인에게 경찰관과 함께 사건의 진실을 이야기하는데, 여기까지 파파라초 일당들이 쫓아와 야단이다. 유명한 여배우는 아니지만 충격적인 사건의 주인공이니 돈벌이가 될 법하기 때문이다. 제발 이번만은 동정을 보이라는 말은 이들에게는 통하지 않는다(파파라치라는 말이 여기에서 나왔다).

이 와중에 신을 보았다는 두 아이가 나타나 민심을 현혹한다. 알고 보니 장난이다. 감독은 아이를 통해 신을 조롱하고 있다(이런 이유 등으로 개봉 당시 금지 결정이 내려지기도 했다). 마르첼로는 점점 더 타락에 빠진다.

방황을 끝내지 못하는 마르첼로는 오랜만에 만난 아버지와 바에 가서 여급과 술을 마시고 밤을 새우기도 한다. 스트립쇼를 진지하게 관찰하거나 난교라고 할 만한 상황을 진두지휘하고 거대한 성에서 마녀사냥에 동참하는 등 제멋대로 하루를 살아간다.

신은 사라지거나 죽고 없는 시대에 인간은 어떻게 사는 것이 달콤한 것인지 감독은 해답을 제시하지 않는다.

마르첼로는 바닷가에서 만난 적이 있는 순수한 소녀를 다시 만나는데 그녀를 알아보지도 그녀가 하는 말을 알아듣지도 못한다.

1960년 칸 영화제 황금종려상을 수상했다. 2005년 김지운 감독은 이병헌, 신민아, 김영철 등을 내세워 동명의 영화를 만들었다.

델리카트슨 사람들

Delicatessen, 1991

MOVIE

국가 | 프랑스
감독 | 장–피에르 주네, 마르크 카로
출연 | 장–클로드 드레이퍼스, 도미니크 삐농, 마리로어 더그나크

군이 장르를 따질 필요는 없다. 판타지나 멜로 혹은 코믹이 아니어도 상상의 나래를 펴고 눈물을 짜게 하고 웃겨 죽겠다고 배꼽을 잡는다면.

장-피에르 주네, 마르크 카로 감독의 〈델리카트슨 사람들〉을 보고 나면 오랫동안 막힌 속이 시원하게 뚫리는 기분이다.

쓱쓱 칼을 가는 소리, 잘 벼린 칼날을 만져 보면서 그 칼로 무엇을 할 것인지 미리 생각하고 커다란 얼굴에 희색이 만연한 이 사람은 푸줏간 주인(장-클로드 드레이퍼스)이다. 얼굴만 큰 것이 아니다. 손도 크고 몸체도 크고 아마도 '거시기'도 클 것이다. 고기 대신 몸으로 외상을 다는 여자(카린 비아르)와 침대 스프링이 부서질 정도로 섹스를 하는 것을 보면 이런 생각이 크게 틀리지 않을 것이다. 아닌가?

어쨌든 그에게는 첼로 연주가 일품인 예쁜 딸 줄리(마리로어 더그나크)가 있다. 예쁜 여자가 대개 그렇듯이 마음씨 또한 천사같이 고우니 신이 보우하사 남자 루이종(도미니크 삐뇽)을 주었는데 루이종은 톱으로 연주를 하는 어릿광대다. 둘이 아주 천생연분이다.

하지만 푸줏간 주인은 키도 작고 볼품도 없고 게다가 돈도 없는 루이종이 마음에 들 리 없다. 겨우 세나 들어 사는 주제에 줄리와 사랑하다니 가당키나 한 소리인가. 그래서 녀석을 죽일 기회를 호시탐탐 노린다.

영리한 줄리는 그런 아버지의 의도를 알아채고 그를 안전한 곳인 지하세계로 대피시키려고 한다. 지하세계에는 지상을 그리워하는, 인간의 모습을 한 사람들이 살고 있는데 이들이 구해 낸 것은 루이종이 아닌 외상을 다는 여자다.

루이종은 줄리의 아버지를 피해 겨우 목숨을 부지하지만 그 상태가 그리 오래갈 것 같지는 않다. 마침내 최후의 순간이 온다.

두 사람은 방으로 숨어들고, 죽이려는 아버지와 합세한 마을사람들의 공격은 거세다. 위기일발의 순간 루이종은 기발한 아이디어를 낸다. 수돗물을 틀어 놓고 흐르는 곳을 모두 막는다. 물은 방 안에 가득 차고 두 사람은 겨우 목만 내민 상태다. 이제 칼 든 아버지와 '인육'이 그리운 그의 똘마니들이 쳐들어오는 일만 남았다.

문이 열리고 수압을 견디지 못한 물은 엄청난 기세로 쏟아져 나온다. 사람들은 쓸려 내려가고 루이종은 변기뚜껑에 매달리고 줄리는 겨우 난간에 올라 목숨을 건진다.

죽은 줄 알았던 아버지는 살아서 루이종과 죽기살기식의 결투를 벌인다. 죽는 사람이 누구인지 굳이 말한다면 칼 들고 설치는 기름진 중늙은이가 산 사람이 아니다. 주인만 알아보는 루이종의 부메랑을 잘못 쓴 푸줏간 주인은 이마에 칼을 맞고 절명한다. 먹고 살기 힘든 시대, 신문지에 둘둘 말린 인육을 움켜쥐고 독재의 절대 권력을 휘두르던 그의 최후는 이렇게 끝난다.

시종일관 음침하고 날씨는 흐리다. 여기에 한줄기 빛이 들어오는데 이것이 푸줏간 주인으로부터의 해방인지 아니면 지하세계 인간들의 독립인지 아니면 영화가 끝났으니 침침할 이유가 없어서인지 각자 해석할 나름이다.

영화 시작 초반 쓰레기통에 숨어있던 한 넝마가 푸줏간 주인이 던진 칼을 맞는 장면이 섬뜩하다.

델마와 루이스
Thelma & Louise, 1991

MOVIE

국가 | 미국
감독 | 리들리 스콧
출연 | 지나 데이비스, 수잔 서랜든

무언가를 결정하고 그 결정이 잘된 것이라는 확신이 선 여자들의 표정은 아름답다. 비록 그들이 살인자이고 강도라도 말이다(좀 지나쳤나).

〈에이리언〉(1979), 〈블레이드 러너〉(1982), 〈글래디에이터〉(2000)를 만든 거장 리들리 스콧 감독의 〈델마와 루이스〉는 전에는 느끼지 못했으나 어느 순간 깨어난 느낌, 지금까지는 한 번도 깨어나 보지 못한 여자 둘이 어느 순간 마침내 깨어났고 깨어난 순간 세상을 하직하는 코미디 같은 영화다.

'찌질한' 남편과 사는 전업주부 델마(지나 데이비스)와 식당에서 서빙을 하는 루이스(수잔 서랜든)는 요즘 유행하는 말로 갑보다는 을의 인생을 살고 있다.

이런 두 사람이 어느 날 작당을 하고 산장으로 여행을 떠난다. 남편과 남자친구에게 적당한 거짓말을 하면서 두 사람은 뚜껑이 열린 포드 선더버드를 몰고 신나게 도로를 질주한다.

그들의 표정은 들떠 있고 손에는 술병과 담배가 있다(오른손 검지와 중지 사이에 흰 담배를 끼고 깊게 빤 다음 길고 힘차게 내뿜는 루이스의 흡연 모습이 제법 익숙하다). 마음먹고 한 번 일탈해 보자는 속셈이 시끄러운 음악과 함께 분위기를 이끈다.

휴식을 위해 이들은 잠시 작은 휴게소에 들르고 여기서 술을 마시고 춤을 추고 한껏 요염을 떠는 델마는 남자의 유혹에 적극적으로 넘어간다. 스테이지에서 광란의 시간을 즐긴 델마는 술기운인지 뜨거운 몸의 기운 때문인지 어지러운 육체를 가누지 못한다.

호시탐탐 기회를 노리던 남자는 바람이나 쐬자며 밖으로 유인하고 여자는 못이기는 척 따라 나선다. 여기서 델마는 키스는 허락하지만 섹스는 거부한다. 달아오른 남자는 거칠게 여자를 다루고 델마는 겁탈의 위기에 몰린다. 이때 루이스는 혹시나 하는 마음에 챙겨온 델마의 권총으로 남자를 쏜다. 영화의 결론은 이처럼 초반에 쉽게 결정났다.

살인을 했으니 이들은 도망자 신세다. 도피자금 마련을 위해 루이스는 남자친구에게 거금을 요구하고 델마는 그 와중에도 남자에게 한눈을 판다.

강도와 신나는 하룻밤을 즐긴 델마의 표정은 섹스의 참맛이 이런 것이구나 하는 행복감에 마냥 신나있다(강도로 나오는 브래드 피트는 지금은 나이가 들었으나 당시는 겨우 이마에 피가 마른 애송이다. 젊을 적 그의 모습을 보는 것도 재미있다).

자신 때문에 살인을 하고 도피하는 중에 남자에게 추파를 던지고 키스마크를 자랑하는 델마는 덜떨어진 여자인지 아니면 무심한 척 하는 여자인지 대담한 여자인지 아리송하다.

루이스라고 다를 게 없다. 돈을 델마에게 맡겨 강도에게 털리고 멕시코로 가자는 계획은 세웠지만 철두철미하지 못하다. 텍사스의 악몽(델마와 비슷한 경험)으로 오클라호마에서 텍사스를 거치지 않고 멕시코를 가기 위해 동부해안으로 길고 긴 도피를 하면서도 경찰의 추적을 따돌리지 못한다.

델마는 "너 때문에 돈을 잃었다."는 루이스의 원망을 마트를 털어 보충하고 신나게 웃고 떠든다(푼수이며 떠버리 같은 행동은 여기까지다).

거대한 탱크로리를 모는 트럭 운전사에게 손가락 모욕을 당한 만큼 멋지게 복수하면서 두 여자는 확신에 찬 신념으로 세상을 본다. 경찰에 포위돼 체포의 위기에 몰리자 델마는 루이스에게 이전의 델마는 잊어달라는 듯이 "우린 안 잡혀, 계속 가는 거야, 밟아." 하고 주문처럼 명령을 내린다.

눈이 시린 푸른 하늘, 거대한 사막의 붉은 바위들의 향연이 넘실대는 대자연 속으로 두 여자는 자동차와 함께 나가떨어진다(하지만 영화에서는 나가 떨어지기 직전 화면이 멈춘다). 페미니즘의 진수인지 진정한 여성해방인지 로드무비의 전형인지 보면서 판단해 보는 재미가 쏠쏠하다.

쫓기는 인생이 초반부라면 후반부는 거듭된 범죄가 성공하면서 인생의 주도권을 쥔 확신범의 신념이 돋보인다. 살인마들이 경찰의 포위를 뚫고 멕시코로 탈출하기를 바라는 관객이 있다면 그것은 오로지 감독의 능력 때문이다.

디어 헌터
The Deer Hunter, 1978

MOVIE

국가 | 미국, 영국
감독 | 마이클 치미노
출연 | 로버트 드 니로, 크리스토퍼 월켄, 메릴 스트립

쇳물이 흐르는 공장에는 젊은 노동자들이 있다. 이들은 일과가 끝나면 이마의 땀을 닦기 위해 떼로 몰려다니면서 사냥도 하고 술도 마신다(웃고 떠들고 장난치고 그 나이 또래들처럼 인생이 뭐 별거 있나, 즐기면 그만이지, 이런 생각으로 살아간다).

그런데 전쟁이 터졌다. 마이클(로버트 드 니로), 닉(크리스토퍼 월켄), 스티븐(존 세비지)은 전쟁터로 떠나기 전 시끌벅적한 환송연에 참여한다. 스티븐은 참전에 앞서 안젤라(루타냐 알다)와 결혼식을 올린다. 제철소가 있는 펜실베이니아의 작은 마을은 축제로 들썩인다.

3시간이 넘는 이 영화의 앞부분은 축제 그 자체다. 술 먹고 춤추고 사랑하고 우정을 나누는 데 시간가는 줄을 모른다. 너무 행복해 보여 자칫 잎새에 이는 작은 바람에도 큰 싸움이 벌어질 것 같은 긴장감이 돌기도 한다.

아니나 다를까. 놀만큼 놀았으니 이제 제대로 된 싸움이다. 미군 헬기가 민간인 마을을 작살낸다. 초가삼간은 불바다가 되고 굴에 숨은 여자와 어린이들은 수류탄 세례를 받는다.

세 사람은 돼지가 시체를 물고 다니는 월남의 어느 곳에서 월맹군의 포로가 된다. 극과 극이다. 고향에서 천국의 나날을 보냈던 이들은 이역만리 남의 나라에서 지옥에 갇히는 신세가 된다.

단순히 갇혀 있는 것만이 아니다. 월맹군은 미군포로들을 상대로 러시안룰렛 게임을 시키면서 돈 내기를 하고 있다. 이제 세 사람의 죽음은 시간문제. 언젠가 총알은 이마를 관통하고 총알이 지나간 자리는 분수처럼 피가 쏟아질 것이다.

스티븐은 넋이 나가 정신이상이고 닉 역시 죽음의 공포 앞에서 방아쇠를 쉽게 당기지 못한다. 마이클은 반격만이 살 길이라는 확신으로 닉과 자신이 게임의 주인공으로 나서겠다고 제의한다.

순식간에 적을 제압한 이들은 극적으로 탈출에 성공한다. 하지만 생사는 알 길이 없다. 각자 뿔뿔이 흩어진다. 마이클은 고향으로 돌아온다. 공수부대의 상징인 검은 베레모를 쓰고 코트 안에는 훈장이 주렁주렁 달려 있다.

사지에서 돌아온 마이클을 위해 마을 사람들은 축제를 준비하지만 그는 환영객이 모두 사라진 다음 린다를 찾는다. 닉의 애인 린다(메릴 스트립)는 말한다. "우리 서로를 위로하기 위해 같이 자자."

집이 아닌 모텔에서 두 사람은 사랑을 나눈다. 마이클은 닉보다도 자신이 더 린다를 사랑하고 있다는 것을 안다.

한편 마이클은 스티븐이 입원해 있는 병원으로 찾아간다. 살아 돌아왔지만 스티븐은 두 발과 한 손을 잃고 휠체어에 의존해 있다. 장애인이 된 전우를 바라보는 마이클의 표정이 묘하다.

마이클은 사이공에서 매달 수백 달러를 부쳐주는 누군가가 있다는 스티븐의 말을 듣고 닉도 살아 있다는 것을 본능적으로 안다.

월맹과 월남의 싸움이 월맹과 미국의 싸움으로 변질되고 미국은 베트남에서 철수한다. 미 대사관의 옥상은 탈출하려는 인파로 혼잡한데 그 와중에 미국에서 날아온 마이클은 닉을 찾아 나선다. 닉은 룰렛 게임을 하고 있다.

그에게 고향으로 돌아가자고 애원하지만 닉은 외면한다. 두 사람은 전쟁포로가 됐을 당시처럼 다시 룰렛 게임의 당사자로 마주 앉는다. 닉은 죽는다.

마이클은 다시 고향으로 돌아온다. 그리고 사냥을 떠난다. 그러나 사슴을 제대로 조준할 수 없다.

산 사람도 돌아오기 힘든 베트남에서 죽은 사람을 데려와 장례를 하면서 부르는 'God Bless America'는 진부한 애국심으로 비춰진다. 옥에 티라고나 할까. 억지설정이다.

하지만 마이클 치미노 감독은 〈디어 헌터〉에서 그런 애국심도 잘만 활용하면 영화의 질을 크게 떨어뜨리지 않는다는 것을 보여주는 데 성공했다. 아카데미 최우수작품상 등 5개 부문을 수상했다.

베트콩의 잔인함과 미국의 무모함이 돋보인다. 세상의 모든 전쟁이 그러하듯 그 어떤 전쟁도 그 어떤 나쁜 평화보다 못하다는 진리를 다시 한 번 되새겨 준다.

나체로 거시기를 덜렁거리면서 질주하는 마이클의 모습은 여성 관객뿐 아니라 남성 관객에게도 잊혀지지 않는 기이한 장면으로 기억될 듯하다.

똥파리

Breathless, 2008

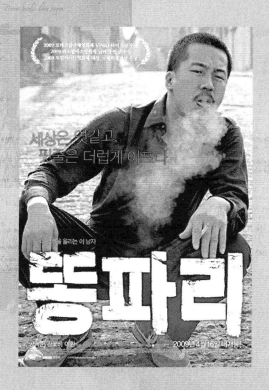

📽️ MOVIE

국가 | 한국
감독 | 양익준
출연 | 양익준, 김꽃비, 이환, 유승훈, 정만식

제대로 고른 영화는 한 10분쯤 보다 보면 고개가 절로 끄덕여진다. 저도 모르게 눈가에 힘을 주면서 "좋았어!" 하는 작은 감탄사를 내뱉는 것은 끝까지 보겠다는 다짐이다.

　잔혹하기는 스탠리 큐브릭 감독의 〈시계태엽 오렌지〉(1971)와 견주고 긴장감은 캐서린 비글로우 감독의 〈허트 로커〉(2008)와 맞먹는다. 아이를 통해 자아를 찾는 과정은 개빈 후드 감독의 〈갱스터 초치〉(2005)에 비유할 만하다. 한국인 양익준 감독의 〈똥파리〉를 두고 하는 말이다.

　굳이 한국인이라고 표현한 것은 그가 마음에 들기도 하거니와 이제 한국영화도 세계영화와 어깨를 나란히 할 정도가 됐다는 것을 확인하기 위해서다.

　화면은 시작하면서부터 심하게 흔들린다. 폭행 장면이다. 먼저 여자를 패는 남자를 죽사발 만든다. 그런 다음 남자에게 맞은 여자를 "왜 맞고 사느냐?"며 얼굴에 침을 뱉고 따귀를 연속으로 갈긴다. 심각한 장면인데도 작은 비명소리조차 없다. 시작부터 이러니 관객들은 절로 쪼그라든다.

　용역깡패 상훈(양익준)은 순 생양아치로 태생부터가 글러 먹었다. 사회의 쓰레기로 자라났으니 할 수 있는 일은 자신보다 약한 자들을 괴롭히고 쥐어짜서 먹고 사는 것뿐이다. 입만 열면 욕설이고 폭력은 담배 피는 것처럼 자연스럽다. 아군과 적군도 없이 마구 패고 부수는 피도 눈물도 없는 냉혈한이다. 경찰 두 명도 간단히 해치울 만큼 주먹이 세고 전광석화처럼 빠르니 누구 하나 건드리지 못한다.

4살이나 더 먹은 사장인 만식(정만식)과 '친구 먹기' 하고 시궁창을 돌면서 '파리목 똥파리과'에 속하는 똥파리처럼 하루하루 살아간다. 시위현장에서 그의 진가는 더욱 도드라진다. 닥치는 대로 까고 부수는 것이 오락실의 두더지 잡기보다 쉽다.

살벌한 눈빛은 증오와 분노, 광기가 이글거리고 쳐다보기만 해도 핵폭탄처럼 금방 터져버릴 것만 같다. 사채를 수금할 때라고 봐주는 것이 없다. 다 쓰러져 가는 빈민촌의 삼류인생들을 오뉴월 삼복날 개 패듯이 때린다.

폭행의 현장에는 늘 환규(윤승훈)가 따라 다닌다. 환규는 비굴하지만 붙임성이 있어 사장의 귀여움을 받지만 그는 관심이 없다. 하루 일과가 끝나면 사장은 '참 잘 했어요' 도장을 찍어주고 돈 봉투를 돌린다.

어느 날 환규가 친구 영재(이환)를 데리고 온다. 영재는 상훈이 길거리서 만난 여고 3년 연희(김꽃비)의 남동생이다. 연희 역시 거친 세상의 쓴맛을 일찍부터 본 터라 대가 세다. 연희 아버지는 월남전에 참전한 용사로 훈장도 받았다. 하지만 머리가 돌아 죽은 엄마를 찾고 딸에게 차마 입에 담지 못할 쌍욕을 해댄다. 상훈의 집안과 닮은꼴이다. 상훈의 아버지는 틈만 나면 가족을 팼고 어머니는 일찍 죽었다.

일당을 챙긴 상훈은 살인죄로 15년 형기를 마치고 나온 아버지를 찾는다. 호주머니에 두 손을 찌르고 팔자로 걷는 뒷모습이 예사롭지 않다. 방문을 열고 술을 마시고 있는 아버지를 다짜고짜 두들긴다.

패륜이다. 욕을 한다. 발길질을 한다. 미안하다고 비는 아비에게 "뭐가 미안해, 미안해!" 하면서 대책 없이 마구 주먹을 날린다. 막장도 이런 막장이 없다.

그리고 언덕으로 향한다. 이복누이의 아들인 조카를 만나기 위해서다. 그가 유일하게 위안을 얻는 것은 조카와 놀아주고 과자 사주고 말동무해주는 것이다.

여기에 연희가 친구로 더해졌다. 행복한 순간이다. 두 사람은 시장도 다니고 포장마차에서 술을 마시고 새벽 한강에서 "확 먹어 버린다."는 말을 주고받으면서 잠시 즐겁다.

그러나 행복은 폭행할 때처럼 위태롭다. 부서지는 것은 시간문제다. 관객들은 어쩌다 찾아오는 작은 행복이 더 큰 불행을 가져오는 달콤한 전회 같은 거라고 인식한다. 아니나 다를까. 연희를 기다리는 것은 폭행을 하는 영재와 총알을 맞으면서 번 돈을 달라는 아버지의 욕설이다.

상훈은 술주정뱅이 아버지를 죽이겠다고 벼른다. 살기 가득한 눈으로 아버지를 찾아 가는데 아버지는 손목을 그어 피를 흘리고 쓰러져 있다. 피투성이 아버지를 상훈은 업고 뛴다. 진짜 죽으려고 찾아 왔는지, 진짜 살리려고 달려가는지 알 수 없지만 영화는 밑바닥 인생은 이런 것이라는 것을 담담하게 보여준다.

그러니 상훈의 일상이 변할 리 없다. 어느 날 상훈은 영재와 둘이서 일수 돈을 찾아 나선다. 두 아이가 보는 앞에서 폭행당한 아빠는 상훈에게 망치를 휘두른다. 일은 꼬인다. 두 사람은 밖으로 나온다. 해는 빛난다. 휴지를 찾는 상훈의 뒤에서 영재는 망치를 꺼낸다. 그리고 미친 듯이 휘두른다. 예견된 개죽음이다. "우물쭈물하지 말라며 너는 왜 우물쭈물거렸냐?"고 울부짖으며 사정없이 망치를 내리친다. 얼굴은 피범벅이고 눈을 뜨지도 감지도 못한다.

'죽음의 강'에서 그는 본다. 웃고 손잡고 뛰노는 행복한 모습을. 양아치의 죽음도 죽을 때는 이런 멋진 장면을 연출하는구나. 상훈을 죽인 영재는 상훈이 용역깡패를 하면서 노점상에서 죽인 어머니에 대한 복수를 한 셈인가?

그날 상훈은 언제나 아버지를 챙기라는 말을 하는 만식에게 오늘만 하고 그만둔다고 말한다. 그리고 소개시켜 줄 사람이 있다고 한다. 바로 이혼하고 조카와 사는 이복누이다. 그날은 또 공교롭게도 조카의 재롱잔치가 열리는 날이다.

죽은 줄도 모르고 연희는 상훈을 기다리다 뒤돌아선다. 만식은 고기집을 열고 연희와 누이는 축하주를 함께 마신다. 연희는 신호등 앞에 선다. 길 건너 용역깡패들이 노점상을 거세게 민다.

그곳에 이제는 자세 잡힌 양아치로 성장한 영재가 있다. 검은 재킷을 입고 설치는 영재의 모습이 상훈과 겹친다. 영재가 할 수 있는 일은 그뿐이다. 영화 이야기만은 아니다. 이게 오늘날 우리의 현실이다.

용역깡패는 서울 도심을 여전히 활보하고 사채업자는 성황이다. 사회면 뉴스의 단골 메뉴는 사라지지 않는다. 못난 자가 더 못난 자를 괴롭히는 악의 악순환은 여전히 계속된다.

〈해리 포터〉의 엠마 왓슨이 한국영화 중 〈똥파리〉를 좋아한 것은 이 같은 가감 없는 현실을 밀도 있게 반영한 때문이 아니었을까. 주연과 조연 할 것 없이 연기들이 봄나물처럼 한껏 물이 올랐다. 다 보고 나면 '똥파리'라는 제목도 점잖다는 생각이 절로 든다.

연기와 연출에서 탁월한 역량을 보인 양익준 감독은 가능성 있는 한국의 클린트 이스트우드라고 할 만하다.

　이 영화는 혼자 보면 안 된다, 그리고 어두울 때 보는 것도 피해야 한다. 잠을 자고 싶지 않다면 혼자서 저녁에 이 영화를 보면 된다.

뜨거운 것이 좋아

Some Like It Hot, 1959

MOVIE

국가 | 미국
감독 | 빌리 와일더
출연 | 마릴린 먼로, 토니 커티스, 잭 레먼, 조지 래프트

슬프지도 않은데 자꾸 눈물이 난다. 하품을 하지 않는데도 눈가에 이슬이 맺힌다면 이는 필경 배꼽을 잡고 웃기 때문이다. 배꼽을 잡고 눈물을 흘리면서 보는 영화는 십중팔구 코미디다.

 빌리 와일더 감독의 〈뜨거운 것이 좋아〉는 굳이 장르를 설명하지 않아도 된다. 누구라도 영화를 보는 내내 웃지 않고는 못 배기기 때문이다.

 주인공이 누구인가. 당대 최고의 배우 마릴린 먼로다. 가장 이상적이라는 종형 가슴(크기도 엄청나다.)을 전후좌우로 마구 흔들어 대면서 마치 아무 일도 일어나지 않을 것처럼 백치미를 선보이고 있다. 이뿐만이 아니다. 여장 남자들의 연기 또한 대사만큼이나 다이내믹하다.

 때는 금주법 시대, 장소는 시카고다. 조(토니 커티스)와 제리(잭 레먼)는 갱단두목 스패츠 콜롬보(조지 래프트) 일당이 주차장에서 여덟 사람이나 무자비하게 살해하는 장면을 목격한다.

 현장에서 구사일생으로 목숨을 건진 두 사람은 파마한 금발머리 가발을 쓰고 무릎까지 올라오는 치마를 입고 흔들리는 귀걸이를 단 여자로 완벽하게 변신에 성공한다. 여성 악단에 숨어든 조는 조세핀으로, 제리는 다프네로 이름을 바꾸고 마이애미 플로리다행 기차에 오른다.

 기차에서 두 사람은 "알코올 중독자가 아니"라는 슈가 케인 코왈치크(마릴린 먼로)와 운명적으로 만난다. 그는 "언제든지 끊을 수 있지만 지금은 아니"라면서 "스프링 위에서 뛰는 젤리와 같은" 허벅지 사이에 숨겨둔 밀주를 꺼내 마신다. 그 장면에서 관객들은 침을 꼴깍 삼킬 수밖에 없다.

결혼과 이혼을 밥 먹듯이 하는 백만장자들이 득시글한 플로리다에 여성악단이 도착하자마자 늙은 오즈굿 필딩 3세(조 E. 브라운)는 다프네에 빠져 들고 다프네는 노인을 등쳐서 위자료나 챙길 생각을 한다.

여기에 '이탈리아 오페라의 밤'으로 꾸민 갱단의 정상회담이 열리면서 상황은 더욱 복잡해진다. 조세핀은 백만장자 행세를 하면서 요트로 슈가를 유인하고 그 사이 다프네는 오즈굿을 춤판으로 끌어 들인다.

요트에서 조세핀의 남성불능을 슈가가 여성상위 자세로 치유하는 장면과 입에서 다른 입으로 장미를 옮기면서 탱고를 추는 다프네와 오즈굿의 모습은 이 영화의 압권 중 압권이다.

시간은 흘러 조세핀과 슈가, 다프네와 오즈굿은 서로 되돌리기 어려운 사랑을 하게 된다. 이때 갱단 두목 스패츠 콜롬보는 두 사람이 지하주차장의 목격자라는 것을 알고 추격전을 벌인다. 조와 제리는 스패츠를 멋지게 따돌리고 백만장자의 요트에 슈가와 오즈굿과 함께 몸을 싣는다.

슈가는 조가 거짓 백만장자라는 것을 알면서도 그의 사랑을 받아들이고 오즈굿은 다프네가 남자라는 고백을 들은 후에도 "세상에 완벽한 사람은 없다."는 그 유명한 멘트를 대수롭지 않게 날린다.

여기서 관객은 또 한 번 눈물샘이 터진다. 서로에게 상처를 주지 않는 해피엔딩이면서도 진한 여운이 남는 것은 돈이나 섹스보다도 사랑이 더 위대하다는 것을 보여주기 때문이다.

이 영화는 흑백이라는 것과 상영시간이 두 시간에 달한다는 이유로 당시 일부 평론가들이 참패를 예상했으나 관객들은 환호했고 지금도 열광은 이어지고 있다.

먼로는 〈7년만의 외출〉(1955)에서 지하철 환풍구가 바람에 날리자 치마를 잡는 포즈와, 〈뜨거운 것이 좋아〉에서 기차에서 뿜어져 나오는 증기를 피하는 육감적 장면으로 섹스심벌의 이미지를 전 세계 남성들에게 각인시켰다.

참고: 18세기 프랑스 시인인 세바스티앙 샹포르는 "가장 황량한 날은 한 번도 웃지 않은 날"이라고 했다. 배꼽 잡고 마음껏 웃으면서 행복하고 싶다면 이 영화, 꼭 보시길…

라쇼몽

羅生門, 1950

MOVIE

국가 | 일본
감독 | 구로사와 아키라
출연 | 미후네 도시로, 쿄 마치코

자신도 속이는 것이 사람이다. 애초 사람은 진실과는 거리가 멀다. 이런 전제는 옳다. 구로사와 아키라 감독의 〈라쇼몽〉을 보면 '사람의 말은 진실보다는 거짓과 친하다. 하지만 진실에 대한 희망은 여전하다.

  비가 말 그대로 억수같이 쏟아 붓는다. 부서진 2층 절집은 화제로 인한 것인지 불분명하다. 두 명의 남자가 비 맞은 중처럼 중얼거린다. 믿을 수 없는 것에 대한 알 수 없음으로 인해 두려움마저 느낀다.

  비를 피해 한 명이 합류한다. 재판장이다. 사람이 사람을 죽였다. 판관이나 재판장의 모습은 보이지 않는다. 그러나 잡혀온 사람들은 하나같이 법의 위엄 앞에 무릎 꿇고 자신의 거짓말을 아무런 부끄러움 없이 당당하게 주장한다.

  때는 기근과 도적떼가 창궐하는 11세기 무렵 일본 헤이안 시대. 해가 갈수록 재앙은 쌓이고 버러지처럼 죽어가는 사람들 천지다.

  첫 번째 거짓말은 이렇게 시작된다. 숲길이다. 햇빛은 번쩍, 울창한 나무를 위에서 아래로 감싼다. 말을 타고 갓을 쓰고 가는 여인과 고삐를 잡고 긴 칼을 찬 남자. 이들은 부부다. 바람이 살랑 불며 여인의 얼굴이 살짝 드러난다.

  바람만 불지 않았어도 그래서 섹시한 얼굴이 드러나지만 않았어도 살인사건은 일어나지 않았을지 모른다. 그 놈의 바람이 문제다. 바람에 드러난 미모가 제법이다. 산적 타조마루(미후네 도시로)는 그 모습을 보고 군침을 삼킨다.

피 보지 않고 범하면 좋지만 결국 피를 보고야 만다. 처음에 저항하던 여자도 산적에게 적극적으로 동조하고 산적은 남편과 정정당당히 겨뤄 그를 죽인다.

하지만 부인 마사코(쿄 마치코)는 다른 증언을 한다. 남편이 묶여 있고 그 사이 자신은 어쩔 수 없이 겁탈을 당했다는 것이다. 그 후 표정을 보니 싸늘한 것이, 자신을 이해해 주지 못하는 남편이 미웠다고 한다. 불가항력의 상황에서 당한 일인데 마치 갈보 같은 행동을 한 것처럼 혐오스러운 시선을 보내오는 남편의 잔인한 행동에 정신이 몽롱해진 여자는 단도로 남편을 찔러 죽였다고 한다.

남편을 죽인 것은 산적이 아니라 바로 자신이라고 주장한다. 아내는 죽기 위해 물가에 뛰어 들기도 했으나 죽지 못했다. 가련하고 의지할 곳 없는 여인은 어쩌면 좋으냐고 흐느껴 운다.

비는 좀처럼 그치지 않는다. 비를 피해 있는 스님과 사내는 "사람은 다 거짓말을 한다."며 자신에게 정직하지 못한 인간에 대해 한탄한다.

다음은 죽은 남편 타케히로(모리 마사유키)가 증언한다. 무당의 입을 통해 자신이 스스로 죽었다고 말한다. "죽은 자의 말은 거짓이 아니"라고. 그러나 죽은 자까지 거짓말을 한다. 무당은 남자의 목소리로 말한다.

겁탈당하는 여자는 적극적으로 반항하기는커녕 거기에 호응하면서 일이 끝난 후에는 달래는 산적에게 같이 살자고, 평생 본 적이 없는 아름다운 표정으로 애걸한다. 당신이 원하는 곳으로 나를 데려다 달

153

라고 사정하면서 묶여 있는 남편을 죽이라고 말한다. 산적은 이런 여자가 가증스럽다.

여자는 산적의 진심을 알고 도망치고 홀로 남겨진 남편은 자결한다. 이들의 거짓은 모두 진실인 것처럼 보이며 자신들에게 유리하다. 하지만 정말 유리한지도 모른다. "모두 죽이지 않았다."가 아니라 "모두 죽였다."이기 때문이다. 거짓말이 참인 것처럼 보이는 이유다.

네 번째는 숲에서 숨어서 본 나무꾼(시무라 다케시)이다. 그 역시 범죄에 대한 명확한 판단을 내리지 않는다. 네 명 모두 진실과는 거리가 먼 진술을 한다.

사람이 사람을 못 믿는 세상은 이승이지만 지옥이나 마찬가지다. 하지만 절망의 상황에서 영화는 희망의 반전을 노래한다. 비는 어느새 가늘어져 있다. 아기 울음소리가 들린다. 아직 희망은 남아 있다는 말이다.

라스베가스를 떠나며

Leaving Las Vegas, 1995

MOVIE

국가 | 미국
감독 | 마이크 피기스
출연 | 니콜라스 케이지, 엘리자베스 슈

행복한 인생은 자기가 원하는 삶을 자기 뜻대로 사는 것이라고 했다. 하고 싶은 것을 하고 그것에서 만족과 위안을 얻는다면 그 사람의 인생에 대해 우리가 애처롭게 바라볼 필요는 없다. 그 사람이 비록 매춘부거나 알코올 중독자라도 말이다.

마이크 피기스 감독의 〈라스베가스를 떠나며〉는 벤(니콜라스 케이지)과 세라(엘리자베스 슈)에 관한 이야기다.

스토리는 단순하다. 한때 LA에서 살았던 세라는 지금 라스베이거스의 창녀로 활약하고 있다. 컨벤션에 오는 남자가 섹스를 할 주요 대상이다. 세라는 짧은 가죽 미니스커트를 입고 예쁜 얼굴에 육감적인 몸매를 뽐낸다.

벤은 술을 마시고 죽기 위해 라스베이거스로 온다. 커피를 마셔야 할 시간에 술을 마시는 알코올 중독자를 받아줄 회사가 어디 있을까. 한때 영화 관련 일을 했지만 이제는 해고자 신세다. 아내와 아들과 함께 찍은 사진을 불태우고 쓰레기를 검은 비닐봉투에 가득 담아 놓고 주변정리를 끝낸다. 홀가분하다.

BMW를 몰고 라스베이거스로 향한다. 음악이 좋다. 왼손에는 술병을, 오른손에는 핸들을 잡고 신나게 밟는다. 라스베이거스로 가기 위해 모하비 사막을 관통하고 있는 그의 모습에서 우리는 자기 인생을 스스로 결정한 사람의 확신을 본다.

두 사람은 창녀와 손님으로 만나 서로가 서로를 아껴줘야 할 상대로 인식한다. 세라에게 벤은 단순히 손님 그 이상이다. 벤 역시 세라에게 어떤 알지 못할 친근감을 느낀다. 두 사람은 사랑하는 사이로 발전하고 급기야 싸구려 여인숙에서 나온 벤은 세라의 집으로 들어간다.

동거 생활의 시작이다. 동거가 시작됐다고 해서 일상이 바뀐 것은 아니다. 벤은 숨을 쉬고 있는 동안에는 쉬지 않고 술을 마시고 직업의식이 투철한 세라는 밤일을 계속한다. 벤이 특별히 좋아하는 주종은 없다. 맥주나 보드카, 데킬라는 물론 진토닉이나 버번 등 가리지 않는다.

참 잘 먹는다. 이렇게 멋진 폼으로 이렇게 맛있게 먹는 술꾼을 영화에서 보는 것은 술맛을 아는 술꾼에게는 커다란 행운이다. 원샷 하는 장면이나 술을 마시고 나서 입가심하는 모습은 술은 꼭 이렇게 먹어야 한다는 것을 보여주는 전형 같다.

벤이 주종을 안 가리고 술을 마시는 것처럼 세라도 대상을 가리지 않는다. 여성이거나 혹은 뚱보이거나 고등학생도 마다하지 않는다. 벤이 술 먹는 행위를 예술의 경지로 끌어올린 것처럼 고객의 만족을 최우선으로 하는 세라의 매춘도 일정한 경지에 올랐다. 세라의 섹스가 보여주는 장면은 영상미가 어떤 것인지 섹스가 왜 아름다운지 두말하면 잔소리로 만든다.

두 사람은 함께 저녁도 먹고 사막으로 여행도 가고 카지노에서 블랙잭도 한다. 벤은 세라에게 귀걸이를 선물하고 세라는 벤에게 술병을 선물한다. 세라는 벤에게 술을 끊으라는 말을 하지 않고 벤은 세라에게 몸을 팔지 말라고 말하지 않는다. 두 사람 다 자기영역이 있고 자기가 선택한 결정을 존중한다.

시간이 지나면서 벤의 중독증상은 더욱 심해진다. 세라도 못된 손님에게 잘못 걸려 호되게 당한다. 두 사람 다 파국을 향해 한 발씩 앞으로 다가간다. 영화는 벤의 죽음으로 끝난다.

굳이 세라의 파멸까지 보여줄 필요는 없다. 영혼이 빠져 나간 벤이 살 수 있는 길은 없다. 죽음의 순간 벤 위에 세라가 걸터앉아 있다. 이런 죽음, 행복하다고 해야 할까.

환락과 도박과 술과 여자와 야경과 쇼가 있는 라스베이거스에서 운명적으로 만나 죽음으로 헤어지는 벤과 세라. 두 사람의 만남을 사랑이라고 해야 할까, 아니면 이별연습이라고 해야 할까.

벤은 가고 세라는 남았지만 관객은 슬퍼할 이유가 없다. 벤은 그가 하고자 했던 것을 실천했을 뿐이고 세라는 여전히 밤거리를 거닐면 되기 때문이다.

란

亂, 1985

내 생애의 영화로 딱 한 편을 꼽아달라는 부탁을 종종 받는다. 내 인생을 바꾼 단 한 권의 책을 골라달라는 말만큼이나 곤혹스러운 질문이다. 유일한 하나를 선정하는 일은 어렵다. 그래서 이것저것 손꼽다 보면 영화든 책이든 십여 편이 훌쩍 넘어간다.

질문한 사람은 실망하기 그지없다. 이 바쁜 세상에 그렇게 많은 영화와, 그렇게 많은 책을 읽을 시간은 없다며 괜한 질문을 한 사람처럼 실망의 그림자가 어른거린다.

하지만 구로사와 아키라 감독의 영화 중 딱 한 편만 꼽아달라면 〈란〉을 추천하고 싶다. 이것은 75살 나이에 〈란〉을 만든 감독이 스스로 '내 평생의 역작'이니 '인류에게 보내는 유언'이니 하는 거창한 표현을 썼기 때문이다.

과연 영화는 감독의 이런 말이 허언이 아님을 증명한다. 러닝타임이 2시간 40분으로 제법 길지만 끝나고 나서야 끝났구나 하고 느낄 정도로 시간개념이 없어진다.

영화는 힘 센 자가 죽이고 힘 약한 자가 죽는 16세기 일본, 전국시대. 화려한 인생을 산 승리자 이치몬지 히데토라(나카다이 다쓰야)는 거대한 성의 주인인 영주로 70살까지 살았으니 이제 은퇴하려 한다. 모든 군주가 그렇듯 그도 성을 백성에게 돌려주지 않고 아들에게 물려

준다. 장성한 세 아들에게 하나씩 성을 넘기고 번갈아가며 아들 집에 머물면서 인생을 마무리하려는 소박한 꿈을 꾼다.

하지만 권력을 받은 큰 아들 타로(테라오 아키라)와 둘째 아들 지로(네즈 진파치)는 권력에 눈이 멀어 아버지를 제거하려 한다. 시아버지에게 자신의 가문이 풍비박산난 큰며느리 카에데(하라다 미에코)는 기회를 보면서 복수를 준비한다. 남편을 꼬드겨 권력의 진짜 주인이 되라며 아버지와 이간질시킨다.

전쟁에서 남편이 죽자 큰며느리는 일단 섹스로 둘째 제부를 제압하고 그의 아내가 된다. 요염함 뒤에 숨겨진 간부의 잔학함이 농후하다. 그리고 마침내 손아래 동서의 목을 소금에 절여 오게 한다. 성은 불타고 집안은 카에데의 계획대로 화마에 휩싸인다.

광야에서 미친 아버지는 뒤늦게 셋째 아들 사부로(류 다이스케)의 보호를 받지만 그 아들도 죽는다. 비극이다. 하지만 스스로가 저지른 원죄를 생각하면 비극은 인과응보인 것처럼 보인다.

셰익스피어의 비극『리어왕』을 일본의 전국시대로 옮겨 놓은 영화는 거대한 부처님의 모습을 화면에 비춤으로써 지난 시절의 업보인 불교사상을 영화에 녹여낸다. 세 아들의 군대를 상징하는 화려한 색채가 매우 강렬하며 기마병들의 전투장면은 압도적인 스케일을 자랑한다.

달아나는 삶 대신 죽음을 마주하고 비겁하게 물러서지 않는 병사들의 맹목적인 복종이 혀를 차게 한다.

레인맨

Rain Man, 1988

MOVIE

국가 | 미국
감독 | 베리 레빈슨
출연 | 더스틴 호프만, 톰 크루즈, 발레리아 골리노

'피는 물보다 진하다'는 동양의 속담이 서양에서도 통할까. 통한다. 베리 레빈슨 감독의 〈레인맨〉을 보면 그렇다고 고개를 끄덕일 것이다.

중고차 세일즈맨인 찰리(톰 크루즈)는 사업이 신통치 않다. 고객과 전화로 실랑이를 벌이다 아버지의 부음 소식을 듣는다. 언젠가는 누구나 듣게 될 소식이지만 누군가에게는 충격으로, 또 다른 누군가에게는 무덤덤하게, 또 어떤 누군가에게는 안 들어도 좋을 들으나 마나 하는 소식으로 다가온다.

찰리에게 아버지의 부음은 아마도 제일 마지막에 해당될 듯싶다. 어릴 적에 헤어진 아버지에 대한 어떤 감정이 남아 있다면 그것은 혹시나 유산이나 남겨 놨을까 하는 기대감뿐이다. 부자지간의 정은 있었는지 없었는지 알지 못할 만큼 아버지에 대한 기억은 까마득하다.

장례식에 참석한 찰리는 변호사로부터 3백만 달러라는 거액의 유산이 레이몬드(더스틴 호프만)에게 상속됐다는 소식을 듣고 적어도 그 반은 자기 몫이라고 생각한다. 유일한 혈육은 자신뿐이라고 생각했는데 형이 있었다는 사실도 충격이지만 그 형이 제정신이 아닌 자폐증에 걸린 것을 보고는 난감한 상태에 빠진다.

찰리는 형과 여자친구 수잔나(발레리아 골리노)와 함께 여관에 머문다. 이때까지만 해도 찰리는 멍청한 형보다는 유산이 목적이다. 그러나 레이몬드와 지내는 시간이 길어지면서 지금까지는 느끼지 못했던 혈육의 정이 무엇인지 깨닫는다.

사고 위험 때문에 비행기를 타지 못하는 형과 함께 3시간이면 갈 수 있는 거리를 3일이나 걸려 LA로 길고 긴 여행을 떠난다. 두 사람이 타고 가는 컨버터블 자동차 주위로 광활한 미국 땅과 그 땅이 시시각각으로 보여주는 압도적인 자연풍광은 불안한 형제들의 갈등과 이해와 회환이 겹치면서 때로는 장엄하게 때로는 스산하게 다가온다.

가는 길에 형제는 도박과 환락의 도시 라스베이거스에 도착한다. 형의 비상한 기억력을 알아낸 찰리는 한꺼번에 돈을 많이 벌 수 있는 카드게임에서 빚을 갚고도 남을 엄청난 횡재를 한다. 순식간에 9벌의 카드를 다 외운 레이몬드 덕분에 돈을 벌었으니 찰리가 형을 대하는 태도는 더 형제적일 수밖에 없다.

전화번호부를 통째로 외우고 바닥에 엎어진 이쑤시개의 개수를 맞추는 숫자의 천재지만 형은 때때로 발작을 일으키고 "1루수가 누구야" 하는 코미디 대사를 시도 때도 없이 중얼거린다.

돈을 딴 레이몬드에게 거리의 여인은 데이트 약속을 하지만 곧 이상한 사람이라는 것을 알고는 10시 약속을 어긴다. 동생과 춤 연습까지 했으나 바람맞은 레이몬드의 어깨가 한층 더 가냘프다. 배려심 많은 수잔나는 그런 레이몬드에게 엘리베이터 안에서 키스를 한다. 불교용어로 말하자면 키스 보시를 한 셈이다. 레이먼의 생애 첫 키스면서 마지막 키스다. 짧게 등장하는 수잔나는 요소요소에서 감칠맛 나는 연결고리 역할을 잘 해낸다.

이쯤에서 찰리는 형과 같이 살고 싶어 한다. 찰리는 돈 때문에 형을 돌보는 것이 아니라는 것을 온몸으로 느낀다. K마트 옷이 아니면 입지 않는 레이몬드도 이제 K마트 옷은 지겹다는 농담을 하면서 요양원이 잘해 주기는 하지만 찰리와 같은 형제애는 없다는 것을 알고 그와 함께 하기를 원한다.

하지만 그의 증세는 나아지지 않고 더 심해진다. 기차에 오르는 형과 그 형을 바라보는 찰리의 애잔한 시선에서 관객들은 찔끔 눈물을 흘린다.

감독의 눈부신 지휘와 빛나는 두 배우의 열연에 할리우드는 아카데미 작품상, 감독상, 남우주연상(더스틴 호프만) 등 굵직한 상을 한꺼번에 안긴다.

로미오와 줄리엣

Romeo and Juliet, 1968

MOVIE

국가 | 영국, 이탈리아
감독 | 프랑코 제페렐리
출연 | 레너드 위팅, 올리비아 핫세

사랑의 맹세는 달을 걸고 하면 안 된다. 아무리 휘영청 밝은 정월 대보름달이라도 말이다. 달이 차면 기울듯이 사랑도 변하기 때문이다.

프랑코 제페렐리 감독은 〈로미오와 줄리엣〉에서 줄리엣(올리비아 핫세)을 통해 로미오(레너드 위팅)에게 사랑의 맹세 같은 것은 하지 말라고 주문한다. 정 하고 싶다면, 그것이 당신 뜻이라면 자신에게 맹세하라고. 왜냐면, 당신은 나의 우상이고 내가 믿는 우상이니까.

인도와도 바꾸지 않겠다는 영국인들의 자존심인 셰익스피어의 명작이 원작인 이 영화는 "사랑을 하려면 적어도 이 정도는 돼야지~."라고 말한다.

바야흐로 춘삼월인가. 이팔청춘도 채 되기 전 그러니까 14살이 되려면 2주를 기다려야 하는 줄리엣과 그녀보다 조금 나이 많은 로미오는 사랑에 빠진다.

그런데 하필 서로가 원수의 자식이다. 이탈리아 베로나의 명문 집안인 몬태규가와 캐플릿가는 툭 하면 싸운다. 주인이 사이가 안 좋으니 하인들도 따라한다. 싸움은 피를 부르고 증오는 복수심을 불태운다.

어느 날 로미오는 가면을 쓰고 캐플릿가의 무도회에 참석한다. 거기서 로미오가 본 것은 아침 햇살보다 더 빛나고 들꽃보다도 아름다운 줄리엣이다. 마주치자마자 섬광 같은 불꽃이 일고 심장은 마치 전장의 큰 북처럼 둥둥 울리고 작은 별처럼 빛나는 눈빛은 넋 빠진 사람처럼 허둥댄다. 횃불도 줄리엣 앞에서는 밝아지는 법을 배워야 할 만큼 초라하다.

그런 줄리엣에게는 혼사를 약속한 사람이 있다. 하지만 이미 눈에 콩깍지가 씌었으니 그 결혼, 순탄치 않다. 로미오는 손이 할 일을 입술이 하게 하라는 주문 같은 밀어를 속삭이면서 줄리엣의 입술을 훔친다.

뜨거운 두 입술이 서로 맞닿았으니 사랑의 속도는 빠르다. 담장을 넘은 로미오는 줄리엣에게 죽음도 서로 갈라놓지 못할 숱한 말들을 쏟아낸다. 여기서 그 유명한 노래가 나온다. 애절하면서 구슬픈 노래가 불행한 연인의 미래를 암시한다. 도니 오즈몬드가 부른 'A Time for Us'가 바로 그 노래다.

A time for us some day there'll be

when chains are torn by courage

born of love that's free

A time when dreams so long denied

can fulfil as we unveil the love

we now must hide

A time for us at last to see

A life worthwhile for you and me

and with our love thro' tears and thorns

We will endure as we pass surely

thro' every storm

A time for us someday

there'll be a new world

a world of shining hope for you and me

a world of shining hope for you and me.

and with our love thro' tears and thorns

We will endure as we pass surely

thro' every storm

A time for us someday

there'll be a new world

a world of shining hope for you and me

a world of shining hope for you and me.

사랑이란 얻지 못하면 죽는 것. 두 사람은 신부(밀로 오세아)의 도움으로 결혼식을 올리고 결혼식을 올린 부부들이 으레 그러하듯 뜨거운 하룻밤을 보낸다. 두 사람의 사랑은 거기까지다.

로미오의 친구 머큐쇼(존 맥케너리)가 줄리엣의 사촌 티볼트(마이클 요크)에게 죽임을 당한다. 불같은 분노에 눈이 먼 로미오는 운명의 장난처럼 티볼트를 죽이고 이 사실을 안 줄리엣은 절규한다. 영주는 사형 대신 로미오를 추방한다. 로미오가 없는 사이 부모는 줄리엣의 혼사를 결정하고 줄리엣은 거짓으로 결혼을 승낙한다.

신부는 '죽었다 깨어나는' 신비한 묘약을 줄리엣에게 주고 줄리엣은 산송장으로 납골당에 묻힌다. 그 소식은 로미오의 귀에 들어가고 로미오는 온기가 없는 줄리엣의 시신을 확인하고 그 자리에서 음독한다. 뒤늦게 깨어난 줄리엣은 로미오가 죽은 것을 보고 단도로 자결한다. 진짜 죽음이다.

두 사람이 죽고 나서 두 원수 집안은 화해한다. 증오를 끝낸 것이다. 두 개의 관 앞에서 두 집안은 증오가 어떤 천벌을 가져오는지 깨닫는다.

셰익스피어의 고전을 원작으로 숱한 영화가 만들어졌다. 하지만 프랑코 제페렐리 감독의 작품을 능가하는 영화는 아직 나오지 않고 있다. 아마도 나오지 못할 것이다. 그만큼 잘 만들어졌다.

로미오를 연기한 레너드 위팅은 당시 18살이었고 올리비아 핫세는 17살이었다. 핫세의 빨려드는 연기는 시간이 지나도 쉽게 지워지지 않는다. 어깨까지 내려오는 긴 생머리가 아침 햇살에 반짝일 때면 세상은 마치 검은 진주로 채워진 것처럼 어둠속에서도 광채가 인다.

롤라 런
Lola Rennt, 1998

MOVIE

국가 | 독일
감독 | 톰 티크베어
출연 | 프랑카 포텐테, 모리츠 블라이브트로이

역사에는 가정이 없지만 영화에서는 얼마든지 가능하다. 이렇게도 해보고 또 저렇게도 해 볼 수 있다.

톰 티크베어 감독의 〈롤라 런〉은 주인공의 삶이 세 번이나 달리 나타난다. 한 번은 자신이 죽고 두 번째는 애인이 죽고 세 번째는 둘이 같이 사는데 모두 그 나름대로 일리가 있는 설정이다.

롤라(프란카 포텐테)는 애인 마니(모리츠 블라이브트로이)의 전화를 받고 달리기 시작한다. 제목이 '런'이니 아니 달릴 수 없다. 빨간 머리를 휘날리며 전력 질주하는 장면은 먹이를 눈앞에 둔 치타나 결승선의 '우사인 볼트'를 능가하고도 남는다.

왜 그리 빨리 달리느냐고 묻지 말라. 사랑하는 애인이 죽음의 위기에 처해 있는데 누구라도 롤라가 되지 않을 수 없기 때문이다.

시간은 겨우 20분이다. 20분 안에 10만 마르크의 거액을 보스에게 주지 않으면 마니는 죽게 된다.

롤라의 머리는 고속회전한다. 누가 이 짧은 시간에 이런 큰돈을 자신에게 줄 수 있을까. 답은 나왔다. 은행원인지 은행을 소유한 오너인지 불문명하지만 어쨌든 거부인 아버지(허버트 크노프)만이 애인의 목숨을 구해 줄 수 있다.

집에서 뛰쳐나간 롤라는 골목을 지나고 전차가 다니는 다리 밑을

스치고 강을 따라 줄달음친다. 어찌나 빨리 달리는지 머리카락은 제
자리를 찾을 새가 없고 앞가슴은 전후좌우로 심하게 흔들린다. 커다
란 가슴도 달리는데 장애물이 될 수 없다. 브래지어 끈이 어깨 아래로
흐르고 짧은 나시는 문신이 덕지덕지한 배꼽을 드러나게 한다.

그렇게 도착한 아버지의 사무실에는 아내 몰래 다른 여자와 바람피
우는 아버지가 "아기와 나를 선택하겠느냐"는 여자의 압박으로 괴로
워하고 있다. "네가 아니라도 골치 아픈 일이 많다."는 아버지는 "난 네
친아빠가 아니다, 널 낳게 해준 남자는 네 출생을 못 봤어."라는 청천
벽력 같은 말을 한다.

돈을 얻기는커녕 자신의 출생비밀까지 알게 된 롤라. 눈물범벅이 된
롤라는 건물 밖으로 나와 다시 달리기 시작한다. 시계는 12시에 겨우
10분 남았다. 흐르는 눈물은 어느새 멎고 롤라가 마니 앞에 다가 섰
을 때, 늦었다.

마니는 뒤 허리에 찬 권총을 꺼내 들고 가게를 털고 있다. 일단 성공
한 듯이 보였던 권총 강도 사건은 경찰의 포위로 무산되고 롤라는 혼
란의 와중에 경찰의 총을 맞는다. 가슴에 구멍이 선명한 채 피를 흘리
며 죽어가는 롤라. 롤라에게 다가가는 마니.

그때까지 엄청나게 빠른 템포로 흐르던 음악은 잔잔하게 흐르고 화
면은 영혼의 세계인지 옅은 붉은색으로 물든다. "나를 사랑하느냐, 내
가 최고냐?"고 숨을 헐떡이며 묻는 롤라. 죽음의 순간에 마니는 그가
원하는 답을 한다.

다시 장면이 바뀐다. 이번에도 롤라는 달린다. 마니가 지하철에 놓
고 내린 돈다발을 챙긴 넝마를 지나고 유모차와 부딪치고 수녀 사이

를 뚫고 우편배달부 차와 아슬아슬하게 비켜 가면서 롤라의 팔다리는
쉬지 않고 움직인다.

다시 아버지의 사무실. 여자는 전과 같이 아기와 나를 선택하라고
다그친다. 손을 벌리는 롤라와 돈이 필요하면 당장 일을 하라는 아버
지의 실랑이가 벌어진다. 롤라는 애간장이 탄다. 시간이 별로 없다.

여자가 끼어든다. 화가 폭발한 롤라는 "이 창녀야!" 고함을 지르고
아버지는 롤라의 따귀를 때린다. 의자를 집어 던지며 저항하던 롤라
는 권총을 뺏어 아버지를 협박한다.

돈을 챙기고 은행 밖으로 나왔는데 아뿔싸, 경찰이 사방을 포위하
고 있다. 자포자기하려는 순간, 경찰은 말한다. "아가씨, 비켜."

위기를 모면한 롤라는 건물의 모퉁이를 돌아 다시 달리기 시작한
다. 공중전화 앞의 마니는 이제 5분밖에 남지 않은 시간 때문에 미치
기 일보직전이다. 이때 화면은 둘로 갈려 왼쪽에는 행동에 나서려는
마니와 오른쪽은 달리는 롤라가 있다.

"마니, 조금만 기다려." 롤라의 손에는 돈봉투가 들려 있다. 뒤돌아
보는 마니의 얼굴에 웃음이 가득하다. 그때 소방차가 마니를 깔고 지
나간다. 마니는 사지를 뻗고 입가에는 검붉은 피를 흘리고 있다.

이번에는 마니가 죽는다. 다시 옅은 붉은색 화면. 남자는 묻는다.
"내가 죽으면 어떻게 할래?" 여자가 말한다. "죽게 내버려 두지 않아."
롤라는 하나마나한 소리를 지껄인다.

마지막 에피소드는 해피엔딩이다. 여전히 나와 아기를 원하느냐는
여자를 상대로 괴로워하는 아버지. 숨을 헐떡이며 롤라가 도착하기
전에 아버지는 교통사고를 당한다.

카지노 건물. 롤라가 거기에 있다. 20번 블랙 짝수에 몰빵한 롤라. 거액을 챙겨 들고 나온다. 마니도 잃었던 돈을 찾았다.

이 영화 한마디로 재미있다. 상쾌하고 유머가 있고 색다르다. 두어 번 봐도 질리지 않는 긴장감이 있다. 음악과 빠른 화면이 감독의 신선한 재능을 돋보이게 한다. 어쩌다 달릴 때면 빨간 머리의 롤라처럼 팔을 앞뒤로 크게 휘두를 것만 같다.

마담 드…
Madam De, 1953

MOVIE

국가 | 프랑스, 이탈리아
감독 | 막스 오퓔스
출연 | 다니엘 다리유, 샤를르 보와이에, 비토리오 데시카

'물건'이 의미를 가지면 보는 눈이 달라진다. 자연히 마음도 변한다. 내다 팔아도 될 하찮은 귀걸이가 사랑하는 사람의 선물로 둔갑하면 여자의 몸은 뜨거워진다.

 막스 오퓔스 감독의 〈마담 드…〉는 귀걸이를 따라 이야기가 전개된다. 때는 20세기 초 프랑스 파리. 안드레 장군(샤를르 보와이에)은 아내 루이즈(다니엘 다리유)에게 결혼선물로 귀걸이를 사준다. 어떠한 고민거리도 없을 것 같은 루이즈는 서랍장을 뒤져 귀걸이를 꺼낸다. 2만 프랑의 빚을 진 루이즈는 너무 소중한 밍크코트 대신 사랑이 식어 별가치가 없는 귀걸이를 집어 든다.

 귀걸이를 산 보석상은 남편에게 알리지 말아달라고 신신당부하는 루이즈의 부탁을 외면하고 남편에게 이실직고 한다. 이러한 사실을 모르는 루이즈는 오페라에서 귀걸이를 잃어 버렸다고 거짓말을 하고 남편은 알면서도 짐짓 고개를 끄덕인다. 그리고 귀걸이를 다시 사들인다. 두 번째 같은 귀걸이를 사는 셈이다. 그런데 이번에는 아내 대신 정부에게 귀걸이를 준다.

 남편에게 마음이 떠난 루이즈는 백작(비토리오 데시카)과 사랑에 빠져 있다. 이들은 연주자가 지쳐 악기를 싸들고 나갈 때까지 춤을 춘다. 손을 맞잡고 몸을 밀착시킨 채 두 눈은 서로를 바라보면서 항상 마지막까지 춤을 춘다.

그런데 정부는 장군이 준 귀걸이를 도박으로 잃어버리고 그 귀걸이는 다시 백작 손에 들어온다. 그는 그 귀걸이를 루이즈에게 선물한다.

이제부터 귀걸이는 내다 팔아서는 안 되는 귀중한 존재가 된다. 두 사람은 유혹을 하고 유혹을 당하면서 점점 깊은 사랑의 굴레에 빠져든다.

루이즈는 여행을 떠나고 백작은 편지를 쓴다. 하지만 3개월 동안 답장을 받지 못한다. 항상 답장을 썼지만 부칠 용기가 없었던 루이즈는 쓴 편지를 찢어 마차 밖으로 버린다. 갈기갈기 찢긴 편지 조각은 마치 눈처럼 펄펄 날리며 허공으로 사라진다.

루이즈는 남편이 아직도 귀걸이를 잃어버린 것으로 판단하고 장갑을 뒤져 남편이 보는 앞에서 귀걸이를 찾아내는 시늉을 한다. 그 모습을 장군은 가소로운 듯이 바라본다. 거짓연기를 하는 루이즈처럼 남편의 사랑도 이미 떠났다.

한편 장군은 백작에게 장군과 군대를 모욕했다는 이유를 들어 결투를 신청하고 결국 그를 죽인다. 그를 지켜 달라는 루이즈의 간절한 기도도 효험이 없다.

루이즈는 절규한다. 마음으로 사랑했다. 마음만인데도 죄가 되는가? 하지만 신은 거기에 응답하지 않는다.

카메라 움직임이 현란하고 사랑에 빠진 여자가 귀걸이를 대하는 심적 변화가 흥미롭다.

마부

馬夫, 1961

MOVIE

국가 | 한국
감독 | 강대진
출연 | 김승호, 황정순, 신영균

청계천에서 외국 관광객을 태운 사륜마차와 마부를 보는 순간 아주 오래전에 봤던 강대진 감독의 〈마부〉가 떠올랐다. 정해진 곳에서 일정한 장소만 도는 세련된 옷차림을 한 청계천의 마부와 허름한 차림새에 손님이 원하면 어디든 가는 영화 속 마부 춘삼(김승호)의 모습이 포개졌다. 영화 속 마부의 손놀림과 고삐를 쥔 사륜마차의 마부를 번갈아 보면서 50년 전 서울의 풍경으로 빨려 들어갔다.

　주인공 춘삼은 애가 넷이나 딸린 홀아비다. 큰아들(신영균)은 번번이 낙방하는 고시생이고 둘째 아들은 도둑질에 싸움꾼이다. 시집간 큰딸(조미령)은 말 못하는 벙어리로 남편에게 얻어터지고 친정으로 쫓겨 오기 일쑤다. 둘째 딸 옥희(엄앵란)는 겉멋이 들어 가슴을 앞으로 내밀고 엉덩이를 흔들면서 사기꾼 남자를 쫓아 다니다 보기 좋게 바람을 맞는다.

　지금도 그렇지만 그때도 하층민들의 삶은 이렇듯 제대로 된 것이 하나도 없다. 거기다 수입은 나날이 줄어들고 거액의 빚 독촉에 시달리니 하루하루 살아가는 것이 고욕이다.

　그래도 춘삼은 묵묵히 일을 한다. 믿는 구석이 있다. 큰아들에 대한 기대와 식모인 수원댁(황정순)과의 정분 때문이다.

　힘든 하루 일과를 마치고 막걸리 한 잔에 넉넉한 웃음을 짓고, 그

웃음 속에 고시에 합격할 큰아들과 수원댁의 풍만한 몸매가 떠오르면, 세상은 살만하다는 자기위안을 삼을 수 있는 것이다.

그럭저럭 시간은 지나가는데 매타작에 또 친정으로 피신한 큰딸은 춘삼의 심한 구박에 한강에 나가 투신자살을 한다. 춘삼은 대성통곡하고 수원댁은 그런 춘삼의 가족을 따뜻한 마음으로 위로한다.

어느 날 춘삼은 마차를 몰고 가다 사장집 차와 부딪쳐 차를 찌그러트린다. 화가 난 사장은 그를 해고하고 말까지 압수하지만 춘삼은 꿀 먹은 벙어리처럼 말이 없다.

다리까지 다쳐 일도 나가지 못하는데 둘째 딸은 공장에 취직해 살림에 보태기는커녕 사내와 놀아나는 데 정신이 팔려 있고 싸움꾼 아들은 경찰에 잡혀온다. 마음이 착하고 심지가 굳은 큰아들은 책상 앞에 '高試突破', '必勝' 등의 구호를 붙여 놓고 주경야독하지만 이번에도 낙방한다. 온통 절망뿐이다.

하지만 관객들은 절망이 곧 희망으로 바뀌리라는 것을 짐작한다. 춘삼과 수원댁은 더 친밀해진다. 두 사람은 같이 영화도 보고 영화가 끝나면 설렁탕도 먹고 둘만이 알 수 있는 눈짓으로 미래를 약속한다.

큰아들은 아버지 대신 마부를 하겠다고 나선다. 아버지는 말린다. 미친 소리 말고 고시공부나 하라고.

수원댁은 그동안 모아둔 돈으로 사장의 말을 사 춘삼에게 준다. 함박눈이 펑펑 내리는 날, 개천에서 용이 나듯 고등고시에 합격한 큰아들은 발표장에 온 수원댁을 어머니로 모신다. 싸움꾼 아들은 마음을 잡고 옥희는 제화공장에 취직한다. 해피엔딩이다.

연탄공장, 산부인과, 세탁소, 생명수, 건위소화제, 동아제약, 이발소,

복덕방 등의 거리간판 등이 그 시대상을 보여준다. 한글과 한자가 섞여 있어 재미있으면서도 낡고 허름해 마음 한구석이 짠하다.

〈마부〉는 한국 영화를 처음으로 서방세계에 알린 작품으로, 한국영화사에서 매우 중요하게 취급되고 있다. 제11회 베를린영화제 특별심사 은곰상을 수상해 해외영화제에서 상을 받은 최초의 한국 영화이기도 하다.

춘삼의 연기력이 좋고 그가 내뱉는 풍자와 해학의 대사도 기억에 남는다. 오늘날 개봉해도 손색이 없을 정도로 작품성이 있다.

마지막 황제
The Last Emperor, 1987

MOVIE

국가 | 미국, 프랑스, 영국, 이탈리아
감독 | 베르나르도 베르톨루치
출연 | 존 론, 조안 첸, 피터 오툴

영화를 줄서서 본 적이 있다. 1998년 어느 날 대한극장 앞에서 베르나르도 베르톨루치 감독의 〈마지막 황제〉를 볼 때도 그랬다.

어렴풋한 기억으로는 70밀리미터 대형화면과 아카데미 작품상, 감독상 등 9개 부분을 휩쓸었다는 선전도구에 훅 마음이 끌려 기다리는 것이 지루하지 않았다. 역시 선전도구로 사용됐던 신개념의 사운드 음향은 어느 정도인지 이 또한 궁금했다.

세계 최초로 한국에서 개봉하는 영화도 있다는 사실을 상기하면 격세지감을 느끼지만 당시만 해도 만들어진 지 10년이 지나서야 상영하는지에 대한 의문은 별로 없었다. 늦게라도 볼 수 있는 것만으로도 다행이다 싶었다.

1950년 중소 접경지역의 열차에서 한 무더기의 패잔병들이 쏟아져 나온다. 거기에 푸이(존 론)도 다른 전쟁 범죄자들 틈에 끼여 있다. 초라한 행색의 이 중년 사내는 기차역 대합실 방에서 면도칼로 자해를 시도한다.

영화는 그렇게 시작된다. 화면은 회상과 현재를 교차로 보여주면서 1908년 철권을 휘두르며 공포 정치를 폈던 할머니 서태후가 입에 흑진주를 물고 죽자 3살의 어린 나이에 중국 마지막 황제에 오른 푸이의 일생을 따라간다.

푸이의 삶은 중국 근현대사의 격동과 어울리면서 한 편의 거대한 파노라마로 펼쳐진다. 원하는 모든 것을 할 수 있는 황제이지만 자금성 밖으로는 한 발짝도 나가지 못하는 황제의 닫힌 세계 또한 푸이의 또 다른 인생 역정이다.

군부 쿠데타로 실권을 상실한 황제는 자금성 안에서만 황제노릇을 하면서 영국인 가정교사(피터 오툴)로부터 세계정세에 대한 교육을 받는다. 이때만 해도 푸이의 생은 그런대로 괜찮아 보인다. 하지만 군대가 자금성에 들이닥치고 톈진으로 피신하면서 그의 인생은 극도로 꼬인다.

중국 점령의 전초기지로 1931년 만주사변을 일으켜 북중국을 먼저 삼킨 일본은 푸이를 내세워 괴뢰 '만주국'을 세우고 세계 제패의 야욕을 꿈꾼다. 실권은 관동군 수비대장이 갖고 있는 허수아비 황제이지만 그래도 다시 황제 호칭을 들으며 푸이는 재기를 모색한다.

그러나 히로시마에 핵폭탄이 터지면서 그의 신세도 전범으로 추락한다. 탈출하려는 비행기 안에서 소련군에 잡힌 푸이는 중국 공산당에 넘겨진다. 후처(비비안 우)는 도망가고 아내(조안 첸)에게 배신당한 푸이는 한 철 메뚜기처럼 처량하다. 2,000년 제국의 역사는 말 그대로 종말을 맞고 역사 속으로 사라진 것이다.

푸이는 이제 죄인이다. 일본 제국주의의 앞잡이로 조국을 배신하고 만주국을 세운 과정을 후회하는 반성문을 요구받는다. 심문과정에서 이름을 대라는 말에 바닥에 백묵으로 부의(溥儀)라고 적는 모습은 권력의 무상함을 새삼 느끼게 한다. 황제에게 걸맞지 않은 대우를 받는 초라한 신세의 푸이와 호통 치는 관리의 기세등등한 모습은 전세가 역전된 상황에서 벌어지는 극적 반전의 묘미를 제대로 살리고 있다.

뒤늦게 일본에 속은 것을 알지만 후회는 항상 늦듯 그가 사태를 깨달았을 때는 이미 돌이킬 수 없는 상황에 빠진 상태였다.

아편으로 손쉽게 중국을 점령하고 아시아를 차지하려는 일본의 만행, 서태후의 묘를 파헤치는 장개석 군벌과 장개석을 눌리치고 등장한 모택동. 중국의 역사는 숨 돌릴 틈 없는 파란의 연속이다. 그 중심과 변두리에 푸이가 있다.

죄수번호 981번을 달고 10년의 옥살이 끝에 완전히 교화됐다는 당국의 판단에 따라 1959년 세상에 나온 푸이에게 모택동의 문화대혁명이 기다리고 있다.

붉은 깃발을 내세우고 젊은 홍위병들이 설치는 살벌한 광기의 10년 세월. 어느 날 푸이는 관광객으로 자금성에 들어간다. 그리고 자신이 앉았던 권자에서 작은 통을 꺼내 아이에게 준다. 통속에서 메뚜기가 나온다.

"난 중국의 황제였다." 죽으면서도 황제였던 사실을 상기하고 싶었던 푸이의 일생은 메뚜기의 하루만큼이나 허무하다.

말타의 매
The Maltese Falcon, 1941

MOVIE

국가 | 미국
감독 | 존 휴스턴
출연 | 험프리 보가트, 매리 애스터, 시드니 그린스트리트

탐정의 시대가 있었다. 공권력이 대세인 지금 탐정은 전설속의 단어가 됐지만 그 시대 탐정은 한 세월을 풍미했다. 거장 존 휴스턴 감독의 〈말타의 매〉는 탐정이 이름값을 하던 당시의 이야기다.

동료 탐정 어처(글래디스 조지)와 사무실을 함께 운영하던 샘 스페이드(험프리 보가트)는 어느 날 대단한 미모의(여비서의 말에 따르면) 여인 원덜리(매리 애스터)의 사건 의뢰를 맡는다.

하지만 현장에 출동한 동료 어처가 어처구니없는 죽음을 당하고 의뢰인이 거명한 남자도 죽는다. 연쇄살인 사건이 발생하자 경찰은 샘을 살인자로 의심한다. 어처의 부인과 불륜 관계를 맺고 있던 샘은 난처한 입장에 처한다.

궁지에 몰린 샘은 사건의 실체 파악에 주력하는데, 그 핵심에 전설로 전해져 내려오는 '말타의 매'가 있다는 사실을 알게 된다. 이 매는 머리에서 발톱까지 온통 금과 보석으로 장식한, 값어치를 매길 수 없는 대단한 물건이다.

샘은 원덜리를 찾아가 사건의 자초지정을 캐묻는데 이 과정에서 원덜리는 본명이 오쇼네시이고 사건의뢰의 내용도 진실이 아니라고 실토한다. 샘은 믿을 수 없는 이 여인이 사건해결의 열쇠를 쥔 인물이라는 것을 탐정의 본능으로 알아챈다.

이때 곱슬머리에 여자목소리를 내는 조엘 카이로(피터 로어)가 나타나고 이어 좀 모자란 듯하고 경직된 윌머(엘리사 쿡 주니어)가 샘의 뒤를 미행한다. 결국 샘은 두목 뚱보(시드니 그린스트리트)와 만나 돈과 말타의 매를 맞바꾸는 협상을 벌인다.

마침내 샘은 말타의 매를 갖게 되지만 납으로 된 가짜라는 사실을 알게 된다. 죄를 뒤집어쓰지 않기 위해 연쇄살인의 용의자가 필요했던 샘은 윌머와 어처의 진짜 살인범인 오쇼네시를 경찰에 넘긴다.

긴 트렌치코트와 굴곡이 심한 중절모, 거칠고 우수에 찬 모습으로 예측 불가능한 어둠의 세계를 배회하면서 시도 때도 없이 담배를 피워대는 험프리 보가트의 매력이 물씬 넘치는 이 영화는 '검은 영화'로 불리는 '필름 느와르'의 시초로 평가받고 있다.

여주인공으로 나오는 매리 애스터 역시 조금 과장하면 저항할 수 없는 관능적 매력으로 남성을 파괴하는 치명적인 매력을 가진 팜므파탈의 효시로 기억될 만하다. 살인도 마다 않고 거짓말을 밥 먹듯이 하고 원하기만 하면 흘리는 눈물 연기는 볼 만하다. 연약한 겉모습으로 음흉하고 사악한 본모습을 숨기는 재주가 대단하다.

둘은 사건의 말미에 이르러 키스를 하는 등 서로 사랑하는 사이로 발전한다. 남자의 위기다. 하지만 여기서는 여자보다 남자가 한 수 위다(이후에 부지기수로 나오는 느와르에서는 여자에게 당하는 남성들의 숱한 이야기가 있다). 울면서 빠져나가려는 여자에게 남자는 이렇게 말한다.

"울어도 소용없다. 동료가 죽었으니 난 뭔가를 해야 한다. 탐정일이란 것이 이런 것이다. 범인을 도와주면 탐정업계 전체에 좋지 않은 영향을 준다."

동료를 신뢰하지도 않으면서(어처가 죽자 바로 간판에서 어처 이름을 뗀다.)
여자를 내치기 위해 태연하게 동료의 죽음을 언급한다.

당신은 날 사랑하지 않느냐고 여자가 애원하면서 매달릴 때는 "처음 며칠은 힘들 거다. 허나 곧 지나간다."고 말하고 경찰에게 넘기면서는 이 정도 대사라면 외워뒀다가 어디서건 한 번 써먹을 만하다 싶은 명대사를 빠르게 내뱉는다.

"그들이 당신 목을 매달지 않기를 바란다. 그렇게 사랑스럽고 보기 좋은 목을… 종신형을 면할 기회는 있다. 당신이 착하게 굴면 20년쯤 후에는 출감할 수 있다는 말이다. (그때는) 당신을 기다리겠다. (하지만) 만약 당신이 교수형을 당한다면 난 당신을 영원히 기억하겠다."

망향

Pépé le Moko, 1937

국가 | 프랑스
감독 | 줄리앙 뒤비비에르
출연 | 장 가뱅, 밀레유 바랑

한때는 남성이 여성보다 성적으로 우위에 있었던 적이 있었다. 줄리앙 뒤비비에르 감독의 〈망향〉을 보면 이런 사실을 더욱 실감하게 된다.

주인공 페페(장 가뱅)는 바람둥이다. 연인이 있으면서도 연인 앞에서 버젓이 다른 여자를 사랑한다. 그것도 모자라 새로운 연인과 연인관계를 잘 맺을 수 있도록 옛 여인을 활용하기도 하는 대담함을 보인다. 파렴치하다고 할 수 있겠지만 과거에는 그것이 가능했다. 프랑스의 1930년 후반, 적어도 영화에서는 말이다.

페페는 은행 강도를 저지르고 프랑스령 알제리 카스바로 도피해 왔다. 알제리 경찰 슬리만(루카스 그리두스)은 그를 잡기 위해 노심초사하지만 카스바에서 그를 체포하는 것은 불가능하다.

도로는 후미지고 밀림 속처럼 교차하며, 좁은 계단은 가파르고 테라스는 서로 연결돼 있어 숨기가 쉽고 도주가 용이하다. 그 복잡한 곳에 원주민은 물론 이주민, 아라비아인, 중국인, 집시 등, 1만 명이 살 곳에 4만 명이 살면서 서로 엉켜 있다.

여기서 페페는 두목 노릇을 하면서 주민들의 도움을 받고 있다. 그러니 무리지어 다니는 경찰의 기습에도 여유롭다. 숨어 있는 곳을 찾아 아지트를 조여오고 서로 총격전을 벌여도 그를 체포하는 것은 허황된 꿈처럼 보인다. 그가 죽으면 3,000명의 과부가 생길 정도로 많은 여자들의 사랑을 받고 있는 페페는 카스바에서 절대적인 존재다.

그런 어느 날 한 주민의 배신으로 동료가 죽고 상심한 페페에게 파리에서 여행 온 예쁜 여자 가비(밀레유 바랑)가 나타난다. 페페는 한눈에 반하고 가비 역시 돈은 많지만 나이 많고 뚱뚱한 원래 기둥서방을 무시하면서 두 사람의 사랑의 속도는 거침없이 나아간다.

사랑을 하면 눈이 멀고 위험은 안중에도 없다는 사실을 이 영화는 또 한 번 상기 시킨다. 페페는 죽음 앞으로 한 발 다가간다. 그는 제 발로 카스바를 벗어나 시내 호텔에서 여자를 만나는 무모한 행동을 한다. 카스바를 떠나는 순간 경찰에 체포될 것을 알지만 여자의 매력은 죽음과도 바꿀 만큼 강렬하다. 여자를 만나러 가는 길은 황천길이지만 내달리는 발걸음은 경쾌하다.

경찰은 뒤를 미행하고 호텔 앞에서 기다린다. 뒤쫓아 온 옛 여인은 경찰에게 페페가 부두에 있다고 밀고하고 경찰은 갑판에서 그를 체포한다. 선실 밖으로 나온 가비는 페페가 부르는 소리를 뱃고동 소리 때문에 듣지 못하고 뚱보를 따라 프랑스로 떠난다.

경찰의 눈을 피해 숨겨둔 칼로 자해하는 페페는 끝내 가비와 함께 걷자 약속한 파리의 아름다운 거리를 거닐지 못하고 차가운 시체가 된다. 왜 제목이 '망향'인가 하는 의문이 들기도 하지만 카스바에 갇혀 오도 가도 못하는 페페의 신세를 생각하면 이해할 만도 하다.

한때 파리에서 생활했던 그리움이 파리의 여자를 만나자 걷잡을 수 없이 번져나가고 결국 자기의 견고한 성을 스스로 걸어 나오는 장면이 고향에 대한 향수와 맞물린다. 몽마르트르, 샹젤리제 등 여러 도시를 회상할 때 그의 눈은 갇힌 세계를 벗어나고자 하는 욕망으로 번득인다.

맥스군 사랑에 빠지다
Rushmore, 1998

MOVIE

국가 | 미국
감독 | 웨스 앤더슨
출연 | 제이슨 슈왈츠먼, 빌 머레이, 올리비아 윌리엄스

천재들의 행동을 범인들이 이해하는 것은 어렵다. 정신세계는 오묘해서 사회적 규범이 허용되는 한계를 곧잘 일탈한다. 다행히 나이가 어리고 배우는 학생이라면 대개는 이해된다. 러시모어고등학교에 다니는 맥스 피셔(제이슨 슈왈츠먼)는 천재의 전형인 '괴짜의 심리학'을 여실히 보여준다.

맥스는 학교의 거의 모든 과외활동의 회장이며 교내신문의 편집장이고 극본을 쓰고 연극연출로 학교의 위상을 높인다. 하지만 정규수업은 낙제수준이다. 그렇다고 기죽을 맥스가 아니다.

하버드는 안정권이라고 떠버리고 옥스퍼드 입학은 우습게 여긴다. 한마디로 대단한 학생이다. 긴 얼굴에 안경을 쓰고 입을 벌리면 일장연설이 시작되는데 말은 대단히 논리적이다.

어느 날 참으로 예쁜 크로스(올리비아 윌리엄스)가 라틴어 선생으로 부임한다. 그는 단번에 사랑에 빠지는데 크로스는 맥스를 남자로 여기지 않는다. 맥스는 겨우 15살이다.

그가 아무리 조숙해도 이성으로 받아들이는 것은 무리다. 그런데 크로스 선생은 남편이 익사한 미망인이어서 맥스의 대시는 거칠게 없다. 그의 후원자이며 든든한 부자 친구 역할을 해주는 아버지 또래의 블룸(빌 머레이)이 두 사람을 맺어주기 위해 적극 나선다.

맥스는 라틴어를 죽은 언어라고 폐과시키고 일본어 강의를 새롭게 개강하려는 학교 측에 라틴어에서 낭만주의 언어가 탄생했다며 설득해 필수과목으로 살리는 수완을 발휘한다. 또한 크로스 선생이 물고기에 관심이 많자 블룸을 통해 학교에 거대한 수족관을 만들기로 하는 등 그야말로 열성이다.

　그리고 마침내 사랑을 고백한다. 선생은 그런 맥스가 애틋하나 그와 차 안에서 즐길 마음은 없다.

　오히려 그를 도와주던 블룸과 사랑에 빠지고 맥스의 꼬마 친구인 더크(메이슨 갬블)는 두 사람이 그렇고 그런 사이라고 맥스에게 고자질한다(맥스가 꼬마와 친구로 놀아주는 것은 더크의 엄마가 예쁘기 때문이고 그는 더크의 엄마에게도 추파를 던진다. 더크는 아직 맥스의 이런 음흉한 마음을 알지 못한다).

　질투로 몸이 불같이 달아오른 맥스는 블룸의 차를 망가트리고 블룸은 맥스의 자전거를 박살낸다. 맥스는 블룸의 부인에게 외도를 알리고 블룸은 맥스를 경찰에 신고한다. '절친'이 원수가 되는 순간이다.

　크로스와 블룸의 사랑도 오래가지는 못한다. 하버드 동기로 거의 완벽한 남자였던 전남편의 사랑을 잊지 못한 크로스의 변심 때문이다.

　맥스는 그가 그토록 자랑스럽게 여기던 러시모어 고교에서 (워터게이트에 대한 짧은 연극을 써 장학생으로 입학했으나) 결국 退學을 당하고 인근의 공립학교로 전학을 간다. 전학 첫날 인사하는 자리에서 그는 펜싱팀을 만들겠다는 등의 일장연설로 한 아시아계 여학생의 마음을 사로잡는다.

　그러나 그의 마음은 여전히 크로스 주변을 맴돈다. 가짜로 이마에 상처를 내고 비가 억수로 쏟아지는 날 크로스의 집을 찾아가 잠시 위로를 받지만 연기라는 사실이 들통 나서 쫓겨난다. 크로스 선생은 말한다.

"너나 블룸이나 다 어린애야."

낙엽 지는 11월, 맥스는 사랑의 상처를 잊기 위해 상원의원이나 외교관의 꿈을 접고 숨겨온 아버지 가게에서 이발사로 일한다. 그 사이 쌍둥이 아들 중 한 명에게 얻어 터져 우울증에 빠진 블룸과도 화해하고 싸움이 일어났을 때 도와주지 않았던 더크와도 친구관계를 회복한다.

마지막 장면은 아버지와 크로스 선생님, 블룸 이사, 여학생 부모, 자신을 괴롭히던 동급생을 배우로 등장시킨 연극을 통해 갈등을 치유하는 대단원으로 마무리된다.

웨스 앤더슨 감독은 〈맥스군 사랑에 빠지다〉로 큰돈을 들이지 않고도 숨 막히는 웃음을 자아내는 코미디를 만들어 할리우드에 강한 인상을 남겼다.

멋진 인생
It's a Wonderful Life, 1946

MOVIE

국가 | 미국
감독 | 프랑크 카프라
출연 | 제임스 스튜어트, 도나 리드

시인 윤동주에게 멋진 인생은 하늘을 우러러 한 점 부끄러움 없는 삶이고, 백범 김구 선생에게 멋진 인생은 남북이 하나 되는 통일이며, 정치인에게 멋진 인생은 국민을 멋지게 속이고 정권을 잡는 일이다. 프랑크 카프라 감독의 멋진 인생은 멋진 영화를 만드는 일인데 정말로 〈멋진 인생〉으로 멋진 영화의 꿈을 이루었다.

주인공 조지 베일리(제임스 스튜어트)의 멋진 인생은 마크 트웨인의 소설 톰 소여처럼 탐험과 모험의 세계를 즐기는 것이다. 이탈리아와 그리스를 여행하고 유럽을 다니고 건축학을 전공해 100층이 넘는 빌딩을 짓고 다리를 만들고 비행장을 세우고 싶어 한다. 그 꿈은 이루어질까.

결론을 미리 말한다면 그 꿈은 개꿈으로 끝난다. 하지만 우리 모두는 주인공의 일생이 정말 멋진 인생이라고 찬탄을 보내게 된다. 다른 사람을 위해 내 꿈을 버리는 과정은 영화에서나 가능한 일처럼 보이기에 베일리의 좌절은 안타깝기만 하다. 그래도 꿈을 포기할 수는 없다.

어릴 때 점원으로 일했던 약방의 아저씨가 선물로 준 영국제 커다란 가죽가방에 짐을 가득 싣고 여행 떠날 준비에 한창 들떠 있는 베일리. 식사를 하면서 아버지는 사업을 물려받을 것을 권유하지만 베일리는 사양한다. 그리고 이런 말을 한다. "그거 아세요? 아버지는 멋진 사람이라는 걸." 그날 동생이 마련한 파티에 참석해 대학을 졸업하고 사회인으로 출발하는 동네친구 샘과 뒤에 아내가 될 메리(도나 리드)를 만난다.

베일리가 첫사랑인 메리의 눈빛은 사랑에 빠진 여자만이 보낼 수 있는 시선이다. 두 사람은 마냥 행복하다. 하지만 행복한 순간이 지나면 어려운 시기가 오기 마련이다.

아버지가 갑자기 뇌출혈로 쓰러진다. 마을에서 제일 부자이며 제일 악당인 포터(라이오넬 베리모어)는 이 기회에 회사를 해체하려고 한다. 그러나 삼촌 빌리(토머스 밋첼)의 도움과 베일리가 회장을 맡는 조건으로 회사를 살린다. 유럽여행은 물 건너갔다.

사업이 순탄치 않을 거라는 건 짐작하지 않아도 알 만하다. 포터의 방해공작이 이만저만이 아니다. 어렵게 회사를 끌고 가지만 인정 많고 의리에 가득 찬 그에게 사업은 위태롭다.

모아 두었던 돈은 동생의 대학비용으로 들어간다. 이런 와중에도 베일리는 모험에 대한 희망을 놓지 않는다. 마침내 동생은 대학을 졸업하고 고향에 잠시 들른다. 기차역으로 마중 나간 베일리의 꿈은 동생의 결혼과 장인 회사의 연구원으로 일하게 됐다는 제수씨의 설명으로 좌절된다. 대학을 졸업하면 동생이 아버지 회사를 맡기로 했는데 4년을 기다린 일이 엉망이 된 것이다.

이즈음 메리도 대학을 졸업하고 마을로 돌아온다. 두 사람은 비가 억수같이 쏟아지는 날에 결혼한다. 그리고 택시를 타고 신혼여행을 떠난다. 또 다시 찾아온 행복. 그러나 이도 잠시 은행으로 사람들이 달려들고 대출자가 몰리면서 회사는 파산 직전이다.

다행히 2,000달러로 수습하고 겨우 남은 2달러를 종자돈으로 삼자며 스스로 위안을 삼는다. 아내 메리는 실의에 빠진 베일리의 친구들이 마련해준 부서진 폐가에서 신혼 첫날밤을 보낸다.

우여곡절 끝에 베일리의 회사는 일어서고 포터는 베일리에게 연봉 2만 달러라는 파격적인 제의로 그를 끌어 들이려고 한다. 아내에게 멋진 옷을 사주고 뉴욕으로 출장을 가고 유럽 여행을 일 년에 두 번 할수 있다는 유혹에 악수까지 했으나 이내 정신을 차리고 그의 제의를 거절한다.

집에 돌아온 베일리는 메리에게 어쩌자고 나와 결혼했느냐고 묻는다. "처녀귀신이 되기 싫어서."라는 답변이 돌아온다. 그날 저녁 메리는 임신 사실을 알린다. 그리고 부부는 아들 딸 합쳐 네 명의 자녀를 둔다.

크리스마스이브. 메리는 아이들과 장식에 바쁘다. 큰딸은 피아노를 치고 엄마는 콧노래를 부르고 가족은 행복하다. 그런데 삼촌이 예금할 돈 8천 달러를 잃어버린다. 회사는 파산이다. 삼촌과 베일리 둘 중하나는 감옥에 가야 한다. 집에 돌아온 베일리는 아이들에게까지 화를 내고 마침내 집에 있는 물건을 부수다가 밖으로 뛰쳐나간다. 눈이 엄청 내린다.

다리 위에 올라선다. 파도가 친다. 자살하려는 순간 물에 빠진 사람이 살려달라고 외친다. 뛰어들어 그를 구출한다. 그는 천사다. 베일리가 위기에 처하자 그를 구하기 위해 하늘에서 내려온 것이다.

그 이후는 더 언급하면 사족이 되겠다. 회사도 살리고 동생은 전쟁영웅이 돼서 돌아오고 가족은 크리스마스를 온 동네 사람과 함께 즐긴다. 그의 손에는 『톰 소여의 모험』이 들려 있다. 멋진 결말이다.

실제로는 하지 못한 모험을 책에서 하라는 말일까. 동네사람들을 위해 자신의 꿈과 모험을 포기한 베일리의 멋진 인생은 이제부터다. 영화에서는 이것이 결말이지만 우리 모두는 그가 원했던 꿈이 이루어지기를 진정으로 바라고 있다.

　떠나야 할 때를 알면서도 떠나지 않은 사람, 남아 있어야 될 때를 알고 남아 있었던 정말로 강한 사람 베일리. 그에게 또 다른 삶이 있다면 기꺼이 모험과 탐험의 세계를 선사하고 싶다.

메트로폴리스
Metropolis, 1927

MOVIE

국가 | 독일
감독 | 프리츠 랑
출연 | 구스타브 프로리흐, 브리짓 헴, 알프레드 아벨

거대 도시 메트로폴리스에서 벌어지는 노동자와 자본가의 대립은 오늘날에도 여전히 유효하다. 프리츠 랑 감독은 〈메트로폴리스〉를 통해 두 집단 간의 대립과 삶의 방식을 그려보고 있다.

하도 오래전 영화라 소리도 들리지 않는 데다 많은 부분이 삭제되고 유실되고 편집된 것을 감안해도 이 영화는 보는 내내 참 대단하구나, 하는 찬탄을 금할 수 없다.

고층건물 사이로 날아다니는 비행물체와, 건물과 나란히 달리는 고가도로를 가득 메운 차량의 행렬, 노동자들의 절도 있는 행동과 자본가의 여유로운 모습은 자본과 노동은 결코 하나가 될 수 없다는 것을 상징적으로 보여 준다.

두 집단은 사는 곳도 다르다. 노동자들은 계단을 통해 내려가는 지하에서 살고 자본가는 건물의 꼭대기에서 아래를 내려다보며 산다. 흰옷을 입는 자본가와 검은 옷을 입는 노동자는 겉모습에서도 구별된다. 그들은 같은 언어를 쓰지만 서로를 이해하지 못한다.

자본가는 정교한 기계장치를 이용해 노동자들을 감시하고 통제하고 억압한다. 하루 10시간 노동에 지친 노동자들은 기계를 돌리다 마지막 숨까지 끊어지지만 당연한 것으로 여긴다.

자본가이며 지배자(알프레드 아벨)에게는 장성한 아들 프레더(구스타브 프로리흐)가 있다. 프레더는 아름다운 여인 마리아(브리짓 헴)를 통해 지하세계의 실상을 깨닫고 괴로워한다. 마리아는 분쟁이나 투쟁보다는 화해를 강조하는 평화주의자다.

이에 프레더의 아버지는 오른손이 원래 손이 아닌 강철 손으로 된 천재 과학자 로트방(루돌프 클라인-로그)을 통해 마리아와 똑같은 가짜 마리아 로봇을 만들도록 한다. 로봇을 보내 불화를 싹 띄우고 마리아에 대한 신뢰를 깨트리기 위해서다.

이 로봇은 퇴폐적이고 음란하며 선동에 능해 기계를 파괴하라고 노동자들을 부추긴다. 세상이 악해지는 모습을 구경하자고 외친다. 남자의 어깨에 걸터앉아 요염한 추파를 던진다. 기계에 자신의 피와 살을 주는 것이 누구냐고 묻고 기계를 굶겨 죽이자고 외친다.

기계가 파괴되고 지하도시는 물바다가 된다. 뒤늦게 진짜가 아닌 것을 안 노동자들은 나무를 쌓아 놓고 가짜를 불태워 죽인다.

프레더와 진짜 마리아는 노동자와 아이들을 구출하기 위해 동분서주한다. 프레더는 자신이 심장이 돼서 두뇌인 지배자와 손인 노동자의 중재자 역할을 한다. 심장이 중재자로 나서지 않으면 손과 머리는 서로 이해하지 못하기 때문이다.

이때 진짜 마리아의 도움을 받는 것은 물론이다. 마침내 두 집단은 극적인 화해를 한다. 프레더를 사이에 두고 손을 마주 잡는다.

수많은 고층건물과 화려한 조명은 거대도시의 겉모습이다. 하지만 그 내면에는 잠과 노동밖에 없는 비참한 노동자들이 기계처럼 일하는 현실을 피할 수 없다. 해고의 공포는 당시에도 비참했다.

이 영화는 SF 영화의 시발점으로 추앙받고 있다. 경쾌한 피아노 음

악은 무성영화의 아쉬움을 달래고도 남는다. 건물이 흔들리고 무너지
고 홍수가 지하세계를 덮치는 장면은 대사가 없어도 충분히 공포 그
자체다.

모던 타임즈

Modern Times, 1936

MOVIE

국가 | 미국
감독 | 찰리 채플린
출연 | 찰리 채플린, 파울레트 고다드

연기면 연기, 연출이면 연출, 각본이면 각본, 음악이면 음악. 영화의 모든 영역에서 최고의 위치에 오른 사람. 범인은 가히 범접할 수 없는 천재, 그가 바로 찰리 채플린이다.

　〈황금광시대〉(1925), 〈시티 라이트〉(1931), 〈위대한 독재자〉(1940) 등 영화사에 길이 남을 숱한 명작들을 남겼으며 그 가운데 〈모던 타임즈〉는 그의 최대 걸작 가운데 하나로 손꼽히고 있다.

　짙은 콧수염, 커다란 구두, 둥근 모자, 긴 지팡이를 들고 오른손은 바지 호주머니에 넣고 조금 절뚝거리는 우스꽝스러운 몸짓으로 관객을 울리고 웃겼던 시대의 광대. 〈모던 타임즈〉는 그가 왜 '영화의 황제'인지 두말하면 잔소리로 만든다.

　때는 대공황 시절. 실직자는 넘쳐나고 기계화는 빠른 속도로 진행된다. 컨베이어벨트 공장에서 나사 조이는 일을 담당하는 찰리(찰리 채플린)는 작업 속도를 더 높이라는 사장의 지시로 한시도 눈을 돌릴 수 없이 일을 해야 한다.

　담배를 피우기 위해 잠시 자리를 비우면 금방 호통이 날아온다. 출근 카드를 찍기도 바쁘다. 5번 작업대 너트 조임을 확인하고 꾸물대지 말라는 마이크로 흘러나오는 고성에 얼이 빠질 지경이다. 모니터로 노동자의 작업현장을 보고 명령을 내리는 사장은 빅브라더에 다름 아니다.

허리 한번 펴지 못하는 고된 단순작업은 그를 정신이상자로 만든다. 여자의 엉덩이 부근에 달린 단추를 보고 스패너를 들이대면서 조이고 거리의 하수도 나사도 조인다. 조일 수 있는 것은 무엇이든 조이려든 다. 가슴도 조이고 코도 조인다.

어느 날 공장에 기계 외판원이 찾아온다. 점심시간을 아껴 생산성 을 높이고 경비절감을 하는 밥 먹여 주는 기계를 팔기 위해서이다. 식 사시간조차 아끼려는 근대화에 노동자는 죽을 맛이다.

찰리는 기계 속으로 빨려 들어가면서까지 적응하려고 발버둥 치지 만 결국 신경쇠약에 의한 정신이상으로 병원신세를 진다.

세월이 흘러 병원을 나온 찰리는 먹고 살기 위해 깃발을 든 시위대 와 마주친다. 얼떨결에 대열의 맨 앞에선 그는 주동자로 몰려 경찰차 에 짐짝처럼 실린다.

장면은 바뀌어 엄마를 잃고 배고픔과 싸우는 부둣가에 사는 소녀 (파울레트 고다드)는 실직자인 아버지마저 교통사고로 잃고 졸지에 두 동 생을 둔 고아가 된다.

찰리는 무전취식으로 잡혀온 소녀를 만난다. 경찰을 피해 숨은 어 느 집 앞에서 두 사람은 출근하는 남편을 배웅하는 아내의 행복한 미 소를 보고 우리도 저런 집에서 살면 좋겠다는 희망을 갖는다.

백화점 경비원으로 취직한 찰리는 소녀에게 백화점 구경을 시켜 주 고 잠시 꿈을 꿔 보지만 그곳에서도 곧 쫓겨난다.

소녀가 부둣가 회전목마 앞에서 춤추는 모습을 지켜본 음식점 주 인은 소녀의 재능을 인정해 채용하고 찰리는 그 음식점에서 노래하고 춤을 춘다. 손님의 박수소리가 울려 퍼지고 찰리와 소녀의 얼굴에 오랜만에 화색이 돈다.

하지만 가출소녀를 찾는 경찰이 소녀를 뒤쫓자 두 사람은 도망간다. 아침 해가 밝아오기 전 새벽이다. 도로 옆에 두 사람은 앉아 있다. 기운을 내자고, 포기하지 말자고, 용기를 내자고 다짐한다. 두 사람은 대로 한복판으로 걸어 나간다.

겹겹이 쌓인 산들의 멋진 풍광을 앞에 둔 찰리와 소녀의 뒷모습이 애처롭다. 두 사람은 과연 절망을 딛고 부서지지 않는 멋진 집에서 함께 요리하고 식사하는 희망을 현실로 이룰 수 있을까.

관객들은 찰리와 소녀가 정처 없이 떠돌지 않고 한 곳에 정착하기를 바라지만 현실에서 그럴 가능성은 전혀 없어 보인다. 영화는 여기서 끝난다.

찰리 채플린은 88세인 1977년 세상을 떴다. 네 번의 결혼으로 11명의 자녀를 낳았다. 살아생전 최고의 위치에 올랐지만 한때 공산주의자로 몰려 곤욕을 치르기도 했고 죽어서는 시신이 도난당하는 수모를 겪기도 했다. 천재를 시기한 범인들의 행동에 시멘트 무덤에 잠든 찰리는 행복할까.

모스크바는 눈물을 믿지 않는다
Moskva Slezam Ne Verit, 1980

MOVIE

국가 | 러시아
감독 | 블라디미르 멘쇼프
출연 | 베라 알렌토바, 이리나 무라브요바, 알렉세이 바탈로브

뒷부분에 소개할 우디 앨런 감독의 〈한나와 그 자매들〉(1986)과 마찬가지로 블라디미르 멘쇼프 감독의 〈모스크바는 눈물을 믿지 않는다〉는 세 여자의 사랑이 핵심 포인트다.

코미디적 요소가 가미됐다는 점까지 감안하면 두 영화는 일란성 쌍둥이라고 봐도 무방할 듯싶다. 할리우드 영화인가 헷갈리기까지 한데 끝까지 다 보고 나서도 그런 의문은 좀체 풀리지 않는다.

1958년 모스크바가 영화의 중심 배경이다. 카테리나(베라 알렌토바)는 전문학교 자격시험에 겨우 2점이 부족해 낙방한다. 노동자 기숙사로 돌아오는 발걸음이 무겁다. 하지만 공장에서 일하는 것을 부끄러워하거나 기죽지 않는 당찬 여성이다.

어느 날 대학교수인 큰아버지 부부가 여행으로 비운 집을 봐주기 위해 카테리나와 그녀의 친구들인 류드미라와 안토니라는 아파트로 짐을 옮겨온다. 잠시지만 세 명의 여자는 신이 났다. 모여서 작당 모의를 한다. 파티를 열어 행정관, 시인, 방송국, 카메라맨, 하키선수 등 저명인사를 초대한다.

콘서트를 '콘싸트'로 발음할 만큼 모스크바 생활에 익숙해 있지 않은 여공들이지만 파티장에서는 교수의 딸로 행세한다. 잘생기고 성격 좋고 성공한 남자 만나기를 원하는 세계 여성의 공통 바람은 이들을 거짓말쟁이로 만든다. 공장 기숙사에서 생활하지만 아파트에서 산다고 하거나 주말엔 별장으로 놀러 간다고 하고 운전은 기사가 한다는 등 둘러대는 데 도가 텄다.

어쨌든 파티는 성공적으로 끝나고 카테리나는 카메라맨과 연애를 한다. 그리고 마침내 육체적 교감에 이르고 임신을 한다. 이 사실을 통보받은 남자는 여자를 떠나고 남겨진 여자는 18년 동안 딸을 홀로 키우며 여공에서 공장 감독관으로 성공한다.

성공한 여자에게 남자가 딸을 보고 싶다는 핑계로 찾아오지만 이번에는 여자가 매정하게 남자를 돌려 세운다. 그리고 여자는 기차역에서 그렇게도 싫어하던, 구두가 더러운 남자에게 이끌린다. 남자는 매력적이다.

남자는 여자를 위해 밖에서 여러 시간을 기다리기도 하고 음식을 직접 만들기도 하면서 여자와 딸의 환심을 산다. 그리고 생일을 핑계로 야외에서 친구들과 함께 즐거운 시간을 보낸다. 깊어가는 가을 숲에서 두 사람은 서로 사랑하고 있음을 깨닫는다.

나무 의자에 기대 표피가 하얀 자작나무를 배경으로 낮잠을 자는 카테리나에게 담요를 덮어주는 남자는 더없이 자상하다. 친구들은 그를 제작 기술의 달인이며 최고의 연구원이라고 추켜세운다.

여자는 남자가 코를 골아도, 잠을 뒤척여도 마냥 사랑스럽기만 하다. 연구원은 여자를 사랑하는 만큼이나 그녀의 딸도 아낀다. 딸이 남자친구 문제로 어려움을 겪자 직접 5명의 건달들을 때려눕히며 주먹을 자랑한다.

그러나 사랑이 맺어지면 갈등도 생기는 법. 딸의 아버지가 집에 찾아오고 어색한 분위기 속에서 집을 나간 남자는 8일간이나 돌아오지 않는다. 카테리나 친구의 남편이 그를 찾아 나서고 남자는 다시 여자와 합류한다.

터프하고 개성 있고 정의감 있는 연구원은 갈수록 찌질이로 변한다. 따라서 영화의 후반부는 탄력을 받기보다는 신파조로 흐르면서 힘을 잃는다. 아쉬운 대목이다. 나머지 두 명의 여자는 카테리나의 보조역 정도로 크게 언급할 만한 내용이 없다.

영화는 구소련에서 크게 히트했으며 1981년도에 아카데미 최우수 외국어영화상을 받는 등 유명세를 탔다.

영화 제목을 암시하는 내용은 명확하지 않다. 다만 눈물 대신 사랑을 믿는다는 말이 나오는 것을 보면 악어의 눈물보다는 진실된 사랑의 힘을 더 강조하는 듯싶다.

좀 더 너그러운 마음을 가진 사랑하는 젊은 남녀라면 낙엽 진 이 가을에 보기에 적당한 영화다. 러시아어의 강한 억양과 부드러운 음악이 멋진 조화를 이룬다.

물랑 루즈

Moulin Rouge, 1952

 MOVIE

국가 | 프랑스, 미국
감독 | 존 휴스턴
출연 | 호세 페레, 자자 가보

215

보기에 약간 부담스러운 영화가 있다.

시나리오를 잘 쓰는 이창동 감독의 〈오아시스〉(2002)의 여주인공 문소리는 몸을 심하게 비틀고 말조차 하기 힘든데 그 장면을 보노라면 뭐라고 표현하기 힘든 막막함 때문에 눈길을 주기가 어렵다.

존 휴스턴 감독(1906~1987)의 〈물랑 루즈〉도 장애인이 주인공으로 등장한다. 보는 내내 가슴이 아프다. 하지만 영화는 비장애인이 보는 장애인에 대한 아린 시선이 아니라 36살에 요절한 천재 화가의 이루어질 수 없는 사랑과 절망에 방점이 맺힌다.

1890년대의 파리 술집 '물랑 루즈'는 캉캉 춤을 추는 무희와 한 건을 노리는 사내들로 언제나 활력이 넘친다. 먹고 마시고 춤추는 난장판에 싸움이 빠질 수 없다. 챙이 넓은 모자를 쓰고 춤추던 무희들은 어느새 한데 엉켜 때리고 물고 머리채를 잡고 발로 차고 엎어지고 뒹굴고 술을 얼굴에 끼얹는다.

한쪽 구석에 검은 중절모에 안경을 쓴 수염이 덥수룩한 점잖게 생긴 신사가 빈 화선지에 날렵한 솜씨로 이런 풍경을 스케치하는 데 열중이다.

관객들은 여기서 남자가 재야의 고수이지만 전통 평단에서는 아직 인정을 받지 못하는 화단의 이단아 정도일 거라는 생각을 하게 된다.

책상의 빈곳에 반쯤 먹다 남은 술병이 이런 추측에 확신을 더한다.

영업이 끝나 의자가 상 위에 올라간 빈 술집에서 마침내 남자가 일어난다. 그리고 세상의 모든 사람들은 바쁘지만 나만은 괜찮다는 듯이 아주 천천히 텅 빈 밤거리를 걷는다. 그 모습을 보고 입이 쩍 벌어진다. 왜 놀라는지는 영화를 보면 안다.

남자는 몽마르트르의 화가 툴루즈 로트렉(1864~1901)이다. 화가를 꿈꿨던 휴스턴 감독은 실존인물을 영화로 만들면서 자의식을 제대로 표현하고 싶었던지 로트렉의 천재성과 타락, 방탕과 몰락의 길을 시간차로 보여준다.

어느 날 로트렉(호세 페레)은 술 취해 집으로 가다 경찰에 쫓기는 거리의 여자 마리를 도와준다. 여자는 남자의 집에서 자고 다음날 남자는 콧노래를 부른다. 남자가 아침에 일어나 노래를 부르는 것은 지난밤이 만족스러웠기 때문이다.

두 사람은 사랑한다. 그러나 그 사랑이 오죽하겠는가. 풍만하지만 거칠고 천박한 몸짓과 제멋대로인 말투는 남자를 화나게 하고 성질까지 급한 여자는 제 분에 못 이겨 다시 엉덩이를 살랑살랑 흔들며 거리로 나간다.

무려 11일간 로트렉은 집에 처박혀 술만 퍼마신다. 아들의 고민을 들은 어머니는 "가서 그 아이를 찾아라, 술로 치유 못한다, 네 인생은 소중하다."는 말로 위로한다.

아들은 "미끄러워 제대로 걷지 못하고 악취가 진동하는, 먹을 것은 없지만 언제나 술은 넘쳐나는", 그녀가 태어나서 자란 곳으로 마차를 타고 간다. 떠들썩한 술집에서 취한 그녀가 병나발을 불고 있다.

마리는 집으로 가자는 남자에게 "네가 좋아서 함께 했는지 아느냐, 난 병신은 딱 질색이다."라는 모진 말을 거침없이 내뱉는다. 다시 불 꺼진 집으로 돌아온 그가 할일은 파멸로 이끄는 술을 찾는 것뿐이다.

그가 즐겨 하는 말은 '코냑'이다. 이 영화에서 가장 친근한 단어는 그가 짧고 간결하게 말하는 코냑이 아닐까. 그는 배신당한 상처를 달래면서 미완성 그림을 마무리 하고 물랑 루즈의 포스터도 그리고 전시회를 연다.

로트렉은 이제 파리에서 빈센트 반 고흐를 친구로 둘 만큼 유명세를 탄다. 그림은 어느 나라의 대통령이 살만큼 가치를 인정받는다.

이 무렵 그는 센 강에서 자살을 시도할 것 같은 또 한 명의 여자 마리암을 만난다. 그녀는 "아침의 바람은 차지만 센 강만큼은 아니다."라는 말로 위로해준 로트렉을 자신의 집으로 초대해 그가 그린 마리의 초상화를 보여준다.

여자는 남자를 진심으로 사랑했다. 그러나 남자는 여자의 사랑을 믿지 못한다. 아니 받을 수 있는 공간이 없다. 여자는 다른 남자와 결혼한다는 편지를 쓰고 떠난다. 로트렉은 다시 코냑을 외치며 하루하루를 살아간다.

거리의 여자 마리에게 1,500프랑이라는 거금을 선뜻 줄 만큼 순정파였던 그는 술로 만신창이가 된 어느 날 계단에서 굴러 떨어진다. 그리고 희미한 시선으로 언제나 백작 가문의 위신만을 생각하는, 그래서 아들을 멀리했던 용서를 구하는 아버지의 말을 듣는다. 살아 있는 화가 중 유일하게 루브르박물관에 그림이 걸린다는 말과 함께. 하지만 로트렉의 눈은 딴 곳에 가 있다. 바로 술집 물랑 루즈다.

다리를 일자로 쭉 위로 뻗으면서 속옷을 보여주는 여자들의 상기된 얼굴, 그 얼굴 하나 하나가 그에게 '잘 가라, 이젠 안녕'이라고 손짓한다. 죽음으로써 상처받은 영혼이 마침내 위로받는다.

지금까지 '물랑 루즈'라는 제목으로 모두 다섯 편의 영화가 제작됐다. 이 가운데 휴스턴 감독의 〈물랑 루즈〉와 바즈 루어만 감독의 〈물랑 루즈〉(2001)는 오스카 작품상 후보에 올랐으나 둘 다 수상에는 실패했다.

무릎까지 올라오는 긴 장화를 신고 로트렉 역을 소화한 호세 페레의 연기가 돋보인다.

밀회

Brief Encounter, 1945

국가 | 영국
감독 | 데이비드 린
출연 | 셀리아 존슨, 트레버 하워드

가정이 있는 두 남녀가 바람을 피운다. 아쉬운 데이트를 마치고 각자 집으로 돌아간다. 여자는 남자가 타고 떠난 기차가 어둠속으로 사라질 때까지 손을 흔든다. 그리고 이렇게 속으로 생각한다.

"집에 도착해 아내와 아이들을 만나겠지. 그리고 어느 멋진 여자와 식사를 하고 영화를 봤다고 말할까. 안 할 거다. 그런 말은 하지 않는 것이 불을 보듯 뻔하다."

이런 생각을 한 여자는 처음으로 두려움에 몸을 떤다.

데이비드 린 감독의 〈밀회〉의 여주인공 로라 제슨(셀리아 존슨)은 유부남 의사 알렉 하비(트레버 하워드)와 기차역에서 운명처럼 만난다. 로라의 눈에 들어간 석탄가루를 알렉이 빼주면서 두 사람은 연인으로 발전한다.

기차역을 중심으로 서로 반대 방향에 집이 있는 로라와 알렉은 매주 목요일 '밀회'를 즐긴다. 로라는 집에 돌아와 남편에게 "모르는 남자와 식사를 했다. 의사인데 괜찮은 남자다. 언젠가 저녁에 초대하고 싶다."는 말을 한다.

낱말 맞추기에 정신이 팔린 남편은 별 대꾸가 없다. 로라는 웃는다. 일어나지도 않은 일을 걱정하면서 크게 부풀려 생각했다고 안도한다. 그리고 약속장소로 간다. 그러나 남자는 없다. 마음이 아픈 로라. 그때 남자가 저 멀리서 달려온다.

급한 수술 때문이었다고. 알릴 방법이 없었다고. 하~. 이 정도 핑계라면 어떤 여자가 조금 늦은 것 가지고 따지겠는가. 따지기는커녕 남자의 투철한 직업정신, 자기 일에 대한 열정과 야망에 녹아들게 된다.

이런 경험을 하게 되면 속도는 빠르게 진척되기 마련이다. 처음 만나 팔짱을 낀 두 남녀는 이제 영화를 보고 식물원에 가는 것이 배우자처럼 자연스럽다. 애가 차에 치인 것도 다 자기 잘못 때문이었다고 자책했던 로라는 해방감으로 들뜨고 마음은 한없이 부풀어 오른다.

물에 빠졌던 알렉의 양말을 말리면서 로라는 알렉의 사랑고백을 듣는다. 아니라고, 이래서는 안 된다고 말은 하지만 마음은 한쪽으로 기울고 있다. 마음 가는 곳에 몸이 따라가는 것은 자석에 철이 붙는 것처럼 자연스럽다.

알렉은 말한다. "지난 목요일부터 당신에게는 긴 시간이었고 다신 날 만나지 않겠다고 몇 번이나 다짐했겠지만 나왔다. 사랑한다. 당신의 그 큰 눈과 미소 짓는 모습과 수줍어하고 내 농담에 웃는 모습. 당신도 날 사랑한다. 안 그런 척 해도 소용없다."

로라는 울듯 말듯 한 표정을 짓다가 그의 무릎 사이에 고개를 묻고 어깨를 들썩인다. 이 장면에서 상황은 끝난 것이나 다름없다.

밖으로 나온 두 사람은 손을 잡고 키스를 한다. 그때 행인이 지나가고 바닥에 떨어진 신문지가 바람에 날린다(신문지처럼 두 사람의 바람도 바람처럼 사라질까).

집에 돌아온 로라는 이제 걱정이 없다. 간이 크게 부풀어 올랐다. 기차의 맨 앞 칸에 타서 집에 빨리 도착하기를 바라지 않았고 좌석에 앉아 아는 사람이 있는지 살피지 않았고 책을 보는 척 하지도 않았다.

서로 사랑을 확인한 마당에 작은 거짓말 정도는 안중에도 없다. 죽었으면 하고 바랐던 수다쟁이 친구에게 자신의 알리바이를 부탁하고 멋지게 남편을 속이고도 죄책감이 없다.

대신 알렉이 자신을 품는 것을 상상했다. 파리에서 오페라 특등석에 앉아 오케스트라의 연주를 듣고 베니스든 어디든 자기가 가보고 싶은 곳에 가는 꿈을 꿨다. 뱃전에 기대 바다와 별을 바라보기도 했고 야자나무 아래서 달빛에 비치는 해변을 걷기도 했다.

알렉에 대한 사랑이 깊어질수록 남편에 대한 원망도 생겨났다. '한 집에 살면서 나의 변화를 모르는 게 이상해. 난 깨어 있는데 남편은 세상 모르게 자고 있다.'

또다시 목요일에 만난 두 사람은 멋진 호텔에서 샴페인을 마시고 세상이 끝장나도 좋을 만큼 행복하다. 그러나 그 행복 오래갈까. 수다쟁이 친구와 딱 마주친다. 이제 물은 엎질러졌다. 그렇다고 예정된 계획을 물릴 수는 없다.

친구에게 빌린 차를 타고 알렉은 아치형 다리가 멋진 교외로 로라를 데리고 간다. 다리 위에서 추위에 떨고 있는 로라를 안아주는 알렉. 그러나 로라가 떠는 것은 추위 때문이 아니라 수다쟁이 친구가 퍼트릴 소문에 대한 두려움 때문이다.

그런 로라를 알렉은 친구 아파트로 데려 가려고 안달이다. 로라는 제의를 거절하고 기차역으로 온다. 하지만 몸은 어느새 아파트 초인종을 누른다. 겹쳐진 두 사람. 이제 넘어야 할 선을 넘는 일만 남았는데 늦게 온다던 친구가 초인종을 누르고 로라는 도둑처럼 뒷문으로 도망친다.

그 기분 직접 느껴보지 않아도 비참할 거다. 자존심이 상하고 죽고 싶을 만큼 창피하다. 비를 맞으며 늦은 밤까지 헤맨 로라는 기차역의 간이 휴게실에 있다. 얼마 후 알렉이 들어선다. 마지막이라는 걸 두 사람은 직감적으로 안다. 잠깐 동안 알렉은 왼손을 로라의 오른쪽 어깨 위에 올렸다가 밖으로 나가는데, 이 장면은 첫 장면과 이어진다.

기차역과 간이 휴게실을 배경으로 펼쳐지는 남녀의 말 그대로 '짧은 만남'은 이렇게 끝난다.

로라의 독백은 행복과 욕망과 양심 사이에서 갈등을 빚는 이 땅의 모든 불륜녀들이 겪는 탁월한 심리고백이다.

데이비드 린 감독은 〈위대한 유산〉(1946), 〈올리버 트위스트〉(1948), 〈콰이강의 다리〉(1957), 〈아라비아의 로렌스〉(1962), 〈닥터 지바고〉(1965), 〈라이언의 딸〉(1970), 〈인도로 가는 길〉(1984) 등의 숱한 걸작을 만들어 〈밀회〉가 우연히 나온 것이 아님을 확실히 보여줬다.

바람 불어 좋은 날

Good Windy Day, 1980

MOVIE

국가 | 한국
감독 | 이장호
출연 | 안성기, 이영호, 김성찬, 유지인, 김보연

송전탑에 올라가는 것이 시위인 요즘과 달리 1980년대는 사랑을 외치는 장소로 쓰였나 보다.

손님의 머리를 감겨주는 이발소 시다인 춘식(이영호)은 같은 이발소 면도사인 미스 유(김보연)와 사랑하는 사이다. 어느 날 춘식은 거침없이 송전탑을 오른다.

그리고 외친다. "(큰 소리로) 미스 유! (작은 소리로) 사랑해." 올려다보는 미스유의 시선은 불안하다. 떨어질듯 위태롭다.

덕배(안성기)는 중국집 배달원이다. 어울리지 않게 미모와 지성을 겸비한 부잣집 따님(유지인)의 추파를 받는다. 따님은 따로 연애 상대가 있지만 무시하고 덕배와 데이트를 즐긴다. 이 둘의 만남 역시 제대로 될 것 같지 않다.

길남(김성찬)은 여관 심부름꾼이다. 그에게도 사랑하는 여자가 있다. 미용사 진옥(조주미)이다. 왕릉에서 만나 석상을 돌며 미래의 꿈을 이야기한다.

시대의 소수자 혹은 마이너인 이들 3명은 젊음을 무기로 각자 위치에서 우정을 나누고 사랑을 하며 열심히 사회 구성원으로 살아간다.

이 시기는 개발의 광풍이 불고 빈부의 격차가 커지며 사회갈등이 고조되는 1980년대다. 열심히 일한다고 해서 마음 편하게 사는 세상이 아니다. 미래를 꿈꾼다고 해서 실현되는 것이 아니다. 이들은 사랑에서 떨어져 나가고 결국 바닥으로 추락한다.

그러나 추락하는 것도 날개가 있다고 마냥 떨어지지만은 않는다. 이들의 운명은 이미 정해져 있지만 그래도 지금은 꿈을 꾼다.

춘식은 미스 유가 부동산 재벌 회장(최불암)의 노리개로 전락하자 면도칼을 휘두른다. 덕배는 중국집 안주인(박원숙)과 카운터맨 조씨(김희라)가 내연관계인 것을 알면서도 모른 체한다.

춘식의 동생 춘순(임예진)이 영등포 공장에 취직하러 오자 둘은 가까워진다. 그러거나 말거나 따님의 공세는 계속된다. 어느 날 따님은 덕배를 자동차에 태우고 야외로 데이트를 나간다. 바람이 몹시 부는 날에는 키스를 퍼붓기도 하는데 덕배는 따님의 키스가 놀리는 것이라는 것을 알고 시무룩하다.

칼을 휘두른 춘삼은 교도소로 가고 진옥에게 맡긴 돈을 뜯긴 길남은 진달래호텔이 아닌 웰컴호텔 사장의 꿈을 미루고 입대한다.

홀로 남은 덕배는 맞기만 하면 코피가 터질 것을 알면서도 권투 연습이 맹렬하다.

이장호 감독은 〈바람 불어 좋은 날〉로 일약 한국 최고의 감독으로 떠올랐다. 그 이전 〈별들의 고향〉(1974)으로 시선을 한 몸에 받은 바 있지만 이 영화로 그의 한국 영화사에서의 입지는 완벽해졌다.이후 또 하나의 걸작 〈바보 선언〉(1983)을 내놨다.

질질 짜기만 하는 멜로 영화가 판을 치던 시대, 죽었던 한국영화를 되살려 냈다는 평가다. 과감하게 시대상을 반영했다.

개발의 열기를 타고 부동산 갑부가 된 이들의 파렴치한 행동과 농토를 뺏긴 지주의 자살 등을 여과 없이 그렸다(짧았던 '서울의 봄' 이후 정권을 잡은 신군부는 다른 영화와 마찬가지로 가위질의 유혹을 느꼈다. '영자를 부를까, 순자를 부를까' 하는 대목에서 '순자'를 뺐다. 당시 실권을 장악한 전두환 대통령의 부인 이름이 이순자였기 때문이다. 그러나 최근 한국영상문화원의 자료에서는 '순자'라는 이름이 분명하게 들린다).

영상이 돋보이는 것은 물론 군더더기 없는 이야기의 흐름과 극의 전개는 이 영화가 왜 한국 최고의 영화인지 두말하면 잔소리로 만든다.

특히 안성기(이 영화로 성인배우의 입지를 굳혔다.)와 유지인이 이태원(하얏트호텔이 보이고 외국인이 드나드는 것으로 보아)의 어느 나이트클럽에서 추는 춤은 명장면으로 길이 기억될 듯싶다.

마이클 잭슨의 'Don't Stop Till You Get Enough'에 이은 '품바 타령'에 맞춰 추는 춤은 압권이다. 춤이 끝나고 두 사람이 거친 숨을 몰아쉬면서 플로어에 누워 껴안고 있을 때 주변의 사람들이 모두 기립을 하고 박수를 치는 것은 이 영화에 보내는 찬사에 다름 아니다.

절정의 감각에 오른 유지인의 거침없는 몸놀림(짧은 흰 치마와 가슴골이 깊게 드러난 상의를 입고 나왔다. 마치 마릴린 먼로를 연상시켰다.)과 말더듬이 안성기의 어눌한 행동이 극명한 대조를 이룬다.

지금도 건재한 신라호텔, 삼성본관 건물(강남으로 이전하기 전의), 롯데호텔, 교보빌딩 등 이미 개발된 강북의 고층건물과 막 개발의 삽을 뜨는 강남 역삼동 일대의 공사판에서 벌어지는 세 촌놈의 상경기록. 보고 나서 한동안 가슴이 먹먹해지는 기분을 피하기 어렵다.

각본은 당시 수배를 받던 소설가 송기숙이 썼으나 공안을 피하기 위해 이장호로 바꿨다고 한다. 이 감독은 2013년 개봉한 종교색 짙은 영화 〈시선〉으로 1995년 〈천재 선언〉 이후 19년 만에 한국관객들과 다시 만났다.

바람에 쓴 편지
Written on the Wind, 1956

MOVIE

국가 | 미국
감독 | 더글라스 서크
출연 | 로버트 스택, 도로시 말론, 록 허드슨, 로렌 바콜

"가을엔 편지를 하겠어요. 누구라도 그대가 되어 받아 주세요. 낙엽
이 쌓이는 날 외로운 여자가 아름다워요."

　고은 시에 김민기가 작곡한 '가을편지'의 1절 가사 내용이다. 하루
사이에 여름에서 가을로 바뀐 요즘 불현듯 편지를 쓰고 싶은 마음이
간절하다. 마침 더글러스 서크 감독의 영화 제목도 〈바람에 쓴 편지〉
이니 잊혀진 여인이든 누구라도 좋으니 편지를 써보는 것도 괜찮겠다.

　각설하고 영화의 내용으로 들어가 보자. 유전개발로 부자가 된 아버
지를 둔 카일 해들리(로버트 스택)에게는 친구 미치(록 허드슨)가 있다. 카
일은 공부도 못하고 알코올 중독에 성격도 괴팍하다. 반면 미치는 대
학도 졸업하고 술은 거의 입에 대지 않으며 의리가 있고 매사 신중하
다. 두 사람은 한 눈에 봐도 서로 비교된다.

　여기에 카일의 여동생 메릴리(도로시 말론)와 카일의 부인 루시(로렌 바
콜)가 등장한다. 어디서 많이 본 설정 아닌가(아마도 최근에 나오는 이런 류
의 멜로드라마나 신파조의 영화는 이 영화에 어느 정도 영향을 받았다고 봐야 한다).
재벌 아들의 망나니짓과 뒤치다꺼리를 하는 친구 말이다. 영화도 그렇
게 흘러간다.

　카일은 루시를 만나 개과천선한다. 1년간 술도 끊고 유전사업에도
신경을 쓰는 듯하다. 그러나 제 버릇 개주지 못하듯이 아내가 임신을

하지 못하는 것이 자신 때문이라는 것을 알고는 예전의 방탕한 생활로 돌아간다.

메릴리는 미치를 어린 시절부터 사랑했으나 미치는 친구 동생 정도로만 여긴다. 메릴리는 화가 머리끝까지 나서 아무 남자하고나 자는 막돼먹은 행동을 하고 미치는 친구 아내인 루시에게 마음이 끌린다. "네 친구의 아내를 탐하지 말라."는 말씀을 잊고 호시탐탐 그녀를 노린다.

하지만 차마 그럴 수는 없어 석유의 나라 이란으로 떠날 결심을 한다. 아버지에게 "내가 사랑하는 여자가 있는데 그게 바로 카일의 아내"라고 실토하면서.

어느 날 카일은 아내로부터 임신 소식을 듣는다. 그토록 바라던 임신이었건만 기쁨 대신 불같이 화를 내는 것은 아이가 자신의 아이가 아닌 미치의 아이라는 확신 때문이다. 의사로부터 자신 때문에 임신 가능성이 낮다는 말을 불능으로 오해한 데서 비롯됐다.

오해는 후회처럼 항상 늦듯 두 사람은 형제처럼 지낸 오랜 친구 사이의 우정도 잊은 채 죽음을 향해 치닫는다. 몸싸움 와중에 권총 오발로 카일은 죽고 미치는 살인자로 법정에 선다.

결정적인 순간 메릴리는 미치에게 유리한 증언을 한다. 아버지를 죽인 악녀이지만 사랑하는 남자 앞에서는 마음 착한 처녀로 돌아간다. 석방된 미치는 만면에 웃음을 머금은 채 루시와 함께 카일의 집을 떠난다.

친구의 아내를 차지한 미치와 자신 때문에 죽은 남편을 버리고 미치의 품에 안긴 루시는 행복할까. 적어도 두 사람이 행복하기 위해서는 죽은 카일에게 작별 편지 정도는 써야 하지 않을까. 그것이 아버지 앞에서 카일을 주눅 들게 하고 동생이 무시하게 했으며 아내까지 훔쳐간 미치가 해야 할 최소한의 반성이다.

　그러나 영화는 끝날 때까지 편지와 관련된 어떤 내용도 없다. 썼다면 바람에나 썼나. 바람에 쓴 편지는 그러니까 죽음을 예고하는 폭풍우와 함께 날아가 버린 것이다.

　도로시 말론의 미모와 연기가 돋보인다.

바베트의 만찬
Babett's Feast, 1987

MOVIE

국가 | 덴마크
감독 | 가브리엘 악셀
출연 | 스테파니 오드런, 보딜 카이어, 버짓 페더스피엘, 자를 쿨레

성경의 '말씀'만으로도 배부르고 행복한 사람은 세계 도처에 있다. 덴마크라고 해서 예외는 아니다. 침침한 하늘, 몇 채의 회색빛 낮은 집 그리고 조용한 해변 마을에 종이 울리면 사람들이 말씀을 듣기 위해 목사관으로 모여든다. 살기 위해 먹는 음식은 초라하지만 그들의 표정은 "행복이 뭐 별거 있나요? 마음이 평온하면 그게 행복이지요." 하는 듯 조용한 미소를 띤다.

그 가운데 돋보이는 미모가 있으니 그 인물이 바로 가브리엘 악셀 감독의 〈바베트의 만찬〉의 주인공이거나 중요인물이 되겠다.

목사의 두 딸은 언제나 아버지의 좌우에 있으면서 복음을 전파하고 봉사하는 하루하루를 살고 있다. 처녀들은 성장했고 외모는 눈부시다. 하지만 자매는 어떤 파티에도, 어떤 춤 모임에도 나타나지 않는다. 철저하게 금욕적인 생활을 한다. 젊은 남자들은 자매를 보기 위해 교회에 올 수밖에 없다.

하지만 목사 아버지는 세속적인 사랑과 결혼은 가치 없는 허무한 것이라는 생각을 갖고 있으니 처녀들의 연애는 성공보다는 불발로 끝날 것임을 암시한다.

장교 로렌조(자를 쿨레)는 주둔지에서 즐겁게 보내느라 많은 빚을 졌다. 할 수 없이 로렌조는 숙모 댁에서 3개월간 근신해야 한다. 그곳이 두 자매가 사는 마을이라는 것은 짐작했을 것이고 로렌조가 자매 중 하나에 흠뻑 빠져 드는 것도 충분히 예상해 볼 수 있는 설정이다.

그러나 이들의 사랑은 이루어질 수 없다. 로렌조는 인생은 험난하고 무자비하며 세상에는 불가능한 일도 있다는 알쏭달쏭한 말과 함께 작별인사를 한다. 그는 뒤가 아닌 앞만 보는 인생을 살겠다고 다짐하고 소피아 여왕을 모시는 아가씨와 결혼한다.

다시 장면이 바뀌고 해변마을에서 두 자매는 회상에 잠긴다. 장교가 떠나고 1년 뒤에는 더 유명한 인물이 나타나는데 그는 파리의 오페라 가수(장-필립 라퐁)로, 스톡홀름에서 공연을 했을 정도로 명성이 있는 인물이다.

그는 음악을 가르치면서 동생과 사랑에 빠지는데 이 사랑 또한 불발로 끝난다. 교습만 잘 받으면 황제와 여왕이 노래를 듣는 대스타가 될 것이지만 그러지 못한다.

"내 영혼이 떨린다. 이리로 오라, 사랑으로 하나가 되자."는 노래를 부르며 정말 이리로 끌고 오고 몸을 밀착시키자 남자를 터부시하는 여자는 더 이상 참아내지 못한다.

어느 날 비가 억수로 오는데 한 여자가 자매의 집을 두드린다. 이제 늙은 자매는 떠났던 오페라 가수의 편지를 읽고 있는데 그 옆에는 함께 사는 바베트(스테파니 오드런)도 있다. 바베트는 음식을 하는 것으로 프랑스 내전으로 남편과 아들을 잃은 슬픔을 달래면서 점차 마을의 분위기에 익숙해진다.

시간은 흘러 바베트가 자매를 위해 일한 지 14년이 되고 목사의 100주년 탄생 기념일이 다가온다. 그때 복권 당첨 소식이 바베트에게 전해지고 바베트는 기념일 음식을 자신이 직접 정통 프랑스식으로 내겠다고 자매에게 요청한다.

조촐한 저녁식사와 후식으로 커피 정도만을 생각한 자매였지만 처음으로 진지하게 부탁하는 바베트의 제의를 거절할 수 없다. 1주일 휴가를 얻은 바베트는 조카의 도움으로 프랑스 요리 재료를 직접 공수해 온다.

살아 있는 메추리와 커다란 거북, 얼음덩어리, 고기, 과일 그리고 최고급 포도주가 만찬장에 오를 재료들이다. 자매는 혹시 바베트의 만찬이 말씀에 어긋나는 것은 아닌지 노심초사하고 불길한 꿈까지 꾼다. 급기야 마을 사람들에게 음식은 먹되 음식에 대해서는 모두 함구하라는 다짐까지 받는다.

초대 손님은 중령에서 장군으로 승진한 로렌조를 포함해 모두 12명이고 이들은 둘러 앉아 코스 요리를 먹으며 점차 바베트의 음식에 빠져 든다. 프랑스 고급요리를 접해 본 장군조차 프랑스 최고 요리라는 말로 극찬을 하고 떨떠름하던 마을 사람들도 점차 맛에 중독돼 간다.

최고급 프랑스산 와인이 곁들여지자 분위기는 금세 화색이 돈다. 겉으로 크게 드러나지는 않았지만 마을은 목사가 죽고 나서 서로 반목하거나 시기와 질투가 종종 있었다.

하지만 이들은 혀에 감기는 달콤한 감촉을 음미하면서 자신들의 잘못을 서로에게 용서하고 화해한다. 말을 하지 말자고 약속했지만 모두들 맛이 좋다고 한마디씩 하면서 목사님을 칭송한다.

만찬은 끝나고 집으로 돌아가던 마을 사람들은 다시 우물 주위에 모여 손을 잡고 신께 바치는 송가를 부른다. 가까이 내려온 하늘의 별들이 이들을 지켜본다.

파리에서 살 수 있는 넉넉한 돈을 단 한 번의 식사를 위해 모두 써버린 바베트는 이제 처음에 왔을 때처럼 무일푼이다. 바베트는 말한다. "예술가는 가난하지 않으며 자신이 최선을 다하면 사람들을 행복하게 할 수 있다."고. 어딘지 공허하게만 느껴지던 '말씀'과는 전혀 다른 의미로 다가온다.

'최후의 만찬'으로 바베트의 만찬을 그리는 사람이 있다면 성경은 잘 몰라도 진정한 사랑이 무엇인지는 알 수 있지 않을까.

바보들의 행진
The March of Fools, 1975

MOVIE

국가 | 한국
감독 | 하길종
출연 | 윤문섭, 하재영, 이영옥, 김영숙

누가 말하지 않더라도 젊음의 특권은 '비판과 저항'이다. 잘못된 것을 고치고 비리를 거부하는 것은 청춘의 몫이다. 특히 대학생들이라면 시대의 고통을 온몸으로 짊어지고 가야 한다. 그것이 젊음이다. 얼굴이 해맑고 나이가 어리다고 해서 다 젊은이가 아닌 것이다.

　고루한 사고와 잘못에 침묵하면 그는 젊어서도 노인과 다름 아니다. 하길종 감독의 〈바보들의 행진〉은 젊은이, 바로 그 대학생들에 관한 이야기다.

　영화가 나온 1975년은 유신시대였다. 체제에 반대하거나 어둡고 비관적인 것은 당연히 금기시됐다. 머리가 길다고 장발단속을 당하고 노래가 불순하다고 금지곡이 됐으며 길을 가다가 불신검문에 걸리면 가방 속을 다 뒤집어야 했다.

　영화라고 예외는 아니다. 오히려 더 심한 억압을 받았다. 시위대 장면은 야구응원전으로 바뀌고 매춘을 하러온 일본인과의 싸움은 아예 통 편집됐다.

　세상이 하수상하던 시절에 대학교 철학과 병태(윤문섭)와 영철(하재영)은 불안한 현실과 불투명한 미래로 속을 끓인다. 단체미팅에서 만난 불문과 영자(이영옥)와 순자(김영숙)도 이들에게 위안을 주지 못한다.

　바보, 멍텅구리, 병신, 쪼다, 여덟달반으로 자처하는 이들이 할 일은 별로 없다. 연애를 하다가도 통행금지를 걱정해야 하고 당구를 치다가도 신문팔이 소년을 의심한다. 담배와 술이라도 있어 그나마 다행이다.

중학교, 고등학교는 물론 대학도 아버지 돈으로 들어온 영철. 술만 먹으면 고래 잡으러 동해로 간다고 횡설수설한다. 〈이유 없는 반항〉(1955)의 제임스 딘을 연상시키는 병태는 그런 영철과 둘도 없는 단짝이다. 연애도 같이 하고 술도 같이 먹고 담배도 나눠 피운다.

이들은 서로 고민이 닮았다. 할 거라고는 공부밖에 없는데 까뮈의 『이방인』조차도 읽지 않으니 공부하는 학생도 아니고, 그렇다고 반항하는 학생도 아니고 말 그대로 놀고먹으면서 지나가다 돌이나 한번 차보는 시답지 않은 젊은이들이다.

휘파람을 불며 '세상은 우리들의 시대'라고 부푼 꿈을 꿀 때도 있지만 막연하다. 군대를 가야 하고 졸업 후에 대한 비전도 별로 없다. 예쁜 영자나 새침데기 순자는 그런 병태와 영철이 미덥지 못하다. 시간이 갈수록 불확실한 미래가 이들의 의식을 사로잡는다.

영철은 소원대로 동해바다로 간다. 자전거를 타고 앞만 보고 질주하는 영철. 파도가 일렁이는 푸른 바다가 끝없이 펼쳐진 절벽 위에서 영철은 자전거를 탄 채 앞으로 내달린다.

병태는 군대에 간다. 바보들은 더 이상 줄지어 앞으로 나아가지 못한다. 이 영화는 최근 영화전문가들이 뽑은 '한국영화 베스트 100' 가운데 김기영 감독의 〈하녀〉(1960), 유현목 감독의 〈오발탄〉(1961)과 함께 공동 1위에 오르는 영광을 안았다.

송창식의 노래 '왜 불러'와 '고래사냥'이 영화에 수없이 등장한다. 최인호 원작과 각본이지만 원작과 다른 부분이 있고 일부는 각본과 다르게 제작됐는데 이는 순전히 하길종 감독의 의중이 반영된 때문이라고 한다.

위통을 벗고 5·16광장(지금은 여의도공원으로 바뀌었다.)을 질주하거나 '한국적 스트리킹'이라고 하는 장면(당시 유신체제는 '한국적 민주주의'라고 불렀다.), 교수회의 결정에 따라 무기한 휴교를 알리는 대자보, 교내 방송으로 흘러나오는 "들립니까, 들립니까?" 하는 절규에 가까운 목소리 등은 이 영화가 단지 젊은이들의 치기만 그리지 않았다는 것을 말해준다.

특히 이런 장면이 기억에 남는다.

흰 팬티를 입고 나란히 서서 받는 신체검사, 회비 2,000원의 단체 미팅 티켓, 대학연극, 포장마차, 손잡이가 하나인 검은색 대학생 가방, 음악다방, 갈매기의 꿈이 아닌 우리들의 꿈, 교통순경의 알밤 때리기, 문과대 술 마시기 대회(심사위원으로 코미디언 이기동과 젊은 시절 최인호가 잠깐 등장한다.) 빛바랜 청바지, 가수 김정호의 '날이 갈수록', 시계 맡기고 술 먹기, 차비 25원, 짬뽕 한 그릇 100원, 가정교사, 불타기 전의 남대문 앞에서 거수경례를 하면서 휘파람으로 부는 '댄서의 순정', 어린이대공원의 사슴, 묘지에서의 데이트 등은 그 시대상을 볼 수 있는 귀중한 순간들이다.

영철이 죽고 나서 영화는 종착역을 향한다. 입영열차 안의 병태. 떠나는 기차를 따라 달려오는 영자. 마침내 둘은 만나고 키스를 한다. 둘의 키스신은 한국영화의 명장면으로 기록되고 있다. 고개를 숙여도, 점프를 해도 입술이 닿지 않자 지나가던 헌병이 영자를 들어 올리는 장면은 대단히 인상적이다.

하길종 감독이 외부검열이나 자기검열 없이 마음대로 영화를 만들었다면 얼마나 더 좋은 작품이 탄생했을까 하는 아쉬운 생각은 영화가 끝나고 나서도 한동안 멈출 수 없었다.

대개의 천재들이 그렇듯이 하 감독도 39세의 나이에 요절했다.

밤의 열기 속으로
In the Heat of the Night, 1967

MOVIE

국가 | 미국
감독 | 노만 주이슨
출연 | 시드니 포이티어, 로드 스타이거, 워렌 오티스

'넘사벽'이라는 말이 있다. '넘을 수 없는 사차원의 벽'이라는 뜻이다. 아무리 노력해도 자신의 힘으로 격차를 줄이거나 뛰어넘을 수 없을 때 사용한다.

노만 주이슨 감독의 〈밤의 열기 속으로〉는 흑인과 백인의 넘사벽에 관한 이야기면서 동시에 넘사벽은 없다는 또 다른 의미로 해석될 수 있는 영화다.

미국 남부 미시시피 주 삭은 마을의 간이 기차역 대합실에서 한 남성이 잡지를 뒤적이고 있다. 준수한 외모에 양복을 입고 넥타이를 맨 폼이 제법 기품이 있어 보인다. 하지만 그는 얼굴색이 검은 흑인이다. 시드니 포이티어가 연기한 버질 팁스란 사내가 바로 그 인물이다.

그는 경관 샘 우드(위렌 오티스)에게 체포된다. 지갑에 돈이 많다는 이유로 살인사건의 유력한 용의자가 된 것이다. 그는 보안관 빌 길스피(로드 스타이거)에 의해 거두절미하고 범인으로 낙인찍히지만 살인사건의 최고 전문 경찰이라는 신분이 확인되면서 유치장에서 석방된다.

보안관을 노려보는 그의 눈빛은 강렬하고 반항적이지만 흑인이 백인과 동등할 수 없다는 처연한 슬픔 같은 것이 어려 있다. 어머니를 만나러 왔다가 졸지에 살인범의 누명을 쓸 뻔한 버질은 살인사건 같은 것은 아예 다뤄 보지도 못했을 법한 조무래기 경찰들을 돕기로 하고 사건 해결에 나선다.

여기서부터 보안관과 버질의 갈등과 화해 그리고 넘사벽이 시작된다. 버질은 흑인 엘리트로, 과학적 기법을 동원해 살인범을 추적해 나간다.

시종일관 껌을 질겅질겅 씹는(껌을 이렇게도 씹을 수 있구나, 껌 씹는 것을 예술의 경지로 끌어올린 연기자는 로드 스타이거가 처음일 것이다. 그는 이 배역으로 아카데미 남우주연상을 거머쥐었다. 아마도 껌 씹는 모습이 심사위원들의 뇌리에 크게 각인된 듯싶다. 아닌가?) 성질 급한 떠버리 보안관은 버질을 도와주는 것 같기도 하고 방해하는 것 같기도 하면서 부딪치고 협조하는데, 감칠맛 나는 연기가 아주 일품이다.

그런데 사건은 쉽게 해결될 듯이 보인다. 그곳 경찰이 도망가는 마을 청년을 잡아 왔기 때문이다. 호의를 보였던 보안관은 이제 필요 없으니 돌아가라고 버질에게 말하지만 버질은 그가 범인이 아니라고 단정한다.

경찰서에 와 있던 시카고에서 온 피살자 콜버트의 부인은 범인은 왼손잡이가 아니고 피살자는 살해된 후 현장에 옮겨졌다고 주장하는 버질의 말을 더 신뢰한다. 그는 버질이 이 사건을 계속 맡아 사건을 해결하라고 시장을 압박한다.

다시 버질의 수사는 계속되고 이 과정에서 마을 언덕에 살면서 거대한 목화 농장을 운영하는 백인이 수사 선상에 오른다. 심문하는 버질의 따귀를 때리는 백인과 맞받아치는 버질, 이를 지켜보는 보안관 사이의 미묘한 침묵. 화가 난 농장 주인은 버질을 살해하기 위해 건달들을 동원하고 보안관은 위기에 몰린 버질을 구해준다.

한편 보안관은 동료 경찰 샘을 유력한 범인으로 체포하는 실수를 범하는데 또 한 번 버질의 과학수사로 그가 범인이 아니라는 것이 증명된다. 홀로 사는 보안관은 처음으로 자신의 집에 사람을 초대하는데 그가 버질이다.

두 사람은 서로 깊은 이야기를 나눈다. 사건은 해결되고 버질은 역으로 마중 나온 보안관의 배웅을 뒤로 하고 마을을 떠난다. 사건은 해결됐지만 흑백 인종 간의 넘사벽은 여전히 해결되지 않은 채 남아 있다.

흑인 오바마가 미국 대통령으로 있는 지금 이 순간도 흑인이라는 이유로 숱한 차별이 이어지고 있다. 하물며 영화가 나온 1967년은 말해 무엇 하랴. 영화 곳곳에는 백인이 주인이고 흑인이 노예라는 말들이 공공연하게 등장한다.

목화 농장에서 목화를 따는 노동자들은 흑인이고 농장주의 하인 역시 흑인이며 돈을 받고 낙태를 일삼는 사람도 흑인이다. 쓰레기더미를 뒤지는 아이도 마찬가지다. 덧붙여 이런 대사들은 흑인에 대한 백인의 편견이 얼마나 심각한지 말해준다.

"흑인은 그만큼 벌 수 없다. 필라델피아에서 온 우스꽝스러운 이름을 가진 흑인 보이가 말이야, 백인 옷을 입고 뭐하는 거야? 그 흑인은 토요일이 가기 전에 살아남지 못한다. 보이, 자네 마치 우리 백인 같군, 안 그래? 건방지게 굴지 마, 블랙 보이."

흑인 음악의 거장 퀸시 존스의 리듬 앤 블루스가 애잔하다.

백 투 더 퓨처

Back to the Future, 1985

MOVIE

국가 | 미국
감독 | 로버트 저메키스
출연 | 마이클 J. 폭스, 크리스토퍼 로이드

태어나지도 않은 과거로 가는 시간여행이 가능할까. 과거로 갔다가 다시 현재로 돌아와 원위치되는 귀환 여행은 무사할까.

실제로는 불가능하지만 영화에서는 가능하다. 스티븐 스필버그가 제작하고 로버트 저메키스가 감독한 〈백 투 더 퓨처〉를 보면 현실에서 이런 일이 가능하지 않겠느냐는 긍정적인 생각을 하게 된다.

물론 이것이 가능하려면 아인슈타인 복장을 하고 머리를 희게 물들인 얼렁뚱땅 천재박사 브라운(크리스토퍼 로이드)이 있어야 한다. 그리고 학교에서는 구박덩어리지만 감성이 풍부하고 모험심이 있는 마티 맥플라이(마이클 J. 폭스)가 콤비를 이뤄야 한다.

두 사람은 죽이 잘 맞는다. 새벽 1시가 넘어 자신이 만든 타임머신을 보러 오라는 박사의 말에 4연속 지각생 마티는 제시간을 딱 맞춘다. 두 사람이 벌이는 천방지축, 요절복통, 명랑스릴은 영화가 끝날 때까지 계속된다.

스케이트보드를 잘 타는 마티는(얼마나 잘 타면 날기까지 할까) 록큰롤도 좋아하고 기타를 치며 핸섬한 얼굴로 예쁜 여친 제니퍼(클로디아 웰즈)와 키스도 하고 하룻밤을 자기 위해 부모를 속이기도 한다.

그런 와중에 마티는 박사가 만든, 흰 연기를 뿜으며 마치 급발진하는 자동차처럼 전속력을 내는 타임머신을 타고 1955년의 과거로 간다.

전무후무한 세계 최초의 시간여행은 이렇게 시작된다.

아직 부모는 서로 만나지도 않은 상태이고 따라서 두 사람이 결혼하지 못하면 마티는 태어날 수도 없는 운명이다. 댄스파티에서 첫 키스를 했고 그래서 결혼했다는 말을 들었던 마티는 댄스파티가 중단될 위기에 처하자 기타의 신으로 불리는 '지미 핸드릭스'를 능가하는 손놀림으로 연주를 한다.

차 안에서 미래의 엄마가 악당에게 겁탈당한 위기에 처하자 많이 모자라서 당하기만 하던 얼간이 같은 아버지가 한 방에 놈을 때려눕힌다. 이 한 방으로 엄마는 아들이 될 마티를 사랑하는 대신 아빠와 결혼하는 등 좌충우돌의 이야기가 전개되면서 영화의 매력은 한층 고조된다.

타임머신과 연관된 플루토늄 때문에 리비아 테러단체의 총격으로 죽게 되는 박사를 구하려는 마티의 눈물겨운 노력과 교회종탑의 선을 연결해 번개가 칠 때 다시 미래로 귀환하게 하려는 박사의 노력이 볼수록 흥미진진하다.

얽혀있는 실타래를 풀어내는 과거와 현재와 미래의 일들이 뒤죽박죽인데 이는 마치 가을날의 축제 한마당 같다.

베를린 천사의 시
Wings of Desire, 1987

I.MOVIE

국가 | 독일
감독 | 빔 벤더스
출연 | 브루노 간츠, 솔베이그 도마르틴, 오토 샌더

남자도 천사가 될 수 있을까. 그것도 아이도 아니고 다 늙어 빠진 중년이라면? 천사와는 영 맞지 않는 캐릭터다. 그런데 빔 벤더스 감독은 〈베를린 천사의 시〉에서 주름진 남자 천사를 멋지게 연출해 냈다.

그러고 보니 감독의 말마따나 안 될 이유가 없다. 중년의 아줌마처럼 중년의 남자가 모두 악마가 아니라는 사실은 이 영화를 통해서 명백해졌다.

다미엘(브루노 간츠)은 어깨에 멋진 날개를 달고 꽁지머리를 하고 버버리코트를 입고 엄마 같은 미소를 지으며 하늘에서, 성당의 꼭대기에서, 전철 안에서, 뒷골목에서 사람들의 모습을 관찰한다.

실의에 빠진 남자와 사랑에 괴로워하는 여자, 아파트의 모습, 영화를 촬영하는 감독, 엄청나게 큰 도서관, 포츠담 광장을 찾지 못하는 노인 등 수많은 사람을 사랑스런 눈으로 바라본다.

말은 하지 않아도 사람들이 무슨 생각을 하고 있는지 아는 천사는 그저 부드러움으로 위로하고 용기를 준다(하지만 사람들의 행동에 직접 간섭할 수는 없어 다리 위에서 자살하는 청년을 잡지는 못한다).

이런 생활을 천사는 태초부터, 그러니까 아이가 아이였을 때 시냇물이 하천이 되고 강이 바다가 되고 시간이 시작되는 시점부터 지켜봐 왔다.

　다미엘에게는 친구 천사 카시엘(오토 샌더)이 있다. 간혹 서로 만나 20년 전 오늘 소련 전투기가 추락하고 50년 전 올림픽이 열리고 길가를 가는 남자가 인생의 허무를 느꼈고 한 여인이 비가 오는데 우산을 접더니 비를 흠뻑 맞았던 사실 등 시시콜콜한 이야기를 주고받는다. 그러면서 이런 질문을 스스로에게 한다.

　"이 세상에 사는 것이 꿈이 아닐까. 보고 듣고 만지는 모든 것이 단지 환상이 아닐까. 악마는 존재하나. 정말 나쁜 사람이 있을까. 내가, 내가 되기 전에는 대체 무엇이었나. 언젠가는 나란 존재는 더 이상 내가 아닐까. 천사로 순수하게 영원히 사는 것은 참 멋진 일이다. 하지만 가끔 실증도 난다. 내 무게를 느끼고 현재를 느끼지 못하기 때문이다."

　천사의 고뇌가 시작된다(천사도 고민이 있다니).

　"가끔 불어오는 바람을 느끼고 '지금'이라는 말을 하고 싶다. '영원'이라는 말은 싫어. 카페의 빈자리에 앉아 사람들에게 인사받고 힘든 일과 후 집에 돌아와서 고양이에게 먹이도 주고 아파도 보고 손때가 묻게 신문도 읽고 정신적인 것만이 아닌 육체적인 쾌락도 느끼고 싶어."

　어느 날 다미엘은 누군가 자신을 사랑해 주기를 바라는 서커스에서 줄을 타는 곡예사 마리온(솔베이그 도마르틴)을 만나 사랑에 빠진다. 천사였다가 지금은 사람이 돼 영화판의 게스트로 출연 중인, 천사를 느낄 수는 있지만 볼 수는 없는 전직 천사 콜롬보(피터 포크)는 그에게 잘 해보라고 용기를 준다.

　여기 있는 것이 얼마나 좋은지, 담배와 커피를 같이 하면 환상이라는 말을 듣고 천사는 다짐한다.

　"나 자신의 역사를 쟁취하고 세계 역사에 끼어들고 손으로 사과를 쥐어 보겠다. 위에서 보지 않고 눈높이에서 보겠다."

인간으로 변해서 첫날에 할 일도 미리 정해 놓는다. 천사는 인간이 된다. 머리 상처의 피를 맛보고 거리의 색깔을 외우고 행인의 도움으로 돈을 받아 커피를 마시고 눈이 온 추운 거리에서 손을 비벼 따뜻하게 하고 마리온과 함께 인생을 설계한다.

그리고 이렇게 되뇐다. "둘이라고 하는 것의 놀라움, 남과 여에 대한 놀라움 그것이 날 인간으로 만들었다. 난 이제 안다. 어떤 천사도 모르던 사실을."

시종일관 메마른 흑백 화면은 천사가 사람이 되면 화려한 컬러로 바뀐다. 칙칙한 베를린 장벽의 현란한 낙서들은 총천연색으로 다가온다.

이제 천사가 아닌 인간이 된 다미엘에게 좌절하지 말고 용기를 가지라고 감히 격려하고 싶다. 그리고 나는 천사가 아닌 인간으로 산다는 것에 대해 감사한다. 처음엔 천사가 부러웠으나 영화를 보고 난 후 천사로 태어나지 않은 것이 다행이지 싶다.

평소 고마워하지 않았던 보고 느끼고 만질 수 있는 인간이라는 사실이 왜 이리 뿌듯한가. 인간이기에 고통 받는 사람들은 이 영화를 보시라.

별들의 고향

Heavenly Homecoming to Stars, 1974

MOVIE

국가 | 한국
감독 | 이장호
출연 | 신성일, 안인숙

립스틱 짙게 바르고 껌을 질겅질겅 씹는다. 술을 밥보다 좋아하고 남자 없이는 하루도 살지 못한다. 눈 뜨면 화투 패를 돌리고 담배는 손에서 떨어지지 않는다.

　경아(안인숙)의 모습이다. 아직 젊고 얼굴도 예쁘장하고 붙임성도 그만이다. 이런 여자, 사내들이 눈여겨본다. 제 나이도 잘 모르지만 얼추 25살로 여긴다. 그때까지만 해도 경아는 조금은 순진했다.

　결혼 전까지 순결을 지키겠다고 고집 아닌 고집을 부린다. 그러면 돈 주고 여자를 사겠다는 남자(하용수)가 첫사랑이다. 이런 사랑 깨지기 쉽고 깨진다.

　두 번째 남자(윤일봉)는 늘 검은 옷과 검은 양말을 신는, 돈은 많으나 표정이 어두운 남자다. 그에게는 딸이 있다. 유부남이라는 말이다. 전처는 자살했다. 이 남자의 후처로 들어간다. 세상물정 모르는 경아는 잠시 동안 살림재미에 시간 가는 줄 모른다.

　마시는 술은 소주 대신 조니 워커로 바뀌었다. 술을 마시는 장면이 나오니 뭔가 일이 꼬일 것만 같다.

　아기 낳고 알콩달콩 잘 살면 이 영화를 보러 무려 45만 명이 넘는 관객이 몰렸을 리 없다.

　몰지각한 의사는 경아의 중절수술 경험을 망설임 없이 발설한다. 두 번째 남자와도 이별이다.

세 번째 남자(백일섭)는 한술 더 떠 순 날건달이다. 자신이 길을 들인 여자인 만큼 소유권을 주장한다. 경아는 누드모델이 되고 술집 호스티스 김미영이 된다. 어느 날 중년의 남자 문호(신성일)가 손님으로 온다.

그림을 그려준 문호에게 경아는 호감을 느낀다. 경아는 네 번째 남자와 동거생활을 한다. 이 사랑 해피하다. 낮이면 할 일 없는 두 사람, 장을 보고 그네를 타고 논다. 어두운 밤이면 그것 말고 달리 할 일이 없다.

이때 관객들은 붉은 입술이 벌어지고 그 안에 있는 경아의 가지런한 흰 치아를 보고 옆 사람에게 들키지 않도록 조심하면서 침을 삼킨다.

오래갈까. 관객들은 두 사람이 언제 어떤 방식으로 헤어질지 조바심을 낸다.

흰 눈이 쌓인 겨울 강가가 예사롭지 않다. 걸으면 포드득 소리가 크게 들리는 텅 빈 들판에 이장희의 애잔한 노래 '나 그대에게 모두 드리리'가 흘러나온다.

그 좋은 술을 끊고 대학에서 후학을 열심히 가르치는 경아의 네 번째 남자였던 문호에게 세 번째 남자가 찾아온다. 알코올 중독자인 경아를 포기했다고 말한다. 문호는 경아를 찾아 나서지만 김미영은 술집에 없다. 허탈한 마음으로 집으로 돌아오는데 경아가 커다란 트렁크를 내민다.

두 사람 또 해피하다. 하지만 영화는 시작한 지 한참 지났고 이제 끝내야 한다. 지금까지 어려운 고비를 잘 달려 왔다. 마무리를 잘 해야 하는 책임이 감독에게 있다.

내일이면 새해다. 한 해의 마지막을 함께 보낸 두 사람이지만 새해가 되면 각자 제 갈 길로 간다.

경아는 술을 마신다. 마시는 폼이 멋지다. 경아가 술을 마시는 모습을 보고 있으면 소주 한 잔이 그리워진다. 옆 사내가 추파를 던진다. 경아는 이 남자에게 선심 쓰듯 몸을 던진다(그래, 죽으면 썩어 문드러질 육체, 가져가라. 세상에서 가장 좋은 보시가 '육보시' 아닌가).

지금 이 순간, 내 몸을 스쳐간 모든 사람이 사랑스럽다.

경아의 최후는 짐작한 대로 겨울 강가다. 약을 먹고 물 대신 눈 한 주먹을 먹는다.

'경아, 안녕'

1970년대를 풍미했던 '우리들의 경아'는 그렇게 작별했다. 죽으면 화장해서 강가에 뿌려달라는 유언을 문호는 실행했을까.

이 영화는 숱한 화제를 남겼다. 영화의 대사는 금세 유행어가 됐다. "키스할 땐 눈을 감는 거야." "경아, 오랜만에 옆에 누워보는군." "행복해요." "내 입술은 작은 술잔, 예쁜 술잔이다." "선생님, 추워요." "상처는 같다, 서로 용서하면서 살자."

어두운 시대. 감독은 이런 영화 말고 어떤 영화를 만들 수 있었을까. 역설적이게도 외부검열과 자기검열이 없었다면 이장호 감독의 〈별들의 고향〉 같은 영화가 나올 수 없었을지도 모른다. 한국영화의 수준을 한 단계 끌어 올린 수작이다.

당시 유행했던 통기타 가수들의 명곡('나 그대에게 모두 드리리', '한 잔의 추

258

억', '한 소녀가 울고 있네요', '나는 열아홉 살이에요', '휘파람을 불어요')을 들을 수 있는 것도 영화를 보는 또 하나의 재미다. 최인호의 장편소설 『별들의 고향』이 원작이다.

보디 히트

Body Heat, 1981

MOVIE

국가 | 미국
감독 | 로렌스 캐스단
출연 | 캐슬린 터너, 윌리엄 허트

여름이 더운 것은 몸에서 열이 나기 때문이다. 그 열은 너무나 뜨거워 웃통을 벗고 냉장고 문을 열고 있어도 식힐 수 없다. 그렇다고 방법이 없는 것은 아니다.

이열치열이라는 말이 있듯 열로써 열을 다스리면 된다. 그 열은 앞의 열보다 열 배는 더 뜨겁다. 검은 악녀 혹은 치명적인 독거미, 아니면 사막의 전갈로 불러도 손색이 없는 그 여자 '매티'(캐슬린 터너)와 섹스를 하는 일이나.

하지만 금발에 키도 크고 몸매도 좋고 유머감각도 풍부한 그녀가 아무하고나 잠을 잘까. 적어도 무능하지만 변호사 정도의 직업은 있어야 하고 '러신'(윌리엄 허트) 정도의 잘 생긴 얼굴과 근육질 몸을 가져야 한다.

로렌스 캐스단 감독의 데뷔작인 〈보디 히트〉는 예쁜 얼굴과 섹스를 무기로 남자를 잡는 '팜므파탈'의 여왕 매티와 그의 남자 러신의 이야기다.

세상 사는 것이 대개 그렇듯이 처음에는 남자가 여자에게 대시한다. '요염한 여자'는 점잖은 듯 빼고 '밝히는 남자'는 달려들고 꼴에 남자라고 의자로 유리창을 부순다. 작고 보잘것없는 남편(실제로는 아니지만)과 이런 남자 가운데 어떤 남자가 좋은지 여자에게 꼭 물어봐야 아는 것은 아니다.

키스하고 만지고 그러다 섹스하고 한 번 하고 나니 두 번 하게 되고 두 번 하니 자꾸 하면서 남자는 여자의 육체라는 함정에 빠져든다. 쉽게 빠져 나오지 못하는 것이 함정의 특징이니, 이 남자는 오랫동안 그런 상태를 유지한다. 새똥이 떨어질 때 지켜주고 싶다며 모자를 선물하는 여자와 누가 짧게 사귀고 싶겠는가. 당신 때문에 행복하다는데 떨어질 수야 없지.

시간이 지나면서 남편이 등장하고 둘은 갈등이 깊어지면서 여자는 해결책을 내놓고 남자는 그에 따라 죽이겠다는 결심을 하게 된다. 권총을 들고 설치던 남편은 남자의 각목에 맞아 죽고 오래된 창고에 미리 설치한 폭발물이 터져 시체는 산산조각난다. 죽이면서 들키기를 바라는 살인자가 없듯이 두 남녀 역시 완전범죄를 꿈꾼다.

남편이 남긴 거액의 자산을 차지하고 눈치 보지 않고 자꾸만 하고 싶은 욕망을 충족하기 위해 엄청난 짓을 저지르고 만 것이다. 살인 후 두 사람은 서로를 의심하고 살인현장의 단서가 되는 안경을 찾기 위해 다시 보트 창고로 가는데 여기서 여자는 죽는다.

배경이 미국이니 당연히 머리 좋고 정의감 불타는 형사(J.A 프레스턴)가 등장한다. 남자는 잡힌다. 감옥에 갇힌 남자는 어느 날 여자가 죽지 않았다고 느낀다. 죽은 여자는 캐서린이 아니고 그녀의 가장 친한 친구였던 것이다. 그리고 이 모든 것이 여자가 꾸민 치밀한 계략에 의한 것이라는 사실을 안다.

하지만 화사한 독사에 확실히 물린 뒤다. 후회는 항상 늦듯이 이 남자, 늦은 후회에 통곡하겠지만 어쩌랴, 여자는 멋진 풍광이 있는 해변에서 몸의 열기를 식히려는 또 다른 남자의 시중을 들며 유유자적하고 있다.

탄로 나지 않은 살인사주이며 살인이다. 땀나는 살에 붙은 반짝이는 모래보다 더 끈적끈적한 음악도 들을 만하다.

부초

浮草, Floating Weeds, 1959

MOVIE

국가 | 일본
감독 | 오즈 야스지로
출연 | 나카무라 간지로, 쿄 마치코, 와카오 아야코

화면은 느리게 움직인다. 아니 멈춰서 있는 것 같다. 부드럽고 밀도 높은 원색의 구조는 수백 장의 정물화를 한데 모아 놓은 것과 진배없다. 등대를 닮은 술병, 작은 어선, 나무 전신주, 빨간 우체통.

　오즈 야스지로 감독의 〈부초〉는 화려한 색감의 진수를 보여준다. 내용은 별 것 없다. 만나서 반갑게 인사를 나누고 그간 어떻게 지냈는지에 대한 시시콜콜한 대화가 오고간다(그러다가 시간 다 간다).

　영화라기보다는 조금 신경 써서 만든 텔레비전 드라마 같다. 그런데 사람들은 이 영화를 보고 이런 저런 찬사를 늘어놓는다.

　유랑극단이 작은 어촌 마을에 들어온다. 단원들은 소리를 내고 아이들은 따라 다닌다. 홍보물을 붙이고 깃발을 세우고 광고지도 뿌린다. 하지만 극장에는 10여 명 남짓한 관객만 있다. 망할 것도 없고 망해도 그리 손해 볼 것 같지 않은 악단은 정착보다는 떠돌이 생활이 안성맞춤이다.

　단장은 틈틈이 중년의 여자를 찾는다. 후원자로 포장된 여자에게는 아들이 있다. 우체국에 근무하는 아들은 전자공학을 공부하고 싶어 하는 유망한 청년이다.

　아들은 단장이 아버지인 줄 모르고 삼촌이라고 부른다. 단장과 그렇고 그런 사이인 젊고 아름다운 극단 여배우는 그가 여자에게 가는 것이 못마땅하다.

어려울 때 도와줬는데 이럴 수 있느냐고 질투심에 불타는 여자는 악다구니를 쓰고, 단장은 창녀를 수렁에서 건져준 것도 모르는 배은망덕한 것이라고 맞선다.

분이 안 풀린 여자는 동료 여배우에게 아들을 꼬셔보라고 돈을 준다. 전보를 부치러 온 여배우는 "밖으로 나와 나를 보라"고 아들에게 메모지를 건넨다.

유혹에 약한 것이 피가 끓는 청춘이다. 아들은 어떻게 시작됐는지는 중요하지 않다며 여자 품에 안기고 아버지는 화풀이로 입에 담기 힘든 욕을 해대며 여자의 뺨을 갈긴다. 꼬임에 넘어갔다는 것을 모르는 아들은 "아빠는 필요 없다."며 여자 편을 든다.

날은 여전히 덥고 비는 자주 온다. 고풍스런 목가구 주택에 배우들은 앉아있다. 편한 러닝셔츠 차림의 이들이 습관처럼 부채질을 하고 처마에 떨어지는 비를 보는 풍경은 한 폭의 그림이다.

단원들은 게다짝을 끌고 돌담이 아름다운 마을길을 따라 붉은 꽃이 만개한 술집에서 술을 마신다. 술에 취한 한 단원은 단장과 의리를 강조하면서 다른 단원을 등쳐먹기도 한다(사람 사는 것이 그렇다).

극단은 공연을 마치고 해산한다. 단원들은 가게를 열거나 새로운 고용주를 찾아 각자 흩어진다.

단장은 가족과 함께 살고 싶어 한다. 하지만 언제나 그래왔던 것처럼 새 막을 열겠다며 보따리 하나만 어깨에 메고 발길을 돌린다. 아들이 애기였을 때부터 여길 올 때마다 항상 그런 식으로 떠난 것처럼.

간이역 대합실. 아들을 타락(?)시킨 여자가 있다. 둘은 담배를 피우면서 다음 행선지에 함께 가기로 한다.

삼등 기차칸. 흡족한 여자는 머리에 수건을 얹은 단장에게 술을 따른다. 잡초처럼 발길 가는 대로 떠도는 장돌뱅이 인생은 이렇게 막을 내린다.

쓰고 보니 내용이 별 것 없는 게 아니라 있을 건 있다. 다 보고 나면 오즈 야스지로를 왜 대단한 감독이라고 떠받드는지 조금 이해가 간다. 색채를 다루는 감각이 대단하다. 극단이 부르는 노래나 가락은 우리네 뽕짝과 다름 아니다.

분노의 주먹

Raging Bull, 1980

MOVIE

국가 | 미국
감독 | 마틴 스콜세지
출연 | 로버트 드 니로, 조 페시

명치를 정통으로 맞아 본 사람은 삶과 죽음이 종이 한 장 차이라는 것을 안다. 호흡은 금방 끊어지고 잘릴 것 같은 창자를 보호하기 위해 두 손이 저절로 배를 감싸 쥐게 되면 '다운'을 피할 수 없다. 물을 뒤집어쓰거나 따귀를 맞고 나서야 비로소 여기는 비정한 정글의 법칙이 지배하는 사각의 링이라는 사실을 떠올리게 된다.

강제로 머리를 잘라야 했던 학창시절 나는 새끼줄로 대신한 링에서 명치를 맞고 쓰러진 적이 있다. 하필 오목하게 들어간 곳에 주먹이 날아왔고 순식간에 혼절했던 기억은 지금도 생생하다.

그래서 마틴 스콜세지 감독의 〈분노의 주먹〉을 보면서 내내 숨이 턱에 차오르고 얼굴이 돌아갔던 그 시절이 떠올라 괴로웠다.

챔피언이 되는 것도 아니고 이겼다고 해서 아무런 이득이 없었음에도 내가 비닐로 만든 권투 글러브를 낀 것은 순전히 권투가 멋있어 보였기 때문이다(째려보기만 해도 주먹이 나가던 사춘기 시절 폼 한 번 잡고 싶은 마음은 솔직히 말해 있었다).

라모타(로버트 드 니로)는 나와는 달리 상대를 꺾기 위해 글로브를 꼈다. 동생인지 형인지 헷갈리는 매니저(조 페시)와 함께 다니는 라모타는 타고난 싸움꾼이다. 그러니 미들급 챔피언 벨트는 당연히 그의 몫이다.

하지만 보석이 박힌 벨트를 허리에 차기까지 그가 벌인 피 튀기는 시합은 보는 내내 애간장을 녹인다. 두 번째 아내(캐시 모리어티)는 두 손으로 눈을 가릴 수밖에 없다(첫 부인과는 음식투정하다 상을 뒤집어엎는 좀생이 짓으로 이혼한다).

주먹을 쓰는 라보타의 일상은 거칠고, 내뱉는 말은 상스럽고, 남자보다는 여자를 밝히는 인물이라는 것은 대충 짐작이 간다. 여성을 비하하고 동성애를 저주하면서 의처증은 둘째가라면 서러워 할 정도다(매니저에게 "내 아내와 잤느냐?"고 물어볼 수 없는 질문을 한다).

이쯤 되면 권투 외적인 이야기가 상당부분 영화에 녹아들 것이고 이런 갈등은 시합과 맞물려 관객들의 호기심을 증폭시킨다.

살을 빼기 위해 혀에 얹어 놓을 만큼 얇은 얼음 한 조각도 먹지 못하고 뜀박질하는 극한의 고통을 이겨내는 장면은 곁가지에 불과하다.

2주간이나 잠자리를 못했으면서도 성욕을 억제하기 위해 글래머인 상대를 밀치고 찬물을 사타구니에 쏟아붓는 장면도 부수적이다(그가 남들이 욕하듯 짐승이 아닌 것은 분명하다).

주인에게 버려진 떠돌이 개처럼 흔들리는 영혼이 거칠고 고집 센 사내의 온몸을 관통하면 마침내 잘 벼린 비수가 되어 상대의 이마와 코와 귀와 가슴과 턱과 배에 사정없이 가해지는 주먹질이 본질이다.

그 인생 순탄하지 않다. 성인으로 위장한 미성년자를 남자에게 소개했다는 이유로 그는 감방에 갇히는 신세가 된다(챔피언 벨트의 보석도 보석금을 마련하지는 못한다).

날렵했던 배는 불뚝 튀어 나왔고(영화를 촬영하는 내내 드 니로는 27킬로그램이나 살을 빼고 찌우는 등 고난의 행군을 했다고 한다. 대단한 배우다. 아카데미 남우주연상을 받았다.) 두 번째 아내도 그를 떠난다.

감옥에서 그가 벽을 향해 내지르는 주먹과 이마로 박치기 하는 장면은 눈뜨고 보기 힘들다(너무 끔찍해 마치 참수영상을 보는 듯하다).

실베스터 스탤론 주연의 〈록키〉처럼 역경을 이겨내고 마침내 우뚝 서는 인간 승리의 모습과는 거리가 멀다.

영화 초반 누구나 인정하는 실루엣으로 처리되는 슬로모션의 섀도 복싱 장면은 인상 깊다. 좌우 어퍼컷, 훅과 잽으로 무릎 아래까지 내려오는 긴 판초우의가 흔들릴 때면 결전을 앞둔 후퇴를 모르는 '성난 황소'의 일생일대 승부가 광활한 자연처럼 펼쳐진다.

〈분노의 주먹〉은 로버트 드 니로가 〈택시 드라이버〉로 손발을 맞춘 감독을 설득해 만든 영화로 알려져 있다.

실존 인물 라모타의 성공과 쇠락이 시간순으로 정렬된다. 권투계의 암투도 양념 맛이 난다. 형제를 껴안고 화해를 시도하는 장면은 어설프다. 결코 그는 선량한 인간이 될 수가 없기 때문이다.

분노의 포도

The Grapes of Wrath, 1940

MOVIE

국가 | 미국
감독 | 존 포드
출연 | 헨리 폰다, 존 캐러딘

조상 대대로 살던 집을 떠나는 사람들의 사연은 하나다. 더 이상 정든 고향땅에서는 살 수 없기 때문이다. 존 포드 감독의 〈분노의 포도〉는 자신들의 땅에서 쫓겨나 새로운 희망을 찾아 떠나는 한 가족의 이야기를 담고 있다.

오클라호마의 지주들은 소작농들을 무자비하게 내쫓고 집을 부순다. 15가족 100여 명의 사람들이 졸지에 집을 잃고 거리로 나앉게 된 것이 불과 15일 전이다. 알고 지내던 동네 청년이 트랙터를 몰고 와서 집을 부술 때 주민들은 총 들고 저항하지만 속수무책이다. 애가 둘이고 장모까지 모셔야 하기 때문에 나도 어쩔 수 없다고 항변하는 청년의 변명에 할 말을 잃는다. 그는 내가 죽으면 다른 친구가 와서 부순다며 자신의 행동에 정당성을 부여한다. 소작농인 이들은 저항해봐야 아무 소용이 없다는 것을 잘 안다. 체념이다.

살인혐의로 7년 형을 언도받고 4년 만에 보석으로 풀려난 톰(헨리 폰다)의 가족도 이주 대열에 합류한다. 가기 싫다며 버티는 할아버지에게 진정제를 탄 커피를 마시게 한 후 멀고 먼 캘리포니아로 향한다. 집이 강제철거를 하루 앞둔 이른 새벽이다.

여기서 태어나고 여기서 죽었던 조상의 땅을 철거명령이 적힌 종이 한 장 때문에 떠나야 하는 가족의 심정은 찢어질 듯 아프다. 하지만 트럭에 올라탄 12명의 대가족은 잠시 희망에 부풀어 있다.

캘리포니아는 정말 젖과 꿀이 넘쳐흐를 것 같은 착각에 빠진다. 도착하기만 하면 일자리가 생기고 일당도 넉넉해 정착해 살만할 곳이 될 것이라는 기대가 건조하고 메마른 흙먼지 속에 가득하다.

다 부서진 고물 화물차를 사고 남은 돈 150달러가 가진 재산의 전부라 해도 희망을 찾아 떠나는 이들의 앞길을 막지 못한다. 먹고 싶을 때면 언제나 오렌지가 옆에 있고 포도는 배가 터지도록 먹을 수 있다는 기대감은 현재의 어려움을 극복하는 힘이다. 차도 고장 나고 기름도 떨어지고 돈도 바닥났지만 톰의 가족은 한 줄기 희망의 끈을 놓을 수 없는 것이다.

'서부로, 서부로' 트럭의 행렬은 끊임없이 이어진다. 하지만 곧 이런 꿈은 그곳을 이미 거쳐 온 사람의 말을 통해 헛된 속임수에 걸려든 것에 불과하다는 것을 깨닫게 된다.

캘리포니아의 어디에도 젖과 꿀이 흐르는 곳은 없다. 야영지의 숙소는 배고픔에 굶주리는 아이들로 가득하다. 전단지에는 일꾼 800명이 필요하고 일당은 넉넉하게 준다고 했으나 수많은 사람이 몰리면서 인부들의 수입은 형편없이 낮아지고 일자리마저 없어 입에 풀칠하기도 힘들다.

그곳에서 톰은 과일 따는 인부를 모집한다는 관리인에게 "위임장은 있는지 언제 어디서 얼마를 줄지 계약하지 않으면 일할 수 없다."고 항의하는 한 젊은이를 본다. 이 젊은이는 관리인의 권총 공격을 받지만 도망치고 옆에 있는 여자가 총에 맞는다.

젊은이와 함께 이런 부조리한 현실을 바꿔 보려고 노력하던 일행이었던 목사는 허망하게 관리인의 몽둥이에 맞아 개죽음을 당하고 톰은 비로소 세상에 눈을 뜬다.

할아버지와 할머니도 죽고, 결혼한 여동생의 남편은 이제 곧 아기가 태어나는데도 나 몰라라 하고 몰래 도망치고 가족은 해체 위기를 맞는다. 비극이다.

톰 일행은 수도가 나오고 토요일에는 댄스파티도 열리는 곳에 잠시 머물며 행복하다. 그러나 언제나 지주 편에 서는 경찰이 쫓고 있다는 것을 안 톰은 그날 어머니와 작별한다. 세상을 제대로 본 목사의 길을 가겠다고 톰은 다짐한다.

"자신들의 마음에 들지 않으면 빨갱이라고 하는데 도대체 빨갱이가 뭐냐?"고 묻기도 하고 "농부들은 늘 굶주려 있는데 지주는 배부르다, 굶주림이 있는 곳에 함께 있겠다."며 길을 떠난다.

어머니도 "언제나 밟히기만 하고 살았다, 버림받은 미아였으나 난 힘이 있다. 우린 죽지 않는다, 우린 영원하다."고 화답한다.

1939년에 나온 존 스타인벡의 소설이 원작으로 1930년 미국 대공황 시대를 철두철미하게 그렸다. 빈곤과 가족의 붕괴 그로 인한 심리적 외상이 깊은 여운을 남긴다.

분홍신

The Red Shoes, 1948

국가 | 영국
감독 | 마이클 포웰, 에머릭 프레스버거
출연 | 모이라 시어러, 안톤 월브룩

교수는 제자의 논문만 가로채는 것이 아니다. 곡도 빼앗는다. 풀이 죽은 제자는 공연장을 박차고 나온다. 유능한 발레단 단장 보리스 러몬토브(안톤 월브룩)는 그에게 연주를 맡긴다. 남의 것을 훔치는 것보다 도둑질 당하는 것이 낫다고 위로하면서.

신이 난 젊은 작곡가 줄리안 크레스터(마리우스 고링)는 미친듯이 작품에 몰두하고, 빅토리아 페이지(모이라 시어러)는 결혼 때문에 쫓겨난 수석무용수 대신 새로 올려질 무대의 주연으로 떠오른다.

마이클 포웰, 에머릭 프레스버거 감독의 〈분홍신〉은 작곡가와 무용수 그리고 단장 사이의 미묘한 삼각관계가 중심축이다.

첫 무대에서 페이지는 찬사를 받는다. 공연은 대성공이다. 로마, 비엔나, 코펜하겐, 스톡홀름, 미국, 런던 등 공연 일정이 꽉 짜여지고 '코펠리아', '백조의 호수', '지젤', '잠자는 숲속의 미녀', '화려한 옷가게' 등 모든 공연에서 주연이 된다.

줄리안의 곡은 천재 작곡가라는 찬사에 걸맞게 춤과 찰떡궁합이다. 두 사람은 어울리다 사랑하는 사이가 된다. 이 사실을 안 보리스의 입은 일그러지고 선글라스 안의 눈은 분노로 타오른다.

사랑과 춤, 둘 다를 가질 수 없다는 것이 그의 철칙이다. 단장은 작곡가를 불러 누구나 최고라고 인정하는 곡을 '쓰레기'라고 비난하고 줄리안도 지지 않고 여기는 환상적인 정신병동이라며 그와 결별한다.

둘 사이에서 고민하던 페이지는 줄리안이 떠나면 나도 떠난다며 사랑을 택한다. 이제부터 단 음식을 실컷 먹고 잠도 마음대로 잘 수 있다.

하지만 페이지의 마음은 무대와 춤에 대한 열정으로 끓어 오른다. 마차를 타고 지중해의 어느 곳에서 꿈같은 사랑을 나누어도 페이지의 가슴 한쪽은 분홍신을 신고 무대를 박차 오르는 꿈에 불타고 있다. 바람에 나부끼는 꽃으로, 하늘을 떠도는 구름으로 날아다니는 하얀 새가 되고 싶은 것이다.

그런 마음을 눈치 챈 단장은 편지를 쓴다.

"세계 최고의 발레리나가 되고 싶지 않나. 가장 화려한 의상과 무대 장치는 마련됐다."

페이지는 자신이 떠난 후 누구도 신어보지 못한 분홍신을 다시 신는다. 객석은 차고 준비는 끝났다.

그러나 페이지는 무대에서 날기보다는 언덕에서 기차를 향해 떨어진다. 비참한 죽음이다. 마치 안데르센의 동화 「분홍신」의 소녀처럼 죽음으로 춤은 막을 내린다.

줄리안은 죽어가는 페이지의 발에서 분홍신을 벗긴다. 남은 배우들은 분홍신을 무대에 남겨두고 진혼곡인 듯 공연을 계속한다.

페이지의 춤 장면이 볼만하다. 관객을 위한 춤이라기보다는 영화를 위한 춤이다. 실제 공연장에서 보는 것보다 사실감이 더하다. 분홍신은 이후 나온 거의 모든 발레 영화의 교본이 됐다.

불안은 영혼을 잠식한다
Angst Essen Seele Auf, 1974

 MOVIE

국가 | 독일
감독 | 라이너 베르너 파스빈더
출연 | 엘 헤디 벤 살렘, 브리지트 미라

차별과 멸시는 언제 어디서나 있기 마련이고 그것을 딛고 일어서는 일도 언제 어디서나 일어난다.

라이너 베르너 파스빈더 감독의 〈불안은 영혼을 잠식한다〉는 따돌림을 극복하고 사랑을 하는 늙은 여자와 젊은 남자에 관한 이야기다.

모로코에서 독일로 일하러 온 근육질의 알리(엘 헤디 벤 살렘; 파스빈더 감독의 동성 애인이라고 한다.)는 2교대 청소부로 근무하는 에미(브리지트 미라)와 사랑을 하고 결혼을 한다. 나이 차이가 20년이 넘고 인종도 다른 두 남녀의 사랑에 우여곡절이 있으리라는 짐작은 누구나 할 만하다.

비가 오는 어느 날 에미는 아랍 음악이 흘러나오는 술집으로 잠시 몸을 녹이러 들어간다. 차가운 시선은 거기서부터 시작된다. 금발의 육체파 술집 여종업원은 거만하게 에미를 대하고 술집의 사람들 모두 야멸찬 시선을 보낸다.

하지만 에미는 아랑곳하지 않고 콜라를 시키고 춤을 추자고 다가온 알리를 거부하지 않는다. 벌판같이 널찍하고 산처럼 큰 품에 안긴 에미는 검은 턱수염이 피부를 더욱 검게 만드는 그의 얼굴을 올려다보며 어디서 왔고 무엇을 하는지 묻는다.

알리는 내려다보면서 대답한다. "모로코는 멋진 곳이지만 일자리가 없다. 카센터에서 한 2년쯤 죽도록 일만 했다." 에미가 맞받는다. "저랑 똑같군요. 저도 평생 일만 했어요."

처음부터 죽이 척척 맞는다. 춤이 끝나고 에미는 알리를 자신의 집으로 초대한다. 독일에서 아랍인은 인간적 대우를 못 받고 개 취급을 받는다는 알리의 고백에 마음이 아픈 것이다.

마치 어머니가 아들을 대하는 모정 같은 것이라고나 할까. 커피와 브랜디를 마시며 두 사람은 서로 외롭고 불안하다는 것에 동질감을 느낀다.

제 갈 길을 떠난 3명의 자식은 같은 도시에 살면서도 휴가 때나 한 번 볼까 말까하고 평생을 청소부로 지내야 하는 에미나, 먼 이국땅에서 노동이 끝나면 술 마시는 것으로 하루를 보내는 알리의 생활이나 별반 다를 게 없다.

서로 신세한탄을 하다 보니 막차가 끊길 시간이고 에미는 한 방에서 6명이 자는 알리가 불쌍해 자고 가라고 권한다.

샤워를 마친 알리의 벌려진 셔츠 사이로 검은 털과 구릿빛 몸이 당당하다. 책을 보고 있던 에미는 알리가 손을 뻗어 팔뚝을 쓰다듬는 손길을 느끼며 그와 꿈같은 하룻밤을 보낸다.

다음날 여자는 거울을 본다. 쭈글쭈글한 얼굴의 주름을 만지며 "이렇게 내가, 나 같은 늙은 여자를…" 하면서 흐느낀다. "마음만 착하면 된다."고 위로하는 알리. 너무 행복해서 불안하고 두려운 여자.

알리는 여자를 "불안해하지 말라, '불안은 영혼도 잠식한다'는 말이 있다."며 아랍 속담을 인용하여 달래준다.

같이 아침식사를 하고 출근하는데 이웃집 여자들의 수군거림이 들린다. 이전부터 깜둥이는 아닌데 왠 시커먼 외국인과 같이 들어가는 것을 본 옆집 여자가 노려본다. 에미의 가슴이 철렁하고 내려앉는다.

어느 건물의 계단에서 에미가 청소부들과 식사를 하는데 "구역질나는 족속, 너절한 인간 말종" 등 외국인 노동자들을 비난하는 동료들의 소리를 듣고 놀란다. 하지만 에미는 사랑으로 가슴이 충만해 있다.

결혼한 딸의 집으로 간다. 사랑하는 사람이 생겼다고 말한다. 모로코 사람이고 나보다 20살 어리다고. 딸과 언쟁을 벌이던 사위(파스빈더 감독이 직접 연기했다.)는 잠시 싸움을 멈추고 벌린 입을 다물지 못한다.

첫날밤 후 알리는 에미를 찾지 않는다. 불안한 에미는 술집에 가보지만 그곳에도 알리는 없다. 늦은 밤 힘없는 발걸음은 집으로 향하는데 거기에 알리가 기다리고 있다. 하아, 이런 기분 다들 한 번씩을 느껴봤을 것이다. 두 사람은 손을 잡고 집으로 들어간다.

서로 괜찮은 생각인 결혼 이야기를 꺼내고 아랍 친구들에게 소식을 알리고 춤을 추고 다음날 뮌헨 호적 사무소에서 결혼신고를 하고 손잡고 거리로 나선다. 히틀러도 찾았던 유명한 이탈리아 식당에서 최고급 요리를 먹고 두 사람의 행복은 최고조에 이른다.

꼭대기에 올랐으니 이제 내려갈 일만 남았다. 자식들은 결혼 소식을 듣고 노발대발하고 아들은 추한 어머니라며 입에 담지 못할 욕설을 하면서 텔레비전을 발로 차서 부순다.

소파에 앉아 우는 에미와 안쓰러운 표정으로 바라보는 알리. 이처럼 참 잘 어울리는 한 쌍은 아랍음식을 먹고 싶다는 알리와 만들기 싫다는 에미의 사소한 다툼으로 멀어진다.

천국의 한 조각이라도 살 수 있는 것 같은 행복에 빠졌으나 음식으로 멀어지고 알리는 옛 애인인 술집 여자의 집을 찾아 간다.

식료품점 주인은 오랜 단골을 거절하고 집주인은 경찰을 부르고 이웃은 남녀를 짐승처럼 대한다. 하지만 후반부로 가면서 차별했던 이들은 자신들의 이익을 위해 두 사람에게 조금 살갑게 대한다.

텔레비전을 박살낸 아들은 자기 자식을 봐 달라며 어머니를 찾아오고 가게 주인은 장사를 위해, 이웃은 에미의 넓은 창고가 필요해 손을 내민다.

알리가 일하는 카센터로 찾아가 모욕을 받았던 에미는 처음 만났던 술집에서 알리와 춤을 추면서 화해하는데 알리는 급성 위궤양으로 병원으로 실려 간다.

감독의 말마따나 행복은 항상 달콤하지 않다. 이 영화는 전후 독일에서 벌어진 좀 과장된 인종차별과 외국인 노동자에 대한 비하를 적나라하게 그려 큰 화제를 모았다.

남자 주인공 알리를 연기한 엘 헤디 벤 살렘의 원래 이름은 '엘 헤디 벤 살렘 므바렉 모하메드 무스타파'다. 하지만 영화에서는 알리로 통한다. 당시 독일에서는 피부가 검은 외국인 노동자를 모두 알리라고 불렀다고 한다.

불의 전차

Chariots of Fire, 1981

MOVIE

국가 | 영국
감독 | 휴 허드슨
출연 | 벤 크로스, 이안 찰슨

영화의 오프닝 신은 엔딩 신만큼이나 중요하다. 첫인상이 중요하듯 영화도 어떤 장면으로 시작하느냐에 따라 관객이 느끼는 만족도가 달라진다. 오프닝 신만 놓고 본다면 휴 허드슨 감독의 〈불의 전차〉는 모든 영화의 출발점이라고 불러도 손색이 없다.

파도가 치는 해변의 물을 박차고 맨발의 영국 올림픽 육상선수들이 질주하는 장면은 영화를 관통하는 힘의 원천이다. 마치 2차 세계대전 당시 영국군의 주력 전차였던 '커버넌터'가 최고시속 48킬로미터로 돌진하는 것 같은 맹렬한 기세가 선수들에게서 느껴진다.

영화는 해롤드 에이브러햄스(벤 크로스)와 에릭 리들(이안 찰슨) 두 사람을 번갈아 보여주면서 이들이 1924년 파리 올림픽에서 금메달을 따는 과정을 시간 순서대로 쫓아간다.

해롤드는 유대인으로, "전공이 따지기인가?"라는 교수의 핀잔을 들을 만큼 자존심이 세다. 거기다 유능한 머리와 강철 같은 체력을 소유하고 있다. 한마디로 능력도 있고 의지도 있다. 이런 그가 무언가를 해낸다는 것은 안 봐도 삼천리다. 어떤 불의에도 타협하지 않는 간간한 성격은 필연적으로 갈등을 일으키는 영화의 감초 역할을 톡톡히 한다.

리들은 독실한 크리스천이다. 해롤드가 '유대인의 자존심'을 무기로 세계 제패를 꿈꾸고 있다면 리들은 '신의 이름으로' 올림픽에 출전한다. 금메달보다 신앙이 앞서니 교리 때문에 겪는 아픔도 영화의 한 축을 담당한다.

리들의 여동생(세릴 캠벨)은 달리는 것보다 성경을 읽거나 선교활동이 더 중요한데 그러지 못하는 것이 못마땅하다. 태어난 중국에서 선교하기를 줄기차게 요구한다. 남매간의 갈등도 작은 볼거리다.

우여곡절 끝에 두 사람은 영국 대표로 프랑스에 입성한다. 예상했던 대로 해롤드는 강력한 우승후보 미국을 따돌리고 금메달을 목에 건다. 모교인 케임브리지대 교수들은 금메달을 축하하면서도 지독한 유대인의 자존심에 혀를 내두른다.

스코틀랜드에서 적수가 없고 출발이 늦어도 막판 스퍼트가 압권인 리들은 프랑스로 가는 도버해협 부근에서 100미터 결승이 일요일에 열린다는 것을 안다. 리들은 '안식일에는 쉰다'는 성경의 원칙을 지키기 위해 출전을 포기한다. 왕자나 체육위원회 등이 나서지만 막을 재간이 없다. 단거리 출전을 끝내 포기한 리들은 동료인 린지의 양보로 평일에 열리는 400미터에는 출전한다. 승리는 그의 몫이자 하나님의 뜻이며 영국의 영광이다.

흙바닥에서 달리며 출발선에서 탄력을 받기 위해 모종삽 같은 것으로 디딤판을 만드는 모습이 이색적이다. 틈틈이 흡연을 즐기는 장면도.

희망을 안고 바람처럼 달리면서 시대와 역사를 새로 쓰는 걸출한 영웅들의 이야기. 조국의 영예를 위해 가치 있는 삶이란 이런 것이라는 것을 보여주는 젊은이들의 열정이 반젤리스의 전자 음악을 타고 흐르면 심장은 저절로 쿵쾅거린다.

촌스런 상하 흰색의 유니폼에 달린 영국 국기 유니언잭이나 고풍스런 대학건물도 또 다른 볼거리다.

붉은 수수밭

红高粱, Red Sorghum, 1988

MOVIE

국가 | 중국
감독 | 장예모
출연 | 공리, 강문

"중국에는 장예모 감독이 있다. 배우 공리도 있다."

중국인들에게 이들의 이름은 자존심 그 자체다. 장예모 감독이 〈붉은 수수밭〉을 들고 나왔을 때 세계 영화는, 아시아 그것도 중국에 시선을 집중했다.

할리우드 영화가 보여주지 못하는 2% 부족한 그 무엇을 발견했기 때문이다. 관객들은 채워지지 않던 허전한 실체를 비로소 〈붉은 수수밭〉에서 찾았다. 그것은 한마디로 인생이다. 〈붉은 수수밭〉에는 태어나서 살다 죽는 한 인간의 일생이 고스란히 스며있다.

아버지가 돈이 없어 가난한 추알(공리)은 돈 때문에 문둥병이 있는 50살이 넘은 양조장 주인 리에게 팔려간다. 겨우 18살이다.

신부를 태운 가마꾼들은 밑바닥 인생이 흔히 그렇듯이 건강하고 거칠지만 순진하고 흥을 안다. 노래를 부르고 신이 나서 신부를 골린다. 밝은 살을 태우는 강한 태양이 이글거리고 사내들의 등판은 굵은 땀방울이 번들거린다.

호기심 많은 신부는 실바람에도 흔들리는 가벼운 천 사이로 얼핏얼핏 보이는 꾼들의 생동감에 살짝 홍조를 붉히고 간혹 입을 벌리고 흰 치아를 보이면서 입술을 깨물고 눈을 크게 뜨는 등 이제 막 색(色)의 세계로 진입하는 숫처녀의 표정을 은근슬쩍 뽐낸다.

여럿이 모이면 돋보이는 누군가가 있듯이 꾼들 사이에도 대장 가마꾼이 있으니 그가 유이찬아오^(강문)다. 기회를 틈타 우연을 가장한 듯 신부의 발을 잡기도 하고 수시로 눈을 맞추고 슬금슬금 훔쳐본다. 이둘 사이에서 사단이 일어날 것이 분명하다.

술도가에 팔려간 신부는 3일 만에 친정 나들이에 나서고 길목에서 기회를 노리던 가마꾼은 신부를 들쳐 메고 붉은 수수밭으로 들어간다. 처음에는 납치에 겁탈시도였지만 나중에는 화간으로 이어지는 일련의 끈적끈적한 사태를 이글거리는 붉은 태양은 다 보았다.

바람도 적당히 불어 수수밭은 그야말로 붉은 빛의 향연이 펼쳐지는데 사랑도 그만큼 뜨거울 수밖에 없다. 태양이 뜨거우니 살인이 일어나기 딱 좋은 날씨다.

신부가 신행에서 돌아오자 누구 짓인지는 모르지만 누구 짓인지는 짐작할 수 있는 살인이 일어난다. 리는 죽고, 신부는 오래되고 충실한 하인 라호안^(등여준)의 도움으로 술도가 안주인으로 당당하게 변모한다.

이때 가마꾼이 만취한 상태로 나타나 "그녀를 눕히고 내가 기쁘게 해주었다."며 그날 붉은 수수밭에서 있었던 일들을 일꾼들 앞에서 떠벌인다. 창피한 신부는 가마꾼을 걷어찬다.

양조장이 정상적으로 운영되던 어느 날 산적^(계춘화)은 신부를 납치해 돈을 요구하고 라호안은 대금을 마련해 여자를 데려온다.

이때 정신을 차린 가마꾼이 다시 나타나 고량주에 오줌을 누고 이제 술은 내가 빚는다고 선포하고 여자를 수수밭에서 했던 것처럼 거꾸로 메고 안방으로 들어간다. 그날 라호안은 술도가를 떠난다.

어느 덧 9년의 세월의 흐르고 여자는 해마다 한 명씩 9명의 아들을 낳고 행복하게 살고 있는데, 그해 일본군이 침략한다. 잔인한 일본군은 군용도로를 내기 위해 붉은 수수밭을 뭉개고 저항하다 잡힌 항일 게릴라 라호안과 산적의 피부를 소가죽 벗기듯이 벗겨 산 채로 포를 뜬다.

이 모습을 지켜본 여자는 분에 못 이겨 꾼들을 모아놓고 사발에 한가득 붉은 고량주를 따라 원샷한 후 "너희들이 사내자식이라면 이것을 먹고 라호안의 원수를 갚아라!"라고 소리친다.

사내들은 한낮에 모여 폭탄을 만들고 일본군 트럭이 오기를 기다린다. 기다린다고 일본군 트럭이 오는 것은 아니므로 기다리다 지친 사내들은 잠이 든다. 여자는 먹을거리를 챙겨오다 일본군의 기관총 세례를 받고 붉은 수수보다 더 붉은 피를 흘리며 고꾸라진다. 일본군의 공격에 모두 죽고 살아난 여자의 아들은 죽은 자들의 이야기를 후세에 전한다.

장예모 감독은 이 작품 외에도 〈국두〉(1990), 〈홍등〉(1991), 〈귀주 이야기〉(1992), 〈인생〉(1994) 등의 걸작을 쉴 새 없이 내 놓았다. 1999년에는 신인 장쯔이를 주인공으로 〈집으로 가는 길〉(1999)을 만들어 공리에 버금가는 유명배우로 키웠다.

2012년 한국을 방문한 장 감독은 한국을 배경으로 영화를 만들어 달라는 서울시장의 요청을 받고 수락했으나 아직 영화 촬영을 시작했다는 소식은 들리지 않는다.

한편 중국 소설가 모옌은 1987년 출간된 이 작품의 원작인 『홍까오량 가족』으로 중국인 최초로 2012년 노벨문학상을 받았다.

브레이브하트
Braveheart, 1995

|MOVIE

국가 | 미국
감독 | 멜 깁슨
출연 | 멜 깁슨, 소피 마르소, 패트릭 맥구한, 캐서린 맥코맥

영화에서 영웅은 잘 죽지 않는다. 숱한 죽음의 고비를 넘기고 마침내 승리를 얻었을 때 관중은 터질 듯한 대리만족을 얻는다. 승리의 순간이 극적이고 그 과정이 드라마틱할수록 영웅의 진가는 더욱 힘을 발휘한다.

멜 깁슨이 제작과 감독, 주연을 맡은 〈브레이브하트〉는 자유를 위해 투쟁하는 위대한 스코틀랜드 민중의 역사에 관한 이야기다. 여기에 눈물샘 자극하는 멜로와 궁정암투, 귀족들의 음모와 배신 그리고 무자비한 살육이 양념으로 곁들여진다.

영웅 윌리엄 윌레스(멜 깁슨)는 포악한 잉글랜드 왕(패트릭 맥구한)에 맞서 13세기 스코틀랜드 민중의 자유를 쟁취하는 선구자로 나선다. 혁명에는 언제나 피가 따르듯 왕은 낫으로 풀을 베듯 자유를 갈구하는 민중을 무자비하게 도륙한다.

윌레스는 귀족들의 협조를 얻고 반란을 막기 위해 평민 처녀의 첫날밤을 차지할 권리를 귀족에게 주는 '프리마 녹테'를 피해 사랑하는 여자(캐서린 맥코맥)와 몰래 둘만의 결혼식을 올린다. 하지만 아내는 왕의 졸개들에 의해 처참하게 살해된다.

영웅은 분노한다. 그는 힘과 지혜와 용기로 막강한 무력을 자랑하는 잉글랜드 병사들을 하나씩 깨부순다. 왕의 간계도 만만치 않다. 왕위를 승계할 덜떨어진 아들 대신 며느리인 프랑스 공주(소피 마르소)를 밀사로 파견해 영웅을 설득한다.

그런데 공주는 영웅의 사람됨에 감복돼 오히려 그에게 좋은 마음을 품게 된다(공주는 영웅의 비극적 사랑에 대한 내용도 알고 있다. 모성애도 조금 작용했을 것이다).

왕에게 충성하면 평생 편하게 먹고 살게 해주겠다는 협상은 실패로 돌아간다. 결국 대전투가 벌어진다. 드넓은 초원에 수천 명의 양쪽 군대들이 포진해 있다. 서로 머리를 부딪치며 싸우는 양처럼 마주보고 돌격한다. 팔다리가 잘리고 배가 뚫리고 목이 꺾이고 피가 솟구친다.

전투에서 영웅은 승리한다. 귀족들의 협조만 있으면 잉글랜드를 함락하는 것은 시간문제다. 유력한 실력자의 협조도 얻었다. 그런데 이 실력자는 결정적인 순간에 영웅을 배신한다. 그는 포로로 잡힌다.

영웅과 잠자리를 같이한 공주는 눈물로 왕에게 죽이지만 말아달라고 애원하지만 왕은 거절한다. 왕의 면전에서 공주는 눈물을 흘리며 이렇게 말한다.

"죽음은 누구에게나 찾아온다. 죽기 전에 이 사실을 알고 가라, 뱃속 아기는 당신의 자손이 아니다." 과연 영웅의 여자가 될 만하지 않는가.

밖은 소란하다. 반역자의 사형 집행을 구경하기 위해 구름 같은 관중이 몰려 있다. 영웅은 끝내 자비를 구걸하지 않고 자유를 외친다.

광활한 대자연에서 펼쳐지는 스펙터클도 볼만하지만 예쁜 캐서린 맥코맥과 소피 마르소의 연기 대결도 빼놓을 수 없다. 특히 〈라붐〉(1980)으로 데뷔한 소피 마르소의 걷잡을 수 없는 미모는 1980년대를 살아왔던 남성들의 가슴에 로망의 불씨를 불러낸다. 피비 케이츠, 브룩 쉴즈와 함께 코팅된 책받침의 주인공을 다시 만나는 것은 당시의 향수를 아련하게 자극한다. 아카데미 최우수작품상, 감독상 등 5개 부문을 수상했다.

최근 스코틀랜드의 독립투표가 진행됐다. 하지만 스코틀랜드인은 잉글랜드로부터 독립을 원치 않았다. 역사의 아이러니다

비열한 거리

Mean Streets, 1973

MOVIE

국가 | 미국
감독 | 마틴 스콜세지
출연 | 로버트 드 니로, 하비 케이틀

음악이 없는 영화는 김빠진 맥주다. 마틴 스콜세지 감독의 〈비열한 거리〉는 음악과 영화의 배경이 절묘하게 맞아 떨어진다. 센스 있는 감독의 음악 취향에 팬들은 만족한 웃음을 지을 수밖에 없다.

영화 인트로 화면에서는 '비 마이 베이비'(Be My Baby)'가 나오고 영화 시작화면에서는 '텔 미'(Tell Me)'가 감칠맛 나게 흐른다.

찰리(하비 케이틀)는 음악에 맞춰 무대 위에서 두 명의 예쁜 반라 여성과 춤을 춘다. 춤과 음악이 어우러진 시작은 기분 좋다. 이 기분 더 이어가야 한다. 그래서 우리의 조니 보이(로버트 드 니로)가 눈알을 사방으로 돌리고 건들거리면서 역시 두 명의 여자와 함께 등장한다.

뭔가 시비거리가 없나, 두리번거리는 조니의 히죽이는 표정과 롤링 스톤스의 '점핑 잭 플래시(Jumping Jack Flash)'가 잘 어울린다. 노래 가사 1절만 살펴보자.

I was born in a cross-fire hurricane
나는 불타는 허리케인 속에서 태어났지
And I howled at my ma in the driving rain,
폭우 속에서 엄마에게 소리쳤어
But it's all right now, in fact, it's a gas!

하지만 지금은 괜찮아, 사실 재미있었거든

But it's all right. I'm jumping jack flash,

괜찮아. 나는 점핑 잭 플래시

It's a gas! gas! gas!

정말 재미있었지

영화에서는 제대로 드러나지 않았지만 조니의 출생 비밀을 암시하는 듯하다. 그 밖에도 장면에 따라 한두 번 들어 본 것 같은 멋진 음악이 계속 나오는데 다 알지 못하는 것이 흠이라면 흠이다.

조니는 건달이다. 그냥 건달도 아니고 순 날건달이다. 갱이라고 하기에는 너무 순진하고 깡패라고 하기에는 폭력의 정도가 약하다. 하는일 없이 빈둥거리고 상대의 기분은 아랑곳하지 않고 마구 지껄여대니 찰리를 빼고는 호감 있게 대하는 친구들이 없다.

특히 마이클(리처드 로마너스)은 돈을 빌려 주고 받지 못해 앙숙이다. 돈 갚을 날짜가 되면 나타나지 않거나 1시간 이상 기다리게 만들고 2,000달러를 갚아야 하지만 10달러만 들고 나와 흥정한다.

물 먹는 마이클과 물 먹이는 조니의 갈등 그리고 찰리와의 우정(이런걸 우정이라고 할 수 있을까.)은 영화가 끝나기까지 계속된다.

괜히 주는 것 없이 미운 놈이 있는가 하면 미운 짓을 하는데도 밉지 않은 놈이 있는데 찰리에게 조니는 후자에 속하는 그런 존재다. 조니를 끝까지 차고 다니는 찰리는 좋아는 해서 섹스는 하지만 사랑은 하지 않는 조니의 사촌 테레사(에이미 로빈슨)와도 어정쩡한 관계를 지속한다.

어쨌든 실없는 농담과 악담을 입에 달고 살고 신의는 없고 착한 짓 보다는 나쁜 짓에 익숙한 조니는 찰리에게 골칫덩이다. 그러거나 말거나 우리의 조니는 자신이 빠지면 일이 안 된다는 듯이 언제나 술집에 나타나고 언제나 돈이 없고 언제나 돈을 갚지 않으며 언제나 말썽을 피운다.

그런 조니를 찰리는 따귀를 때리면서 철이 들라고 윽박지르지만 풀이 죽은 그를 보고 이내 중국 음식 먹으러 가자고 달랜다. 친구의 우정은 모름지기 이래야 하는 것인가.

간혹 찰리는 신을 찾으면서 회개하는 것처럼 보이기도 하나 조니는 아니다. 회개할 곳은 교회인데 그의 눈에는 세상이 모두 엉터리다. 그가 회개를 한다면 그곳은 교회가 아닌 '비열한 거리'일 것이다. 인정사정 볼 것 없는 비열한 인간들이 판치는 비열한 세계가 아니면 모두 엉터리일 테니까.

그가 숨 쉬고 사는 곳이 이곳이고 방황하는 영혼이 죽는 곳도 이곳이다. 혹한의 겨울, 비열한 거리를 떠도는 우리의 날건달이 더 이상 숨을 곳은 없다. 숨을 쉬지 않으니 더 이상 깐죽대는 꼴도 볼 수 없다.

마틴 스콜세지 감독은 이 영화로 일약 할리우드 스타로 우뚝 섰으며 처음 작업을 같이한 로버트 드 니로와는 〈택시 드라이버〉 등에서 명감독과 명배우로 함께한다.

오마주였을까. 〈말죽거리 잔혹사〉(2004)의 유하 감독은 조인성을 주연으로 내세워 동명의 영화 〈비열한 거리〉(2006)를 만들어 호평을 받았다.

뻐꾸기 둥지 위로 날아간 새

One Flew over the Cuckoo's Nest, 1975

MOVIE

국가 | 미국
감독 | 밀로스 포먼
출연 | 잭 니콜슨, 루이스 플레처

『아큐정전』의 작가 루쉰은 『고향』에서 다음과 같이 희망을 노래했다.

"희망이란 본래 있다고도 할 수 없고 없다고도 할 수 없다. 그것은 마치 땅 위의 길과 같은 것이다. 본래 땅 위에는 길이 없었다. 한 사람이 먼저 가고 걸어가는 사람이 많아지면 그것이 곧 길이 되는 것이다."

정신병동에 신규 환자가 들어온다. 이 환자는 절망뿐인 병동에 희망을 불어 넣는다. 새 길을 내고 모든 사람이 같이 걸어가기를 희망한다. 하지만 기대는 완고한 고집에 막혀 좌절된다. 희망이 사라진 인간의 삶은 곧 죽음을 의미한다.

체코 출신 밀로스 포먼 감독의 〈뻐꾸기 둥지 위로 날아간 새〉는 희망과 절망, 자유와 억압에 관한 영화다.

고집 센 간호사 랫체드(루이스 플레처)가 있는, 철조망이 촘촘히 처진 회색의 정신병동에 어느 날 불평불만이 많아 교도소를 들락날락하는 위험인물인 38살 맥머피(잭 니콜슨)가 수갑을 차고 끌려온다.

그는 병동 환자들 가운데 일부는 길들여져 있을 뿐이지 미친 사람이 아니라는 것을 깨닫고 이들이 제대로 된 인간임을 자각시키기 위해 별별 노력을 벌인다.

월드시리즈가 열리는 기간에는 텔레비전 시청을 허가해 달라고 요

청하기도 하고 농구 경기를 통해 환자들에게 자신감을 심어 주기도
한다. 심지어 버스를 탈취해 바다로 나가 낚시를 하기도 하고 여자를
끌어 들여 크리스마스 준비를 하는 소동을 벌인다.

하지만 그때마다 새로운 변화를 거부하는 밉살스럽고 원칙을 지키
는 냉정한 간호사(사실 이렇게 하는 것은 환자의 치료를 위해서가 아니라 감금과
격리를 통해 자신들의 편리함을 위해서다.)와 일과표대로 움직이는 병원 내의
압력 등에 막혀 번번이 실패한다.

그는 말도 못하고 듣지도 못하는 인디언 추장 브롬덴(윌 샘슨)과 함께
베를린장벽이 무너지는 뉴스를 들으면서 "내보내 주지 않으면 나갈 수
없는" 지옥 같은 썩어빠진 병동을 탈출하기로 모의한다.

장애를 가장했던 추장은 처음에는 거부했지만 나중에는 기꺼이 같
이 가기를 희망한다. 그런데 맥머피는 예전의 맥머피가 아니다. 숱한
주사와 전기고문으로 제 한 몸조차 제대로 가누지도 못한다.

펄펄 날면서 생기를 주던 맥머피가 더 이상 사람 구실을 할 수 없는
식물인간인 것을 안 추장은 슬픔을 억누르면서 그를 살해하고, 이전
에 맥머피가 시도하다 실패한 세면도구를 들어 올려 창문을 부수는
방법으로 병동을 탈출한다.

없는 길을 먼저 가서 내고 그래서 모두 함께 그 길을 가고자 했던
맥머피는 죽고 그 죽음을 딛고 추장은 탈출에 성공한다. 〈뻐꾸기 둥
지 위로 날아간 새〉가 희망의 영화이면서 자유의 영화이기도 한 까닭
이다.

고난한 시대의 시인은 전사여야 한다고 외쳤던 김남주 시인은 시 〈자
유〉에서 "만인을 위해 내가 일할 때… 만인을 위해 내가 싸울 때 나는

자유다."라고 말했다. 피와 땀과 눈물을 함께 나누어 흘리지 않고서야 어찌 자유라고 할 수 있느냐고 소리 높였다.

맥머피는 자신은 물론 타인을 위해 피와 눈물을 흘리고 끝내 죽음으로써 자유를 연기했다. 133분간의 시간이 지루할 겨를이 없었던 것은 맥머피의 종횡무진 활약 때문이다.

영화가 아무리 감독의 예술이라고는 하지만 잭 니콜슨이 없었다면 감동의 물결이 이 정도까지는 아니었을지도 모른다. 여기에 하딩, 마티니, 체스웍, 빌리, 추장 등의 감칠맛 나는 조연은 영화에서 배우의 역할이 얼마나 큰지 새삼 증명해 주고 있다.

까탈스럽고 잔인한 간호사와, 능청스럽지만 정의와 의리가 있는 맥머피의 불꽃 튀는 연기대결은 시종일관 긴장의 끈을 늦추지 않게 한다. 이 영화가 아카데미 작품상, 감독상 등 5개 부분을 석권한 것에 이의를 달지 않는 것은 시간이 흐른다고 해서 잊혀지는 그런 삼류가 아닌 영원한 고전이기 때문이다.

지금도 가족 간의 갈등이나 멀쩡한 사람이 이해다툼으로 정신병동에 갇히는 일이 간혹 일어난다. 집에서 회사에서 혹은 길을 가다가, 병원의 건장한 직원들에게 납치당하듯이 차에 실려 정신병동에 끌려가 '산송장'이나 '미친 사람'이 되는 현실은 더는 있어서는 안 된다는 교훈은 이 영화가 주는 덤이다.

정작 미친 인간은 양처럼 온순한 머저리를 원하는 허위와 기만에 가득 찬 사회라는 통렬한 고발은 '유쾌, 상쾌, 통쾌'하다. 규격화된 통제에 대한 강력한 잽인 것이다.

사랑방 손님과 어머니

The Guest in Room Guest and Mother, 1961

MOVIE

국가 | 한국
감독 | 신상옥
출연 | 김진규, 최은희, 전영선, 도금봉

누가 그랬던가. 사랑은 감정이라고. 느낌이고 현상이니 변할 수 있는 것이라고. 항상 곁에 있어도 한눈을 파는 것이 사랑인데 눈에 보이지 않으면 잊히는 것이 정상이다. 그래서 "사랑이 어떻게 변하니?" 같은 말은 질문도 아니다.

남과 북에서 걸출한 감독으로 러브콜을 받았던 분단이 낳은 풍운 아 신상옥 감독의 〈사랑방 손님과 어머니〉는 떠난 사랑에 대한 그리 움과 찾아온 사랑에 대한 애잔함이 돋보인다. 떠난 사랑은 내가 싫어 서, 네가 미워서 간 것이 아니고 사별이니 새로운 사랑에 빠져도 이상 할 게 없다.

하지만 영화가 만들어진 1961년만 해도 우리나라는 가부장적 사회 분위기가 대단했고 수절이 대세였다. 과부가 재가를 하는 것은 집안 의 망신거리며 체면이 깎이는 행동인 것이다. 수절이냐, 재가냐를 놓고 영화는 시작되고 끝난다.

옥희(전영선)는 아빠 없이 엄마(최은희)와 할머니와 함께 살고 있다. 아 빠는 태어나기 한 달 전에 세상을 떴다. 여섯 살 옥희는 아빠가 그립 다. 마침 사랑방에 손님(김진규)이 들어온다. 외삼촌(신영균)의 소개로 온 손님은 죽은 아빠의 친구로, 미술선생님이다.

당연히 총각이다. 엄마는 처녀라고 해도 믿을 정도로 탄력이 있고 미모도 상당하다. 신 감독의 부인이며 당대 최고의 미녀 배우였던 최은회의 외모를 여기서 더 설명한들 무엇 하랴.

관객들은 둘의 관계가 심상치 않게 전개될 것을 기대한다. 기대는 대개 실망으로 끝나지만 영화에서는 곧잘 들어맞기도 한다.

할머니 댁에는 맛깔스런 연기가 일품인 도금봉이 식모로 들어와 있다. 식모의 역할이 대개 푼수이면서 많이 먹고 늘어지게 잠을 자는 것이니 도금봉도 예외는 아니다.

홀아비 계란장수(김희갑)는 그런 식모에게 흑심이 있다. 어느 날 체한 식모의 등과 가슴을 쓸어주다 배가 딱 맞았다. 배가 맞았으니 애가 들어섰는데 동네 사람들은 손님을 의심한다.

할머니는 이 기회에 손님을 내보내려고 하는데 뱃속의 아기가 계란장수의 씨라는 것이 밝혀지고 조마조마했던 엄마는 안도의 한숨을 내쉰다. 이미 두 사람은 서로에게 연정을 품고 있었던 것이다.

옥희는 자신과 놀아주는 아저씨가 아빠였으면 한다. 그래서 엄마에게 꽃을 주면서 아저씨가 보낸 것이라고 거짓말을 한다. 엄마는 상처 이후 굳게 닫았던 피아노를 열고, 아빠의 사진 자리는 꽃병이 차지한다. 격한 피아노 음에 꽃은 흔들리고 엄마의 마음도 흔들린다.

청소를 핑계로 아저씨 방에 들어갔던 엄마는 벗어놓은 옷에 코를 대고 냄새도 맡아보고 모자를 쓰고 사별 후 처음으로 홍조 띤 웃음을 짓는다.

그가 제일 좋아하는 삶은 달걀이 매일 찬으로 올라오고 이제나 저제나 기회를 노리던 손님은 마침내 사랑한다고 편지를 쓴다. 엄마는 마른 나무에 불을 지피지 말아달라며 답장을 보낸다. 소위 말하는 '밀당'이 그 당시에도 있었나 보다.

하지만 야속한 것은 사랑이 아니더냐. 두 사람은 식모와 계란장수를 부러워할 수밖에. 이루어질 수 없는 사랑이다(원작이 그러니 영화라고 별 수 있나).

언덕에 올라 손님을 싣고 떠나는 기차를 바라보는 엄마의 심정은 '이게 사람이 할 짓인가?' 하고 물을 만하다.

지금은 허물어져 당시의 혼적을 알기 어려운 수원 팔달문 부근의 풍광이 마치 그림과 같다.

'나'인 옥희를 매개로 벌어지는 두 남녀의 결정적 사랑 장소가 하필 우물가인 것이 원망스럽다. 물레방앗간이었다면 이루어졌을까.

담벼락에 백묵으로 출연진을 소개하는 첫 장면이나 길가에서 은희가 점을 보는 장면, 일본학생 복장을 한 학생 셋이 지나가다 딱 멈추어 서서 거수경례를 하는 모습 등 시대상을 볼 수 있는 화면들이 새롭다.

살다

生きる, 1952

MOVIE

국가 | 일본

감독 | 구로사와 아키라

출연 | 시무라 다케시, 카네코 노부오, 세키 쿄코, 히모리 신이치

삶은 찰나의 것

소녀여, 빨리 사랑에 빠져라

그대의 입술이 아직 붉은색으로 빛날 때

그대의 사랑이 아직 식지 않았을 때

내일 일은 아무도 모르는 것이니

삶은 찰나의 것

소녀여, 빨리 사랑에 빠져라

그대의 머릿결이 아직 눈부시게 빛날 때

사랑의 불꽃이 아직 다하지 않았을 때

내일 일은 아무도 모르는 것이니

이탈리아 르네상스 시절 정치 지배자이자 시인인 로렌초 데 메디치의 시다.

시구에 맞춰 한 중늙은이가 그네를 타며 노래를 부르고 있다. 사내의 목소리는 눈 내리는 작은 공원에 소리 없이 쌓인다. 어찌 들으면 전투를 앞둔 군인들이 부르는 군가 같기도 하고 달리 생각하면 결전을 목전에 둔 혁명가의 노래 같기도 한데 느릿하고 구슬픈 것이 영락없는 장송곡이다.

구로사와 아키라(1910~1998) 감독의 〈살다〉는 시청 공무원으로 일하며 20년 동안 한 번도 결근한 적이 없는 한 사내 와타나베의 이야기다. 그는 서류를 보고 도장을 찍는 것으로 하루하루를 살아간다. 그러던 어느 날 속 쓰림 증상으로 병원에 갔다가 대합실에서 한 환자의 이야기를 듣는다. 그 환자는 와타나베에게 "의사는 위암을 위경련이라고 말하고 암일 때는 먹고 싶은 것 다 먹으라고 한다."고 떠든다. 환자가 했던 말과 똑같은 말을 의사에게 들은 와타나베는 절망에 빠진다.

그는 미라처럼 살아온 지난날이 후회스럽다. 와타나베는 술집에서 작가를 만나 여자들이 나오는 기생집에도 가고 도박도 한다. 아버지의 6개월 시한부 인생을 알지 못하는 아들과 며느리는 퇴직금과 연금에만 정신이 팔려 있고 시청 시민과는 차기 과장자리를 놓고 설왕설래한다. 며칠 사이에 5만 엔을 탕진한 그는 사직서를 내려온 젊은 여직원과 만나면서 삶의 의미를 새롭게 깨닫는다.

그는 주민들의 민원인 작은 공원을 만들 결심을 하고 온갖 우여곡절 끝에 마침내 공원을 완성한다. 그리고 곧 죽는다. 상갓집에 모인 살아남은 자들은 고인의 뜻을 따르자고 맹세한다. 그 맹세는 지켜졌을까.

이 영화는 사람들이 왜 구로사와 아키라, 구로사와 아키라 하는지를 다시 한 번 증명해 보인 일본 영화의 걸작이다. 〈라쇼몽〉(1950), 〈7인의 사무라이〉(1954), 〈란〉(1985) 등도 이 감독의 작품이다.

〈쉰들러리스트〉(1994)의 스티븐 스필버그, 〈스타워즈〉(1977)의 조지 루카스, 〈지옥의 묵시록〉(1979)의 프란시스 포드 코폴라 감독이 이 작품의 열렬한 지지자였다는 것은 잘 알려진 일이다. 미국과 이탈리아에서 특히 사랑을 많이 받았다.

인생이 시들하거나 하루하루가 지겹다고 한숨을 쉬는 사람에게 이 영화를 추천한다. 특히 오늘도 여전한 업무 떠넘기기, 관료주의, 복지 부동을 신조로 여기는 공무원들이 있다면 이 영화 꼭 보시길.

참고로 영화가 나온 1952년, 한국은 전란의 피비린내가 진동하는 가운데 일본은 한국 전 특수를 누렸고 이 같은 세계적 영화를 만들었다. 아이러니가 따로 없다.

살인에 관한 짧은 필름

A Short Film about Killing, 1988

MOVIE

국가 | 폴란드
감독 | 크쥐시토프 키에슬롭스키
출연 | 미로스라브 바카, 크쥐시토프 글로비즈

여동생의 죽음에 대한 죄책감으로 마을을 떠난 21살의 젊은이와 중년의 택시운전사, 그리고 막 변호사 시험에 합격한 세 명의 남자가 등장하는 동유럽 영화의 거장 크쥐시토프 키에슬롭스키 감독(1941~1996)의 〈살인에 관한 짧은 필름〉은 그의 〈십계〉 연작 중 제5화 '살인을 하지 말라'의 극장판이다.

　영화는 고층아파트가 늘어선 회색 도시를 배경으로 웅덩이에 빠져 죽은 쥐의 시체 그리고 시체 옆에 떠다니는 쓰레기, 밧줄에 매달린 고양이가 보이는 풍경으로 시작부터 음산하다. 남자들은 각자 나왔다가 사라지고 다시 나오기를 반복하다 운명의 끈으로 한데 엉킨다.

　청재킷을 입고 오른쪽 어깨에 작은 가방을 둘러맨 야첵(미로스라브 바카)은 이리저리 도시를 배회하면서 비둘기를 내쫓아 모이를 주는 할머니를 화나게 하고, 어느 건물의 옥상에 올라가 돌을 아래로 떨어트리고, 먹다 남은 빵을 창문에 던지기도 하고, 화장실에서 휘파람을 부는 남자를 밀치기도 한다. 불량기가 넘쳐흘러 조만간 무슨 큰일을 저지를 것만 같은 아슬아슬한 장면이 이어진다.

　택시운전사(얀 테사르즈)는 좀 얄밉다. 추위에 떨면서 기다리는 남녀는 외면하고 예쁘고 젊은 미니스커트를 입은 여자에게는 타라고 권한다. 애완견을 끌고 가는 행인을 보자 경적을 크게 울려 개를 놀라게 하기도 한다.

변호사 피토르(크지쉬토프 글로비즈)는 가혹한 처벌의 정당성에 확신이 서지 않는다, 가끔은 부당한 판결도 있다, 카인 이후 지상에서 범죄는 사라지지 않는다는 등의 소신 발언을 했음에도 변호사 시험에 합격한다.

거리는 여전히 잿빛이다. 경찰이 순찰을 도는 폴란드 바르샤바는 컬러지만 흑백처럼 검은색이 화면을 지배한다.

밉살스런 사내가 운전하는 택시에 야첵이 탄다. 으슥한 곳에서 그는 양손에 잡은 밧줄을 운전사의 목에 감고 강하게 당긴다. 운전사는 쉽게 죽지 않는다. 죽음에 대한 저항은 길고 고통스럽다. 화물열차가 비켜가고 언덕 위로 자전거를 탄 남자가 지나가지만 범죄를 막지 못한다.

살인 장면은 매우 잔인하다. 이렇게까지 죽어야 할 만큼 나쁜 택시 운전사가 아닌데 하는 생각이 들 정도다.

돈, 와이프, 돈을 외치는 아직 살아 있는 남자에게 무려 다섯 번이나 큰 돌을 얼굴에 내리치는 광기는 끔찍하다. 담요로 가린 얼굴에 피가 작은 분수처럼 솟아오른다.

이 끔찍한 살인의 동기는 명확하지 않다.

어떤 이는 카뮈의 『이방인』에 빗대 이유 없이 죽이는 부조리한 삶이라고 표현하기도 하지만 설득력 있는 이유는 아니다.

붙잡히는 과정은 없다. 재판 장면도 생략된다. 사형이 확정되자 변호사는 고개를 숙이고 어머니는 오열한다. 대신 집행은 자세하고 길게 늘어진다. 교수형을 위해 밧줄과 도르래를 점검하는 장면이나 죽기 직전의 면담과정도 장황하다. 눈에 검은 안대를 두르고 목이 밧줄에 감길 때 "죽기 싫다." "살고 싶다."는 절규는 "그럼 왜 살인했지?"라는 질문으로는 해답이 나오지 않는다.

밧줄로 사람을 죽인 살인자가 밧줄에 죽는 상황은 아이러니하다. 모든 것이 끝나고 이제 푸른 초원이 펼쳐지고 한 줄기 빛이 섬광처럼 밝다.

'죄는 미워해도 사람은 미워하지 말라'는 말과 사형제가 과연 합당한가 하는 원초적 질문을 하게 만든다(이 영화가 나온 1988년 폴란드는 1941년 히틀러와 스탈린의 침공, 1960~1970년대의 공산정권의 핍박을 이겨내고 레흐 바웬사 자유노조위원장이 대통령에 당선되는 시기와 비슷하다).

이후 감독은 〈베로니카의 이중 생활〉(1991)과 〈블루〉(1993), 〈화이트〉(1994), 〈레드〉(1994)의 삼색 연작을 만들어 진가를 더욱 높인다.

상류 사회

High Society, 1956

국가 | 미국
감독 | 찰스 월터스
출연 | 빙 크로스비, 그레이스 켈리

결혼식 전날 술에 떡이 된 신부가 다른 남자의 품에 안겨온다. 그 모습을 예비신랑이 봤다. 그가 남자인 이상 무슨 일이 있었느냐고 묻는 것은 당연하다. 성질이 잘고 옹졸한 좀스러운 게 아니다.

여자는 기억에 없다고 하니 안고 간 남자가 말할 수밖에. 키스 두 번 하고 달밤에 수영한 것이 전부라고. 이런 옥신각신이 벌어지고 있는데 그 결혼 제대로 될까.

찰스 월터스 감독의 〈상류 사회〉는 결혼하려는 신부와 결혼을 방해하려는 전 남편의 이야기가 아름다운 재즈의 선율을 타고 로맨틱하게 그려진다.

트레이시(그레이스 켈리)의 말에 의하면 전 남편 덱스터(빙 크로스비)는 배경과 지성이 대단하다. 음악가는 물론 외교관이나 무엇이든 될 수 있었다. 한데 겨우 딴따라다. 그것이 못마땅한 트레이시는 좀 아둔해 보이지만 믿음이 가는 조지(존 런드)와 결혼하기로 작정한다.

결혼을 취재하기 위해 스파이 매거진의 기자 마이크(프랭크 시나트라)와 사진기자(셀레스트 홈)가 온다. 여전히 트레이시를 사랑하는 덱스터는 재즈 뮤지션을 이용해 어떻게 해서든 트레이시의 마음을 돌려놓으려고 한다. 하지만 트레이시는 인생을 망쳤으면 됐지 결혼까지 방해한다고 화를 낸다.

이런 가운데 딸과 멀어졌던 아버지가 돌아오는 등 하객들이 속속 도착하고 흥겨운 춤판이 벌어진다. 기자를 차갑게 대했던 트레이시는 마이크가 부르는 구애의 선율에 마음이 녹고 급기야 몸이 풀어져 아무 정신이 없다. 그 이후의 상황은 앞서 말한 그대로다. 그러나 여기서 기막힌 반전이 일어난다.

트레이시는 안도하기보다는 오히려 화난 듯이 큰 목소리로 마이크에게 묻는다.

"왜요? 내가 매력이 없어서, 차갑고 냉정하고 무서워서?" (겨우 키스만 두 번 한 것에 불만이다.)

그러자 마이크는 "아니다, 당신은 매력 있고 차갑거나 무섭지 않다. 술에 취해 정신을 잃은 사람에 대한 최소한의 예의였다."

내 소중한 정조를 지킨 것이 내 의지가 아니라 신사분의 예의 바른 행동 때문이었다고 트레이시는 마이크를 칭찬한다. 그리고 조지에게 그것에 좌지우지되면 결혼하기 싫다고 파혼을 선언한다.

결혼선물로 '진정한 사랑'이라는 이름의 돛단배를 선물했던 덱스터는 그 기회를 이용해 트레이시의 마음을 사로잡고 두 사람은 결혼행진곡이 울려 퍼지는 식장으로 들어간다.

협박질을 일삼던 삼류 잡지기자 마이크는 회사를 그만두고 동료 사진기자와 사랑이 뜨겁다. 루이 암스트롱은 트럼펫을 힘차게 불고 이야기는 여기서 끝난다.

출연진의 기막힌 노래와 음악, 모나코 왕비가 되기 전 그레이스 켈리의 아름답고 우아한 모습이 인상적이다. 음악이 영화를 압도하지 않고 이야기가 노래의 맥을 이어주는 전환이 자연스럽다.

샤이닝
The Shining, 1980

MOVIE

국가 | 영국
감독 | 스탠리 큐브릭
출연 | 잭 니콜슨, 셜리 듀발, 대니 로이드

호수에 비친 설산은 아름답다. 그야말로 환상적인 경치다. "아! 좋다!" 하는 자연스런 감탄사가 절로 나온다. 차 한 대가 미끄러지듯 질주한다. 결혼식을 막 마친 신혼부부가 허니문을 떠나는 장면으로 손색이 없다.

하지만 음악이 왠지 음산하다. 차는 계속 달리고 동굴을 지나고 세상은 눈 천지다. 잭(잭 니콜슨)과 아내 웬디(셜리 듀발), 아들 대니(대니 로이드), 이렇게 한 가족이 폭스바겐을 몰고 오버룩 호텔에 도착한다.

지배인은 잭에게 "혹독하게 춥고 엄청난 고립감이 있다. 이전 관리인은 10살, 8살의 어린 두 딸과 아내를 죽이고 시체를 토막 냈다. 그리고 자신은 입에 권총을 물고 자살했다. 어떤 사람에게 고립감은 심각한 문제가 될 수 있다."고 말한다.

하지만 잭은 "새 소설을 구상중이다, 5개월의 평화는 원하는 바다."라며 "관리인으로 전혀 문제가 없다."고 둘러댄다.

직원들과 마지막 여행객이 떠난 호텔(이 호텔은 1907년 공사를 시작해 1909년 완성됐다. 인디언의 묘지가 있던 자리여서 인디언들의 습격이 있기도 했다.)에 관리인인 잭의 가족만 남고 사방은 쥐죽은 듯 고요하다.

한 달이 지난 어느 날 대니는 세발자전거를 타고 호텔 로비와 객실 복도를 신나게 질주한다. 뒤를 쫓는 카메라의 움직임이 현란하다. 잭은 11시 30분에 일어나 아내가 차려준 근사한 아침식사를 하고 아무도 없는 로비에서 테니스공을 던지며 즐겁다.

하지만 가족의 평화는 여기까지다. 대니는 아무것도 없지만 얼씬도 말라는 237호실의 손잡이를 잡고 돌린다. 문은 잠겨 있다. 그때 살해된 두 명의 꼬마가 보였다 사라진다.

잭은 소설쓰기에 바쁘다. 타자기의 다다다 하는 경쾌한 소리가 호텔을 울린다. 엄마와 아들은 밖으로 나와 눈싸움을 한다. 그런 모습을 지켜보는 잭의 눈 흰자위가 위로 몰린다. 행복의 뒤에는 언제나 불행이 있는 법.

죽음의 공포가 서서히 두 모자를 압박한다. 토요일이다. 눈은 지칠 줄 모르고 바람은 거세다. 웬디는 전화를 걸지만 불통이다. 무전기로 겨우 산악관리소와 연락을 주고받는다.

월요일. 대니는 조심스럽게 문을 열었다 살며시 닫는다. 넋 나간 표정으로 앉아 있는 아버지에게 대니는 나와 엄마를 해치지 말라고 호소한다. 아들을 바라보는 아빠의 눈은 예전의 자상한 눈이 아니다. 광기가 서려있고 머리는 산발이다. 잭도 이제 영의 세계에 빠져 들었고 서서히 미친 증세는 악화된다.

수요일 저녁이다. 237호실이 열쇠가 꽂혀 있는 채로 열려 있다. 그 시간 엄마는 기계실에 있다 남자의 비명 소리를 듣고 밖으로 뛰쳐나간다. 소설을 쓰는 것으로 알고 있던 남편은 타자기 옆에 엎드려서 헛소리를 중얼거린다.

잭은 악몽을 꿨고 꿈에서 자신이 아들과 부인을 죽였을 뿐만 아니라 토막 냈다고 흐느낀다. 아들이 온다. 목에 졸린 흔적이 있다. 아내

는 남편을 추궁하고 남편은 아니라면서 실랑이가 벌어진다. 잭은 이제
죽은 영과 완전한 대화를 나눌 정도가 됐다.

혼과 함께 술을 마시고 아들에게 손을 대지 않았다고 항변한다. 흑
백 TV에서는 콜로라도에 폭설이 내려 항공기 운항이 중단됐고 도로는
눈 덮여 고립됐다면서, 반면 플로리다의 해변은 더위로 피서객이 만원
이라고 전한다. 걱정스런 흑인 요리사는 전화를 걸지만 불통이다. 그
는 직접 차를 몰고 오버룩 호텔을 향해 온다.

대니는 침을 흘리고 잭은 237호실 욕실에서 전라로 목욕하는 젊은
여인과 키스한다. 하지만 이 여인은 썩어가는 할머니 시체로 변한다.

잭은 연회장을 걷고 있다. 거기서 바텐더 로이드를 또 만난다. 로이
드는 버번 온더락을 주고 춤을 추며 걷던 잭은 서빙을 하는 종업원과
부딪쳐 재킷이 엉망이 된다. 화장실에서 그를 닦아 주던 종업원은 다
름 아닌 가족을 무참히 살해한 전 관리인이다.

그는 잭에게 가족을 살해하라고 부추긴다. 하지만 놀라운 재능이
있는 아들과 수완이 있고 생각보다 강한 아내를 해치우는 것은 쉽지
않다.

아내를 살해하려다 야구방망이에 맞아 계단으로 굴러 떨어진 잭은
오히려 식품창고에 갇히는 신세가 된다. 그날 오후 4시 옛 관리인이 나
타나 일을 제대로 처리하지 못한 것을 질책하면서 최대한 엄하게 다
루라고 다그친다.

아내는 외부로 연락하기 위해 무전실로 가지만 무전기는 잭이 이미
못쓰게 만들었고 설상가상 차의 보닛이 열려 있고 선들이 끊어져 있
어 무용지물이다. 웬디는 눈이 금방이라도 튀어 나올 것 같은 공포에

휩싸인다.

그때 흑인 요리사가 차를 타고 온다. 호텔로비에 들어서서 사람을 찾다 기습공격을 한 잭의 도끼에 가슴을 정통으로 맞고 그 자리에서 즉사한다. 첫 살인이다. 공포영화에서 살인 장면이 없다면 그것은 공포가 아니다.

대니는 완전히 혼이 나가 엄마의 립스틱으로 거울에 레드럼이라고 쓰고 "레드럼, 레드럼." 하고 중얼거리는데 이는 살인(murder)을 거꾸로 읽은 것이다.

방으로 피신한 웬디는 아들을 먼저 미로공원으로 내보내고 자신은 도끼로 문을 부수고 들어오는 남편의 손을 식칼로 그으면서 시간을 번다.

아들은 미로에서 발자국을 뒤로 남기며 위기에서 탈출하고 잭은 왼손에는 도끼를, 다른 손은 가슴을 움켜쥐고 비틀거리며 걷다가 동사한다. 눈을 부릅뜨고 죽은 기괴한 모습이다.

영화의 마지막 장면은 연회장에서 찍은 사진이다. 1921년 7월 4일이란 날짜가 찍혀 있고 사진 가운데에 잭이 있다.

스탠리 큐브릭 감독은 〈샤이닝〉으로 소통과 고립, 밀실공포를 잘 표현해 확고한 명성을 얻었다. 스티븐 킹의 동명소설을 원작으로 삼았다.

평자들은 영화에 이런저런 많은 알듯 모를 듯한 의미를 부여하고 있지만 관객들은 그냥 보면서 공포를 느끼고 쫓고 쫓기는 스릴을 만끽하면 된다. 관객이 평자일 필요는 없다.

서부전선 이상 없다

All Quiet on the Western Front, 1930

MOVIE

국가 | 미국
감독 | 루이스 마일스톤
출연 | 루 에어스, 존 레이, 루이스 울하임

"일제의 징병에 젊은이와 어머니들이 적극 부응해야 한다."

"징병제 실시로 비로소 조선인이 명실상부한 황국신민이 됐다."

"대동아전쟁은 세계 평화를 도모하려는 것이다."

일제시대, 시인, 언론인, 정치인들이 앞 다투어 전쟁에 나가라고 징병을 독려했다. 그것도 모자라 기관총과 비행기를 사서 바치고 수시로 국방헌금을 냈다.

비참한 시대, 비굴한 지식인들이 이 땅의 수많은 젊은이들을 사지로 내몰았다. 이런 일은 독일에서도 일어났다. 우리와 다른 점이라면 일본이 아닌 자기나라 독일을 위해 했다는 점이다.

참전용사였던 루이스 마일스톤 감독의 〈서부전선 이상 없다〉는 머리에 피도 안 마른, 20살도 안 된 어린 학생들을 선동해 전쟁터로 내모는 비정한 교수의 피 끓는 연설로 시작된다. 교수는 말한다.

"조국과 나라를 위해 우리가 할 일은 무엇인가. 조국이 부르고 있다. 어느 학교 어느 학급이 그런 부름에 따른다면 바로 이 학교 이 학급 학생들이라는 자부심을 가져라. 조국을 위해 군복을 입는 것은 명예로운 일, 드디어 때가 왔다, 전투에서 최고가 돼라. 조국을 위한 죽음은 달콤하고 가치가 있다."

학생들은 환호한다. 너도 나도 가겠다고 야단이다. 책과 노트는 짓밟히고 군가를 부르는 학생들은 무리지어 입대한다. 환호는 여기까지다.

전쟁이 무엇인지, 삶과 죽음이 어떤 것인지조차 알지 못한 학생들이 제식 훈련 몇 번 받고 바로 전선에 투입된다. 포탄이 천지를 뒤흔든다. 첫 전투에서 학우 한 명이 부상을 당하고 죽는다.

삼촌이 준 특수가죽으로 만든 최고급 군화는 더 이상 쓸모가 없다. 프란츠(벤 알렉산더)가 죽자 뮐러가 가죽신을 받고 좋아하지만 그도 역시 죽는다. 죽는 것이 밥 먹는 것보다 쉬운 전선에서 교수의 충동과 막연한 애국심은 이제 환멸과 악몽으로 뒤바뀐다.

살아남은 자들도 죽음의 그림자가 가득하다. 주인공 폴(루 에어스)은 포탄을 잘도 피한다. 언제나 먹을 것을 구해다 주는 친절한 카진스키(루이스 울하임)는 군대생활의 큰 힘이다.

굶주림에 지친 어느 밤, 폴의 2중대에 철망작업 지시가 떨어진다. 트럭에 실려 폴의 부대는 야간이동을 한다. 적의 예광탄이 번쩍인다. 비는 적의 포탄만큼이나 억수로 쏟아진다. 공포, 절규, 쥐떼의 습격 그야말로 지옥이 따로 없다. 더 이상 전쟁 참여가 낭만이 아니라는 것을 깨닫는다.

이런 생각도 잠시, 착검한 적군은 쉴 새 없이 밀려든다. 백병전이다. 포 맞아 죽고 총 맞아 죽고 칼에 찔려 죽고 야전삽에 터져 죽고 아수라장이 따로 없다.

황제나 장군이나 당이나 또 누군가는 전쟁으로 이득을 본다고 하지만 죽는 자에게 무슨 의미가 있는가. 전쟁은 계속된다. 폴은 백병전 중 참호 안에서 프랑스 군인을 찔러 죽인다. 죽은 자의 표정은 웃고 있다. 그의 옷에서 아내와 딸이 행복하게 웃고 있는 사진을 본다. 폴은 괴롭다. 용서해 달라고 말하지만 그는 이미 죽어 용서할 수 없다.

폴은 휴가를 받아 고향에 돌아온다. 남아 있는 사람들은 전쟁을 모른다. 폴은 학교에 간다. 그곳에서 자신에게 징병을 독려했던 교수가 또 다른 학생들을 선동하는 것을 본다. 교수는 폴에게 조국을 지키는 것의 의미에 대해 말해주라고 한다. 폴은 말한다.

"너희가 모르는 이야기는 안 한다. 참호는 처참하다. 살려고 하나 죽는 사람이 더 많다. 조국을 위해 죽는 것은 추하고 고통스럽다. 죽느니 살아남아라."

학생들은 야유를 보낸다. 폴은 휴가를 채우지 않고 귀대한다. 폐허가 된 2중대에 신참들이 들어찼다. 16살 먹은 애송이들이 겁에 질려 있다. 카진스키와 반가운 재회를 한다. 하지만 두 사람의 기쁨도 잠시 카진스키는 포탄으로 죽는다.

참호에서 폴은 평화롭게 앉아 있는 나비를 본다. 나비를 향해 왼팔을 뻗는 폴. 그때 소총에 망원경을 단 저격병이 조준한다. 핑, 떨던 손이 멈추고 더는 움직이지 않는다.

레마르크의 소설이 원작이다. 그해 아카데미 감독상, 작품상 등 7개 부문을 수상했다. 나치의 반대에도 불구하고 독일에서 이 영화가 검열에 통과됐다고 하니 영화만큼이나 놀랍다.

선라이즈

Sunrise: A Song of Two Humans, 1927

MOVIE

국가 | 미국
감독 | F.W. 무르나우
출연 | 자넷 게이노, 조지 오브라이언, 마가렛 리빙스톤

도시에서 온 여자는 세련됐다. 립스틱 짙게 바르고 단정하게 자른 머리 위에는 값나가는 둥근 모자를 썼다. 호감 간다기보다는 속된 말로 섹시한 자태가 돋보인다. 남자라면 누구나 한 번 어찌해보고 싶은 마음이 들 터인데 여자가 먼저 엉덩이를 세련되게 흔들면 넘어가지 않는 남자는 없다. 그렇지 않다면 그게 어디 사내인가.

F.W. 무르나우 감독의 〈선라이즈〉는 이런 여자와 이런 남자에 관한 이야기다.

도시에서 온 여자(마가렛 리빙스톤)는 시골 남자(조지 오브라이언)를 대놓고 유혹한다. 불빛이 비치는 창가에서 휘파람을 부는데 사랑스런 아내(자넷 게이노)와 귀여운 아이는 눈에 들어오지 않는다.

도둑고양이처럼 살금살금 집을 빠져 나간 남자는 예상대로 여자의 골이 깊은 가슴에 안긴다. 때는 여름 휴가철이고 벗고 있기에 적당한 계절이기도 하다.

세련된 몸매의 여자는 휴가철이 지나도 도시로 떠나지 않고 시골에 남아 남자와 사랑을 속삭이는데 위로 치켜 올라간 눈매가 예사롭지 않다. 촛불에 담뱃불을 붙이는 여자의 고혹적인 자태는 바라만 봐도 숨이 턱 막힐 지경인데 시골 남자의 심장은 오죽하겠는가.

소문은 돌고 남자는 아예 대놓고 바람을 핀다. 남편이 없는 빈자리에 밥을 내려놓고 아내의 몸은 금방이라도 주저앉을 것만 같다. 뺨에 흐르는 눈물을 닦을 새도 없이 우는 아이를 달래다 껴안는데 밖에서는 두 남녀가 정신없이 키스를 하고 있다. 장면은 서로 겹쳐지는데 관객들은 이 장면에서 저절로 나오는 한숨을 내쉴 수밖에 없다.

한때 세상물정 모르는 아이처럼 근심걱정 없이 행복했던 부부는 이제 서로 남남이 되기 일보직전이다. 만남이 거듭될수록 여자는 점점 더 대담해진다.

"농장을 팔고 도시로 가자. 아내는 물에 빠트려 죽여라."

조용하고 평화로운 영국의 농촌마을에 살인사건이 벌어질 참이다. 고뇌하던 남자는 결국 여자의 지시로 아내를 살해하기로 하고 뱃놀이를 핑계로 강으로 나간다. 무심한 표정으로 노를 젓는 남자의 시선에서 위기를 느낀 아내는 두 손을 모으고 살려 달라며 몸을 떠는데 남자는 차마 죽이지 못하고 아내는 전차를 타고 도시로 도망간다.

뒤늦게 자신의 잘못을 깨닫고 필사적으로 용서를 비는 남편과 외면하는 아내. 하지만 아내는 남편의 진심을 확인한다. 두 사람은 손을 마주 잡는다. 방금 결혼한 신랑신부처럼 두 사람은 성당을 나온다.

사진관에서 사진을 찍고 꽃도 사고 이발도 하고 놀이공원에서 근사한 식사도 하고 춤도 춘다. 위기 뒤에 사랑이 더 다져졌다. 부부는 행복한 미소를 머금고 저녁 무렵 집으로 돌아오는데 그만 폭풍우를 만난다.

구사일생으로 남자는 살아서 왔지만 여자는 돌아오지 못했다. 죄책감에 남자는 울부짖는다. 뒤늦게 마을사람들의 수색으로 아내가 살아서 돌아온다. 살인의 도구로 사용하려던 '부들'이 목숨을 건지게 한 것이다.

해피엔딩은 대개 초라하기 마련인데 이 영화는 뿌듯한 느낌이 여운으로 남는다. 그만큼 영화를 관통하는 힘이 시종일관 묵직하기 때문이다. 감독의 능력은 이런 데서 오는 것이다.

무성영화고 흑백이지만 스릴 넘치는 긴장감은 지루할 틈이 없다. 말이 없는 대신 상황에 따른 음악과 적절한 시기에 울려 퍼지는 종소리가 교교한 달빛 아래 벌어지는 뱃놀이와 절묘하게 어울린다.

마차를 타고 떠나는 도시 여자의 뒤로 찬란한 아침 해가 떠오른다. 최초의 아카데미 감독상은 〈날개〉지만 이 작품 역시 독특하고 예술적인 점을 인정받아 예술작품상을 수상했다.

작품성에서는 〈선라이즈〉에 더 높은 점수를 주고 있다. 무성영화의 진수, 세상에서 가장 아름다운 무성영화라는 찬사가 붙는다.

선셋 대로

Sunset Boulevard, 1950

MOVIE

국가 | 미국
감독 | 빌리 와일더
출연 | 글로리아 스완슨, 윌리엄 홀든, 낸시 올슨

언젠가 3년 임기를 마친 한 단체장은 손이 떨린다고 우울한 표정으로 말한 적이 있다. 자다가도 사인하는 꿈을 꾸거나 법인카드로 결제하는 모습이 자꾸 떠오른다고 하소연했다. 언제나 보고를 받고 결재를 했는데 물러나니 이런 금단 증상이 나타났다는 것. 많이 서운하고 다시 장의 자리에 도전하고 싶은 열망이 하루에도 수차례씩 일어나니 어쩌면 좋겠느냐고 해답을 물은 적이 있다.

빌리 와일더 감독의 〈선셋 대로〉를 보고나서 갑자기 이 단체장의 말이 기억났다. 정점에 있다가 물러난 사람들이 겪는 고통은 평범한 사람들은 잘 모른다. 단체장도 손이 떨릴 정도로 심한 후유증을 앓고 있는데 대중의 스타였다가 잊혀진 존재로 전락한 여배우라면 감히 상상이 가겠는가.

무성영화 시대의 대배우 노마 데스먼드(글로리아 스완슨)는 테크니컬컬러가 유행하는 시대에 한물간 노배우로 취급받는다. 들어오는 배역도 없고 언론은 관심조차 안 둔다. 이 배우의 쓸쓸한 이야기가 영화의 중심축이다.

여배우는 화려했던 시절 벌어놓은 돈으로 대저택에서 산다. 호사스런 말년을 보내는 것으로 보일 수도 있지만 사실은 자살을 시도하는 등 매우 우울하다. 노마가 있어야 할 곳은 풀장과 테니스코트가 있는,

성으로 불려도 손색이 없는 큰 집이 아니라 카메라 플래시가 펑펑 터지는 영화의 복판이어야 하기 때문이다.

이야기는 6개월 전으로 거슬러 올라간다. 별로 유명할 것도 없는 무명의 시나리오 작가 조 길리스(윌리엄 홀든)는 원고마다 퇴짜를 맞아 생계가 걱정이다. 차는 압류될 위기에 처해 있다.

우연히 선셋 대로를 가다 저택을 발견하고 견인해 가지 못하도록 차를 숨겨 놓는다. 그러다 관리인 맥스(에리히 폰 슈트로하임)의 눈에 띄고 노마와 만난다. 노마는 그를 죽은 원숭이를 처리하러 온 장의사로 착각했으나 작가라는 사실을 알고 자신이 쓴 대본을 보여준다.

그는 먹여주고 재워준다는 말에 노마의 시나리오를 손본다. 고칠 곳이 너무 많은 도무지 종잡을 수 없는 멜로드라마 수준이지만 노마는 자신이 나오는 부분은 수정하지 말라고 엄포를 놓는다.

어찌어찌 하여 두 사람은 연인관계로 발전한다. 늙고 대중에서 멀어진 여배우와 능력 없는 미래가 막막한 무명 시나리오 작가는 서로에게 필요한 존재다.

노마는 자신을 따돌린 세상을 향한 복수심에 불타오른다. 이런 욕망은 조 길리스에게 비싼 옷을 사주고 금으로 된 담뱃값을 선물하는 낭비로 풀기도 한다. 화려한 과거에서 깨어나지 못하는 노마는 더 과거에 집착하게 되고 광기는 점점 심해진다.

거실을 자신의 사진으로 도배를 해 놓은 것으로도 모자라 아예 전용 영화관을 만들어 자신이 주연으로 나왔던 부분만을 반복해서 보기도 한다. 그런 노마에 질린 조 길리스는 비가 억수로 쏟아지는 거리로 나선다.

이별이다. 친구들이 있는 송년파티장으로 간다. 그때 노마가 자살을 시도했다는 이야기를 듣는다. 그는 다시 저택으로 돌아온다. 하지만 마음은 이미 떠났다. 공허한 마음의 가운데로 친구의 약혼녀 베티 새퍼(낸시 올슨)가 치고 들어온다. 두 사람은 사랑하는 사이로 발전한다.

하지만 이 역시 이루어질 수 없다. 노마의 질투가 대단하다. 이런 가운데 노마는 자신과 함께 했던 감독과 만나지만 감독은 그녀와 같이 일할 생각이 없다. 영화사가 전화한 것은 출연약속 때문이 아니라 그녀가 가지고 있는 낡고 오래된 차를 소품으로 빌리기 위해서이다.

이런 사실도 모르는 노마는 감독이 이번 작품이 끝나면 부른다고 했다고 기대에 들떠 있다. 머리를 다듬고 9시에 잠을 자고 가혹하리만큼 몸매 관리에 들어간다. 충실한 맥스는 알고도 모른 척 한 시대를 풍미했던 최고 배우의 화려한 부활에 바람을 불어 넣는다.

한편 조 길리스는 베티에게 자신의 존재를 알리는 노마의 전화 내용을 듣고는 그녀가 선물한 시계 등을 던지고 울고불고 하는 만류에도 불구하고 노마의 집을 떠난다. 그의 등 뒤로 세 발의 총성이 울린다. 경찰과 기자들이 사이렌을 울리며 달려온다. 뉴스 촬영용 영화차량도 온다.

경찰의 심문에 심드렁하던 그녀는 카메라가 왔다는 말에 눈빛이 달라진다. 계단을 내려오는 그녀를 향해 카메라는 연신 셔터를 누르고 한때 감독이었으며 노마의 첫 남편이었던 맥스는 기사들에게 촬영 준비를 지시한다. 노마는 말한다. "준비됐다, 클로즈업으로 찍자."

> 전지현, 김윤석 등 스타를 동원해 천만 관객을 동원한 오락 영화 〈도둑들〉(2012)의 최동훈 감독은 "소름끼치도록 무섭고도 아름다운 영화"인 〈선셋 대로〉를 "내 인생의 영화"라고 최근 한 인터뷰에서 말했다.

세브린느

Belle De Jour, 1967

MOVIE

국가 | 프랑스/ 이탈리아
감독 | 루이스 부뉴엘
출연 | 까뜨린느 드뇌브, 장 소렐

누가 막을 수 있으랴, 세상에 태어나면서부터 이미 갖고 있던 욕망을.

루이스 부뉴엘 감독의 〈세브린느〉는 학습하지 않고도, 경험하지 않고도 저절로 터득하는 한 여자의 본능에 관한 이야기다. 본능이기 때문에 이성의 힘으로 막을 수 없고 양심으로 해결할 수 없다. 한동안 망설일 수는 있지만 행동하지 않고 언제까지 뒤척일 수는 없는 것이다. 본능은 풀어야 직성이 풀린다.

의사 남편을 두고 남부럽지 않은 삶을 살고 있는 세브린느(까뜨린느 드뇌브)는 욕정이 강한 부인들이 으레 그러하듯 풀리지 않는 욕망 때문에 평온한 일상이 따분하다. 그렇다고 남편 피에르(장 소렐)를 멀리하거나 싫어하는 것도 아니다(간혹 냉정하게 대하기는 한다).

어느 날 세브린느는 남편 친구 잇송(미셸 피콜리)으로부터 파리의 유곽이야기를 듣는다. 몸 파는 여자의 삶에 흥미를 느낀 세브린느는 진한 선글라스를 끼고 유곽으로 가는 계단을 오른다.

한 걸음 한 걸음 조심스럽게 내딛는 발걸음과 주변을 둘러보는 여자의 표정은 비록 검은 안경 속에 감춰져 있다고는 하지만 다가올 미지의 세계에 대한 흥분과 기대감 그리고 정숙한 여자를 배신한다는 두려움과 섞여 불안하다.

그녀는 오후 2시부터 5시까지 낮 동안만 창녀가 되기로 마음먹었지만 행동으로 옮기는 데 조심스럽다. 하지만 고민은 여기까지다. 누구나 그렇듯 처음이 어렵지 한 번 하고 나면 그다음부터는 일사천리다. 세브린느라고 예외가 아니다.

망설여지는 과정을 넘자 이제는 손님이 벗으라고 하기도 전에 자연스럽게 먼저 낯선 남자의 가슴으로 파고든다. 몸 파는 여자의 소질을 타고났다고나 할까. 부드럽고 신선하고 걸스카우트 같은 청순함을 갖춘 세브린느를 손님들이 싫어할 이유가 없다.

그곳에서 여자는 창녀의 삶이 자신의 일상을 완벽하게 만들지는 못해도 뭔가 활력을 가져다주는 일임에는 틀림없다고 생각한다. 일을 마치고 마치 아무 일도 없었던 것처럼 밖으로 나오는 세브린느의 발걸음이 첫눈을 밟는 것처럼 경쾌하다.

동료 창녀와 손님과의 섹스를 벽에 뚫린 구멍을 통해 보기도 하고 칼을 숨긴 지팡이를 들고 다니는 젊은 갱스터(삐에르 클레멘티)와의 격정적 사랑에 온 몸이 녹아내리기도 한다.

이제 즐기면서 돈 버는 생활에 익숙해진 그녀에게 잇송이 손님으로 찾아온다. 여자는 잇송을 손님으로 대하려 하나 잇송은 밖으로 나간다. 여자는 말한다. 이 사실을 남편에게는 이야기하지 말아 달라고. 자발적 창녀에게도 부끄러움과 일말의 양심은 있다.

부뉴엘 감독은 여자의 이성과 본능의 문제를 세브린느를 통해 정확히 포착하고 있다.

젊고 예쁜 금발 머리를 한 탄탄한 중산층 여인이 허기진 구석을 섹스로 메꾸는 판타지, 페티시, 사디즘, 마조히즘 등이 영화의 기본 바탕이다.

가죽옷과 채찍과 상자 속에 든, 똥파리가 먹이를 향해 날아갈 때 내는 윙윙거리는 소리와 같은 소리를 내는 물건은 섹스를 위한 소품이다. 상자속의 물건을 세브린느는 거부한다. 하지만 언젠가는 그녀가 그것을 이용할지도 모른다. 암흑가의 거칠고 억센 손에 길들여지는 것처럼 말이다.

영화의 마지막 부분은 첫 부분과 마찬가지로 낙엽 진 숲과 이륜마차가 등장한다. 영화의 처음에서 남편은 마부 두 명에게 아내를 강간하도록 한다. 옷을 벗기고 채찍으로 때린다. 때로는 흰옷을 입은 아내를 밧줄로 정교하게 나무에 묶어놓고 진흙으로 만신창이를 만들기도 한다. 죽은 딸을 그리워하는 손님의 요구로 관속에서 죽은 듯이 누워있는 상태에서 섹스를 하기도 한다.

영화는 창녀 세브린느와 변태적 손님과의 섹스 이야기가 중심이지만 노골적인 장면이나 전면 누드는 보이지 않는다.

기껏해야 등을 보이고 벗는 모습이나 침대에 걸터앉아 겨우 허리 아래가 살짝 보이는 정도다. 하지만 관객들은 보일듯 말듯 조금 감춘 이런 모습에서 섹스의 이면에 숨겨진 여인의 참을 수 없는 깊은 욕망을 읽는다.

친절하고 영리하고 엄하면서 때로는 따뜻한 포주(제네비에브 페이지)와 정해진 시간에만 일하고 원하는 손님만 받으면서 욕망을 채우는 이런 여자의 생활을 부뉴엘 감독이 찬미하는 것은 아니다. 그렇다고 비판하는 것도 아니다.

밤에 피는 장미가 아닌 낮에만 피는 꽃도 있다는 사실을 보여줄 뿐이다. 영화의 대사처럼 "필요한 것은 항상 존재하기 마련"이다.

세인트루이스에서 만나요

Meet Me in St. Louis, 1944

MOVIE

국가 | 미국
감독 | 빈센트 미넬리
출연 | 주디 갈랜드, 마가렛 오브라이언

태어나고 자란 곳만큼 좋은 데는 없다. 그곳은 정지용의 시 〈향수〉에서 말하듯이 꿈에서도 잊혀지지 않는다.

미국이라고 다를 바 없다. 고향인 세인트루이스를 끔찍이도 사랑하는 스미스 부부의 집에는 성장한 두 딸과 정말 끝내주는 프린스턴대학에 입학한 아들, 아직 어린 두 딸 그리고 할아버지 등 총 8명이 살고 있다.

가지 많은 나무 바람 잘 날 없다고 이 가족 역시 크고 작은 일상이 매일 반복된다. 다 모이는 식사시간이 그날 있었던 일들이 오가기에 적합하다.

가족들은 뉴욕 장거리 전화를 기다리고 있다. 큰딸 로즈(루실 브레머)의 연인이 청혼할 거라는 기대 때문에 신경이 곤두서 있다.

하지만 연인은 "나한테 뭐 할 말 없냐?"고 다그치는 로즈에게 전화한 거 알면 가족에게 혼난다는 좀생이 짓만 한다.

기대가 물거품이 되고 관심은 이제 둘째 딸 에스더(주디 갈랜드)에게 모아진다. 옆집에 잘 생긴 남자가 있다. 노랫말처럼 그가 미소 짓는 순간 자기 스타일이라는 것을 단박에 알아차린 에스더는 언니에게 그와 키스하겠다고 말하면서 들떠 있다.

기회를 잡은 에스더는 집에 쥐가 있어 불 끄는 것을 도와 달라는 핑계로 키스할 기회를 노린다. 하나 둘 불이 꺼지고 이제 분위기는 무르익었는데 이 녀석은 모르는 건지 알면서도 모르는 척 하는 건지 영 분위기를 잡지 못한다.

그러는 사이 유명한 축제인 만국박람회가 6개월 앞으로 다가왔다. 식구들은 너나없이 들떠 있고 에스더와 막내딸(마가렛 오브라이언)은 틈나는 대로 노래를 부른다. 춤도 춘다. 화려한 색상의 옷이 미모와 잘 어울리는 에스더의 노래 솜씨는 일품이다.

어느 날 아버지는 아내에게 선물을 준다. 눈치 빠른 아내는 무슨 일이냐고 먼저 묻는다. 뉴욕으로 발령이 난 사실을 신이 나서 말하는 아버지와 달리 가족들의 표정은 떨떠름하다.

고향을 떠나 뉴욕으로 가야 하는 현실에 불만이다. 크리스마스는 여기서 보낼 수 있다는 말도 위로가 되지 못한다. 대학도 다니고 가족의 미래를 위해 아주 좋은 기회라는 제의에도 묵묵부답이다.

가난해도 이 집에서 살고 싶다는 생각은 가족을 위해 돈을 더 많이 벌겠다는 아버지를 제외한 모든 식구들의 소망이다. 그리고 무엇보다도 곧 시작될 축제를 보지 못한다는 생각이 마음을 짓누른다.

아내는 침울한 남편을 위로한다. 오랜만에 피아노 연주를 하고 아버지는 노래 부르고 2층으로 올라갔던 딸들은 내려와 부모 주위에 몰려든다.

1903년 겨울이다. 눈이 오고 썰매를 타고 눈사람도 만든다. 크리스마스 날 에스더는 뒤늦게 합류한 이웃집 남자 존과 짝을 이루고 언니는 뉴욕에 사는 덜떨어진 애인을 잊고 오랜 연인과 화해한다.

다들 모여서 흥겹게 춤을 추고 노래 부른다. 시간은 빨리 흐르고 뉴욕으로 가야 할 시간은 점차 다가온다.

막내는 야구방망이로 집 밖에 세워둔 인형들을 마구 부순다. 달밤의 체조를 하는 꼬마의 행동은 할로윈 행사 때 죽이기 게임에서 승리한 것처럼 기괴하다(이 장면은 공포영화라고 해도 손색없다. 마치 진시왕의 병마용갱을 깨트리는 느낌이다).

이 광경을 지켜본 아버지의 행동은?

꽃피는 봄이 오고 드디어 만국박람회가 개막됐다. 화려한 조명등 아래 가족들은 소리친다.

"이런 광경 처음이야. 이게 우리의 고향이라니. 믿을 수 없어."

타임지는 빈센트 미넬리 감독의 〈세인트루이스에서 만나요〉를 '역대 최고 영화 베스트 100'에 선정했다.

전쟁에 지친 미국인들의 마음을 위로하고 가족의 훈훈한 정을 강조한 이 영화는 고향의 그리움이 고스란히 녹아있는 '고향찬가'를 잘 표현했다.

주인공 주디 갈랜드는 〈오즈의 마법사〉(1939)에서 빨간 구두를 신고 종횡무진 활약하는 도로시 역을 맡았다(영화 개봉 후 감독과 주디 갈랜드는 결혼했다. 이후 주디는 5번의 결혼과 4번의 이혼을 했다).

섹스, 거짓말 그리고 비디오테이프
Sex, Lies and Videotape, 1989

MOVIE

국가 | 미국
감도 | 스티븐 소더버그
출연 | 제임스 스페이더, 앤디 멜도웰, 로라 산 지아모코, 피터 갤러거

제목만으로 명작으로 꼽는다면 아마도 스티븐 소더버그 감독의 〈섹스, 거짓말 그리고 비디오테이프〉도 언급될 만하다.

영화를 본 사람은 물론, 안 본 사람도 제목 정도는 술자리에서 한 번쯤 중얼거렸을 정도니까 말이다. 특이하고 아주 긴 제목만이 아니라 질까지 포함해 볼 만한 영화를 꼽으라면 아마도 이 영화는 손가락으로 세어볼 만하다.

제목만 보고 반한 영화가 내용까지 그럴싸하니 결론부터 말하자면 안 보면 여러분만 손해다.

두 명의 남자와 두 명의 여자가 영화의 주인공이다. 2:2로 짝이 맞는다. 격렬한 섹스와 밥 먹듯이 하는 거짓말과 뭔가 음흉한 것을 상상하게 만드는 비디오테이프는 조연이다.

남자라면 사랑할 수밖에 없는 매력적인 여자 앤(앤디 멜도웰)은 부사장으로 승승장구한 변호사 존(피터 갤러거)과 섹스 없는 결혼생활을 한다. 섹스리스인 것은 존이 불능이거나 정력이 약해서가 아니다. 오히려 그 반대다. 존은 중요한 회의까지 뒤로 미루면서 신시아(로라 산 지아코모)와 섹스한다.

신시아는 앤의 친여동생이다. 처제와 놀아나면서 아내를 멀리하는 존에게 어느 날 동창이 찾아온다. 그레이엄(제임스 스페이더)은 장발에 검은 옷을 입고 수줍은 듯 우수한 찬 표정이다. 존은 무시하는 듯이 행동하지만 앤은 그레이엄에게 끌린다.

쓰레기와 항공기 사고를 걱정하는 앤은 심리 상담을 하지만 답답한 마음을 풀 길이 없다. 자위행위를 했느냐는 질문을 받고는 쑥스럽게 웃는다.

그 사이 남편은 신시아와 격한 섹스를 한다. 하다 말고 급하게 일어나는 존의 등 뒤로 신시아는 "오늘도 한 번뿐이야?"라고 항의할 만큼 센 여자다.

앤은 그레이엄과 앉아 있다. 대화는 마치 9년 만에 만난 남자친구와 이야기하는 것처럼 자연스럽다. 지극히 개인적인 질문과 대답이 오간다.

여자가 남자만큼 섹스를 원한다는 말은 거짓말이라거나 누가 옆에 있으면 발기불능상태에 빠진다거나 같이 자지 않은 사람의 충고는 듣지 말라는 의미냐고 되묻기도 하는 등 범상치 않은 질문과 대답이 이어진다. 이 정도 대화라면 다음 수순은 손을 잡고 키스하고 섹스로 이어진다고 해서 이상할 게 없다.

밤이다. 자고 있는 그레이엄의 옆에 앉아 있는 앤은 색에 굶주린 여자에 다름 아니다. 흰색 나이트가운을 입은 앤은 가운데 끈을 풀고 금방이라도 속옷을 입지 않은 가슴을 드러낼 것만 같다. 뒷걸음질 치는 앤을 뒤로하고 그레이엄은 눈을 살짝 뜬다.

아파트를 얻어서 독립한 그레이엄은 비디오테이프를 보고 있다. 테이프에는 단발머리 예쁜 여성이 나와 자신의 자위 경험을 이야기한다. 나체의 그레이엄은 비행기의 창가도 아니고 복도 쪽도 아닌 곳에서 절정에 올랐다는, 근육이 정말 강하다는 여자를 보면서 흥분에 싸인다. 노크 소리가 들린다. 앤이다.

식탁에 있는 비디오테이프의 겉면에 여자이름만 쓰여 있는 것이 궁금해 봐도 되느냐고 묻는다. 다른 사람에게 보여주지 않겠다고 약속했다고 거부하는 그레이엄을 향해 앤은 어떤 내용인지 궁금해 한다. 마치 '나 지금 당신과 하고 싶어요' 하고 갈망하고 있는 듯한 눈이다.

비디오테이프에는 그레이엄이 묻고 여성이 대답하는 인터뷰 형식의 장면이 담겨 있다. 전부 섹스에 관한 은밀한 내용인데 예를 들면 요구하기 어려운 것은 무엇이고 요구받더라고 하고 싶지 않은 것은 무엇인지 등이다.

그레이엄의 아파트에 신시아도 온다. 신시아는 그레이엄의 질문에 자신의 첫 성적 기억과, 섹스취향, 섹스경험을 이야기한다. 그레이엄은 자연스럽게 신시아가 존과 잤고 언니와 사이가 좋지 않다는 것을 안다. 앤은 화가 났다.

하지만 앤도 그레이엄의 인터뷰에 응한다. 그 사실을 안 존은 그레이엄에게 한방 먹이고 비디오테이프에 나오는 아내를 본다. 어느 순간 그레이엄은 일어나서 비디오를 끈다.

그 이후의 상황은 발기불능인 그레이엄이 성기능을 되찾고 앤과 격한 섹스를 하는 장면을 상상해 볼 수 있다. 그레이엄의 손을 잡은 앤은 남편과 결별하고, 언니와 불화했던 신시아는 화해하고 존과의 관계를 끊는다.

존은 그레이엄과 헤어지기 전의 여자친구와 잤다고 화풀이하지만 상황을 돌이킬 수는 없다. 기이하고 아주 색스런 인터뷰가 희망으로 바뀌는 순간이다.

스티븐 소더버그 감독은 이 영화의 시나리오를 8일 만에 쓰고 겨우 120만 달러에 제작하는 솜씨를 보였다. 그는 일약 할리우드의 스타로 부상했는데 그때 그의 나이는 26살이었다.

셰인

Shane, 1953

MOVIE

국가 | 미국
감독 | 조지 스티븐스
출연 | 앨런 래드, 진 아서, 벤 헤프린

여성들은 멋진 남성에 선천적으로 약하다. 유부녀라고 예외가 아니다. 사랑하는 남자와 똑똑한 아들이 있어도 흔들리는 마음을 어쩌지 못해 괴로워한다. 멋진 남성은 얼마든지 여성에 유혹당할 수 있지만 그녀의 소중한 가정을 지켜준다.

이런 남자가 진짜 남자인지, 당연히 유혹에 넘어가는 남자가 진짜인지는 각자 판단할 일이지만 이런 남자, 나쁘지 않다. 조지 스티븐스 감독의 〈셰인〉은 바로 이런 괜찮은 남자에 관한 이야기다.

우연히 들른 마을에서 식사 대접을 받은 셰인(앨런 래드)은 그 길로 조 스타렛(밴 헤프린)과 그의 아내 마리안(진 아서), 그리고 그들의 아들 조이(브랜든 드 와일드)와 함께 당분간 생활한다.

그런데 마을에는 (언제나 그렇듯) 악당 라이커(에밀 메이어)가 주민들을 괴롭힌다. 마을 사람들을 내쫓고 그 땅에 소를 키우기 위해서다.

셰인은 라이커 일당에 맞선 정의의 사나이다. 처음에는 (이 역시 으레 그렇듯) 모욕을 당해도 저항하지 못하는 별 볼 일 없는 사내로 취급받는다. 그러나 그의 바른 용모, 옳은 말, 넉넉한 웃음에서 그가 진짜 실력을 숨기고 결정적 순간을 기다리고 있다는 것을 누구나 안다. 조이는 그런 셰인을 존경한다.

마리안은 존경을 넘어 사랑의 마음을 갖고 있다. 슬쩍 슬쩍 마주치는 눈빛에서 광채가 빛나고 손만 내밀면 이때다 싶게 달려들어 그의 벌판과도 같이 넓은 가슴에 안길 만반의 준비가 되어 있다. 그러나 셰인은 유부녀를 사랑하는 역할이 아닌 물리쳐야 할 나쁜 놈에 맞선 주인공이기 때문에 마음으로만 받는다(상대가 기분 상하지 않을 정도로 처신하면서 '남자의 지조'를 지킨다).

이런 가운데 라이커는 전문 총잡이 윌슨(잭 팰런스)을 고용해 미적거리는 마을사람들을 압박한다. 주민 한 명을 일부러 싸움에 끌어들여 죽이고 불을 지르고 마을의 구심점 역할을 하는 스타렛을 제거하려는 음모를 꾸민다.

겁먹으면 놈에게 말려드는데도 마을 사람들은 동요한다. 스타렛은 결심한다. 더 이상 참을 시간이 없다(우물쭈물하다가는 영화가 끝난다). 총을 꺼내 장전을 확인하고 악당과 과감하게 정면대결을 결심한다(그가 죽이겠다고 다짐했지만 읍내에 가면 그는 윌슨의 총에 죽게 된다는 사실을 셰인과 아내는 안다).

이때 셰인이 막는다. 두 사람은 결투를 한다. 스타렛 대신 셰인이 총을 찬다. 그 앞에 마리안이 손을 내민다.

"나 때문인가?"

"당신과 조 그리고 조이 때문이다."

총을 쏘지 않기로 한 마음을 바꾼 셰인은 라이커 일당을 처치하기 위해 윌슨과 한판 승부를 벌인다. 승부에서 누가 이겼는지는 중요하지 않다.

푸른 초원을 밟고 설산을 마주보고 등을 보이는 셰인. 스타렛을 죽게 놔뒀다면 남은 마리안과 그를 따르는 조이와 함께 행복하게 살 수 있지만 그는 스타렛을 살린다. "내가 없어도 그가 나보다 더 잘해줄 것이다."라는 말을 아내에게 하는 스타렛을 어찌 죽게 내버려 둘 수 있는가.

이런 성향의 남자에게 마음이든 또 다른 그 무엇이든 아낌없이 주는 여자는 돌로 쳐서는 안 된다. 세상의 여자라면 어느 누구라도 그리할 것이기 때문이다. 지금까지 단 한 편의 서부영화를 보지 않았어도 이 영화만큼은 반드시 봐야 하는 이유이다.

스카페이스: 국가의 수치
Scarface: The Shame of a Nation, 1932

MOVIE

국가 | 미국
감독 | 하워드 혹스
출연 | 폴 무니, 앤 드로락 ,조지 래프트

353

한때 프란시스 코폴라 감독의 〈대부〉를 보면서 이 영화에 영감을 준 영화는 어떤 영화인지 궁금해 한 적이 있었다.

1972년에 〈대부〉가 나왔으니 그 이전의 괜찮은 갱스터 영화는 모두 대상에 들겠지만 그 중에서도 하워드 혹스 감독의 〈스카페이스: 국가의 수치〉(이하 〈스카페이스〉)가 아닐까 하는 생각을 해봤다.

그만큼 〈스카페이스〉는 모든 범죄영화의 전형이면서 요샛말로 하면 롤모델이 되겠다. 나온 지 80년이 넘었지만 손 하나 대지 않고 지금 당장 개봉해도 별 다섯을 주는 평자들의 호들갑이 줄을 이을 것이니 이 영화의 위대함은 두말하면 잔소리다.

1983년에 브라이언 드 팔마 감독이 당대 최고의 배우 중 하나인 알 파치노를 내세워 리메이크에 나서 큰 성공을 거뒀지만 개인적으로는 하워드 혹스 감독의 원본이 더 위대하다는 생각이다.

영화는 금주법 시대인 1920년대 시카고가 배경이다. 주인공 토니 카몬테(폴 무니)는 조직의 2인자이면서 잔인함과 포악성은 한 술 더 뜬다. 나중에는 보스까지 죽이는 냉혈한이다. 1분에 300발씩이나 발사되는 기관총을 난사하고 협박과 폭행하는 일이 밥 먹는 것처럼 자연스럽고 거기에 어떤 죄책감도 없다.

그러나 여동생 체스카(앤 드로락)에게만은 근친상간적 애정을 보이는 이중적인 인물로 전설적인 실제 갱인 알 카포네를 모델로 했다는 것을 알 수 있다.

혼탁한 사회에 당시 사람들은 그를 '관심이 많고 경우에 따라서는 색깔 있는 인물'로 미화하기도 한다.

감독은 영화를 통해 다음과 같은 현실을 비판하고 싶었다고 직접적으로 말한다. "이 영화는 미국을 지배하는 세력인 갱단에 대한 고발이자 국민의 안전과 자유에 대한 위협이 날로 증가함에도 불구하고 이에 무관심한 정부에 대한 고발이다."

갱단이 지배하는 사회이니 경찰이나 관료, 기자들도 이렇다 할 활약을 펼치지 못한다. 토니는 조직의 친구인 리날도(조지 래프트)가 동생과 정분이 난 것을 알고 그들의 아지트로 찾아가 끓어 오르는 질투심으로 친구를 무참히 살해한다. 그의 등 뒤로 어제 결혼했다는 동생의 절규가 들린다. 그 순간 체스카는 오빠와 영원히 결별할 것 같지만 마지막 결투에서는 오빠 편에 선다.

부패한 사회에 더 부패한 인간이 벌레처럼 기고 날뛰는 것이 이 영화의 기본 포맷이다.

〈스카페이스〉는 이미 제작을 완료해 놓고도 2년 동안이나 개봉하지 못했다. 이는 당시에는 상상도 못할 폭력과 근친 간의 위험한 관계를 그린 충격적 캐릭터 때문이었다.

가끔 화면에 잡히는 "세상은 당신의 것"이라는 쿡 여행사의 네온사인이 인생의 허무함을 느끼게 한다. 토니의 비서로 나온 C. 헨리 고든의 멍청한 연기도 대단하다. 볼수록 웃긴다. 총을 가졌을 때는 겁을 상실했으나 죽음 앞에서는 쪼그라드는 겁쟁이 토니도 한 역할 했다.

스타 탄생

A Star is Born, 1954

MOVIE

국가 | 미국
감독 | 조지 큐커
출연 | 주디 갈랜드, 제임스 메이슨

1937년 윌리엄 A. 웰먼 감독은 프레드릭 마치와 자넷 게이노를 내세워 〈스타 탄생〉을 만들었다. 이후 이 영화는 몇 번의 리메이크를 거치는데 우리에게 널리 알려진 작품은 팝송 'Woman in Love'로 유명한 바브라 스트라이샌드와 크리스 크리스토퍼슨 주연, 프랭크 피어슨 감독의 1976년 작 〈스타 탄생〉이다.

　하지만 가장 잘 만든 영화는 1954년 나온 조지 큐커 감독의 〈스타 탄생〉인데 〈오즈의 마법사〉에서 도로시로 나온 주디 갈랜드(비키)가 주연 여배우다. 남자 배우는 제임스 메이슨(노먼)으로 그는 비키를 스타로 만들어 주고 자신은 비참한 생을 마치는 비극의 주인공 역할을 한다.

　〈스타 탄생〉은 한마디로 주디를 위한, 주디에 의한, 주디의 영화라고 할 수 있다. 노래면 노래, 춤이면 춤, 연기면 연기 삼박자가 모두 갖춰진 놀라운 재능을 선보이는데 그녀가 그 해 나온 〈갈채〉의 그레이스 켈리(후에 모나코 왕비가 됨)에게 아카데미 여우주연상을 뺏긴 것은 정말 아쉬움으로 남는다. 아쉬움을 달래려고 했는지 영화에서는 4명의 후보를 따돌리고 비키가 아카데미 여우주연상을 수상한다.

　영화 속 비키의 행복은 여기가 절정이다. 그를 스타로 키워준 노먼은 시상식에 술 취해 나타나서는 식장을 아수라장으로 만든다.

노먼은 무명의 밴드소속 가수였던 비키의 천재성을 알아보고 스타로 키우고 그녀와 결혼했지만 정작 본인은 연기력 부족이라는 이유로 영화계에서 퇴물 취급을 받는다. 비키의 성공과 영광이 빛날수록 일자리를 잃은 노먼은 점차 초라해지고 알코올 의존은 더욱 심해만 간다.

급기야 공무집행방해까지 더해져 그는 90일간 구류를 살게 될 처지에 놓이고 비키는 자신이 모든 책임을 진다는 조건으로 노먼의 석방을 돕는다. 집으로 돌아온 노먼은 잠만 자는데 친구이자 기획사 사장(찰스 빅포드)과 비키의 이야기가 잠결에 들려온다.

"20년간 술에 찌들어 있던 사람, 그는 껍데기만 있다, 더 이상 희망이 없다."는 말과 함께 그가 비키를 사랑한다는 사실을 알게 된다. 노먼은 절규하고 경악하지만 이내 마음의 평정을 찾는다.

그는 마지막으로 "아직도 내게 단독판권이 있다."며 비키에게 노래를 청한다. 비키는 노래를 부르고 노먼은 붉게 물든 석양의 바다를 향해 나아간다. 그가 벗어 놓은 가운이 파도에 쓸려 가고 신문은 노먼의 죽음을 알린다.

비키는 은퇴를 선언하고 칩거에 들어간다. 자신들을 알아보지 못하는 영국이나 이탈리아로 가는 꿈을 꿨던 비키는 노먼이 없는 세상에서 살 용기가 없다. 하지만 옛 동료인 피아노맨이 비키를 설득한다.

"너는 노먼이 남긴 위대한 유산이다. 술에 취해 인생을 허비하면서도 너를 사랑했다. 그의 인생에서 단 하나 내세울 게 있다면 그건 너다. 노먼은 네가 포기하는 것을 원치 않는다."

비키가 무대에 올라 "당신은 나에게 신세계를 보여줬다."고 노래하는 장면으로 영화는 막을 내린다.

오프닝 신에서 나오는 "이 영화는 세계 영화사에서 중요한 의미를 갖는 작품이다."라는 멘트가 결코 허언이 아니라는 것을 영화를 본 관객들은 안다.

예쁘지도 않고 섹시하지도 않아 할리우드 스타일과는 맞지 않는 비키(영화에서도 비키를 방송에 내보내기 위해 의사들이 모여 눈, 콧구멍 등의 성형에 대해 상담하는 장면이 나온다.), 그녀의 성공은 재능을 알아 본 노먼이 있었기에 가능했다.

간혹 영화의 중간 중간에 배우의 음성만 있고 화면에는 스틸 사진이 나오는데 이는 20여 분간 삭제된 부분이다. 다행히 1983년 대부분 복원됐으나 완전하게 복원하지는 못했다고 한다.

복원된 부분에는 비키의 힘든 고난의 시기가 담겨 있다고 하니 세상사와 마찬가지로 영화에서의 스타도 하루아침에 이루어진 것이 아니다. 소속사의 배우통제 장면이 솔깃하다.

시네마 천국
Cinema Paradiso, 1988

MOVIE

국가 | 프랑스/이탈리아
감독 | 쥬세페 토르나토레
출연 | 살바토레 카스치오, 필립 느와레, 브리지트 포시

30년 만에 헤어진 연인을 다시 만났을 때 여자는 쿨하다. 반면 남자는 미련을 버리지 못한다. 다 그런 건 아니지만 사랑의 끊고 맺음도 여자가 더 확실하다.

쥬세페 토르나토레 감독의 〈시네마 천국〉은 젊은 시절 남과 여의 사랑이 중년이 된 두 사람에게 다시 찾아왔을 때 그들이 어떤 선택을 하는지 잘 보여준다.

어린 토토(살바토레 카스치오)는 동네의 유일한 오락거리인 극장을 들락거리면서 알프레도(필립 느와레)를 아버지처럼 따른다. 토토의 아버지는 2차 세계대전 당시 러시아에 참전했으나 사망했다. 어머니는 토토와 어린 여동생을 키우는 데 힘이 부치고 그런 집안 사정을 아는 알프레도는 토토에게 인생을 가르친다.

"인생은 네가 본 영화와 다르다. 인생이 훨씬 더 힘들다."

토토는 성장해 알프레도의 뒤를 이어 마을 영사기사가 된다. 이때 전학 온 은행원의 딸 엘레나(아그네즈 나노)가 나타나고 둘은 사랑에 빠진다. 청년 토토(마코 레오나디)는 엘레나와 영원한 사랑을 꿈꾸지만 알프레도는 두 사람을 갈라놓는다.

토토가 로마로 떠나는 날 엘레나가 뒤늦게 찾아온 사실을 알프레도는 전해 주지 않는다. 로마에서 유명한 영화감독으로 성공한 장년의 토토(자끄 페렝)는 어머니로부터 알프레도의 사망 소식을 듣고 30년 만에 고향 시칠리아로 돌아온다.

거기서 두 아이의 엄마로 새로운 인생을 사는 유부녀 엘레나(브리지트 포시)를 찾는다. 토토는 만날 것을 원하지만 엘레나는 냉정히 거절하고 실망한 토토는 청년 시절 엘레나와 자주 갔던 해변에서 지난날을 곱씹는다.

그때 엘레나가 차를 타고 나타나고 두 사람은 차 안에서 그들이 만나지 못한 것이 알베르토 때문이라는 사실을 알게 된다. 토토는 존경했던 알베르토를 비난하지만 엘레나는 그때 알베르토가 자신의 메모를 전달했다면 토토가 유명인사가 되지 못했을 거라는 것을 안다.

알프레도는 토토가 힘들고 고생하는 길 대신 성공의 길을 갈 수 있기를 바랐던 것이다. 토토와 엘레나는 차가 심하게 흔들리는 것도 아랑곳하지 않고 거의 미친듯이 사랑을 나눈다. 이런 사랑, 보기에 괜찮은가. 검은 바다, 푸른 불빛을 조명처럼 받은 차는 좀처럼 흔들리기를 멈추지 않는다.

아무튼 꿈같은 시간을 보내고 다음날 토토는 극장이 철거되기 전 엘레나가 남겨 놓은 쪽지를 먼지 속에서 찾아낸다. 토토는 공중전화로 엘레나에게 말한다.

"날 버리지 마. 널 사랑해. 숱한 여자를 만났지만 내가 찾는 건 너뿐이었다."

하지만 엘레나는 냉정하다. "우리에게 미래는 없고 과거만 있을 뿐이다. 어제의 만남은 꿈에 지나지 않는다."고 토토의 사랑을 거절한다. 극장은 폭파되고 토토는 비행기로 로마로 향한다.

그곳에서 토토는 알프레도가 남긴 필름을 재생해 본다. 거기에는 수도사의 검열에 의해 잘린 숱한 키스 장면이 있다. 〈시네마 천국〉은 장장 3시간 가까운 러닝타임인데도 언제 끝났는지 모를 만큼 영화 속에 깊이 빠져 드는 인생과 사랑에 관한 길고 긴 보고서다.

보고 나서 입가에 흐뭇한 미소가 어리는 것은 '참 잘 만들었구나' 하는 감독에 대한 찬사 때문이다.

식스 센스

The Sixth Sense, 1999

MOVIE

국가 | 미국
감독 | M. 나이트 샤말란
출연 | 브루스 윌리스, 할리 조엘 오스먼트, 올리비아 윌리엄스

가만히 서 있는데도 구덩이에 떨어지듯이 섬뜩할 때가 있다. 갑자기 뒷덜미가 서늘해지거나 온몸의 털이 쭈뼛하게 서는 기분이 든다면. 십 중팔구 주변에 죽은 사람의 혼령이 있다. 화가 난 유령이 추위를 몰고 오기 때문이다. 억울하게 죽은 유령은 자신의 원혼을 풀어 줄 사람이 필요하다.

어린 꼬마 콜(할리 조엘 오스먼트)은 항상, 어디서든 우리 주변에 있는 죽은 사람들을 볼 수 있다. 그리고 그들의 억울함을 해결한다. 독극물 을 먹고 죽은 소녀의 한도 풀어준다. 죽은 할머니를 만나 엄마(토니 콜 렛)와 화해시킨다.

그런데 주변에서는 그를 괴물로 인식한다. 이혼한 엄마와 사는 콜은 몸에 상처를 입고 오기 일쑤이고 필라델피아 학교에서는 제대로 적응 하지 못한다. 선생은 학생들에게 이곳이 전에는 어떤 곳인지 묻는다.

콜은 손을 들고 말한다. "사람들을 목매달아 죽인 곳이다." 선생은 물론 아이들도 놀란다.

"사랑하는 가족과 떼어 놓고 죽은 사람에게 침을 뱉었다." 선생은 이 곳은 그런 곳이 아니라 미국의 법을 만들던 곳이었고 변호사, 입법의 원들이 가득했다고 설명한다.

"그 자들이 사람들의 목을 매달았다." 콜은 대답한다. 심지어 선생이

고등학교 시절 말더듬이였던 사실을 외친다.

이런 콜을 치료하기 위해 시에서 주는 상까지 받았던 저명한 아동 심리학자 말콤(브루스 윌리스)이 나선다. 둘은 첫 눈에 봐도 서로 이해할 수 있는 사이라는 것을 안다.

말콤이 소년에게 신경을 쓸수록 사랑하는 아내(올리비아 윌리엄스)와는 틈이 생긴다. 그 틈을 이용해 석사학위 출신 젊은이가 아내에게 접근한다.

말콤은 더 이상 콜을 치료할 수 없다고 말한다. 하지만 이전에 자신의 환자를 제대로 치료하지 못했다는 죄책감에 시달리던 말콤은 소년마저 단념할 수는 없다.

시간이 지나면서 둘은 친해지고 소년은 말콤에게 자신의 비밀을 털어 놓는다. 자신이 죽었다는 사실조차 모르는 죽은 사람들을 언제, 어디서나 볼 수 있다는 것이다.

그 사람 중 한 사람이 바로 말콤이다. 말콤은 자신을 제대로 치료하지 못한 환자의 총에 맞아 죽은 것이다. 그것도 아내와 사랑을 나누기 직전에.

소년과의 만남은 1년 후다. 자신이 죽었다는 사실을 소년을 통해 알게 된 말콤의 표정은 너무나 쓸쓸하다. 그는 아내가 잠든 사이 작별인사를 한다.

그 전에 소년은 연극을 통해 치유의 길을 간다. 〈식스 센스〉 하면 누구나 마지막 부분의 반전을 이야기한다.

이 반전은 너무나 멋져 관객들은 영화를 다 보고 나서야 자신들이 속았다는 사실을 알지만 화를 내기보다는 오히려 담담한 심정으로 영화관을 나선다. 그만큼 극적이고 가슴 아픈 러브스토리이기 때문이다.

소년 역을 맡은 오스먼트의 연기는 브루스 윌리스의 슬픈 표정만큼이나 잘 어울린다.

한 차원 높은 M. 나이트 샤말란 감독의 〈식스 센스〉로 소름 돋는 여름을 맞이해 보자.

신체강탈자의 침입

Invasion of the Body Snatchers, 1956

MOVIE

국가 | 미국
감독 | 돈 시겔
출연 | 케빈 맥카시, 데이너 윈터

살다보면 어처구니없는 일을 겪기도 하지만 아들이 엄마를 보고 우리 엄마가 아니라고 하거나 아버지처럼 키워준 삼촌을 보고 우리 삼촌이 아니라고 하는 조카가 있다면 황당한 일 가운데서도 손꼽을 만하겠다. 이런 사람들은 아마도 미친 사람 취급을 받고 정신과 의사의 길고 긴 소견서를 받아 들어야 마땅할 것이다.

　돈 시겔 감독의 〈신체강탈자의 침입〉은 제목에서 암시하듯이 미국의 어느 작은 마을에서 일어난, 자신의 신체를 커다란 씨종자에게 강탈당하는 충격적인 일들에 관한 이야기를 담고 있다.

　의학회에 참석했다가 간호사의 급한 전갈을 받고 병원에 온 의사 마일즈(케빈 맥카시)는 마을을 점령하고 있는 뭔가 사악한 것이 유령처럼 떠돌고 있다는 것을 직감적으로 느낀다.

　5년 만에 영국에서 돌아온 애인 베키(데이터 원터)는 삼촌처럼 보이는 사람일 뿐 삼촌이 아니라고 생각하는 사촌 때문에 골치가 아프다는 사실을 마일즈에게 털어 놓는다. 자신을 대할 때 쓰는 단어나 제스처, 목소리까지 같지만 이야기할 때 보내는 어떤 특별한 눈빛이 없고 더구나 감정이 보이지 않는다는 것이다.

　엄마를 엄마라 부르지 않는 소년에게서는 학교보다 더한 공포스러운 것이 있다는 것을 알아챈다. 미치지 않고서야 이런 일이 일어날 수 없다. 하지만 미치는 것은 그렇게 쉬운 일이 아니다. 더구나 며칠 만에 이런 일이 일어나는 것은 의학적으로 잘 설명되지 않으니 당연히 믿지 않는다.

마일즈는 친구인 정신과 의사에게 이들을 의뢰한다. 친구는 자신도 이런 기괴한 환자를 여럿 봤다고 말하고 이전에 접하지 못했던 집단 히스테리가 아닐까 추측하면서 전염성이 있다는 사실을 강조한다. 사건은 점차 윤곽을 드러낸다.

마일즈는 친구의 급한 전갈을 받고 찾아 가는데, 당구대 위에는 시체처럼 보이는 인간이 누워 있다. 이목구비는 있는데 세밀하지 않은 것으로 보아 시체는 아니다. 지문을 찍어도 나오지 않는다. 친구의 복제인간이었던 것이다.

마일즈는 베키의 집에서 역시 베키로 변하는 복제인간을 보고 기겁을 하고 친구를 부르는데, 그 사이 손에 피가 묻은 친구와 베키의 복제인간도 어디론가 사라지고 없다. 친구의 정원에서는 어디서 왔는지 모르는 커다란 씨앗이 발아하고 있다.

거품을 품고 액체를 내보내더니 어느 순간 마일즈로 변신하고 있다. 다급해진 그는 발이 네 개 달린 농기구로 복제인간을 찔러 죽이면서 집단 히스테리가 아닌 외계인의 침입이나 어떤 음습한 것의 전염이라는 사실을 명확히 깨닫는다.

그는 급하게 FBI를 찾지만 전화는 불통이다. 식물계나 동물계 아니면 원자 방사능의 결과일지 모르고 그도 아니라면 불가사의한 외계 생명체의 돌연변이라는 데 생각이 모아지자 공포심은 극에 달한다.

그는 마을을 떠나는 길만이 복제품이 되지 않는 유일한 방법이라는 사실에 베키와 함께 고속도로를 찾지만 이미 복제인간이 된 친구 그리고 경찰의 포위망에 갇히게 된다.

인간으로 남기 위한 두 사람의 사투는 산을 넘고 동굴에 숨는 등 악전고투를 한다. 잠깐 잠이 든 베키는 그 사이에 영혼을 뺏겨 사랑을 할 수도 없고 감정과 진실이 없이 오로지 생존본능만 있는 복제품이 된다.

유일하게 인간으로 남은 마일즈는 복제인간들의 추격을 따돌리고 고속도로에 접어든다. 수많은 차들 사이를 누비며 마일즈는 도와달라고 외치지만 모두 외면한다.

트럭 위에 간신히 올라탔는데 그곳에는 커다란 씨종자들이 가득 실려 있다. 마을을 벗어나 사방으로 복제인간이 전파되고 있는 것이다.

"다음은 당신"이라고 아무리 외쳐도 누구 하나 차에 태워 주지 않는 현실. 공포는 극에 달하고 관객들은 속편에서나 신체를 강탈하는 식물의 정체를 밝혀내고 마침내 승리하는 마일즈를 그려볼지도 모른다.

주인공이 속수무책인 전편의 아쉬움을 달래 봤으면 하는 심정은 이 영화가 결코 B급이 아니라는 사실을 입증해 준다.

영화가 나온 1950년대는 미국에서 J.R. 매카시라는 인물에 의한 매카시즘 광풍이 불고 있었던 때다. 지목되는 순간 공산주의자로 낙인찍혀 빠져 나올 수 없는 숨 막히는 공포심이 이 영화에 영감을 주었는지도 모른다.

싸이코

Psycho, 1960

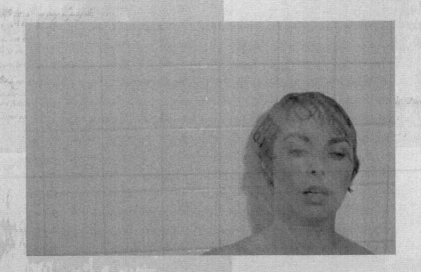

국가 | 미국
감독 | 알프레드 히치콕
출연 | 안소니 퍼킨스, 자넷 리, 존 게빈

구렁이가 담장을 넘어가는 모습을 오랫동안 지켜봐왔다. 딱 지금 이 맘때쯤일 것이다. 따스한 가을햇볕이 대청마루에 들이칠 때 낮잠을 자다 눈을 뜨면 마당가의 담장으로 커다란 구렁이가 꼬리는 땅에 두고 몸통은 튀어나온 돌을 감아 돌고 머리는 담장너머를 기웃거리느라 세우고 있는 모습 말이다.

　느릿한 걸음으로 다가가 꼬리를 우악스럽게 밟거나 신발짝으로 등판을 내리치면 그때서야 구렁이는 긴 몸을 끌고 담장 너머로 사라졌다. 검은색 혹은 붉은빛을 띠었는데 먹구렁이, 황구렁이로 불렀다.

　현재는 거의 사라져 멸종위기 동물 2급으로 지정된 구렁이 이야기를 조심스럽게 꺼내는 것은 알프레드 히치콕 감독의 〈싸이코〉의 첫 화면이 마치 구렁이가 담장을 넘어가는 것처럼 여유 있게 보였기 때문이다.

　조금 열린 건물 사이로 카메라는 내시경처럼 천천히 들어가는데 그 속에는 몸에 딱 붙은 브래지어와 팬티 차림의 고운 여자 마리온(자넷 리)과 잘생긴 반라의 남자 샘 루이스(존 개빈)가 있다. 마치 교미를 하는 구렁이처럼 얽혀 있던 남녀는 아쉬운 듯, 서두르는 폼이 불륜이거나 세련되지 못한 초보 연인처럼 보인다.

　여자는 부동산 회사의 직원이다. 마침 그날 오후 돈은 많지만 사람이 덜 된 고객으로부터 딸의 결혼 선물용 집값으로 현금 4만 달러의 거액을 받는다. 여자는 그 돈을 은행에 예치해야 하지만 발걸음은 은행이 아닌 다른 곳으로 향한다.

돈을 갖고 튀기로 작정하고는 타고 왔던 차를 팔고 중고차로 갈아탄다. 수상쩍은 행동으로 경찰이 따라 붙지만 마리온은 유부남 애인 샘이 있는 곳으로 여정을 계속한다.

어둠이 짙게 깔렸는데 갈 길은 멀고 비가 억수로 내린다. 길을 잘못든 여자는 낡고 허름한 모텔에 투숙하는데 거기에 우리의 주인공 노먼 베이츠(안소니 퍼킨스)가 만면에 웃음을 띠고 기다리고 있다.

깊고 큰 눈으로 여자를 바라보는 남자의 시선은 따뜻하며 모성애도 있어 아직 식사를 하지 못한 여자를 위해 샌드위치를 만들어 오기도 한다. 두 사람은 정감어린 대화를 한다. 모텔의 뒤쪽 언덕에 있는 집의 창문에는 노먼의 엄마로 보이는 여자가 창가에 앉아 두 사람을 지켜보고 있다.

배고픈 마리온은 식사를 하고 그 모습을 지켜보던 노먼은 "사람들은 어떤 것으로부터 도망칠 수 없다."는 알쏭달쏭한 이야기를 하는데 그들의 머리 위에는 박제된 새들이 날개를 활짝 펴고 두 사람을 덮칠듯한 기세다.

식사를 시작했으니 끝이 있고 마리온은 자기 직전 샤워를 한다. 물이 흐르고 물방울이 마리온의 상체를 적시는데 투명한 샤워 커튼 뒤로 검은 그림자가 어른거린다. 비명조차 지를 사이 없이 칼은 위에서 아래로 향하고 있다. 앞과 뒤를 마구 찔린 마리온은 입을 벌리고 죽는다.

허무한 개죽음이다. 4만 달러 가운데 겨우 차를 사는 데 700달러를 썼을 뿐인데 허망하게 생을 마감하고 시체는 신문지에 말린 돈과 함께 늪으로 빠져든다.

여자가 행방불명됐으니 회사에서도 찾고 애인도 찾고 그녀의 언니(베라 마일즈)도 찾아 나선다. 사립탐정 아보가스트(마틴 발삼)는 모텔에서 노먼과 대화를 나누고 수상쩍은 점을 찾아 계단을 오르던 중 긴 머리의 여자 비슷한 남자인가 하는 사람에 의해 역시 칼에 찔려 죽는다. 연쇄살인이다.

샘과 언니 그리고 경찰 등이 사건해결을 위해 가세한다. 언니는 지하창고에서 살아 있다던 노먼의 어머니 시체를 보고 놀라고, 노먼은 그녀를 덮치는데 샘에게 제압당한다.

노먼은 여장 남자인 사이코였던 것이다. 평자들은 〈싸이코〉를 시대를 앞선 웰메이드 영화라고 말한다.

욕실의 살해 장면은 피 튀기지 않고도 극악한 공포감에 휩싸일 수 있고 여체를 다 보여주지 않더라도 호기심 넘치는 에로티시즘의 진수를 연출할 수 있다는 것을 증명했다.

흑백 화면이 보여주는 중후함과 '버나드 허먼'의 소름 돋는 음악과 겉은 멀쩡한 괴물 역의 안소니 퍼킨스의 완벽한 연기는 이 영화의 수준을 한 단계 끌어 올렸다.

공포영화의 최고봉, 20세기 최고의 스릴러, 가장 완벽한 추리극이라는 찬사는 지나치지 않는다. 다만 후반부에 살인을 설명하는 거만하고 젠체하는 정신과의사의 길고 장황한 설명은 이 영화의 옥에 티라고 할 수 있다.

할리우드 영화의 공식을 깨고 주인공이 영화 시작 절반도 안 돼 사라져 감독은 영화 시작 이후에는 관객을 들이지 말라고 주문하기도 했다고 한다. 구스 반 산트 감독은 이 영화의 오마주로 동명의 영화를 1998년 제작했으나 원작에는 미치지 못했다.

씨클로

Cyclo, 1995

MOVIE

국가 | 베트남
감독 | 트란 안 훙
출연 | 레 반 록, 양조위, 트란 누 엔 케

대물림되는 것은 가난이다. 할아버지, 아버지가 가난하니 자식도 가난하다. 빼앗길 것이 없어 두려울 것이 없지만 가진 것이 없으니 슬프다.

세상에서 공부가 제일 쉽다고 말해야 할 청소년기에 인력거꾼으로 살아야 하는 18살 젊은 날의 청춘, 씨클로 보이(레반 록)는 평생 웃는 것을 배우지 못한 것 같다. 뭐, 웃을 일도 없다.

코흘리개 여동생은 거리에서 구두를 닦고 누나(트란 누 엔 케)는 물을 나르고, 할아버지는 자전거에 바람 넣는 펌프질로 생계를 이어간다.

참으로 구질구질한 가족이다. 보이의 인생은 태어나면서부터 결정됐다. 혁명의 나라 베트남도 가난은 별수 없다. 철사로 묶은 쪼리를 신고 씨클로를 모는 보이에게 운 좋게도 기회가 온다.

가난한 자들이 대개 순진해서 법 없이도 살 수 있지만 영화가 되려고 그러는지 소년은 어울리지 않게 갱의 소굴에 발을 담근다.

이제부터 구질구질한 것 대신 피비린내가 진동한다. 달리는 뭉텅이로 던져진다. 갱단의 두목(양조위)은 거물들이 대개 그러하듯 별로 말이 없다. 말 대신 담배를 물고 산다.

누나도 갱단으로 들어온다. 매춘을 위해서다. 참, 영화지만 딱하다. 남자가 보는 앞에서 강제로 물을 먹고 서서 오줌을 누는 누나의 인생.

그 장면,, 외면하고 싶지만 아니 볼 수 없다.

쌀 창고에 불을 지르는 첫 번째 임무를 무사히 마친 보이는 똥 묻은 얼굴을 어항에 집어넣고 잠깐 동안 짧은 웃음을 짓는다. 웃는 그의 입에는 금붕어가 살기 위해 입을 뻐끔거린다.

이제 소년은 동료들로부터 갱단으로 정식 인정을 받는다. 두목은 그에게 담력을 키워주기 위해 살인 현장으로 데려간다.

의자에 묶인 자를 비닐로 씌우고 자장가를 불러주고 잭나이프로 목을 따서 죽이는 장면을 목격하는 것은 갱이라면 거쳐 가야 할 기본 코스처럼 보인다. 겁대가리를 상실한 보이는 돼지 살 속에 숨겨둔 마약을 씨클로로 옮기는 것쯤은 식은 죽 먹기다.

하지만 원래 착한 놈이니 이런 범죄를 재미로 할 수는 없다. 아버지가 죽는 꿈을 꾼다. 괴롭다. 그렇다고 이제 막 손에 익기 시작한 범죄를 멈출 수는 없다. 영화가 끝나려면 아직 멀었다.

보이는 못이 박힌 각목으로 점찍은 자의 얼굴을 찍는다. 그의 손에는 이제 씨클로의 핸들 대신 날렵한 권총이 쥐어진다.

누나와 두목은 사랑하는 사이다. 하지만 두목은 누나에게 매춘을 시킨다. 순결을 잃은 누나는 자살을 시도하고 두목은 사내를 난도질한다. 지시만 하던 두목이 직접 행동에 나서는 순간이다. 보이는 권총 자살을 시도하고 파란색 페인트를 온몸에 바른다.

두목은 스스로 불에 타죽고 소년은 극적으로 살아난다. 교실 안의 아이들은 동요를 부른다. 마님의 모자란 아들은 소방차에 치어 죽는다.

같은 공간에서 생활하지만 매춘부 누나와 갱 동생은 마주치지 않는다. 서로의 존재를 안다고 할 수 있는 설정은 없다. 다행이다. 만약 소년이 누나의 매춘을 알고 괴로워하거나 누나가 동생의 범죄를 눈치 챘다면 영화는 삼천포로 빠졌을지 모른다.

기묘한 것은 범죄의 총 두목인 마님의 존재다. 인자하게 생긴 중년의 마님은 돈을 챙기지만 범죄와는 아무런 연관이 없는 것처럼 보인다. 양조위의 카리스마, 소년의 무표정한 얼굴, 누나의 서늘한 에로티시즘이 이 영화에 생명력을 불어 넣었다.

트란 안 홍 감독은 〈씨클로〉로 1995년 베니스 영화제에서 황금사자상을 수상했다. 당국은 이 영화가 베트남의 부정적 이미지를 그리고 사회혼란을 초래한다는 이유로 상영을 금지시키기도 했다.

소년은 고향으로 돌아와 다시 씨클로를 본다. 그것이 희망인지 재활인지 속죄인지 구질구질한 가난으로 복귀인지 판단은 관객의 몫이지만 보고 나서 우울한 기분은 어쩔 수 없다.

여주인공 트란 누 엔 케는 트란 안 홍 감독의 부인이다.

씬 레드 라인
The Thin Red Line, 1998

MOVIE

국가 | 캐나다, 미국
감독 | 테렌스 맬릭
출연 | 숀 펜, 엘리어스 코티스, 닉 놀테

죽어 있는 탈레반 시신에 오줌을 누는 미 해병대원들의 사진에 비난
이 들끓고 있다. 비난할 수 있고 당연히 그렇게 해야 한다. 가해자가
피해자에게 또 다른 악을 행했으니 용서할 수 없다. 하지만 전쟁 상황
이라면 전혀 불가능한 일이 아니다. 오히려 혼하디혼한 일 중 하나인
데 그중 재수 없이 드러났거나 재미삼아 일부러 공개한 경우였을 것이
다. 놀라운 일이 아니라는 말이다.

　먼저 사람들이 분노해야 할 일은 전쟁 그 자체이다. 전쟁을 막지 못
하고 전쟁을 하면서 제네바 협약 운운하는 것은 시쳇말로 웃기는 일
이다. 물론 협약도 지켜져야 한다.

　그러나 피가 분수처럼 솟구치고 살점이 잘 마른 오징어 포처럼 찢
겨져 나가고 너덜거리는 팔다리를 개들이 뜯어 먹는 상황에서 포로의
인간적 대우라니.

　그런 점에서 테렌스 맬릭 감독의 〈씬 레드 라인〉은 눈여겨봐야 한
다. 이 영화를 보고도 전쟁 운운하는 전쟁광들이 있다면 그들을 전장
의 총알받이로 내보내야 한다.

　아쉽게도 전쟁을 결정하고 이런 주장을 하는 사람들은 실제 전쟁
상황과는 너무나 동떨어진 안전한 곳에 있다. "저들이 바라는 것은 우
리의 죽음뿐이다."라는 에드워드 웰쉬(숀 펜)의 말은 정확하다.

모든 전쟁 영화가 그러하듯 〈씬 레드 라인〉 역시 삶과 죽음이 순식간에 벌어진다.

2차 세계대전 당시 태평양의 과달카날 섬. 이 섬에 비행장을 건설해 호주와 미 본토까지 노리는 일본군을 궤멸하기 위해 미 육군이 투입된다.

함정 위에서 장군은 이 나이가 되도록 장군이 되지 못한 책임자 고든 대령(닉 놀테)에게 공을 세우면 진급 가능성이 있음을 암시한다.

고든은 15년 만에 찾아온 절호의 기회로 여기고 병사들을 가차 없이 사지로 몰 결심을 한다. 상륙 준비를 하는 병사들의 죽음의 공포는 아랑곳없이.

다행히 해안선은 별 저항이 없다. 하지만 고지전에서 기관총으로 무장한 적들에게 중대병력은 추풍낙엽처럼 쓰러진다. 이런 와중에도 고든은 핏대를 세우며 측면공격 대신 사상자가 많이 나는 정면을 돌파하라는 명령을 내린다. 장군 진급 누락자의 광기가 고스란히 전해져 온다. 그러나 중대장 스타로스 대위(엘리어스 코티스)는 '까라면 까야 하는' 상관의 명령을 거부한다.

테렌스 맬릭은 〈황무지〉(1973), 〈천국의 나날들〉(1978)에서 보여준 실력이 우연이 아니었음을 20년 만에 〈씬 레드 라인〉으로 다시 증명했다.

같은 해 나온 스티븐 스필버그 감독의 〈라이언 일병 구하기〉에 밀려 오스카상을 단 하나도 받지 못했지만 어떤 영화가 더 위대한지는 굳이 말할 필요가 없다.

"당신들 미군이 과연 정의로운가, 그렇게 믿고 싶은가?" 이런 질문을 하는 영화가 상을 못 받는 것은 어쩌면 당연할지도 모른다.

속물적 미국식 애국주의가 있는 영화와 없는 영화의 차이는 울림의 크기에 있다. 신과 자연 그리고 인간이 한데 어울려 철학적 사색을 하게 만드는 끔찍한 전쟁영화의 최대 걸작 〈씬 레드 라인〉은 모든 전쟁영화의 모범 답안이다.

아웃 오브 아프리카

Out of Africa, 1985

MOVIE

국가 | 미국
감독 | 시드니 폴락
출연 | 메릴 스트립, 로버트 레드포드

죽기 살기로 사랑해서 결혼해도 깨지기 쉬운 것이 남녀관계인데 하물며 별로 사랑하는 마음도 없이 결혼하면 그 결혼이 온전할 리 있을까. 물론 살다 보면 정이 들 수도 있지만 정이란 것은 동양에서나 어울리지 서양에서는 가당치도 않은 모양이다.

카렌(메릴 스트립)은 브로(클라우스 마리아 브랜다우어)와 결혼한다. 하지만 그 결혼은 이혼을 하기 위한 요식절차처럼 보인다. 브로는 아내를 남겨두고 언제 내릴지 모르는 비가 올 때까지 사냥을 나가서 돌아오지 않고 만류에도 불구하고 전쟁에 참여한다.

카렌은 그런 그에게 애초에도 없었던 마음이 완전히 떠나고 떠돌이 상아 밀수꾼 데니스(로버트 레드포드)와 사랑에 빠진다. 두 남녀는 드넓은 아프리카 케냐의 사파리를 정원 삼아 쌍발 비행기를 타고 고공 데이트를 즐기고 모닥불을 피워놓고 섹스에 시간 가는 줄 모른다.

이혼하지 않은 카렌은 사랑하지도 않는 남편을 찾아 죽을 고비를 넘겨서까지 전쟁터로 간다. 알다가도 모르는 것이 여자의 마음이다(치명적인 독소가 있는 비소로 치료하지 않으면 죽어야 하는 매독에 걸린 카렌의 시한부 인생이 남편에 대한 동정심을 불러 왔는지도 모른다).

치료를 받기 위해 고향 덴마크로 돌아간 카렌은 천우신조로 아기를 낳을 수는 없지만 완치돼서 다시 아프리카로 돌아오고 거기서 커피농장을 경영한다. 틈틈이 학교를 세워 원주민을 가르치고 쫓겨날 위기에 있는 정착민에게 땅을 내주는 등 좋은 일도 한다.

하지만 그런 일은 카렌에게 심심풀이 땅콩이고 데니스와의 사랑이 진짜 삶이다. 정처 없이 떠도는 그에게 자기 집으로 짐을 옮기도록 하고 아예 살림을 차린다. 하지만 이 데니스라는 자는 안주하는 스타일이라기보다는 내일 일은 자신도 모르는 모험을 즐기는 제멋대로 인생을 산다.

이 사이 브로는 두 사람의 깊은 관계를 확인하지만 화를 내거나 불편해 하기보다는 인정하고 오히려 자신 때문에 두 사람의 사랑이 방해될까봐 조심한다(남편이 모자란 인간이기보다는 이렇게 표현해야 두 불륜남녀의 사랑이 멋있어 보이기 때문이다. 감독의 이런 설정, 참으로 대단하다).

이혼 이야기가 나오자 카렌은 돈 많은 여자냐고 적반하장식의 질문을 남편에게 던진다. 자신의 부정에 대해서는 눈곱만큼의 죄책감이 없는 행동이다(관객들도 거의 이런 마음을 갖고 있을 것이다).

남이 하는 불륜임에도 내가 하는 로맨스로 착각하게 만든 시드니 폴락 감독의 기술이 빛을 발하는 순간이다. 이 순간은 순간으로 끝나지 않고 영화가 막을 내리는 내내 이어진다.

불륜 남녀의 애틋한 사랑이 결실로 맺어지기를 관객들은 눈물을 찔끔 흘리면서까지 기원하게 되는 것이다.

남편 브로는 데니스에게 화를 내는 대신 잘못하지도 않았는데 혼나는 흑인 노예들처럼 비굴하게 굴고 데니스는 그와 대조적으로 어찌도 그리 당당한가. 남의 여자를 가로채고도 마치 원래 주인이었던 것처럼 여유를 피우는 장면이 아주 볼만하다.

어쨌든 시간은 흘러 카렌은 다가서고 데니스는 멀어지던 와중에, 데니스가 비행기 사고로 죽는다. 이 소식을 남편 브로가 전해주는데 카렌은 왜 그런 소식을 당신이 가져오느냐고 또 화를 낸다. 아무런 잘못이 없다는 자신과 무수한 잘못이 있는 남편을 꾸짖는데 아무도 그것이 이상하다고 생각하지 않는다.

카렌도 데니스처럼 브로를 너무나도 함부로 대한다. 하지만 데니스를 땅에 묻는 카렌은 데니스의 정부로서가 아닌 남작부인으로 행세한다(여자의 이중성이라니).

광활한 아프리카 대륙의 수를 헤아릴 수 없는 검은 들소 떼, 목이 긴 기린 무리, 겁 없이 장총 든 사람에게 달려드는 암수사자, 진흙탕 속에서 물을 뿜는 하마, 나는 모습이 멋진 홍학, 작지만 빠른 영양의 모습 등 볼거리가 풍성하다.

축음기에서 흘러나오는 모차르트의 음악도 들을 만하고 지금은 아주 늙어버린 메릴 스트립과 로버트 레드포드의 연기도 볼만하다. 피처럼 붉은 석양 아래 노래 대신 이야기를 들려주는 다른 남자의 여자인 카렌의 불륜은 메릴 스트립이 아니었다면 이렇게까지 아름답지는 않았을 것이다.

시드린 폴락 감독의 〈아웃 오브 아프리카〉는 이런 영화다. 위키백과에 따르면 이 영화는 일곱 개의 아카데미상을 포함하여 28개의 영화상을 받았다.

아파트 열쇠를 빌려드립니다
The Apartment, 1960

MOVIE

국가 | 미국
감독 | 빌리 와일더
출연 | 잭 레몬, 셜리 맥클레인

한 남자가 서성인다. 담배를 문 남자는 자기 집 앞에서 안으로 들어
가지 못하고 주춤거린다. 마침내 아파트 계단으로 남녀가 나오자 그제
야 집으로 들어간다. 아파트를 빌려 주고 정작 자신은 거리에서 추위
에 떠는 이런 남자를 이해할 수 있을까.

　남자는 직원이 3만 명이 넘고 엘리베이터가 16대나 있는 뉴욕의 보
험회사 회계팀 직원이다. 이 남자의 이름은 버드(잭 레먼)로, 회사 인근
센트럴파크에 아파트를 임대해 살고 있다.

　그런데 그 회사 임원들이 불륜 장소로 버드의 아파트를 빌린다. 버
드의 아파트에는 밤마다 요란한 남녀의 괴성이 들린다. 옆방에 사는
의사는 참다못해 버드에게 화를 낸다. 바지 속의 물건을 쇠로 만들었
느냐고 볼멘소리를 한다. 겉보기는 비실한데 매일 밤마다 하고 어떤
때는 두 번씩이나 하는데 이유라도 좀 알게 시체를 대학에 기부해 달
라고 조롱한다.

　집에 들어온 버드는 남녀가 먹다 남긴 음식과 술병을 치운다. 그리
고 막 잠자리에 든다. 그때 전화벨이 울린다. 회사 임원이다. 61번가 술
집에서 마릴린 먼로 뺨치는 여자를 꼬셨으니 아파트를 빌려달라고 요
구한다. 저녁 11시가 넘었다는 버드의 투정은 톱 텐에 들 정도로 우
수한 직원으로 사장에게 추천해 주겠다는 회유와 협박에 묻혀버린다.

버드는 결국 아파트를 나오면서 레코드판에 메모 한 장 남겨 놓는 것으로 위안을 삼는다. "너무 크게 틀지 말라, 이웃집이 불평한다."

회사에 출근해서는 본업인 회계 업무보다는 임원들이 요구하는 요일에 방을 비워주기 위해 일정을 맞추고 변경하느라 정신이 없다.

그러던 어느 날 버드는 사장의 호출을 받는다. 승진의 기대에 들떠 있던 버드에게 사장은 왜 그렇게 모든 임원들이 칭찬하는지 그 이유를 대라고 묻는다. 그러면서 결국 그도 아파트 열쇠를 빌려달라고 말한다.

대신 뮤지컬 티켓 두 장을 준다. 티켓을 받은 버드는 엘리베이터 걸인 프랜(셜리 맥클레인)에게 함께 보자고 꼬드긴다. 프랜과 극장 앞에서 만나기로 하지만 버드는 바람을 맞는다.

그 시각 프랜은 버드의 아파트에서 사장과 밀회를 즐긴다. 그런데 모든 밀회가 그렇듯 두 사람도 파경으로 향한다. 사장은 언제나 부인과 이혼하겠다고 입에 달고 살지만 정작 이혼할 생각은 눈곱만큼도 없다.

크리스마스이브에 두 사람은 옥신각신 다툰다. 유부남과 사랑을 하기 위해서는 마스카라는 하지 말아야 한다는 것을 모르는 프랜은 화장한 얼굴이 눈물로 엉망이 된다. 마치 창녀에게 주듯 100달러를 던지고 기차 시간에 맞춰 허겁지겁 가족의 품으로 사장은 떠나고 홀로 남은 프랜은 수면제를 먹고 자살을 시도한다.

버드가 프랜을 지극정성으로 간호한다는 설정은 안 봐도 뻔하다. 이 와중에 두 사람은 사랑의 감정이 싹튼다. 프랜의 제부에게 얻어터지면서까지 자살사건을 소리 없이 마무리한 버드는 회장의 손자를 빼고는 수십 년 걸려야 오를 수 있는 중역으로 초고속 승진하고 모처럼 즐겁다.

사장과 프랜의 불륜은 더 오래갈 듯하다. 하지만 한때 연인이었다가 지금은 헤어진 비서가 사장의 외도를 부인에게 알린다. 사장은 짐을 싸서 집을 나온다. 이런 사실을 모르는 버드는 사장에게 "당신에게 좋은 일이다, 당신의 문제는 해결됐다, 프랜은 내가 데려 간다."고 말하려고 한다.

그런데 사장이 먼저 선수를 친다. "자네 문제는 해결됐다."고. 버드는 19층에서 창문이 세 개나 있는 27층으로 자리를 옮기면서 또 한 번 승진한다. 사장은 자연스럽게 아파트 열쇠를 달라고 한다.

하지만 이번에는 아니다. 버드는 열쇠를 주지만 중역들이 사용하는 샤워실 열쇠다. 회사를 그만 둔 버드는 자신의 아파트로 온다. 그리고 짐을 챙긴다. 깨진 거울을 통해 사장과 프랜의 그렇고 그런 관계를 눈치 챈 버드에게 더 이상 중역 자리는 의미가 없다.

제야의 밤이다. 사장은 새로운 미래로 연신 들떠 있지만 프랜은 자신이 진정으로 사랑하는 사람은 사장이 아닌 버드라는 것을 깨닫는다. 〈뜨거운 것이 좋아〉의 빌리 와일더 감독이 만든 〈아파트 열쇠를 빌려 드립니다〉는 로맨틱 코미디는 이래야 한다는 것을 보여준 전형이다.

멋진 대사와 남자와 여자의 미묘한 심리묘사가 돋보인다. 볼수록 재미있고 볼수록 여운이 남는다.

알제리 전투

The Battle of Algiers, 1966

MOVIE

국가 | 이탈리아/ 알제리
감독 | 질로 폰테코르보
출연 | 브라힘 하쟈드, 장 마틴, 야세프 사디

혁명은 실패로 끝났다. 학생들은 시체가 되어 일렬로 늘어섰다. 공전의 히트를 기록한 톰 후퍼 감독의 〈레미제라블〉(2012)은 실패한 혁명이 얼마나 비참한지 잘 보여준다.

처음에는 동참했던 주민들이 막상 전투가 벌어져 쫓기는 반군이 피신을 원하자 모두 문을 닫는다. 이 장면에서 피의 혁명이 좌절될 것을 예감한 사람들이 많다. 주민의 협조 없이는 그 어떤 혁명도 성공할 수 없다는 사실을 영화는 다시 한 번 보여줬다.

영화가 여기서 끝났다면 힐링은커녕 좌절감만 부추겼을 텐데 다행히 후반부로 가면서 영화는 새로운 기대감으로 충만해진다. 다시 한번 해보자는 외침에 관객들은 마침내 안도의 한숨과 작은 희망을 품고 극장을 나설 수 있었던 것이다.

질로 폰테코르보 감독의 〈알제리 전투〉는 혁명의 실패와 성공에 대한 기대 그리고 마침내 꿈을 이룬 위대한 알제리 민중에 대한 헌사라는 점에서 〈레미제라블〉과 조금 닮았다. 시간상으로 보면 〈레미제라블〉이 〈알제리 전투〉와 닮았다고 하는 것이 옳다.

이 영화는 선동적이다. 혁명하라고, 압제자 프랑스에 맞서 싸우라고 주문한다. 아랍 주민들은 뭉치고 단결하고 조직을 키운다. 그러나 지도자들은 하나 둘 체포되고 마지막 남은 지도자마저 폭탄공격으로 죽자 혁명의 불길은 사그라진다.

주민들이 협조했음에도 불구하고 혁명이 실패로 돌아간 것은 압도적 화력과 잔인한 프랑스군의 무차별 학살 때문만은 아니다.

영화는 결코 털어놔서는 안 되는 비밀을 말해놓고 괴로워하는 한 늙은 밀고자의 괴로운 시선으로부터 시작된다. 심한 고문의 흔적을 숨기지 못하고 부들부들 떨고 있는 밀고자는 진작 털어놨으면 이런 험한 꼴은 안 당했다고 위로인지 조롱인지를 들으면서 프랑스 공수부대원들을 아랍인 밀집 지역인 카스바로 안내한다.

맑은 날, 밤하늘의 별처럼 무수히 많은 희고 네모난 집이 게딱지처럼 다닥다닥 붙어있는 집의 옥상은 중무장한 얼룩무늬 군인들이 장악했다.

마지막 혁명군 지도자 알리(브라힘 하쟈드)는 마티유(장 마틴) 대령이 이끄는 부대에 포위돼 최후의 순간을 맞고 있다. 순순히 나오면 정식재판을 받게 해주겠다는 마티유의 회유는 딱 30초의 여유밖에 없다. 그 30초 동안 은신처에 숨어 공포에 질린 어린 혁명군과 알리를 포함한 마지막 반군은 끝내 버티다 다이너마이트 폭파로 산산조각이 난다.

이로써 삼각형으로 조직된 반군의 지도부는 괴멸되고 알제리민족해방전선은 역사 속으로 사라진다. 1957년의 일이다. 그러나 그로부터 5년 후 알제리는 꿈에 그리는 자유 독립을 쟁취한다.

빈민가의 잡범 출신으로 교도소를 들락거리던 일자무식 알리가 혁명군에 가담하면서 최후를 맞는 순간까지를 영화는 다큐멘터리 형식으로 보여준다. 선동적이며 급진적이고 무자비하며 학살에는 학살로 맞서는 이 영화가 나온 지 40년이 넘은 2009년에서야 겨우 한국에서 개봉된 것은 결코 우연이 아니다.

프랑스 경찰의 등 뒤를 겨냥하거나 젊은이들이 춤추고 노는 나이트 클럽을 폭파하고 공항까지 테러를 일삼는 장면이 여과 없이 드러난다. 식민지를 효과적으로 탄압하기 위해 특수군인인 공수부대와 탱크로 시위를 무자비하게 진압하는 프랑스군이 나쁜지, 숨어서 게릴라 공격으로 지나는 시민들에게 무차별 기관총을 난사하는 반군이 나쁜지, 영화는 어느 쪽이 더 악에 가까운지 편을 들지 않는다.

프랑스군은 반군을 소탕했지만 시민들은 자발적으로 일어나 1962년 마침내 프랑스 식민지로부터 해방을 쟁취했다. 무수한 작은 별들이 밤하늘을 밝힌 것이다. 알리와 어린 소년병의 죽음은 결코 헛되지 않았다.

애니 홀

Annie Hall, 1977

MOVIE

국가 | 미국
감독 | 우디 앨런
출연 | 우디 앨런, 다이안 키튼

다정하게 손잡은 남녀가 수줍게 웃고 있다. 우리에게 익숙한 순이와 우디 앨런이다. 두 사람이 익숙한 것은 순이가 한국계이며 우디 앨런의 입양아인 동시에 그의 부인이기 때문이다(두 사람은 1997년 결혼했고 나이차는 35살이다).

머리가 반쯤 벗겨지고 주름진 얼굴에 노인 티가 역력하며 예의 둥근 뿔테 안경을 쓴 우디 앨런과 어깨까지 내려오는 긴 생머리에 꽃무늬 원피스를 입은 순이는 행복한 것처럼 보였다.

아직도 여전히 부부인가 하는 생각을 갖고 있던 사람들은 2013년 시사회장에 나타난 이들의 사진에 관심을 나타내기도 했다(사진을 보고 나니 그의 영화를 더 늦기 전에 소개해야 했다).

어쨌든 바로 그 우디 앨런이 만든 영화가 〈애니 홀〉이다. 〈애니 홀〉은 한 마디로 '떠버리' 영화라고 할 수 있다. 끊임없이 조잘대는 앨비 싱어(우디 앨런)와 그의 상대녀 애니 홀(다이안 키튼)이 적절히 맞장구치는 '수다' 영화라는 얘기다.

농담에서 시작해서 농담으로 끝나는 이 의미 없는 것 같고 아무런 메시지도 없는 것 같은 영화에 지식인을 자처하는 뉴요커들의 호응이 대단했으니 뭔가가 있기는 있나 보다.

앨비는 방앗간의 참새보다도 더 시끄럽다. 마구 떠드는 대회라도 있다면 그랑프리는 그가 당연히 수상해야 옳다. 물론 2등상은 애니다. 애니 역시 둘째가라면 서러운 입담꾼인데 둘 다 바다에 빠져 죽으면 속된 말로 입만 둥둥 떠서 다닐 것 같다.

말꼬리를 잡으며 순간마다 내가 이렇게 재치 있다는 듯 지적인 것 같은 말을 마구 쏟아내는 못생기고 비쩍 마른 이런 남자에게 예쁘고 귀엽고 상냥하며 정말 지적인 애니가 그의 섹스 파트너라는 것이 도무지 믿어지지 않는다(영화니까 가능한 설정이다. 현실에서 이런 떠버리 남자를 누가 좋아하겠는가. 아마도 우디 앨런은 치명적인 이런 약점을 영화를 통해서나마 이겨내 보려고 각본을 쓴 것은 아닐까).

이런 생각은 틀렸다. 영화가 아닌 실제에서도 두 사람은 연인이었으며 동거생활을 하기도 했다.

각설하고 앨비의 바람처럼 가벼운 우스갯소리와 말도 안 되는 개똥철학, 웃지 않아도 될 상황에서 웃어주며 말꼬리를 받아주는 애니는 그와 일순간은 천생연분이다. 손뼉도 마주쳐야 소리가 난다고 헛소리를 일삼는 저런 남자와 도망치지 않고 같이 살면서 좋아라고 웃어주는 여자도 있다니 짚신도 짝이 있다는 옛 선현의 말은 틀리지 않았다.

수다는 영화가 끝나야 끝난다. 영화의 시작과 끝이 시나리오라는 말은 〈애니 홀〉을 보면서 절실히 느낀다. 수다를 받쳐주는 또 다른 수다가 없다면 이 영화는 시간과 함께 소리 없이 사라졌을지도 모른다.

〈애니 홀〉을 기점으로 수많은 떠버리 영화들이 나왔고 지금도 나오고 있다. 하지만 최고의 수다 영화는 언제나 〈애니 홀〉이다. 떠버리를 만나고 사랑하고 헤어지고 다시 만나고 헤어지면서 다이안 키튼의 연기는 물이 오른다. 아카데미가 그에게 여우주연상을 주는 것은 어쩌면 당연했다(작품상, 감독상, 각본상도 받았다).

뉴욕을 사진으로만 본 숱한 사람들이 죽기 전에 한 번쯤은 센트럴 파크나 허드슨 강가 혹은 맨해튼의 뒷골목을 걸으며 수다를 떨고 싶다면 그것은 순전히 의미 없는 잡담이 뉴욕에서는 먹힌다는 사실을 알기 때문이다.

　뉴욕의 잘난 사람들이 감동하고 우쭐해하는 영화 〈애니 홀〉은 심심풀이 땅콩을 먹으며 보아도 되고 안 봐도 되지만 다이안 키튼 같은 아무리 봐도 질리지 않는 여자친구가 있다면 부디 한 번 보시라. 옆에 있는 내 남자친구가 '또라이'가 아닌 것에 감사할 뿐이다.

　우디 앨런은 이 영화로 할리우드의 거목으로 우뚝 섰다. 1979년에 나온 걸작 〈맨하탄〉 이후 2011년에는 〈미드나잇 인 파리〉를 만들기도 하는 등 지칠 줄 모르는 정력을 과시하고 있는데 아마도 그 힘은 잠자리에서도 멈추지 않는 벌린 입에서 나왔을 것이다.

앵무새 죽이기
To Kill a Mockingbird, 1962

MOVIE

국가 | 미국
감독 | 로버트 멀리건
출연 | 그레고리 펙, 메리 배드햄, 필립 알포드

정의는 언제나 소수이고 골탕을 먹는다. 다수는 정의를 싫어하고 바르게 살려고 하는 사람들을 괴롭힌다. 언제 어느 곳에서나 있어왔고 지금도 비일비재하게 벌어지고 있는 일이다.

　하지만 소수의 사람들은 불이익을 받으면서도 여전히 자신의 신념에 따라 옳은 가치관을 실현한다. 지구가 멸망하지 않고 세상이 굴러가는 이유이다.

　역사는 이들 소수를 기억하고 찬사를 보내고 있다. 퓰리처상을 받은 하퍼 리의 소설을 로버트 멀리건 감독은 〈앵무새 죽이기〉라는 동명의 영화로 만들었다.

　원작이 워낙 탄탄한 것도 있지만 이를 제대로 압축해 보여주는 데 성공한 감독의 수완은 관객들의 찔리고 싶지 않은 양심을 건드린다.

　때는 1932년 대공황의 그늘이 짙게 드리워진 미국 앨라배마 주의 작은 마을에서 시작한다. 아내와 사별한 변호사 에티커스(그레고리 펙)는 아들 젬(필립 알포드), 딸 스카우트(메리 배드햄)와 함께 생활한다.

　어느 날 지역 판사는 톰 로빈슨(브록 피터스)의 사건을 의뢰한다. 이 흑인 청년은 백인 여성을 강간한 혐의로 재판을 받고 있다.

　가시밭길을 가는 변호사의 고통이 시작된다. 마을 사람들은 흑인을 변호하는 그를 이해할 수 없다. 흑인이면서 '감히' 백인 여성을 강간한 파렴치한이 아닌가.

변호사는 청년에게 씌워진 혐의가 날조된 것이라는 사실을 확신한다. 이때부터 마을 사람들의 집단 린치가 시작된다. 대체 당신은 뭐냐고 떼로 몰려와 위협하고 깜둥이년(피의자의 어머니)의 애인이라고 도덕적 비난을 퍼붓는다.

아이들도 학교에서 이런 소문을 듣는다. 싸우고 와서는 학교에 가지 않겠다고 버틴다. 아직 이해하기도 힘들어할 아이들에게 에티커스는 상대의 입장에서 이해하고 타협하라고 가르친다. 아이는 묻는다.

"마을 사람들이 안 된다는데 왜 변호하는 거예요?"

"그러지 않으면 얼굴을 들고 다닐 수 없고 너희들에게 뭔가를 하지 말라고 말할 수도 없을 거야."

아이들은 타인을 위해 힘든 일을 도맡아 하는 아버지를 그제야 이해한다. 승소하기를 바라는 마음으로 방청석의 한 자리를 차지한다. 더운 여름이다. 오락가락하는 피해자의 주장과 거침없는 청년의 주장이 이어지는 동안 방청석은 쥐 죽은 듯이 조용하다.

증거는 없고 증언만 있는 재판에서 흑인은 누가 봐도 무죄다. 애초에 법정까지 와서는 안 되는 이 사건은 "법정에서 모든 인간은 평등하다."는 변호사의 간절한 호소에도 불구하고 휴정 후 2시간 만에 돌아온 배심원들에 의해 유죄가 선고된다.

성인이 된 이후로 누구와도 키스해 본 적이 없는 백인 처녀가 흑인을 유혹하다 들키자 술주정뱅이 아버지와 함께 강간범으로 몬 사건의 1심은 이렇게 끝난다.

낙담한 변호사는 항소를 결심하지만 흑인 청년은 보안관 말에 따르면 호송 중 미친 사람처럼 도망치다 총에 맞아 죽는다.

사람에게 해를 끼치지 않고 정원을 망치지도 않고 옥수수 창고에 둥지를 틀지도 않고 오직 우리에게 진심 어린 노래만 불러주는 앵무새인데도 그는 죽었다. '죽었다'는 과거형이지만 청년과 같은 앵무새는 오늘도 누군가의 손에 누명을 쓰고 '죽어가고' 있다.

아이들의 연기가 좋다. 어릴 적 누구나 한 번쯤 경험하게 되는 이웃집의 공포, 지하실에 갇혀 사는 키가 2미터나 되고 얼굴에는 긴 상처가 있고 눈은 튀어 나오고 침을 질질 흘리는 무서운 괴물 같은 존재인 부 래들리(로버트 듀발)와의 구원을 통한 화해장면은 가슴을 울린다.

시간은 흘러 더운 여름이 지나고 낙엽 지는 가을이 오고 모든 것이 진정됐지만 지금도 그 시절을 떠올리곤 하는 6살 소녀의 회상은 이렇게 끝이 난다.

엘머 번스타인의 음악은 마치 히치콕의 공포영화에 나오는 배경음처럼 음산하면서도 신랄하다.

우리나라도 2013년 양우석 감독, 송강호, 김영애, 오달수, 곽도원 주연의 〈변호인〉이 1,100만 관객을 동원하면서 정의를 위한 변호사의 이야기가 세간에 화제가 된 바 있다.

양들의 침묵

The Silence of the Lambs, 1991

MOVIE

국가 | 미국
감독 | 조나단 드미
출연 | 조디 포스터, 안소니 홉킨스, 테드 레빈

405

단정한 한 남자. 무스를 바른 머리를 올백으로 넘기고 어깨를 펴고 꼿꼿하게 서 있다. 시선을 고정하고 어느 한 곳을 집중하고 있는 것을 보면 로봇 같기도 하고 잘 만든 밀랍인형 같기도 하다.

누구를 기다리고 있는 걸까. 깊이를 알 수 없는 푸른 눈이 잔잔한 웃음을 머금을 때면 마치 식장에서 예쁜 신부를 기다리는 신랑처럼 여유와 행복이 가득하다(심지어 우아하기까지 하다).

철창 속에서 수인번호가 찍힌 푸른 수의만 입고 있지 않았다면 한니발 렉터(안소니 홉킨스)는 신부를 기다리는 새신랑과 다를 것이 없다.

클라리스 스털링(조디 포스터)도 마찬가지다. 고개를 약간 숙이고 조신한 걸음으로 사뿐사뿐 앞으로 내딛는 걸음걸이가 꼭 친정아버지의 손을 잡고 신랑을 향해 행진해 가는 모습과 닮았다.

조나단 드미 감독의 〈양들의 침묵〉은 스털링을 기다리는 한니발과 그를 만나러 가는 스털링의 조신한 몸짓으로부터 분위기를 잡는다. 하지만 잠시 웃음을 보이던 한니발은 곧 본색을 드러낸다. 그는 식인을 하는 연쇄살인범이고 FBI 요원인 스털링은 전직 정신과 의사인 그를 통해 또 다른 연쇄살인범 버팔로 빌(테드 레빈)을 잡으려 한다.

한니발은 첫눈에 스털링에게 호감을 보이고 스털링 역시 다른 심문자처럼 그를 살아 있는 연구 자료나 대단히 희귀한 미치광이 괴물로 대하지 않는다(언제든지 갑의 위치에서 한니발을 조롱하고 학대할 수 있지만 스털링은 끝내 그를 한 인간으로 이해하려고 애쓴다).

스털링은 자신이 어떤 향수를 쓰고 어떤 화장품을 바르며 어느 지역 출신이고 자라온 가정환경은 어땠는지를 짧은 대화를 통해 알아내는 한니발의 천재성을 부러워하지도 질투하지도 않는다.

한니발 역시 간호사나 인구조사원의 간을 술안주로 먹었던 것처럼 스털링을 먹기 위해 기회를 노리는 대신 사건을 풀 수 있는 열쇠를 주기 위해 노력한다.

이처럼 두 사람은 거듭된 만남을 통해 서로에게 가까이 다가서고 영화는 점차 공포 속으로 빨려든다.

한니발은 가난한 집안에서 태어나 부모를 잃고 겨우 10살에 양을 키우는 먼 친척의 집에서 지내다 탈출해 고아가 된 스털링에게 동병상련의 정을 넘어 사랑의 감정을 갖는다. 스털링 역시 한니발의 살인과 식인이 그의 탐욕 때문이 아니라 사회 구조적인 모순의 결과물이라는 것을 이해하려고 노력한다. 프로는 프로를 알아본다고 했던가.

두 사람이 주거니 받거니 하면서 서로의 상처를 치유하는 와중에, 버팔로 빌은 또 다른 살인을 저지르고 상원의원의 딸은 행방불명이 된다.

스털링은 피해자의 입 안에서 애벌레를 발견하고 피해자들이 공통적으로 덩치가 큰 백인 여자들이라는 데 주목한다(빌은 풍만한 여자들을 납치해 며칠 굶겨 홀쭉하게 한 다음 피부를 벗겨 바느질용으로 사용한다).

관객들은 스털링이 다치지 않기를 바라는 마음에서 바짝 긴장하지만 한니발이 결코 스털링을 해치지 않는다는 것을 안다. 한니발이 8년째 갇힌 감옥을 탈출해 그가 꿈꾸는 야자수가 늘어진 푸른 바다에서 유유자적하기를 원하는 관객이 있다면 그것은 스털링을 사랑하는 한니발의 마음을 읽었기 때문이다(홉킨스는 수음의 결과물을 철창 밖으로 집어 던져 스털링의 오른쪽 눈에 정확히 맞힌 옆 방의 잡범을 죽게 만든다. 또 탈출 과정에서 스털링의 손가락을 쓸어내리는 데도 성공한다. 이때만큼은 간호사의 혀를 먹을 때와는 달리 맥박이 85를 크게 넘었을 것이다. 윙크를 하고 손가락에 침을 묻혀 보고서를 넘기면서 스털링을 보는 한니발의 얼굴은 사랑스러움으로 가득하다).

〈양들의 침묵〉은 작품상, 감독상, 각본상, 여우주연상, 남우주연상 등 아카데미 주요 5개 부문상을 수상했다. 한니발과 스털링의 캐릭터는 영화 역사상 매우 중요하게 각인됐고 연쇄살인범 빌을 연기한 테드 레빈은 이 영화의 공포감을 극대화시키는 데 결정적 역할을 했다.

양키 두들 댄디
Yankee Doodle Dandy, 1942

MOVIE

국가 | 미국
감독 | 마이클 커티스
출연 | 제임스 캐그니, 월터 휴스턴

"모두 각자의 방법으로 조국을 위해 희생한다."

'애국하는 방법은 여러 가지가 있다'는 말과 비슷하게 들리는 이 말은 영화 속 인물, 루스벨트 대통령이 연예인으로는 처음으로 의회명예훈장을 받는 조지 M. 코핸과 이야기하던 중 한 말이다.

마이클 커티스 감독은 평생을 노래 부르고 춤만 춘 천재 예능인에 관한 영화 〈양키 두들 댄디〉를 만들어 미국식 애국심을 부추겼다.

아일랜드계 미국인 조지 부부는 전국을 떠돌면서 공연한다. 그 와중에 아들 조지 M. 코핸(제임스 캐그니)이 미국 독립기념일인 7월 4일 태어난다. 태어난 날도 예사롭지 않지만 돈이나 펜 대신 제일 먼저 집어든 것이 성조기였으니 그의 애국심은 태생적이다.

아들은 부모를 닮아 춤이면 춤, 노래면 노래, 작곡이면 작곡, 연극이면 연극 등 못하는 것이 없다. 어린 천재들이 대개 그렇듯이 코핸도 어른들 앞에서 잰체한다. 연극의 주인공으로 호평까지 받았으니 그 기세가 대단하다.

아빠(월터 휴스턴), 엄마(로즈메리 디캠프)가 정신이 번쩍 들게 혼내 주려는 것을 자신의 연기를 질투하기 때문이라고 생각할 정도니 두말하면 잔소리다.

어느 날 흥행의 귀재가 코핸 가족을 찾아온다. 부모는 잘 보이기 위해 치장을 하고 아들을 커튼 뒤에 숨게 한다. 대화는 무르익고 부모는 제시한 조건에 흐뭇해한다.

그때 엿듣고 있던 아들이 나타난다. 히트작 하나 없이 평생을 보내는 배우들이 허다한데 겨우 13살 때 주연을 맡은 코핸이 가만히 있을 리 없다. 10주 공연 보장에 봉급을 배로 올려주는 것에는 찬성하지만 서열 3,4위를 주겠다는 데 불만을 제기한 것이다.

판은 깨졌다. 큰 흥행사는 되기 어렵겠다는 꼬마의 말에 제작자는 당신들도 일류가 되기는 글렀다며 나가 버린다.

훌륭한 배우가 되기 위해 훌륭한 사람이 되기를 포기하는 배우를 본 적이 없다는 아버지는 바이올린을 켜야 하는 손과 노래를 불러야 하는 입 대신 아들의 엉덩이를 사정없이 때린다.

아버지와 달리 자유를 갈망하는 아들은 행복에 이르는 길에는 번민과 돌이 깔려 있다는 사실을 깨닫고 인생을 스스로 헤쳐 나가기로 작정한다.

성장한 조지의 사무실에 어느 날 평생의 동반자가 될, 버팔로 출신 18살의 연기자 지망생 메리(조안 레슬리)가 노래와 춤에 자신이 있다며 찾아오고 어울릴 것 같지 않은 두 사람은 죽이 척척 맞는다.

메리의 공연 때 마음에 들지 않는다고 강제로 막을 내린 극장주의 횡포에 맞서다 해고를 당하기도 하지만 코핸은 자신의 곡이 이런 천대를 받는 것에 화풀이 하면서 전혀 기가 죽지 않는다.

음악과 대본은 넘쳐 나고 자신감은 가을날의 하늘처럼 높기만 하다. 우연히 만난 사람과 공동 창업자로 극장주가 되고 당시 최고의 여배우를 섭외하는 데 성공하면서 그의 주가는 브로드웨이에서 하루가 다르게 치솟는다.

가족과 함께 재회해 뉴욕에서 새바람을 일으키자 이제 조지 M. 코핸의 이름은 미국 전역에서 모르는 사람이 없을 정도다.

하지만 오르막이 있으면 내리막도 있는 법. 비평가들은 조지의 연극이 지나치게 애국적이고 시끄럽고 저속하다고 비판한다. 깃발이나 흔들고 뮤지컬과 코미디밖에 쓸 줄 모른다고 혹평하면서 막의 중간에 퇴장하기까지 한다.

그 와중에 세계전쟁이 터지고 애국심에 불타는 코핸은 자원입대를 결정한다. 자신이 입대하지 않으면 전쟁이 1년은 더 길어진다고 호기를 부리지만 37살의 나이 때문에 퇴짜를 당한다.

집으로 돌아온 코핸은 "총 들고 서둘러라, 우리를 부르는 소리" 등의 자극적인 가사의 곡을 써 젊은이들을 전쟁터로 끌어 모은다. 대통령의 말처럼 어떤 전함이나 대포보다도 더욱 강력한 무기를 만든 것이다.

한마디로 미국 정신의 상징이 된 노래 '양키 두들 댄디'는 이렇게 탄생했다. 백악관 계단을 내려오면서 경쾌한 스텝을 밟는 코핸은 더 이상 〈공공의 적〉(1931)에서 살벌한 연기를 펼친 제임스 캐그니가 아니다.

이 영화로 캐그니는 작은 키에 평범한 외모를 지녔음에도 가장 폭력적이고 누구도 흉내 낼 수 없는 잔혹한 갱의 이미지를 털어내는 데 성공했다.

아카데미 남우주연상은 당연히 그의 몫이 됐다(미국 영화연구소는 최고의 할리우드 고전배우 50명 가운데 1명으로 캐그니를 선정했다).

어느 날 밤에 생긴 일
It Happened One Night, 1934

■MOVIE

국가 | 미국
감독 | 프랭크 카프라
출연 | 클라크 게이블, 클로데트 콜베르

버스나 기차를 타면 옆자리에 앉을 사람에 대한 기대감은 지금처럼 좌석제가 아닌 먼저 오는 사람이 임자인 시절에 특히 더했다. 보통 서너 시간, 길게는 5~6시간을 같이 보내야 하는데 기왕이면 옆에 그럴듯한 사람이 탔으면 하는 바람은 남자나 여자나 마찬가지다. 영화에서는 그런 기대에 딱 맞는 사람이 간혹 올라타 '썸씽'이 이루어지나 현실에서는 언제나 꿈만 꾸고 매번 '꽝'을 연발하는 복권처럼 맞는 일이 없다.

프랭크 카프라 감독의 〈어느 날 밤에 생긴 일〉은 자신만만한 남자와 철딱서니 없는 여자가 서로 옆자리에 앉아 뉴욕으로 이동하면서 벌어지는 4일간의 이야기를 로드무비 형식으로 그려낸 로맨틱 코미디다.

특종에는 강하지만 조직에는 어울리지 않는 피터 원(클라크 게이블)은 근무 중에 술을 마시다 해고를 당하고, 부자를 아버지로 둔 딸 엘리 앤드류스(클로데트 콜베르)는 비행사와 결혼하기 위해 요트를 탈출한다.

두 사람은 버스에 우연히 앉아 서로 반감을 가지고 티격태격하지만 피터는 특종을 쓰기 위해, 엘리는 무사히 뉴욕으로 가기 위해 서로를 이용한다.

그 사이 아버지는 딸을 찾기 위해 공항을 폐쇄하고 철도를 차단하는 등 돈의 위력을 유감없이 발휘한다. 아버지 앞에서 밥상을 뒤엎고 담배연기를 얼굴에 뿜어대는 버릇없는 행동을 하지만 '딸 바보' 아버지는 딸 앞에서는 사족을 쓰지 못한다.

그렇게 자란 딸이 오죽하겠는가. 제멋대로 행동하고 세상물정 모르고 허세와 특권의식이 가득하다. 하지만 피터는 이런 말괄량이 여자를 조금씩 길들이면서 그녀의 뉴욕행을 돕는다.

여자의 신분이 신문의 헤드라인을 장식할 만한 유명인사라도 잘난 체하는 그의 자신감을 막지는 못한다. 티격태격하고 서로 못 잡아먹어 으르렁거리는 그 여행이 순탄할 리 없다. 버스는 진창에 빠지고 날은 저물어 두 사람은 여관에 투숙한다. 물론 남남이 아닌 부부로 위장해서 말이다.

줄을 걸고 담요를 걸쳐 경계를 만들었다고 해서 옆에 있는 서로의 존재를 무시할 순 없다. 특히 피터의 잠옷을 입은 엘리는 묘한 감정에 휩싸이면서 그에게 사랑을 느낀다. 끊임없는 입씨름 와중에도 남성다움, 거침없는 추진력, 임기응변에 능한 잔재주에 서서히 빠져 들어간다.

그리고 마침내 엘리는 피터에게 사랑을 고백한다. 하지만 피터는 거절한다. 겸손을 모르는 것은 엘리나 피터나 마찬가지다.

"당신 없인 못 산다."며 눈물로 호소하는 거부의 딸을 '거부'하는 피터의 결단력, 과연 이런 남자가, 지금은 사라지고 없는 이런 남자가 그때는 있었나 보다.

뉴욕에 도착한 엘리는 비행기로 날아온 남자와 결혼하기 위해 아버지의 팔짱을 끼고 주례 앞으로 행진한다. 아버지는 말한다. 결혼하기 싫으면 뒷마당으로 가라고. 아버지는 딸이 이 남자 대신 그 남자를 사랑한다는 것을 알고 있다.

엄지손가락을 들거나 허벅지를 드러내는 히치하이킹 장면 등 잊을 수 없는 명장면들이 보는 내내 흐뭇하고 여자의 일거수일투족을 연예 신문도 아니면서 헤드라인으로 뽑는 신문의 호들갑도 볼만하다.

남녀 주인공이 아무 의미 없는 듯이 빠르게 내뱉는 수준 높은 대사는 왜 각본상이냐고 의문을 가질 필요가 없도록 만든다. 한 박자 늦게 웃어도 이해하는 데 아무런 지장을 주지 않는 스토리 전개는 무리가 없다.

5살 사내아이 같은 클라크 게이블의 장난기 어린 눈웃음, 모자를 비스듬히 쓰고 콧수염을 만지며 파이프 담배를 피우는 모습이 능글맞은 표정과 함께 영화의 잔재주를 더해준다.

프랑스 출신의 클로데트 콜베르는 이 영화 이후 1996년 타계할 때까지 연극과 영화를 넘나들면서 폭넓은 사랑을 받았다.

아카데미 최초로 작품상, 감독상, 남녀 주연상, 각본상 등 그랜드슬램을 달성했다.

에밀 졸라의 생애
The Life of Emile Zola, 1937

MOVIE

국가 | 미국
감독 | 윌리엄 디터리
출연 | 폴 무니, 조셉 쉴드크로트 ,게일 손더그라드

부와 명예와 행복. 이런 인생, 살 만한 가치가 있다. 여기에 딱 맞는 사람이 있다. 프랑스의 작가 에밀 졸라(폴 무니)다. 그는 젊은 시절 창문이 떨어져 나간 폐허 같은 집에서 집세도 제때 내지 못하며 겨울을 보내야 할 만큼 가난으로 고통 받는다. 그러나 언제나 진실과 정의를 추구한다.

어머니의 도움으로 얻은 직장마저 위선자인 지도층에 대한 공격의 글로 해고당하는 수모를 겪지만 마음만큼은 여전히 싸움꾼이다. 역겨운 책을 쓰고 살이 찌는 것보다는 두더지처럼 세상의 더러운 곳을 찾아 쓰겠다는 것이 그의 존재 이유다.

파리의 눈 오는 어느 날 경찰을 피해 술집에 온 거리의 여자를 도와주면서 그녀의 기구한 인생이야기를 듣는다. 친구인 화가 세잔은 그녀를 스케치한다. 그녀의 그림을 표지로 한 장편소설 『나나(Nana)』는 빅히트를 친다. 점잖은 사람들은 다른 사람의 시선을 피하면서 앞다퉈 책을 산다. 3일 동안 3만 6,000부가 팔리고 인세로 1만 8,000프랑의 거금을 받는다.

서점 앞으로 군악대의 행진곡에 맞춰 군인들이 행진한다. 전쟁이다. 준비 안 된 프랑스는 독일군에 대패하고 황제는 포로로 잡힌다. 졸라는 책을 쓴다. 무능한 군대와 장군들을 이류라고 혹독하게 비판한다.

군대는 이런 졸라를 잡아들일 것을 검사장에게 명령한다. 하지만 졸라는 굽히지 않는다. 더 많은 책을 쓰고 쓴 책은 더 많이 팔려 나간다. 졸라는 이제 프랑스의 유명인사다.

상원의원들과 교류하고 바닷가재를 먹으며 벽난로가 있는 대저택에서 젊고 예쁜 부인과 하인들과 함께 산다. 가난은 저 멀리 갔다. 졸라의 집으로 고생을 함께 한 친구 세잔이 찾아온다. 졸라는 진귀한 보석과 베니스에서 산 값진 공예품을 보여준다.

세잔은 그런 졸라에게 실망하고 힘든 시절의 추억만 간직한 채 시골 프로방스로 떠난다.

떠나면서 세잔은 "나도 이따금 유혹을 받는다. 그렇게 되면 재능에 기름이 끼고 그러면 진실은 없어진다."는 말을 남긴다. 그렇거나 말거나 졸라는 "나는 유명해졌고 뚱뚱해졌다. 그래서? 나는 이제 충분히 싸웠고 쉬고 싶다. 가난과 진실을 위한 투쟁은 추억 속에 있다."고 말한다.

당시 프랑스는 독일에 군사기밀을 넘겨줬다는 유대인 드레퓌스(조셉 쉴드크로트) 사건으로 떠들썩하다. 하지만 신문을 보는 졸라에게는 관심 밖이다. 그에게는 아카데미 종신회원으로 승인됐다는 자신에 대한 서신을 읽는 것이 더 큰 낙이다.

그런 어느 날 포병대위 드레퓌스의 부인(게일 손더그라드)이 찾아온다. "당신의 말은 프랑스에서 힘이 있다, 언제나 진실을 추구해온 당신만이 무고하게 누명을 쓴 남편의 죄를 벗길 수 있다."고 눈물로 호소한다. 그러나 졸라는 도울 수 없다고 매정하게 말한다.

드레퓌스 부인이 떠나고 고민하는 졸라. 부인이 남겨두고 간 서류

뭉치를 읽는다. 그리고 결심한다. 이제부터 바쁠 거다. 폭탄을 터트린다. 수상에게 편지를 쓸 거다. 그리고 실제로 「나는 고발한다」라는 그 유명한 글을 신문에 발표한다.

프랑스는 뒤집힌다. 그러나 군부는 요지부동이다. 군법재판소가 유죄를 인정해 종신형을 선고했는데 권위가 생명인 군대가 무죄를 주장할 수는 없는 일이다. 그러나 졸라도 '쫄지' 않는다. 국방장관, 군 최고사령관, 재판부를 진실을 은폐하고 사건을 조작한 죄로 고발한다. 그리고 정식 재판을 받는다.

재판과정은 순탄치 않다. 치밀하고 조직적인 군대는 졸라가 프랑스를 욕하고 군인을 비난한다고 선동해 졸라의 책을 불태우고 죽이라고 위협한다. 우매한 성난 대중은 졸라를 잡자고 아우성이다. 재판장은 군대에는 할 말을 다하게 하고 변호인에게는 갖은 이유를 대면서 말을 하지 못하게 막는다.

군인들은 말한다. "전쟁이 나면 프랑스를 지킬 사람이 누구냐?"고. 그러자 졸라가 반박한다. "애국에도 여러 가지 방법이 있다. 칼로 하는 애국이 있고 펜으로 하는 애국이 있다. 후세에 누가 더 애국자인지 알게 될 것이다."

아프리카로 이감된 드레퓌스에게 부인이 쓴 검열된 편지가 온다. 드레퓌스는 낙담하지 않고 자신의 무죄를 외친다.

한편 재판에 진 졸라도 징역 1년에 3,000프랑의 벌금을 받는다. 고민 끝에 졸라는 계속해서 싸울 수 있는 영국으로 도피한다. 그곳에서 졸라는 더 강하게 드레퓌스의 억울함을 주장하는 글을 발표한다. 이제 세계가 졸라의 말에 귀를 기울인다. 마침내 프랑스 군사법정은 드레퓌스에게 무죄를 선고하고 석방한다.

군대로 복귀하는 드레퓌스는 당당하다. 파리로 돌아온 졸라는 세계인에게 정의와 진실을 알리고 싸움을 계속할 것을 아내에게 다짐한다.

"드레퓌스 사건으로 나는 진정한 삶이 어떤 것인지 알았다. 지금 이 순간 아이디어가 넘쳐나고 최고의 걸작을 쓰겠다. 붕괴된 국가에서 희망을 찾는다. 할 일이 많다."

그러나 졸라는 많은 할 일을 남겨 두고 세상을 뜬다. 수상은 졸라의 관 앞에서 연설한다.

"오늘을 슬퍼하지 말고 평생 이어질 그의 정신을 기억하자, 횃불처럼 그 정신을 전파하자."

만들어진 지 70년이 넘은 윌리엄 디터리 감독의 〈에밀 졸라의 생애〉는 여전히 진실과 정의, 왜곡과 거짓이라는 숙제에 대해 말하고 있다.

역마차

Stagecoach, 1939

MOVIE

국가 | 미국

감독 | 존 포드

출연 | 존 웨인, 클레어 트레버

광활한 서부. 노란 흙먼지를 날리며 쫓고 쫓기는 추격전이 벌어진다. 6인승 말이 끄는 역마차를 공격하는 인디언 아파치 족과 이를 피해 달아나는 질주 모습이 사막의 기묘한 사암과 어울리면서 장관을 이룬다. 마치 〈벤허〉의 마차경기를 연상케 하는 박진감 넘치는 장면이 시선을 압도한다.

존 포드 감독은 〈역마차〉로 침체기에 빠졌던 서부극을 되살렸으며 주인공 존 웨인은 '서부극은 존 웨인'이라는 공식을 만들었다. 그만큼 〈역마차〉는 서부극에서 차지하는 비중이 크다.

영화는 역마차를 타고 가는 사람들을 시간 순서대로 보여주면서 갈등과 화해와 극적 반전을 차례로 그린다.

9인승 역마차에는 다양한 사람들이 타고 있다. 쫓겨나다시피 말에 오르는 매춘부(클레어 트레버)와 술주정꾼 의사(토마스 미첼), 장교 남편을 찾아가는 임산부, 사기 도박꾼(존 캐러딘), 가방에 위스키를 담고 다니는 장사꾼, 보안관, 부도덕한 은행가, 아버지와 형을 죽인 원수를 갚기 위해 탈옥하여 뒤늦게 합류한 링고 키드(존 웨인), 위험을 무릅쓰고라도 돈을 벌겠다는 마부 등이 서로 색깔 있는 연기 대결을 펼친다.

마차는 잔악한 인디언들이 사는 지역을 통과해야 한다. 목적지까지 가기 위해 기병대가 호위한다. 그러나 정작 위험한 구간에서 기병대는 떠나고 홀로 남겨진 역마차는 앞을 향해 가는데 아파치가 나타나지 않으면 이상하다.

예상대로 아파치는 괴성을 지르며 화살을 날리고 총을 쏘면서 역마차를 위기로 몰아넣는다. 하지만 역마차에는 보완관도 있고 총잡이 링고가 있다. 마차 위에서 옆으로 나란히 달리는 아파치에게 멋지게 총알을 먹이는 것은 그의 몫이다.

마부가 총에 맞아 위기에 처하자 말의 고삐를 잡기 위해 말과 말 사이를 옮겨 다니는 영화사에 길이 남을 명장면을 연출하기도 한다(실제로 이 장면은 스턴트맨이 대역을 했다고 한다. 이 스턴트맨은 말과 말 다리 사이로 끼어드는 생명을 거는 위험한 역을 성공적으로 수행했다).

기병대의 원군 나팔 소리가 들리고 상황은 역전된다.

링고는 원수를 멋지게 갚고 주정뱅이 의사는 블랙커피를 한 사발 들이켜 제정신을 차린 후 도도한 부인의 순산을 도와 의사 몫을 제대로 한다. 매춘부는 자기 아이처럼 밤새 산모 곁을 지켜 '너와는 다른 신분'이라는 것을 은연중에 과시하던 부인의 호감을 산다.

모든 상황이 끝났다. 링고는 수갑을 차고 감방에 가야 한다. 그러나 매춘부와 사랑에 빠진 링고를 보안관은 풀어준다. 탐욕스런 은행가는 감옥행이다.

멋진 설정 아닌가. 해피엔딩이지만 수준은 낮지 않다. 이런 영화를 1939년에 만들었다. 〈하이 눈〉, 〈셰인〉에 견줄 만하다.

영자의 전성시대

Yeong-Ja's Heydays, 1975

MOVIE

국가 | 한국
감독 | 김호선
출연 | 염복순, 송재호

좁고 냄새나는 골목에 창녀들이 모여 산다. 이곳에는 무작정 서울로 상경한 영자(염복순)도 있다. 예쁜 영자에게는 단골손님이 많다.

　손님 중에는 창수(송재호)도 있다. 순진한 창수는 영자를 사랑한다. 창수는 영자와 살자고 하나 영자는 부담스럽다. 셀 수도 없이 많은 남자를 시도 때도 없이 받는 자신의 처지가 한탄스럽다.

　영자는 부잣집 식모로 서울생활을 시작했다. '공돌이' 창수는 사장집에 들렀다가 영자를 처음 본 순간 마음에 들어 했다. 사장 가족이 출타한 틈을 타 영자를 어찌 해보려 하나 실패하고 만다.

　만두가 먹고 싶다는 영자를 데리고 나온 창수는 3년만 기다려 달라고 부탁한다. 영장이 나온 것이다. 월남에서 제대한 창수는 때밀이로 직업을 바꾸고 공장에서 그랬던 것처럼 열심히 일한다. 그 사이 영자는 사장 아들에게 몸을 뺏기고 집에서 쫓겨난다.

　돈벌이에는 놈팡이 하나 잡는 것이 최고라는 술집언니의 말 대신 미싱을 돌리는 시다생활을 한다.

　월급날이다. 봉투에 든 돈은 외상값을 주고 나니 달랑 동전 두 개. 두 사람은 동전을 보면서 웃는다. 포복절도한다. 방바닥을 떼굴떼굴 구르면 배를 두드리고 박장대소한다.

　날밤을 새우고 일한 돈이 겨우 동전 두 개로 돌아왔으니 아니 웃고

는 못 배길 것이다(나는 이 영화의 최고 장면으로 이 순간을 꼽는다. 입을 벌리고
정말로 재미있어 죽겠다는 표정으로 웃고 있지만 그 웃음 사이로 백치미와 처연함이
하얀 이처럼 드러났기 때문이다).

영자는 그래도 포기하지 않는다. 술 취한 손님을 접대하는 바걸로,
만원버스의 차장으로 세상과 정면 승부한다.

하지만 서울이 어디 그렇게 호락호락한 곳인가. 만지는 손님을 피하
다가 솥뚜껑 운전수(밥 짓는 식모)나 하라는 비아냥을 듣는가 하면 버스
사고로 한쪽 팔을 잃는다.

영자는 보상으로 받은 30만 원으로 미장원을 차리는 대신 시골의
병든 어머니와 줄줄이 딸린 동생들을 위해 쓰고 일터가 있는 좁은 골
목길로 들어선다.

이제 영자의 직업은 창녀다. 창수가 영자를 찾는다. 반라의 차림으
로 손님이 없는 무료한 시간을 화투로 때우던 영자는 "영자야, 손님
왔다." 하는 포주(도금봉)의 소리에 껌을 질겅질겅 씹으며 일어선다.

입술이 붉은 영자는 과거의 영자가 아니다. 걸쭉한 입담을 자랑하
는 영자는 제대로 이 생활에 적응하고 있다. 팔이 없다고 재수 없다며
나가는 손님에게 미로의 비너스를 보여주고 콧소리를 내면서 안긴다.

영자와 관계하다 성병에 걸린 창수는 영자의 치료비를 내고 "다른
손님은 받지 말라."고, "내가 매일 찾아오겠다."고 영자를 달랜다.

영자의 손톱을 깎아주기도 한다. 그런 창수에게 영자는 "정말로 날
생각한다면 그냥 내버려 둬라, 가끔 손님으로나 찾아와 달라."고 하소
연한다. 그러거나 말거나 창수는 영자에게 가짜 팔을 만들어 주고 살
림을 차릴 준비를 한다.

영업이 끝난 늦은 밤 영자를 불러 텅 빈 목욕탕에서 등을 밀어 주

는 창수는 '여자를 사랑하는 남자'의 화신처럼 보인다.

창수와 같이 목욕탕에서 일하는 아저씨(최불암)는 그런 창수가 한심하게 보이고 영자가 밉다. 아저씨는 영자에게 세상에는 두 종류의 사람이 있는데 보태서 둘이 되는 사람과 빼서 아무것도 없는 사람이 있다며 영자를 홀대한다.

영자는 술을 마신다. 병나발을 불고 맥주잔에 소주를 가득 부어 마신다. 죽여 달라고 포주에게 부탁한다. 그리고 흐느낀다. 괴성을 지르고 비명을 내뱉고 절규하고 울부짖다 쓰러진다(이 장면은 앞서 남은 동전 두 개 때문에 웃던 모습과 좋은 대조를 보인다).

어느 날 영자는 서비스에 불만을 품은 손님과 시비가 붙는다. 손님과 창수는 한바탕 주먹을 주고받다가 경찰에 체포된다. 감방으로 면회 온 영자는 여전히 아름답다. 철창을 사이에 두고 손을 맞잡기도 하고 입술을 포개기도 한다. 면회를 마친 영자는 다시 일터로 돌아온다.

쿠데타를 일으킨 일단의 군인들처럼 트럭에서 잽싸게 내린 경찰들은 곤봉을 들고 여인숙 골목으로 들이닥친다. 내 몸뚱이도 내 마음대로 하지 못하는 창녀들은 하나 둘 끌려가고 영자는 가짜 팔을 집어던지면서 빠져 나온다.

창수도 감옥에서 나온다. 한쪽에는 고층건물이 들어서고 다른 한쪽은 먼지가 풀풀 날리는 재개발 지역. 영자가 "어이구, 내 새끼." 하면서 아이를 어르고 있다. 창수가 찾아온다. 다리를 저는 남편이 창수를 알아본다.

두 사람은 오토바이를 타고 해가 뜨는 대로를 질주한다. 창수의 순애보가 막을 내리고 영자의 전성시대가 시작되는 순간인가. 세상에는 없는 기적이 만들어지려나 보다.

김호선 감독은 〈영자의 전성시대〉를 해피하게 끝냈다. 조선작의 동명소설이 원작이다. 뒤로 돌린 의자를 사이에 두고 다리를 벌린 반바지 차림의 여주인공 포스터가 도발적이다.

참고: 주인공 영자의 한때 직업이었던 시다를 이해하기 위해 지금은 혁명 대신 생명을 이야기하는 박노해의 시 〈시다의 꿈〉을 일부 옮겨 본다.

아직은 시다
미싱대에 오르고 싶다
미싱을 타고
장군처럼 당당한 얼굴로 미싱을 타고
언 몸뚱아리 감싸줄
따스한 옷을 만들고 싶다
찢겨진 살림을 깁고 싶다

— 박노해, 〈시다의 꿈〉 중에서

오명

Notorious, 1946

MOVIE

국가 | 미국
감독 | 알프레드 히치콕
출연 | 캐리 그랜트, 잉그리드 버그만

사랑을 미끼로 다른 남자에게 여자를 보내는 남자가 정상적인가, 아니면 그런 남자의 요구를 사랑한다는 이유만으로 받아들이는 여자가 정상적인가. 둘 다 제정신은 아니다.

사랑하였으므로 헤어지는 것이 아니라 사랑하였으므로 다른 남자의 품에 안긴다는 역설은 영화에서나 가능한 일이다. 그러나 현실에서도 얼마든지 일어날 수 있다고 고개를 끄덕이게 되는 것은 알프레드 히치콕 감독의 〈오명〉에 나오는 앨리시아 후버만(잉그리드 버그만) 때문이다. 관능적이면서 지적이고 약하면서도 강한 이 설명하기 어려운 여배우의 연기력을 히치콕 감독은 100%로 끌어내면서 〈오명〉을 고전 명작의 반열에 올려놓았다.

영화의 배경은 2차 세계대전이 막 끝나고 민주주의-공산주의의 냉전체제가 시작되기 직전이다. 당시 최고의 악은 나치였고 나치 스파이 무리에 미국 스파이로 침투하는 것이 앨리시아의 임무다. 미 정보요원 데블린(캐리 그랜트)은 앨리시아의 사랑을 이용해 브라질 리오에 있는 세바스찬(클로드 레인스)의 저택에 침투시켜 정보를 빼내려고 한다.

정보를 얻기 위한 가장 좋은 방법은 적과 친밀해지는 것. 친밀한 것의 최고는 사랑이므로 두 사람은 결혼한다. 그러나 데블린은 그다지 동요가 없다. 영화에서는 결혼한 세바스찬과 앨리시아의 살가운 접촉은 한 번도 나오지 않는다. 데블린과는 숱하게 키스하고 부비고 어루만지지만 결혼한 두 남녀는 손잡는 모습조차도 제대로 안 보인다.

히치콕 감독은 사랑해서 결혼한 남자의 사랑은 사랑이 아니고 사랑하였으므로 다른 남자와 결혼한 여자의 사랑만을 사랑으로 다루면서 관객의 호흡을 숨 가쁘게 만드는 데 성공했다.

하지만 앨리시아의 스파이 활동은 순조롭지 않다. 파티의 틈을 타 와인병에서 원자탄의 내용물을 확인하는 데 그친다. 게다가 세바스찬과는 달리 냉정하면서도 사람을 꿰뚫어 보는 시어머니(레오폴딘 콘스탄틴)의 눈 밖에 나 독극물로 서서히 죽는 신세가 된다.

앨리시안은 죽기 직전 데블린의 손에 의해 병원으로 가게 되는데 이것을 데블린의 사랑이라고 말해야 할까. 물론 말로는 사랑한다고 하고 영화에서는 진짜 사랑하는 것처럼 보이지만 진짜 데블린의 속마음은 앨리시아를 사랑하지 않는지도 모른다.

앨리시아에게 냉정한 사람이라는 소리를 들을 만큼 때로는 잔인한 행동을 하는데 그것은 그가 정보요원으로 책임을 완수하겠다는 사명감이 전부는 아닌 듯하다. 설령 자신이 명령을 내린다고 해도 다른 남자에게 선뜻 다가서는 여자의 그 진저리 칠만큼 자로 잰 것 같은 사리분별 혹은 남자의 진짜 마음을 모르는 멍청함 때문에 나오는 행동은 아닐까.

사랑한다면 모든 말은 다 들어도 다른 남자와 잠자리는 하지 말아야 한다고, 그래야 진정한 남자의 사랑을 얻을 수 있다고 히치콕은 말하고 있는 것은 아닐까. 물론 아닐 것이다. 하지만 그런 생각이 드는 것은 데블린의 미묘하고도 복잡한 표정에서 남자의 본성을 조금 엿봤기 때문이다.

세바스찬으로 나오는 클로드 레인스는 〈카사블랑카〉에서 멋진 형사 '잡놈'으로 나와 눈부신 조연 역을 소화한 바 있다. 그런데 여기서는 그다지 주목받을 만한 연기력을 보이지 못해 아쉬움이 남는다.

영화가 끝나고 잉그리드 버그만의 컬러사진을 봤다(그게 불멸의 배우에 대한 최소한의 예의일 것 같아서). 흑백으로만 보다 컬러로 보니 눈이 갈색이고 상상했던 대로 머리카락은 금색이다. 1982년 67세의 나이로 사망했다.

오발탄

An Aimless Bullet, 1961

I MOVIE

국가 | 한국
감독 | 유현목
출연 | 김진규, 최무룡, 문정숙

원작이 좋으면 실수를 해도 평균은 한다. 감독이 뛰어나면 기대에 미치지 못해도 반타작은 한다.

유현목 감독의 〈오발탄〉은 좋은 원작과 좋은 감독이 만나 태어난 명품이다. 오랜 시간이 흘러도 변하지 않고 윤기 나는 그런 영화다.

해방 후 들뜬 기분도 잠시, 동족상잔의 참극이 벌어졌다. 거리는 상이군경들로 넘쳐났다. 철호(김진규) 가족도 예외는 아니다. 동생 영호(최무룡)는 옆구리에 총알 두 발이 관통했다. 군에서 나온 지 2년이 지났지만 변변한 직장이 없다.

영호가 하는 일은 손 대신 갈고리를, 다리 대신 목발에 의지하는 옛 동료들과 '전우여 잘 자라' 같은 군가를 부르며 술을 마시고 어울리는 일이다(영호는 한때 영화사의 배우 제의를 받기도 했으나 자신의 아픈 상처를 이용한다며 대본을 찢어 버린다).

철호는 작은 회사의 서기다. 월급을 받아봐야 전차 값도 안 돼 10리 길을 걸어오기 일쑤다. 집은 산을 깎아 만든 다 쓰러져 가는 해방촌에 있다. 그곳에는 치매에 걸린 어머니가 자다가 벌떡 일어나 "가자, 가자."를 외친다. 여동생 명숙(서애자)은 미군을 상대하는 양공주다.

막내아들은 학교에 다니는 대신 신문팔이를 하고 철없는 어린 딸은 신발을 사달라고 조른다. 아내(문정숙)는 만삭이다.

어느 날 사무실로 전화 한 통이 걸려온다. 중부경찰서에 명숙이 끌려왔다. 풍속단속에 걸려든 것이다. 경찰은 오빠에게 몸단속 잘 시키라고 타이른다. 밖으로 나온 두 사람은 서로 떨어져서 모른 척 걸어간다.

영호는 한탕을 꿈꾼다. 지긋지긋한 가난을 벗어나 근사한 양옥집을 짓고 떵떵거리고 살고 싶다. 양심이고 윤리고 관습이고 법률이고 다 필요 없다. 그의 손에는 권총이 들려 있다.

사랑했던 여인(김혜정)이 시 10편만 쓰겠다는 애송이 시인에게 죽음을 당하자 더 이상 기댈 언덕이 없다. 뭉칫돈이 오고가는 상업은행 남대문 지점이 범행 장소다.

돈다발을 챙겼지만 경찰의 추격이 만만찮다. 영호는 청계천 공사가 한창이던 지하로 피신한다(헐고 인공수로를 만든 지금과 비교해 보면 격세지감이 인다).

하지만 곧 포위당하고 만다. 철호는 동생을 면회한다. 유언처럼 딸에게 화신백화점 구경시켜 주라고 말하는 동생에게 형은 말이 없다.

동생들 때문에 경찰서를 제집처럼 드나드는 철호의 신세는 시도 때도 없이 닥쳐오는 치통만큼이나 괴롭다.

터벅터벅 언덕을 오른다. 햇빛은 강렬하고 손에 쥔 서류봉투는 날씬하다. 집에 가까워질수록 "가자, 가자." 하는 어머니의 목소리가 커진다.

"가세요, 갈 수만 있다면…." 철호는 한숨을 길게 내쉰다. 집에 도착하자 명숙의 얼굴이 굳어있다. "병원에 빨리 가 봐요. 언니가 애를 낳다 걸렸어."

서울대학교 병원의 시체안치실. 아내는 죽었다. 철호는 밖으로 나온다. 되는 것이 없다. 착하게만 사는 인생에 세상은 이처럼 잔인하다.

이는 욱신거리고 마침내 철호는 치과를 찾는다. 두 곳의 치과를 돌며 아픈 이를 싹 뽑아 버린다. 침을 뱉을 때면 검붉은 피가 쑥, 쑥 뿜어져 나온다.

무작정 걷는다. 차들이 아슬아슬하게 비켜 간다. 택시에 오른다. 손님, 어디로 모실까요?

"해방촌으로. 아니, 서울대학병원으로. 아니 중부경찰서로."

어디로 가야 할지 모르는 철호는 행선지를 마구 바꾼다. 기사는 말한다.

"어쩌다 오발탄 같은 손님이 걸렸어. 자기 갈 곳도 모르는."

어딘가 가기는 가야 하지만 정처 없는 신세. 철호는 언제나처럼 말이 없다. 영화는 후반부로 갈수록 묵직하다.

끌고 가는 뒷심이 대단하다. 원판이 분실돼 제7회 샌프란시스코영화제에 출품된 작품만 남아 있다(화면의 질이 좋지 않다. 제대로 된 복원판이 나왔으면 하는 바람이다).

이범선의 「오발탄」이 원작이다. 당시 사회상을 가감 없이 그렸다. 리얼리즘의 진수다. 김진규의 무표정하거나 체념한 표정 연기가 일품이다. 동시대의 어느 외국 작품과 비교해도 떨어지지 않는 수작이다. 가히 한국 최고의 영화라고 부를만하다.

오피셜 스토리

The Official Story, 1985

MOVIE

국가 | 아르헨티나
감독 | 루이스 푸엔조
출연 | 노마 알렌드로, 헥터 엘터리오

학살과 고문의 기억은 우리에게만 있는 것은 아니다. 축구황제 '마라도나'와 '메시'의 나라 남미의 아르헨티나에도 있다.

　1976년 군부 쿠데타로 정권을 잡은 '비델라'는 1981년 대통령직에서 물러났다. 정권은 민간정부에 이양됐다. 루이스 푸엔조 감독의 〈오피셜 스토리〉는 쿠데타와 실각 사이에서 벌어졌던 만행에 대한 '공식 역사'의 기록이다.

　경제를 살리고 사회 불만 세력의 혼란을 수습하겠다는 명분으로 집권한 군부는 계엄령을 선포하고 소위 '더러운 전쟁'으로 불리는 반대 세력에 대한 무자비한 폭력과 살인으로 정권을 유지해 왔다.

　고등학교 역사 선생인 알리시아(노마 알렌드로)는 성공한 남편 로베르토(헥터 엘터리오), 예쁜 딸 가비(아날리아 카스트로)와 행복한 가정을 꾸리고 있다.

　폭등하는 물가와 실업으로 서민의 생활은 도탄에 빠져 있지만 알리시아의 가정과는 아무런 연관이 없다. 어느 날 고교 동창회에 간 알리시아는 오랜 소꿉친구였던 아나(춘추나 비야파네)를 만난다.

　알리시아는 군대의 공격 이후 7년 만에 나타난 아나가 2년 동안 보지 못한 동거남의 반정부 시위로 납치돼 고문과 강간을 당했다는 사실을 알고 경악한다. 아이들이 전리품으로 넘겨졌다는 말을 들을 때는 서로 껴안고 눈물을 흘린다.

"그들이 쳐들어와서 모든 걸 다 부쉈어. 차로 끌고 갔고 개머리판으로 때렸지. 시간 감각을 모두 잃었어. 내 안에서 뭐가 망가진 걸 느꼈지. 매달고 물통 속에 집어넣었어. 전기고문과 물고문이 시작됐지. 울음소리가 가득했는데 그 소리가 내 소리인지 다른 사람 소리인지 모르겠어. 임신한 여자의 아기를 빼앗았어. 사려는 사람에게 아무런 질문도 하지 않고 준 거야."

알리시아는 불임으로 입양한 딸 가비도 희생자들의 아이가 아닐까 하는 의구심이 들자 남편의 반대에도 불구하고 가비의 출생에 관한 비밀을 알려고 한다.

이후 알리시아의 삶은 일대전환을 맞는다. 보수적 사관에 빠졌던 그는 언론의 보도에 관심을 갖고 기록된 역사 이외의 현실 의식을 반영한 학생의 리포트에 A학점을 주는 등 새로운 세계에 눈을 뜬다. 관객들은 알리시아가 가정을 깨고 남편과 불화를 겪지만 궁극적으로 진실의 편에 선다는 것을 눈치 챈다.

대통령 궁에서 내려다보이는 '5월 광장'에서 실종자 가족을 찾는 어머니들과 시민들의 시위가 날로 격화되고 알리시아는 가비의 할머니일지도 모르는 한 노파의 시위 광경을 목격한다. 할머니는 실종된 딸과 사위의 사진 그리고 가비의 어린 시절을 보여주고 알리시아는 가비가 할머니의 손녀라는 확신에 몸서리친다.

겨우 5살에 생모를 잃은 가비는 또 한 번 엄마를 잃어야 하는 순간이 왔다. 로베르토는 알리시아의 이런 행동을 미친 짓으로 몰아부치고 급기야 그녀를 심하게 때린다. 그의 눈에는 눈물이 흐르고 알리시아는 문을 닫고 로베르토를 떠난다.

알리시아는 모든 것을 잃고 진실을 얻었다. 어느 것이 옳은 것인지 관객들은 헷갈린다. 가비를 위해서, 혹은 행복한 가정을 위해서 알리시아의 진실 파헤치기가 꼭 필요했던 것일까 하는 의문은 이 영화와는 조금 동떨어져 있다.

의문의 제기보다는 사실 그 자체에 무게 중심이 있기 때문이다. 알리시아와 로베르토의 막판 공방은 이 영화의 핵심장면이다.

"역사의 이해는 그때를 이해하는 것이다. 기억하지 않고 존재할 수 없다. 역사는 기억이다. 그것이 우리가 배우는 것이다."라는 말을 실천한 알리시아의 행동에 비난과 찬사를 보내는 것은 각자의 몫이다.

감독은 알리시아를 통해 진실의 힘을, 로베르토를 통해 군사정부의 폭력과 왜곡과 은폐를, 가비를 통해서는 희생자의 역사를 기록하고 싶었을지 모른다.

이 영화는 남미 국가에서는 처음으로 아카데미 최우수외국어영화상을 수상했다.

간혹 느슨한 흐름이 눈에 띄지만 영화의 완성도보다는 진실을 알고자 하는 숨 막히는 전개에 그런 허점은 잘 보이지 않는다. 매끄럽지 못한 번역은 아쉬움이 크다.

참고로 1978년 아르헨티나는 제11회 월드컵을 유치했다. 이 와중에 반대파 3만 명을 학살하는 악행을 저질렀다. 비델라는 편파판정과 승부조작으로 우승해 정권을 유지했다.

와일드 번치
The Wild Bunch, 1969

MOVIE

국가 | 미국
감독 | 샘 페킨파
출연 | 윌리엄 홀든, 로버트 라이언, 어네스트 보그나인

'끝이 좋으면 모든 게 좋다.'

샘 파킨파 감독의 〈와일드 번치〉는 후반부가 화려한 영화다. 지루하게(러닝타임 142분) 이어지던 영화는 마라톤 결승선을 향해 전력질주한 후 그라운드에 엎어진 1등 선수처럼 장렬하다.

엄청난 화력에 수많은 사람이 추풍낙엽처럼 쓰러진다. 남녀노소를 가리지 않는다. 아군도 적군도 구별이 없다. 발사된 총에 맞으면 누구나 붉은 피를 흘리며 땅으로 고꾸라진다.

이 영화를 왜 만들었느냐고 질문을 던질 필요는 없다. 이 마지막 신만 봐도 살이 떨리고 숨이 멎는다.

대개의 웨스턴 영화가 그렇듯 〈와일드 번치〉도 악당의 무리들이 총질을 하고 돈을 훔쳐 도망을 가고 추격을 하는 일련의 과정들을 충실히 따르고 있다.

1913년 어느 날, 흙먼지를 날리며 거친 무리가 말을 타고 유유히 마을로 들어온다. 마을 한구석에는 금주운동을 벌이는 사람들이 모여 있고 그 옆으로 어린아이들이 작은 목책을 세우고 전갈 두 마리와 수백 마리 개미들의 싸움을 구경하고 있다.

미 육군 복장으로 위장한 두목 파이크(윌리엄 홀든)와 더치(어네스트 보그나인)는 털기로 작정한 철도 사무소를 습격한다. 미리 정보를 입수한 옥상의 저격수들과 한바탕 총격전이 벌어진다.

마침 시위대가 마을을 지나자 주민들은 양쪽에서 쏘아대는 총탄에 쓰러지고 악당들은 돈을 챙겨 마을을 벗어난다. 아이들은 불을 질러 전갈과 개미들을 죽인다. 그들이 떠난 마을에는 시체더미가 즐비하다.

높은 곳에 올라와 한 숨 돌린 악당들은 전리품을 보면서 흐뭇하다. 하지만 자루에 든 것은 황금 대신 구멍 뚫린 쇳조각이다. 속았다. 분을 감추지 못하는 사이 추격대는 손튼(로버트 라이언)을 대장으로 삼고 뒤를 쫓고 있다.

한때 파이크의 동료로 활동했던 손튼은 파이크를 30일 만에 체포하지 못하면 다시 감옥으로 가야 하는 신세이기 때문에 현상금 사냥꾼이 되어 필사적으로 따라온다. 악당들은 도망치는 와중에도 무기를 실은 기차를 공격하고 다리를 폭파하는 등 눈요깃거리를 계속 제공한다.

이런 가운데 파이크 일당은 멕시코 반군에게 잡힌 동료 엔젤 때문에 고심한다. 엔젤은 그곳 총독의 차(그들은 차를 처음 본다)에 매달려 끌려 다니면서 반죽음 상태다.

파이크 일당은 어린아이를 옆에 두고 손님을 받는 창녀와 놀아난다. 젊고 예쁜 여자와 한바탕 욕정을 뿌렸으니 이제 죽을 준비는 됐다(큰 일을 하기 전에 대개 남자들은 여자를 찾는다).

장총을 양손으로 잡고 네 명의 사내들이 창녀촌을 떠나 일렬횡대로 마을로 걸어 들어오는 장면은 그들이 곧이어 벌어질 전투에 모든 것을 걸었다는 것을 말해준다.

예감은 대개 들어맞듯이 이들은 수백 명의 반군 일당과 제대로 한 판 붙는다. 총독이 엔젤을 돌려주지 않고 목을 베자 분노는 폭발한다.

초반부의 강력한 전투신은 이 마지막 장면을 위한 리허설에 불과했다.

난사된 기관총에 맞은 사람들은 분수처럼 피를 뿌리고 수류탄에 맞아 팔다리가 잘리면서 허공에 나뒹군다. 유혈이 낭자한 살육전이 볼 만하다. 총에 맞는 순간 구멍이 뚫리고 뚫린 구멍에서 피가 덩어리로 뿜어져 나올 때면 아, 하고 작은 탄성을 지를 만하다. 소방호스로 물을 뿌리듯이 피가 물 대신 울컥울컥 쏟아져 나온다. 빠른 총알, 느린 분출이 묘한 대조를 이룬다.

시작이 있으면 마지막이 있게 마련이다. 집단 살육전이 끝났다. 뒤따라온 손튼은 패거리와 합류한다. 그가 설 곳은, 그가 할 수 있는 일은 그것밖에 없기 때문이다. 쫓는 자가 선이 아니고 쫓기는 자가 선이 아닌 이상 그가 합류하지 못할 아무런 이유가 없다.

주름살 가득한 늙은이들이 벌이는 잔혹한 살육전은 샘 페킨파 감독이 왜 '폭력계의 피카소'로 불리는지 증명해 준다. 아마도 감독은 이 장면을 찍으면서 자신도 총질을 하는 무리의 일원이라고 느끼면서 환희에 몸을 떨었을지도 모른다.

이 영화는 이후 모든 폭력영화의 아이콘이 됐다. 〈영웅본색〉(1986)의 오우삼 감독과 〈킬 빌〉(2003)의 쿠엔틴 타란티노 감독도 샘 페킨파에 빚을 졌다고 볼 수 있다. 〈베를린〉(2012)의 류승완 감독은 그에게 영향을 받았다고 공개적으로 밝히기도 했다.

너무나 잔혹해 한동안 8분가량의 장면이 삭제된 채 상영되는 불운을 겪기도 했다.

와호장룡

臥虎藏龍, 2000

MOVIE

국가 | 미국, 홍콩, 중국, 대만
감독 | 이안
출연 | 주윤발, 양자경, 장쯔이

지금까지 나온 무협 영화 중 단연 최고는 이안 감독의 〈와호장룡〉이다. 120분 동안 쉴 새 없이 긴장을 유지하면서 터져 나오는 액션과 판타지, 로맨스는 보는 중간보다도 보고 나서 더 만족감을 느끼게 한다. 주윤발, 장쯔이, 양자경의 연기가 더해졌으니 금상첨화가 따로 없다.

지붕을 타고 쫓고 쫓기는 추격전, 광활한 티베트 사막에서 벌어지는 말 달리기, 기와집 안마당과 2층 식당의 피 튀기는 결투 그리고 누구도 이의를 달기 어려운 가장 황홀한 장면인 대나무 숲에서의 칼싸움 등 보여줄 수 있는 것은 다 보여줬다.

지구의 물리법칙을 무시하고 땅을 달리듯 물 위를 날고 직각의 벽을 고양이처럼 가볍게 차고 올라가서 수중발레를 하듯 공중전을 벌이는, 이 모든 것이 너무나 자연스러워 그렇게 하지 않는 것이 오히려 이상한 것처럼 보이는 것은 순전히 감독의 수완이다.

〈와호장룡〉 이후, 제대로 된 무협영화가 나오지 않는 것은 아마도 이 영화를 능가하기가 여간해서는 힘들기 때문은 아닐까.

영화는 중국 청조 말 혼란스런 무림의 세계가 주요 배경이다. 화면의 첫 부분에 등장하는 리무바이(주윤발)와 수련(양자경)은 척 봐도 연인 관계다. 그러나 이루어질 수 없을 것 같은 느낌은 눈치 빠른 관객이라면 쉽게 알아챌 수 있다.

리무바이는 잃어버린 청룡검을 찾는 과정에서 스승의 원수인 파란여우를 죽이고, 그 과정에서 독침을 맞아 최후의 운명을 맞는다. 수련과의 사랑은 죽음 이후에나 가능했던 것이다. 주인공이 죽었으니 영화도 자연스럽게 결말 부분에 다다른다.

　하지만 영화는 두 사람의 사랑보다는 용(장쯔이)의 이유를 알 수 없는(혹은 페미니즘) 이글거리는 적개심과 자유분방함, 마적단 두목 호(장첸)와의 관계 등에 더 많은 무게중심이 쏠린다.

　전설적인 청룡검을 훔친 용은 세상에 대한 호기심과 자유롭게 살고 싶다는 욕망 때문에 결혼을 거부하고 강호로 떠난다. 이런 용을 이용하려는 한때 스승이었던 파란여우와의 갈등, 그 갈등은 스승을 능가하는 무공을 이미 갖춘 용의 자신감에서 비롯된다.

　그러니 용이 리무바이의 후계자 제의를 거부한 것은 당연한 결과라고 할 수 있다. 용은 일인천하의 무공을 과시하고 싶었던 것이다.

　그래서 두 사람은 피할 수 없는 한 판 승부를 위해 대나무 밭으로 훌훌 날아간다. 대나무를 잡고 오르내리는 장면은 가히 신기에 가까워 〈스타워즈〉의 비행물체처럼 자유자재지만 부드러움에 있어서는 한 수 위다.

　그렇다. 이 영화의 또 다른 핵심은 부드러움이다. 지난해 타개한 민주주의자 김근태의 영결식에서 1970~1980년대 정윤희, 유지인과 함께 한국의 대표 여배우였던 장미희는 김근태를 〈와호장룡〉과 자연스럽게 연결시켰다. 칠성판 전기고문도 버텨낸 강철의 김근태는 실제 정치에서는 대나무처럼 부드러운 그러나 결코 꺾이지 않는 힘을 보여줬던 것이다.

　이 부드러움은 별똥별이 무수히 떨어지는 티베트 사막에서 호가 사랑을 맹세하면서 용에게 들려줬던 "간절히 바라면 이뤄진다."는 시 같은 말과도 이어진다.

　화려한 대자연의 영상과 숨 막히는 결전은 어디 가고 어느새 화면은 검은 바탕에 흰 줄의 자막으로 바뀐다. 심장처럼 울리던 음악이 멈추고 나서야 비로소 안도의 한숨을 내쉬는 영화 〈와호장룡〉은 보지 않고는 말할 수 없다.

와호장룡: 호랑이가 누워있고 용이 숨어 있다는 말. 은거한 최고의 고수를 일컫는다.

완다라는 이름의 물고기

A Fish Called Wanda, 1988

MOVIE

국가 | 미국
감독 | 찰스 크릭톤
출연 | 제이미 리 커티스, 케빈 클라인, 존 클리즈

목표를 이루고 나면 동지는 간데없고 깃발만 나부끼는 게 현실이다.

찰스 크릭톤 감독은 〈완다라는 이름의 물고기〉라는 다소 길고 이상한 제목의 영화를 만들어 소위 흥행 대박을 쳤다. 동지가 사라지게 되는 과정은 그야말로 포복절도할 지경이다.

보석을 독차지하기 위해 몸을 무기로 삼는 주인공 완다(제이미 리 커티스)는 애인 오토(케빈 클라인) 등과 작당해 정부이며 말더듬이 켄(마이클 폴린)의 아버지인 조지(톰 조지슨)를 경찰에 밀고한다. 그리고 전형적인 영국 신사인 변호사 아치(존 클리즈)의 가정을 박살낸다.

늙은 남자를 후려쳤으니 저주의 화살이 꽂히는 게 당연하지만 감독은 완다의 손을 들어준다. 완다의 파멸보다는 승리로 영화를 끌고 가는데, 이는 완다의 미모와 저돌적인 육탄공세가 먹혀들었기 때문이다.

경찰의 밀고로 투옥된 조지를 면회하는 과정에서 보석이 들어있는 보관함 열쇠를 아들에게 넘긴 사실을 안 완다는 수족관 속에 있는 열쇠를 손에 넣는 데 성공한다.

하지만 금고가 있는 장소를 몰라 애를 태우다 조지의 변호사로 일하는 아치에게 미국에서 법을 배우는 여대생이라고 거짓말을 하면서 접근한다. 아치는 돈 많은 아내 대신 완다에게 급속히 쏠리면서 그녀의 마수에 걸려든다.

사랑에 눈이 멀었으니 아내는 안중에 없다. 아내의 손에 들어간 목걸이 속의 열쇠를 되찾기 위해 자기 집을 터는 것쯤은 아무것도 아니다.

　오토와 완다는 남매로 위장한 애인 사이이지만 서로 필요할 때만 애인이지 마음은 딴 데 팔려 있다. 멍청이라는 말을 제일 싫어하는 오토는 완다가 이탈리아어를 사용하면 성적으로 크게 흥분한다는 사실을 알고 적절한 시기에 잘도 써먹는다.

　그러나 외국어에서는 아치가 한 수 위여서 그는 이탈리아어뿐만 아니라 러시아어까지 능숙하게 구사한다. 완다의 몸이 녹아날 수밖에 없다. 아치와 완다가 친해지자 오토는 당연히 화를 내고 힘에서 밀린 아치는 다음과 같은 치명적인 사과를 오토에게 한다.

　"당신에 대한 비방은 전혀 근거 없고 부당한 발언이므로 나는 깊은 후회와 함께 당신과 당신 가족에게 사과드리며 앞으로 어떤 경우에도 비방을 하지 않겠다."

　건물 5층 높이에 거꾸로 매달려 있다면 아치 아닌 누구라도 이 정도 사과는 해야 한다.

　한편 오토 역시 게이로 가장해 켄을 사랑하는 척 하면서 보석의 위치를 알아내려고 백방으로 노력하는데, 그의 게이 연기는 익을 대로 익어 진짜 게이가 아닌가 하는 의구심이 들 정도다.

　개 3마리를 끌고 다니는 유일한 증인인 할머니를 없앤 켄은 오토의 사랑이, 사랑이 아니라 장난이라는 것을 나중에 눈치 채고 시멘트 바닥에 발이 빠진 그를 아스팔트용의 거대한 롤러로 깔아뭉갠다. 그 이후 더듬는 증상이 가신다.

　높이 들어 올릴 때 보기 좋은 완다의 두 다리에 홀린 아치. 그는 아

내와 딸을 과감하게 버리고 영국 신사도 사랑 앞에서는 별 수 없다는
것을 보여준다. 두 사람은 해변이 멋진 플로리다행 비행기에 오른다.

켄을 괴롭히기 위해 그가 좋아하는 '완다'라는 이름의 물고기까지
먹는 오토(케빈 클라인은 이 영화로 아카데미 남우조연상을 받았다.)와 완다와
사랑을 위한 리허설 동작으로 옷을 벗고 마구 날뛰는 아치의 연기가
무르익었다.

욕망

Blowup, 1966

MOVIE

국가 | 영국/이탈리아
감독 | 미켈란젤로 안토니오니
출연 | 데이빗 헤밍스, 바네사 레드그레이브

무언가를 얻기 위해 벌이는 여성들의 넘치는 의욕은 때로는 몸을 상품화기도 한다. 좋은 사진을 찍기 위한 패션모델들의 노력도 별반 다르지 않다. 잘 나가는 사진작가에게 무시와 모욕을 당해도 꿋꿋이 참아내는 것은 이런 이유 때문이다. 무작정 찾아와 육탄공세를 벌이는 것도 예사롭다.

미켈란젤로 안토니오니 감독의 〈욕망〉은 허전한 무엇을 채우거나 가지기 위해 끊임없이 탐하는 욕망에 관한 이야기라고 할 수 있다(그 욕망은 돈이나 섹스 또는 명예 등 세속적인 것이 아닐 수도 있으며 자신의 예술세계에 대한 심오한 것일 수 있다).

유명한 사진가 토마스(데이빗 헤밍스)는 모델들을 거칠게 다루지만 여성들은 별 불평 없이 참아낸다. 눕히고 세우고 앉히고 자유자재의 포즈를 원해도 순순히 따른다. 면박은 기본이며 마음에 들지 않으면 그대로 세워놓고 벌을 주기도 한다. 사진을 찍으면서 누운 여자를 희롱하기도 하는데 이쯤 되면 가히 학대라고 할 만하다.

제 발로 찾아온 두 명의 젊은 여자와는 육체의 향연을 벌이고도 사진을 찍어 주지도 않고 내일 오라고 내쫓는다. 너희들이 나를 피곤하게 했다는 것이 이유다. 하지만 이런 무(無) 매너에도 사진에 대한 집착과 열정은 대단하다. 온몸이 땀으로 흠뻑 젖을 정도로 집중한다.

토마스는 패션모델 사진과 하류인생에 대한 다큐 사진 작업도 병행하고 있다. 그는 새로 낼 사진책의 대부분이 거친 것이어서 마지막에 쓸 사진은 고요하고 좀 점잖은 것으로 정하기 위해 공원을 찾는다.

손을 맞잡고 다정해 보이는 남녀가 있다. 불륜으로 의심되는 커플이 대개 그렇듯 여자는 젊고 남자는 늙었다. 양손을 맞잡고 허리를 뒤로 펴거나 키스를 하는 등 사진 찍기에 좋은 포즈를 취한다.

필름을 돌리고 셔터를 누르는 소리가 경쾌하다. 찰칵, 찰칵 열심히도 찍는다. 연사로 찍는 짤깍거리는 소리 외에 공원은 적막하다. 적막하지만 나뭇잎이 크게 흔들린다. 공원의 분위기가 왠지 심상찮다.

사진이 찍혔다는 것을 안 젊은 여자는 토마스에게 다가와 사진을 돌려줄 것을 요구한다. 토마스는 습관처럼 매정하게 응수한다.

"나는 사진사다. 이게 내 직업이다. 보통 여자들은 돈을 주고 사진을 찍어 달라고 한다."

여자는 돈을 주겠다고 제의한다. 하지만 토마스는 "나는 비싸다, 내가 가지고 싶은 사진을 가진다."며 여자의 제의를 일언지하에 거절한다. 여자는 운다. 분에 못 이겨 사진기를 뺏으러 달려드나 헛수고다. 토마스는 달려드는 여자 모습도 찍는다(지금 상황이라면 상상도 못할 일이다).

집으로 돌아온 토마스는 사진을 현상한다. 그러다 이상한 점을 발견한다. 이때쯤 여자는 토마스를 찾아와 필름을 달라고 집요하게 요구한다. 스스로 옷을 벗는다. 뭔가 낌새를 눈치 챈 토마스는 진짜 대신 다른 필름을 준다.

그리고 둘이 막 하려는 상황에서 초인종이 울리고 골동품 가게에서 산 프로펠러가 배달 온다. 흥이 깨졌다. 여자는 옷을 입고 토마스는 전화번호를 요구하는데 여자도 보통내기가 아니어서 준 것은 가짜 전화번호다. 여자는 가고 토마스는 암실에서 몸을 주고서라도 얻으려고 하는 필름의 정체를 확인하기 위해 현상을 한다. 그러다 뭔가 이상한 점을 발견한다.

남녀의 사진 뒤로 권총을 든 남자의 모습과 시체로 보이는 무언가가 흐릿하다. 루페(돋보기)로 자세히 보고 더 크게 확대해서 살핀다. 미심 쩍은 토마스는 사건현장에 직접 가서 남자의 시체를 확인하지만 카메라를 들고 다음날 가보니 시체는 감쪽같이 사라졌다.

스릴러나 서스펜스와 같은 극적 요소들이 가미됐으나 미스터리와는 거리가 멀다. 사건이 말끔히 해결되는 것도 아니다. 마지막 장면은 첫 화면에 등장했던 분장한 남녀들이 공과 라켓도 없이 테니스를 치는 것으로 끝난다.

모호한 영화다. 실체가 잡힐듯하지만 잡히지 않는다. 하지만 실체나 결론이 없고 사건이 속 시원히 해결되지 않는다고 해서 이 영화의 완성도가 떨어지는 것은 아니다. 욕망은 사건의 발생이나 해결에는 별로 관심이 없기 때문이다.

토마스는 사진을 찍을 때는 집념이 대단하지만 끝나고 나서는 삶의 목표가 없는 사람이 그러하듯이 지루한 일상을 벗어나기 위해 컨버터블을 몰고 골동품 가게를 가거나 록클럽 등 여기저기를 쏘아 다닌다 (자신의 일을 찾았을 때 비로소 권태와 냉소에서 벗어난다).

토마스의 연기도 연기지만 흰색 바지와 감색 상의, 무늬셔츠가 배역과 잘 어울린다(헤어스타일은 당시 최고의 팝스타였던 '비틀즈'의 머리 모양을 따랐다. 개봉 초기 큰 성공을 거뒀다고 하는데 이는 두 명의 여자들과 벌이는 난교 비슷한 장면에서 헤어누드가 있다는 소문이 돌았기 때문이다. 당시 체모노출은 개방적인 서구 사회에서도 일종의 충격이었다고 한다).

용서받지 못한 자

Unforgiven, 1992

MOVIE

국가 | 미국
감독 | 클린트 이스트우드
출연 | 클린트 이스트우드, 진 핵크만

중독은 쉽게 끊지 못한다는 단점이 있다. 담배를 10년 이상 끊었다가도 어느 날 어떤 계기로 다시 골초로 돌아가는 수가 있다. 술도 마찬가지다. 딱 끊었다가 한 잔의 유혹에 넘어가 알코올중독자 신세로 다시 전락한다.

살인도 그럴까. 설마 하겠지만 설마가 사람 잡는다고 돈 때문에 11년 만에 다시 '살인의 추억'에 빠져 드는 은퇴한 총잡이도 있다. 중독 때문이라고 단정하기는 뭐하지만 경험이 없었다면 돈의 유혹에 그렇게 쉽게 넘어가지는 않았을 것이다.

주인공은 물론 감독에 제작까지 1인 3역을 해낸 클린트 이스트우드의 〈용서받지 못한 자〉는 살인청부에 나서는 한 사나이의 이야기다.

아내를 잃고 어린 아들, 딸과 함께 돼지우리를 지키면서 근근이 살아가는 윌리엄 머니(클린트 이스트우드)는 애송이 스코필드 키드(제임스 울벳)의 제의에 따라 친구인 네드(모건 프리먼)를 끌어 들여 살인의 길을 떠난다.

서부극이 모두 그렇지만 단지 돈 때문이라면 이야기는 허술하다. 돈이라는 핵심 요소에 어떤 정의롭지 못하지만 정의인 것 같은 다른 요소가 끼어든다. 그래야 제맛이 난다.

창녀와 재미를 보다 자신의 물건을 흥봤다는 이유 하나만으로 눈과

귀, 심지어 젖까지 도려낸 악당을 처치하는 것이 총잡이에게는 면죄부인 셈이다.

1,000달러라는 큰돈도 걸렸겠다, 악당을 없앤다는 그럴듯한 이유까지 더해졌으니 '여자는 물론 아이까지 닥치는 대로 죽였던 겁도 없고 잔인하고 지독한 악당 중의 악당'이 살인 제의를 거부할 명분이 없다.

"마음이 바뀌면 와라, 난 서부로 간다."는 말을, 멈칫거리는 윌리엄에게 하는 순간 관객들은 그가 당연히 마음이 바뀔 거라는 걸 눈치 챈다. 하지만 출정식은 쉽지 않다. 권총을 쏘지만 목표물에 맞지 않고 말을 타는데도 넘어지기 일쑤다.

마침내 그는 아내의 묘비 앞에 꽃을 놓는다. 언덕 위로 사라져가는 킬러를 보는 눈은 더 이상 돼지우리에 빠져 허우적거리는 선한 농부의 눈이 아니다. 뿜어져 나오는 살벌한 광채는 여럿 죽이고도 남겠다.

현상금이 걸렸으니 인간쓰레기들이 몰려드는 것은 시간문제다. 화려한 경력을 자랑하는 잉글리쉬 밥(리처드 해리스)이 그의 전기를 쓰는 좀 모자란 듯이 보이는 작가와 함께 마을로 들어온다.

밥은 총기휴대 금지를 어겼다는 이유로 냉혈적인 보안관 리틀 빌(진 핵크만)에게 걸려 죽사발이 되도록 얻어터지고 쫓겨난다. 창녀들은 이제 총잡이들이 더는 오지 않을 것이라고 낙담한다.

한편 키드 일당은 번개 치고 천둥 일고 비 쏟아지는 들판에서 노숙을 한다. 네드는 술을 권하지만 윌리엄은 거절한다. 이들도 총기휴대 금지라는 팻말을 지나치며 마을에 도착한다.

키드와 네드가 2층에서 창녀와 재미 보는 사이 윌리엄은 잉글리쉬 밥과 마찬가지로 리틀 빌에게 잡혀 발로 차이고 터지고 깨진다. 세 사람은 간신히 탈출에 성공하고 윌리엄은 칼 맞은 여자의 간호 덕분에 죽을 고비를 넘기고 부상에서 회복된다.

악당 중 한 명을 살해한 네드는 살인에 부담을 느끼고 떠난다. 키드는 남은 한 명이 화장실로 들어간 사이 권총 세 발로 깨끗이 처치한다. 이때가 키드에게는 첫 살인이다. 남쪽으로 떠난 네드는 추격자들에 잡혀 시체상태로 거리에 전시된다. 윌리엄의 분노는 극에 달한다.

이후는 일사천리다. 창녀에게 잔혹한 짓을 한 악당에게 교수형은커녕 채찍질도 않고 말 네 마리로 벌금형을 내린 보안관 리틀 빌을 포함해 여러 명이 윌리엄의 총에 힘없이 고꾸라진다. "집도 지었는데 이렇게 죽다니, 지옥에서 만나자."는 보안관의 목을 향해 '스펜서 장총'으로 확인 사살하는 장면은 섬뜩하다. 그리고 윌리엄은 10년 동안 끊은 술을 마신다.

창밖은 비가 속절없이 내리고 관객들 역시 윌리엄과 함께 위스키 한 잔 먹고 싶은 강한 갈증을 느끼게 되는 것이 이 영화의 매력이다.

석양을 배경으로 큰 나무가 서있고 그 옆에 쓰러져 가는 낡은 집과 아내의 묘비가 멀리 보이는 장면은 시작과 끝이 동일하다.

용서할 수밖에 없는 〈용서받지 못한 자〉는 더 이상 서부극으로는 성공할 수 없다, 서부영화의 시대는 지났다는 예상을 깨고 그해 나온 닐 조던 감독의 걸작 〈크라잉 게임〉을 따돌리고 오스카 작품상, 감독상 등을 거머쥐었다.

〈석양의 무법자〉 등 서부극에서 황홀한 연기를 펼쳤던 클린트 이스트우드는 명배우뿐만 아니라 명감독으로도 인정을 받는 겹경사를 누렸다. '서부영화의 종결자'라는 찬사는 지나치지 않다.

용쟁호투

Enter the Dragon, 1973

MOVIE

국가 | 미국/ 홍콩
감독 | 로버트 클루즈
출연 | 이소룡, 존 색슨, 짐 켈리

보기 참 편한 영화가 있다. 줄거리가 단순하고 등장인물이 쉽게 구분되는 경우다(이때는 간단한 전화를 받거나 급하게 화장실을 갔다 와도 큰 문제가 없다. 헷갈릴 이유가 없으니 리뷰를 쓰기도 좋다).

이런 영화가 바로 로버트 클루즈 감독의 〈용쟁호투〉다. 그렇다고 해서 이 영화의 완성도나 긴장감이 떨어진다는 말은 아니다. 단순함 속에 숨어있는 오묘함이 화면 속으로 빨려들게 하는 아찔한 기분은 굳이 말할 필요가 없다.

'이소룡 키즈'라는 말이 유행할 정도로 이소룡에 의한, 이소룡을 위한 〈용쟁호투〉의 인기는 당시 대단했다(우리나라는 그해 12월 20일 '크리스마스·신정 특집'의 타이틀을 걸고 국제극장과 아세아극장에서 개봉했으며 당시 이소룡이라는 이름 대신 원어인 '브루스 리'로 홍보했다).

그가 휘두르는 쌍절곤은 중고등학생들의 인기 품목이었다. 나도 어설프게 쌍절곤을 휘두르다 등과 팔뚝을 얻어맞은 경험이 있을 정도로 이소룡의 인기는 가히 절대적이었다.

특히 그가 내지르는, "아호~호" 하는 단전에서 흘러나오는 괴성은 저절로 따라하고 싶은 마음이 일어 지나는 사람이 없으면 길거리에서 소리치기도 했다(한 번은 너무 소리를 질러보고 싶어 외진 곳으로 등산을 가 한 30분 동안 "아 흐 오호 으흐 아뵤~" 하는 목쉰 소리와 같은 '괴조음'을 흉내 내기도 했다. 철부지라고 비웃어도 할 수 없다. 그때는 대개 그러했다).

앞서 말한 대로 이 영화의 스토리는 아주 단순하다.

거의 치외법권지역처럼 되어 있는 홍콩 인근의 한 섬에 마약과 인신매매를 하면서 왕처럼 사는 '한'(석견)이라는 악당을 처치하기 위해 이소룡이 급파된다. 이 섬에서는 3년마다 무술대회가 열리는데 이를 핑계로 섬에 들어간 리(이소룡)는 미국 정보기관에 의해 미리 와 있던 여자 첩보원을 통해 그곳 실상을 대충 파악한다.

그리고 자신의 누이를 죽게 만든 한의 부하 오하라(로버트 월)와 대결을 벌여 목뼈를 부러뜨리고 그 무리들을 현란한 발놀림과 전광석화와 같은 주먹으로 아작 낸다(이때 이소룡의 눈은 적어도 전후좌우로 8개는 되는 것 같다. 사방 어디서 달려들든 모두 추풍낙엽이다).

마침내 리는 한과 최후의 일전을 벌인다. 왼손이 없는 한은 날카로운 무기를 장착하고 리와 한판승부를 벌이는데 승자는 이미 정해져 있으니 누가 이겼다고 말하는 것은 사족이다.

거울을 사이에 두고 벌이는 쫓고 쫓기는 장면[이 장면은 오손 웰즈 감독의 명작 〈상하이에서 온 여인(The Lady from Shanghai)〉(1947)의 오마주로 잘 알려져 있다.]의 스릴은 이 영화의 압권이다.

이소룡은 영화가 개봉되기 직전 사망했다. 그의 사망을 두고 마약이나 약물과용 등의 억측이 40년이 지난 지금도 난무하고 있다. 심지어 죽지 않고 어딘가에 살면서 발차기를 하고 있다는 소문도 나오고 있다(믿거나 말거나).

오직 몸뚱이 하나로 영화를 지배했고 한 시대를 풍미했던 이소룡은 가고 없지만 그가 보여주는 기름 바른 근육 덩어리와 빨래판 복근, 비웃는 듯한 눈웃음, 내지르는 괴성은 누구도 흉내 낼 수 없는 카리스마로 남아 시간이 지날수록 오히려 더 살아나고 있다.

사족: 그는 또 이런 멋진 말도 남겼다. "누구나 위대한 업적을 이룰 수 있다. 만약 그가
자신을 정복할 만한 힘만 가졌다면."

우게츠 이야기

雨月物語, 1953

MOVIE

국가 | 일본
감독 | 미조구치 겐지
출연 | 모리 마사유키, 오자와 에이타로, 쿄 마치코

전쟁은 남자에게도 잔인하지만 여자와 아이에게도 참기 어려운 고통을 안겨준다. 일본이 통일되기 전 전국 각지에서 크고 작은 싸움이 벌어졌다. 먹고 살기 어려운 시절, 뺏고 뺏기고 죽고 죽이는 일이 다반사로 일어난다. 이런 혼란은 한편으로는 기회의 순간이기도 하다. 미조구치 겐지 감독의 〈우게츠 이야기〉는 바로 이런 어지러운 시대의 이야기다.

어느 시골 촌구석에 매제 부부와 사는 도예공 겐주로(모리 마사유키)는 일확천금을 꿈꾼다. 아내와 어린 아들이 있지만 남자의 야심은 도시로 나가 도자기를 많이 팔아서 큰돈을 버는 것이다.

아내의 만류를 뿌리치고 떠나는 겐주로의 앞길에는 희망이 가득하다. 그런 겐주로를 따라오는 조금 덜떨어진 토베이(오자와 에이타로)는 큰 칼을 차는 사무라이가 꿈이다. 두 사람은 도시로 나가 제법 벌어온다.

도공은 더 큰 돈을 벌고 싶고 동네에서 제일가는 멍청이로 욕을 먹는 토베이는 기어코 사무라이가 되고 싶다.

말리는 여자와 뿌리치는 남자. 총소리는 점점 가까워 오고 도적패들은 집을 아수라장으로 만든다. 가족들은 넓은 길을 피해 호수로 피난길에 오른다.

노를 젓는 여자가 부르는 노랫소리는 안개와 잔물결이 어우러지면서 근사한 풍경을 그려낸다. 금방 죽을지도 모르는 현실과는 동떨어진 선계에 와 있는 듯한 착각이 들 정도다(이 장면은 큰 그릇에 물을 떠놓고 촬영했다고 하는데 영화 전체를 통해 중요한 대목이라고 한다).

마주 오는 배에는 다 죽어가는 환자가 타고 있다. 그는 해적을 조심하고 특히 여자들은 겁탈에 대비해야 한다고 유언처럼 말한다. 뱃머리를 돌려 도공의 아내와 아들은 배에서 내린다.

우여곡절 끝에 번잡한 장터에 도착한 일행은 비싼 값에 도자기를 팔고 토베이는 그 돈으로 갑옷과 창을 사서 마침내 사무라이가 된다.

겐주로는 술잔과 그릇을 외상으로 사서 배달을 부탁하는 갓 쓴 여자(쿄 마치코; 구로사와 아키라 감독의 〈라쇼몽〉에 출연했다.)를 따라 숲속의 저택으로 가고 거기서 여자와 사랑에 빠진다.

전란으로 가족 전체가 몰살을 당하고 여자와 유모만이 살아남은 집안의 기둥서방이 된 것이다. 거기서 겐주로는 아내와는 비교될 수 없는 밀랍인형 같은 미모를 자랑하는 여자와 꿈같은 살림살이를 한다.

사무라이 토베이는 운 좋게도 적장의 목을 잘라 그 공으로 부하와 말을 얻어 금의환향 길에 오른다. 가는 도중 술과 여자로 호객행위를 하는 창녀의 유혹에 끌려 유곽에 들르는데 거기서 아내를 만난다.

창녀가 된 아내는 말한다. "당신이 출세할 때 나도 출세했다. 예쁜 옷 입고 화장을 하고 매일 술을 마시며 여러 남자와 자고 있다. 난 여자로서 출세했다. 자, 오늘은 당신이 손님이다."

아무리 바보, 얼간이라고 해도 이런 말을 들으면 억장이 아니 무너질 수 없다.

여자에 빠져 도끼자루 썩는 줄도 몰랐던 겐주로는 '죽을상'이라는 스님을 만나 부적을 받고 저택을 떠나 집으로 온다. 부서진 도기 파편이 마당에 가득하고 집은 마치 폐허와 같다.

안으로 허겁지겁 들어간다. 아내가 있다. 아들도 있다. 그는 긴 안도의 한숨을 쉰다. 잘못했다는 남편을 아내는 용서해 주며 정성스럽게 술 한 잔을 따라준다.

다음날 깨어나서 정신을 차려 보니 아내는 이미 죽고 없다. 그가 한때 같이 살았던 여자나 아내는 죽은 혼령이었던 것이다.

한편 토베이는 다리 위에서 창과 갑옷을 던지며 아내와 평생을 살겠다고 다짐한다. 순애보다.

이 영화가 나오자 서양에서는 대단한 영화로 평가했으며 베니스 국제영화제에서 극찬을 받았다. 우리 시선으로 보면 제목처럼 '비오는 달밤의 전설' 정도에 불과한데도 말이다. 유령이 등장하는 등 처음 보는 것에 대한 서양인들의 과대평가라고나 할까.

어쨌든 이 영화를 만든 미조구치 겐지 감독은 구로사와 아키라, 오즈 야스지로와 함께 일본의 대표적인 감독의 반열에 올랐다.

도자기를 굽는 모습과 죽음을 앞에 두고도 가마의 불씨를 살리려는 도공의 혼을 보면서 그 도공은 임진왜란 때 강제로 끌려간 조선의 후예는 아닐까 하는 생각이 절로 들었다.

워터프론트

On the Waterfront, 1954

MOVIE

국가 | 미국
감독 | 엘리아 카잔
출연 | 말론 브란도, 에바 마리 세인트

부패한 노조는 어느 나라, 어느 시기나 있기 마련이다. 질긴 부패의 고리는 어용노조로 새롭게 변신하기도 한다. 엘리아 카잔 감독의 〈워터프론트〉는 부두 노동자들을 착취하는 무늬만 노조인 가짜노조에 관한 이야기다.

노조의 우두머리 조니 프렌들리(리 J. 코브)는 졸개들을 데리고 다니면서 돈과 힘으로 노조를 장악하고 막대한 이득을 챙긴다. 이들은 자신의 행동에 반기를 드는 노조원들을 가차 없이 학대하고 심지어 살인도 서슴지 않는다. 경찰은 허수아비다.

어느 날 밀고자로 몰린 한 노동자가 옥상에서 떨어져 숨진다. 프렌들리의 졸개들은 슬퍼하기는커녕 "조용히 있어야 오래 사는데 그러지 못해 저 꼴이 난다."고 비아냥거린다. 하기야, 그들 일당이 옥상에서 밀어 떨어뜨려 죽인 것이니 더 무슨 말을 하겠는가.

그들 표현대로 "나불거리기는 하지만 날지 못해" 죽은 이의 누이 이디(에바 마리 세인트)가 울부짖는다. 운다고 해서 그의 죽음이 개죽음을 면하는 것은 아니다. 이디는 어슬렁거리는 프렌들리의 한패인 테리(말론 브란도)의 따귀를 올려붙인다. 테리는 그가 이디의 동생이라는 것을 알고 고민한다. 둘은 사랑하는 사이로 발전한다. 동생의 살인에 가담한 자를 사랑하는 이디의 마음은 아리다.

471

신부는 노동자들을 설득해 프렌들리 일당의 악행을 증언하라고 부추긴다. 그러나 누구하나 선뜻 나서지 못한다. 먹고 살기 위한 민초들의 선택은 정의나 양심보다는 당장의 밥이 더 중요하다.

한편 테리는 형 찰리(로드 스테이거)가 노조 우두머리의 측근이라 편한 일자리를 얻는다. 편하기만을 생각했다면 테리의 일생은 더없이 평온했을 것이다. 형이 죽는 일도 없었을 것이고.

하지만 테리는 이디와의 사랑이 깊어질수록 양심의 목소리에 귀를 기울인다. 이런 와중에 노조에 반대하는 한 노동자가 고의에 의한 압사사고를 당한다.

테리는 세상에는 돈보다 더 중요한 것도 있다는 것을 깨닫는다. 그는 악당보다는 정의의 편에 서기로 결심하고 그렇게 행동한다. 이를 눈치 챈 형은 동생을 설득한다. 편하게 살 수 있는데 왜 그러느냐고 동생을 압박한다.

차 안에서 테리는 그 유명한 대사로 형의 제의를 거절한다. "나도 고상해질 수 있었다, 도전자가 될 수 있었어. 지금처럼 날건달이 아닌 누군가가 될 수 있었다고!"

동생은 권투선수 시절 형의 지시로 푼돈을 얻는 대가로 일부러 져준 권투시합을 떠올린다. 그리고 권총으로 협박하는 형을 조용히 밀어낸다. 그런 동생을 프렌들리 일당은 좁은 골목길로 밀면서 트럭으로 치어 죽이려고 한다. 구사일생으로 살아난 그의 눈에 죽은 형이 갈고리에 걸려 있는 모습이 보인다. 분노한 테리는 권총을 들고 살인자를 찾기 위해 나선다. 하지만 신부의 설득으로 살인 대신 증언대에 선다. 부두 노동자들은 그를 따른다.

그에게 오스카 남우주연상을 안겨준 말론 브란도의 젊을 적 연기가 좋다(《대부》의 대부 역을 맡아 차가우면서도 우수어리고 카리스마 넘치는 연기를 보여준 것은 이런 내공의 결과다).

여전히 부패는 남의 일이 아니고 사회 곳곳에 기생충처럼 암약한다. 양심이 악을 이기는 선악의 구조가 오늘날의 시점에서 보면 고리타분할 수 있다. 하지만 정의는 예나 지금이나 변함이 없고 양심은 언제나 위기 때마다 빛을 발한다. 누군가의 양심이 오늘도 어두운 곳을 밝은 빛으로 이끈다.

이 영화는 카잔 감독이 그 시절 반미조사위원회에 참석해 공산주의자들과 관련된 증언대에 선 경험의 변명이나 사과를 배경으로 했다는 점에서 흥미롭다. 시작할 때 나오는 우울한 음악은 패배자를 위한 위로처럼 구슬프다.

월하의 공동묘지

A Public Cemetery of Wolha, 1967

MOVIE

국가 | 한국
감독 | 권철휘
출연 | 강미애, 도금봉, 박노식, 황해, 정애란, 허장강

악마는 디테일에 숨어 있기도 하고 여자의 마음속에도 있다. 여자가 한을 품으면 오뉴월에도 서리가 내린다는 말이 있듯이 여자의 내면은 질투와 집착, 광기 등이 가득하다.

권철휘 감독의 〈월하의 공동묘지〉를 보면 이 말이 실감난다. 귀신이 나타나기에 딱 좋은 교교한 달빛 아래 공동묘지는 생각만 해도 오싹하고 소름이 끼친다.

묘지가 반쪽으로 갈라지고 흰 소복을 입은 여자가 올라오는 장면까지 더해지면 피서가 따로 없다. 손가락 사이로 화면을 응시하기만 하면 등줄기에 식은땀이 흐르고 몸은 사시나무처럼 벌벌 떨린다.

어떤 한을 품었기에 영원히 잠들지 못하고 저승을 떠나 이승을 헤맬까.

명선(강미애)은 꿈 많은 여고생이었으나 오빠 춘식(황해)과 애인 한수(박노식)가 학생운동을 하다 일본 순사에 잡혀가자 줄지에 고아 신세가 된다. 먹고 살기가 여간 팍팍하지 않을 것이고 두 사람의 옥바라지를 하려면 돈이 있어야 한다.

명선이 손쉽게 택할 수 있는 길은 기생으로 살아가는 방법이다. '월향'이라는 이름을 받은 명선은 뭇 사내들 앞에서 춤과 노래로 열심히 기생질을 하고 감옥에 갇힌 오빠는 자신이 죄를 다 뒤집어쓰고 한수를 내보낸다.

한수는 월향과 결혼하고 금광으로 돈을 벌어 아들을 낳고 행복한 생활을 한다. 한편 거듭된 탈옥 실패로 춘식은 무기수로 전락하고 걱정스런 월향은 몸이 쇠약해진다. 찬모 난주(도금봉)가 활약할 기회가 온 것이다.

난주는 월향에게 가짜 의사(허장강)가 조제해준 약을 먹이고 월향의 건강은 더욱 나빠진다. 난주는 월향의 목숨만 노리는 것이 아니다. 월향의 아들까지 독살하려고 엄마(정애란)를 시켜 독극물이 든 병을 넘긴다. 적극 가담하지는 않았다고 하지만 말리지 않고 독약을 갓난아기에 먹이는 늙은 여자의 살기가 전율을 일으킨다.

거듭된 독살시도에도 아들은 엄마 월향의 혼령 때문에 살아나고 난주의 짜증은 더해만 간다.

어느 날 한수는 잔뜩 취해 집에 들어오는데 안방에 난주가 흐트러진 모습으로 자고 있다. 한순간 욕정에 눈이 먼 한수는 육중한 몸으로 난주를 덮치고 난주는 못이기는 척 하면서 그를 받아들인다.

계획대로 안방마님이 된 것이다. 이때 탈옥에 성공해 집으로 돌아온 춘식은 한수가 다른 여자와 한 이불에 있는 것을 보고 경악한다. 하지만 달리 방도가 없다. 뒤를 쫓는 일경의 호각소리가 들리고 한수는 울며 겨자 먹기 식으로 매제에게 동생을 잘 부탁한다는 말을 남기고 도망간다.

석회가루를 넣은 참조개국을 먹는 월향의 병세는 더 깊어지고 난주의 계교는 한 발 더 나아간다. 월향의 방에 행랑아범을 시켜 외간남자를 끌어 들이는 모략을 세운다.

월향의 방문 앞에서 어떤 남자가 달아나는 것을 본 한수는 화가 머리끝까지 올라 월향을 복날 개 패듯이 패고 분에 못이긴 월향은 원통하고 억울한 심정을 담은 유서를 남긴 채 단도로 자결을 한다. 뒤늦게 첩의 간교 때문인 것을 눈치 채지만 물은 이미 엎질러졌다.

월향이 죽자 난주는 더욱 기가 살아 이번에는 한수까지 죽일 생각으로 그가 독립 운동가들과 내통하고 있다고 밀고한다. 체포된 한수는 물레방아 같은 틀에 묶여 심한 고문을 당한다.

한편 난주 모친은 미친 여자가 되고 우물 속에 빠져 죽는다. 난주는 돈 때문에 가짜 의사와 사이가 틀어져 서로 죽고 죽이는 참극을 벌인다. 염산을 맞은 난주의 피범벅 얼굴이 끔찍하다. 월향의 원혼이 복수의 벼린 칼을 날린 것이다.

한수는 꽃다발을 들고 월향이 묻힌 공동묘지를 찾고 비목(나무비석)을 세우고 잔디를 다듬는다. 잘못을 참회하면서 아들을 잘 키울 것을 다짐하니 월향의 혼은 승천한다.

조금 뚱뚱하면서도 육감적인 난주가 큰 눈을 번뜩이며 살인교사를 지시하거나 가짜의사를 만나 살인을 작당하고 행랑아범을 시켜 월향의 방에 외간남자를 침투시키는 장면들은 50년이 흐른 지금 다시 봐도 잘 만든 한옥 문짝처럼 짜임새가 있다.

휘파람을 부는 것 같은 기괴한 소리, 흰 소복을 입고 입에 피를 물고 있다가 내뱉거나 도망자의 앞으로 날아와서 턱 가로막거나, 고양이가 해골로 바뀌는 장면들은 한국적 귀신영화의 원조, 한국 호러의 상징이라고 할 만하다.

아마 난주 역을 한 도금봉의 연기는 아무리 칭찬해도 지나치지 않는다.

월향의 한에 사무친 처절한 복수극과 난주의 질투가 벌이는 불꽃 튀는 대결이 볼만하다.

'굿거리장단'에 맞춰 부르는 '성주풀이'는 애간장을 녹이고도 충분해 관객들은 놀란 가슴을 쓸다가 눈물을 훔치지 않을 수 없다.

'높고 낮은 저 무덤들, 우리네 인생 한번 가면 저기 저 모양이 될 터인데, 에라 만수~ 에라 대신이야~'

> 사족: 김영임이나 김세레나가 부르는 '성주풀이'를 따로 들어보는 것도 영화의 여운을 즐기는 데 도움이 된다. 가야금 소리는 월향이 뜯는 것이고 장구소리는 해골에 붙은 긴 머리카락이 휘날리는 소리로 들린다면 영화를 제대로 본 것이다.

웨스트 사이드 스토리
West Side Story, 1961

MOVIE

국가 | 미국
감독 | 제롬 로빈스, 로버트 와이즈
출연 | 나탈리 우드, 리처드 베이머

미국의 유명한 시나리오 전문가인 '로버트 맥키'는 최근 국내 한 언론과의 인터뷰에서 '영화 스토리의 3대 요소'에 대해 이런 평을 내놓아 흥미를 끌었다.

　"첫째는 주인공이 생명을 건 포커를 치고 있어야 하고 그가 무엇과도 바꿀 수 없을 만큼 중요한 사안을 제시해야 한다. 둘째는 주인공이 무너진 삶의 균형을 찾기 위해 부단히 투쟁해야 하고 그 과정에서 성장이 진행된다. 셋째는 그 균형이 회복돼야 한다. 모든 것을 상실한 비극적인 결말이어도 균형으로 볼 수 있다."

　영화가 시나리오에 의한 '스토리 예술'이라고 한다면 맥키의 이런 지적은 눈여겨볼 만하다.

　스토리텔링이 뛰어난 한국영화로 박찬욱 감독의 〈친절한 금자씨〉를 꼽았던 그가 로버트 와이즈, 제롬 로빈슨 감독의 〈웨스트 사이드 스토리〉를 평할 기회가 있었다면 아마도 '체계를 제대로 갖춘 짜임새 있는 작품'이라고 말했을 것 같다.

　도대체 허점이라고는 찾기 어려운 이 영화는 그가 세 번째로 지적한 모든 것을 상실한 비극적인 결말로 끝나는데 그 비극마저도 균형감을 회복하고 있다는 점이다. 그의 기준에 딱 들어맞는 극적 효과는 액션영화 작가들이 관객의 수준을 얕잡아 보고 간혹 써먹는 싸구려 반전과는 전혀 다르다.

영화는 10대 후반 정도인 청소년들의 사랑과 우정과 춤과 음악과 폭력과 살인에 관한 스토리로 짜여져 있다. 백인 미국인인 제트파의 리더 리프(러스 탬블린)는 거리의 진정한 깡패 주인임을 내세우며 푸에르토리코 출신의 이민자 샤크 일당과 맞붙는다.

어떤 이유가 있어서 싸우는 것이 아니다. 싸우다 보니 이유가 생기고 그 이유에 대해 겁쟁이가 아니라는 존재감을 확인하기 위한 철부지 객기가 연쇄 살인사건으로 이어진다.

두 팀은 남녀가 짝을 이뤄 경쾌한 음악에 날렵한 몸으로 돌고 뻗고 차고 뛰어 오르고 노래를 부르는데 그 솜씨가 화려하다. 여기까지만 보면 수준 높은 뮤지컬 영화 대결이 기대되지만 서로를 노려보는 눈초리가 매서워 금방이라도 무슨 일이 터질 것만 같다.

리프는 '한 번 제트는 영원한 제트'라며 파의 단합을 강조하면서 총이면 총, 칼이면 칼로 맞대응하자고 똘마니들의 전투의욕을 북돋는다.

그런데 리프에게는 아저씨 가게를 도와주는 절친한 토니(리처드 베이머)라는 친구가 있다. 마침내 두 팀은 춤과 노래로 맞대결을 펼치는데 이때 토니가 나타난다. 샤크 팀의 리더 베르나르도(조지 샤키리스)에게는 예쁘고 착한 마리아(나탈리 우드)라는 여동생이 있는데 토니와 마리아는 첫눈에 반해 사랑에 빠진다. 깊은 밤 골목길에서 마리아를 부르는 토니의 사랑찬가 '투나잇'과 그를 바라보는 마리아의 눈은 이런 사랑이라면 죽음도 아깝지 않다는 듯 자못 비장하다.

이 사랑이 온전하게 진행될까. 적의 두목의 여동생과 사랑이라니. 마치 '로미오와 줄리엣'의 사랑처럼 어둠의 그림자가 어른거린다. 결론부터 말하면 이 영화 역시 끔찍한 비극으로 막을 내린다.

패싸움을 말리러 왔던 토니는 베르나르도의 칼에 리프가 죽으면서 넘겨준 칼을 받아 엉겁결에 그를 죽인다. 졸지에 마리아의 **오빠**를 살해한 토니는 살인자라는 마리아의 울부짖음에 가슴이 찢어진다. 하지만 토니를 이해한 마리아의 사랑은 더 깊어지고 두 사람은 둘만이 살 수 있는 곳으로 도망치기로 작정한다.

그런데 경찰이 마리아를 찾아오고 마리아는 만나기로 한 아저씨 가게에 있는 토니에게 늦는다는 전갈을 보내기 위해 죽은 오빠의 여자 아니타(리타 모레노)에게 부탁한다. 그런데 가게에는 복수를 위해 준비하고 있는 리프 일당이 기다리다 아니타를 겁탈하려고 한다. 이때 아저씨가 돌아오고 분노에 찬 여인은 복수를 결심하고 돌아선다. 한편 토니는 마리아의 옛 애인 치노의 총에 죽는다.

사랑해서 서로 몸과 마음을 주었고 무릎을 꿇고 둘만의 결혼식도 했지만 이들의 사랑은 여기까지다.

이 영화는 이민자에 대한 미국의 냉대적인 시선, 반항기의 청소년들을 이해하지 못하는 구시대의 어른들, 빈부격차 등을 적나라하게 보여준다.

백인들에게는 미국이 자유의 나라이지만 이방인 취급을 받는 이민자들에게는 결코 지상낙원이 아니다. 일할 자리는 없고 월급은 쥐꼬리만 하고 좋은 세탁기가 있어도 넣을 옷이 없고 테라스가 있는 집이 널려 있어도 정작 내가 잘 집은 없다.

레너드 번스타인과 스티븐 손드하임 등이 만든 '투나잇', '마리아', '보이' 등 영화에서 불린 노래들은 하나같이 명곡의 반열에 올랐다.

춤이 싸움이 되고 싸움이 춤이 되는 놀라운 장면이 영화 내내 이어
져 한눈을 팔 수 없다. 1957년에 만든 뮤지컬을 1961년 영화로 만들어
그해 아카데미 작품상, 감독상 등 10개 부분을 휩쓸었다.

유로파

Europa, 1991

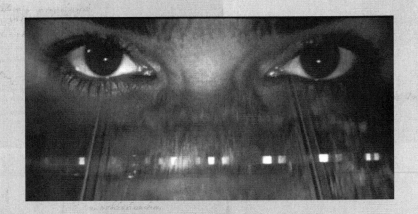

MOVIE

국가 | 독일
감독 | 라스 폰 트리에
출연 | 장 마르 바, 바바라 수코와

대충 봐도 이해하는 영화가 있고 제대로 봐야 고개를 끄덕이는 영화가 있다. 한 번 보면 살아생전에는 더 이상 보고 싶지 않은 영화가 있는가 하면 기회가 되면 두 번 보고 싶은 영화도 있다.

라스 폰 트리에 감독의 〈유로파〉는 후자에 속한다. 그럴 수만 있다면 만드느라고 고생했다고 감독의 어깨를 토닥여 주고 싶다.

1945년 전후 독일. 쓰레기통에서 장미꽃이 피어나듯이 폐허의 도시에서 생명이 꿈틀댄다. 독일계 미국인 청년 케슬러(장 마르 바)는 뜻한 바가 있어 조국으로 돌아온다.

어려운 때 미국으로 떠나 남은 가족을 고생시켜 동생을 싫어하는 큰아버지는 그래도 친척이라고 조카를 위해 일자리를 마련해 놓았다. 철도회사 침대칸 직원이 그의 일터다.

케슬러는 프랑크푸르트, 베를린, 브레멘 등을 오가면서 승객을 만나고 이야기를 듣고 사건을 접하고 부서진 도시를 보고 고통을 느끼고 사랑을 찾는다.

나레이터(막스 폰 시도우)가 하나에서 열까지 숫자를 세면서 상황을 설명하면 관객들은 그 목소리에 집중하게 되고 민감해지고 마침내 팔과 어깨에 전해진 온기가 온몸으로 퍼진다. 어떤 때는 열을 다 세야 하지만 다급하면 셋만 세도 주인공은 다른 장소에서 다른 상황과 맞닥트린다.

상황은 녹록치 않다. 치안은 미군 중심의 연합군이 담당하고 있으나 나치 잔당들의 저항도 간간히 이어진다. 차장 밖으로 잔당의 무리인 '베어울프'의 목을 매단 두 구의 시신이 보인다. 케슬러는 묻는다.

"저게 뭐죠?"

"파르티잔(유격전을 수행하는 비정규군. 게릴라)이죠. 미군들이 처형한. 전쟁은 끝났으나 저항이 끝난 것은 아니죠."라는 카타리나(바바라 수코와)의 대답이 돌아온다.

기차는 달린다. 들으면 좋은 음악에 맞춰 계속해서 달린다. 화면은 흑백이다. 두 레일 사이로 역동적인 빛이 새어든다. 나레이터는 또 숫자를 센다.

"셋을 세면 당신은 전갈을 받을 것이다."

전갈은 초대장이다. 카타리나의 아버지인 철도회사 사장(우도 키에르)은 케슬러에게 호감을 보인다. 회사를 국제적으로 만들길 원해서이다.

식사를 하는 중에도 연합군의 폭파는 계속된다. 다른 독일군이 일어나는 것을 막기 위해 크레인도 부수고 이용할 수 있는 모든 것을 없앤다. 그런 와중에 아버지는 우편물을 받고 심각한 표정으로 목욕탕으로 들어간다.

면도를 하는 칼날이 섬뜩하다. 얼굴을 긋고 손목을 자르고 다리를 찌른다. 그때까지 흑백이었던 화면은 붉은 색으로 변해 피는 더 선명하다. 의심과 협박을 받다 자살한 것이다.

프랑크푸르트의 10월은 비가 자주 내린다. 그 시간 케슬러와 카타리나는 사랑을 하고 있다. 카타리나는 고백한다.

"나는 베어울프라고. 아니 베어울프였다고. 하지만 이제는 다 끝났다고."

케슬러는 다시 기차에 있다. 누군가 그에게 어린 조카라며 두 아이를 부탁한다. 13번 객실 침대 1등 칸에는 프랑크푸르트 신임 시장 부부가 타고 있다. 시장이 된 것을 자축하기 위해 샴페인을 연거푸 주문한다.

이들은 아이들을 귀여워한다. 보안검색을 위해 헌병들이 기차에 올라탄다. 그 아이 중 하나가 품속에서 권총을 꺼낸다. 기차는 다리 위를 통과한다.

한 발, 두 발. 총구를 떠난 총알이 시장의 가슴에 박힌다. 입안의 선명한 붉은색이 물방울처럼 유리창에 튄다. 죽음 앞에서 흑백은 다시 컬러로 바뀐다.

케슬러는 침대칸의 관리인이 되기 위해 세 달 안에 치러야 하는 실기시험으로 바쁘다. 구두를 닦고 침대시트를 정리하는데 호흡은 가쁘고 이마는 식은땀이 흐른다. 관리인은 다그치고 기차는 다시 다리 위를 지난다.

비는 눈으로 변하고 새해 아침 결혼한 케슬러는 카타리나의 부드러움 속으로 빨려 든다. 하지만 케슬러는 이내 옷이 땀으로 젖고 두려움에 몸이 떤다. 기차를 폭파하라는 지령이 그에게 떨어진 것이다.

폭약을 설치한 케슬러는 그러나 무고한 많은 생명이 죽을 것을 염려해 터지기 직전 시계를 멈추지만 파괴를 멈출 수는 없다. 케슬러는 강물에 빠지고 열을 세면 죽는다. 다시 태어나 자유를 꿈꾸나 그것은 불가능하다.

미국을 비판한다. 그렇다고 그게 주가 아니다. 나치를 옹호하는 것 같으나 그 역시 이 영화를 관통하는 힘은 아니다. 그렇다면 신부가 용서하지 않는 다음과 같은 자들에 대한 심판인가.

"믿지 않는 자들과 어느 편도 아닌 미온적인 인간."

카타리나가 케슬러를 비판할 때 사용한 이상주의자에 대한 경고인지도 모른다. 해석은 관객 각자의 몫이다.

유주얼 서스펙트
The Usual Suspects, 1995

MOVIE

국가 | 독일, 미국
감독 | 브라이언 싱어
출연 | 케빈 스페이시, 가브리엘 번, 채즈 팰민테리

'전쟁과 평화'처럼 '범죄와 수사'는 늘 같이 다닌다. 서로 떨어져 있을 때는 의미가 제대로 전달이 되지 않기 때문이다. 치밀한 범죄자와 유능한 수사관이 벌이는 두뇌게임은 영화에 자주 등장하는 소재다.

　용의자가 수사관을 따돌리고 완전범죄에 성공하는가 하면 집요한 수사관의 추적에 범인이 결국 덜미가 잡히는 경우도 있다. 브라이언 싱어 감독의 〈유주얼 서스펙트〉는 용의자가 수사관보다 한 수 위다.

　5명의 용의자가 총기도난 사건과는 무관하게 한 구치소에 모여 있다. 서로 잡담을 하고 억울함을 호소한다. 이들은 해당 사건과는 아무런 연관이 없다. 하지만 어벙한 경찰관 때문에 서로 모인 것도 인연인데 그냥 헤어지면 섭섭하다.

　그래서 작당해 한 건 할 것을 모의한다. 엄청나게 큰 배안이다. 선혈이 낭자한 한 남자가 피를 흘리며 겨우 등을 기대고 앉아 있다. 이 남자는 5명의 건달 중 중요인물인 딘 키튼(가브리엘 번)이다.

문: 어떤가.
답: 다리에 느낌이 없어.
문: 준비됐나, 몇 시지…
답: 12시 30분.

탕 탕.

영화의 시작은 이렇다. 이후 범인은 석유에 불을 붙이고 거대한 연속 폭발이 일어난다. 키튼을 살해한 정체불명의 사나이를 찾는 것이 이 영화의 핵심이다.

다리가 불편한 버벌(케빈 스페이시)과 수사관 데이브 쿠잔(채즈 팰민테리)은 서로 회상하고 심문하고 다시 회상을 반복한다. 그러면서 점차 사건의 실마리에 접근하는 것처럼 보이지만 범죄 전문가인 수사관이 어딘지 밀리는 느낌이다. 버벌은 두 시간 후면 자유의 몸이다.

그 시간 안에 수사관은 거물 범죄자인 카이저 소제의 실체를 파악해야 한다. 수사관은 심문에 실패한다.

발을 저는 버벌은 절룩이면서 유유히 경찰서 밖으로 나간다. 그런데 속도가 빨라지면서 걷는 것이 정상인과 다름없다. 버벌은 준비된 차를 타고 사라지고 뒤늦게 이를 눈치챈 형사가 쫓아 오지만 그는 이미 없다. 놀라운 반전은 이처럼 영화가 끝나면서 밝혀진다. 자막이 오르고 느슨했던 감정은 일대 회오리를 일으킨다.

뭐야, 이 느낌? 처음부터 다시 영화를 본다. 그러면 모든 것이 속 시원히 해결될 것 같다. 하지만 그래도 영화는 여전히 복잡하다.

반전의 대명사로 불리는 〈유주얼 서스펙트〉는 범죄와 수사, 보이지 않는 거물의 실체를 추적하면서 스릴과 서스펜스가 이런 것이라는 것을 여실히 보여준다.

이웃집 토토로

となりの トトロ, 1988

MOVIE

국가 | 일본
감독 | 미야자키 하야오
목소리 | 히다카 노리코, 사카모토 치카

바지를 걷어붙이고 구부린 허리로 손을 뻗어 모를 심는다. 머리에는 흐르는 땀을 닦기 위해 두건을 쓰고 일렬횡대로 모여 부지런히 몸을 놀린다. 모내기철이다. 하늘은 높고 신록은 푸르다. 까까머리 옆집 아이는 제 머리통보다 큰 모자를 썼다(똑같은 그 모자를 나는 중고교 시절 6년간 썼다).

한국의 1970, 1980년대 시골 풍경이다. 버스에서 내릴 때 안내양에게 차비를 내는 것도 익숙하고 바가지로 물을 붓고 펌프질하는 우물도 비슷하다. 하지만 영화에 나오는 배경은 한국이 아닌 일본이다.

미야자키 하야오 감독의 〈이웃집 토토로〉는 주인공이 쓰는 말만 다르다면 한국이라고 해도 무방하다. 그만큼 한국정서와 흡사하다. 친절한 할머니, 어쩌다 오는 우체부, 숲속에 사는 신비한 정령 이야기 등 어느 것 하나 닮지 않은 것이 없다.

사츠키(목소리: 히다카 노리코)와 메이(목소리: 사카모토 치카) 자매는 낡은 트럭을 타고 한적한 시골로 이사를 온다. 두꺼운 뿔테 안경을 쓴 아버지는 연신 기분이 좋은데 엄마는 보이지 않는다.

엄마가 없어도 아이들은 말 그대로 아이들이다. 신이 났다. 도깨비가 나오는 집이라고 놀림을 받을 정도로 오래된 주택이지만 산이 있고 들이 있는, 문만 열면 온 세상이 정원인 곳에서 도토리를 주우며 뛰노는 데 정신이 없다.

아빠는 회사에 가고 언니 사츠키가 학교에 간 사이 메이는 숲이 부르는 소리를 따라 뒷산으로 가는데 거기서 배가 불뚝 튀어나와 올라타면 푹신한, 산천초목에 사는 정령 토토로를 만난다(하늘에 닿을 듯 엄청나게 큰 숲의 주인 녹나무가 토토로가 사는 곳이다. 먼 옛날부터 이 나무는 사람과 친구였다).

비오는 밤 버스정류장에서 우산을 들고 아버지를 기다리던 사츠키도 토토로와 대면한다. 이들 자매와 토토로가 서로 친한 그것도 아주 친한 친구가 되리라는 것은 안 봐도 비디오다. 이심전심 서로 통한다. 그러니 시골 생활은 더없이 만족스럽다.

아이들이 놀기만 하면 영화는 싱겁다. 부재중인 엄마가 등장해야 하는데 눈치 챘겠지만 엄마는 아파서 산 넘어 요양원에 있다. 집에서 걸어서 세 시간은 가야 하는 먼 곳에 있으니 아이들이 매번 찾아가서 만나기도 어렵고 환자가 집에 오는 것은 더욱 힘들다. 그래서 날짜를 정해 놓고 만나기로 했는데 엄마는 약속한 날에 병세가 악화돼 오지 못한다. 한 번은 아빠가 없는 사이 요양원에서 급한 전보가 오기도 한다.

아이들은 엄마가 죽는 것은 아닌가 하는 누구나 어린 시절 한번쯤 가져 봤을 만한 두려움에 떤다(엄마가 죽을 것이라고 예상하는 관객들도 많을 것이다).

혹시나 극적으로 건강을 회복해 살 수 있지 않을까 하는 희망을 가져보는 것은 아이들이 너무나 순진하고 귀엽기 때문일 것이다. 엄마의 삶과 죽음이 영화의 가장 큰 갈등이다.

엄마를 보고 싶은 메이는 정처 없이 길을 떠나고 동네사람들이 찾아 나서지만 메이는 없다. 하늘은 석양으로 붉게 물들고 마을 저수지 같은 곳에서 메이의 신발이 발견된다.

긴 장대로 혹시 빠져 죽었을지도 모를 메이를 찾기 위해 이곳저곳을 찔러 보는데 사츠키가 메이의 신발이 아니라고 확인해 안도의 한숨을 쉰다. 날이 저물고 갈래 길은 많은데 메이를 어디서 찾을 수 있을까.

이때 토토로와는 다른 또 다른 정령이 나타난다. 발이 여러 개고 눈은 자동차 서치라이트보다 밝은 빛을 뿜는 고양이 버스다. 고양이는 날아다닐 수도 있으니 하늘로 올라서 메이를 쉽게 찾는다. 고양이를 탄 자매는 엄마가 있는 병원으로 날아간다.

창가에는 엄마와 아빠가 웃고 있다. 위중해 목숨을 잃는 것이 아니고 병세가 회복되고 있다는 조짐이다. 그 모습을 지켜보는 아이들의 얼굴에도 화색이 돈다. 갈등이 해소됐으니 영화는 끝이다.

잘 만들었다. 언제 보아도 아름답다. 아이에게는 꿈과 희망을 어른에게는 잃어버렸던 것에 대한 추억을 되살린다.

이 영화를 만든 미야자키 하야오는 일본의 왜곡된 역사의식에 일침을 놓는 발언을 해 양심이 있는 지식인으로 평가받고 있다. 영화만 잘 만드는 것이 아니라 인간성까지 있으니 세상의 후배 감독들은 한 가지를 더 본받아야겠다(한편 2013년 나온 〈바람이 분다〉는 전범을 미화했다는 비난을 받기도 했다).

감독은 이 작품을 끝으로 더 이상 장편 애니메이션을 제작하지 않기로 하고 은퇴를 선언했다. 이번 은퇴 선언은 세 번째다. 그는 〈센과 치히로의 행방불명〉(2001) 등 무수한 걸작 애니를 남겼다.

이창

Rear Window, 1954

MOVIE

국가 | 미국
감독 | 알프레드 히치콕
출연 | 제임스 스튜어트, 그레이스 켈리

여기 한 사내가 있다. 사건 현장에서 사진을 찍다 발을 다쳐 7주간 깁스를 해야 하는데 6주가 지났다. 1주일만 있으면 길고 가는 나무를 석고 속에 집어넣어 가려운 곳을 긁지 않아도 된다.

그 1주일간이 영화의 시간적 배경이다. 사건만큼이나 정교하게 짜여진 뉴욕 아파트의 세트가 공간이다.

하루 종일 휠체어에 앉아 있어야 하니 얼마나 답답할까. 답답함을 풀어준 것은 다름 아닌 아파트 맞은편에 사는 인간 군상들을 몰래 훔쳐보는 것이다. 엿보기가 얼마나 흥분되는 일인지는 한 번이라도 내 몸을 숨기고 적나라하게 드러난 상대편의 모습과 움직임을 관찰해 본 사람은 안다.

주인공인 제프 리스(제임스 스튜어트)는 이제 엿보기에 길들여져 있다. 시간이 갈수록 가히 관음증적 편집증을 보인다. 법적으로는 문제될 게 없을지 몰라도 도덕적으로는 용납될 수 없는 사생활 침해가 그의 유일한 취미다.

발레를 하는 젊은 여자와 고독을 씹는 중년의 여자, 사랑에 빠진 신혼부부 그리고 아픈 부인을 돌보는 남편, 베란다에서 잠을 자는 개를 좋아하는 노년의 부부, 피아노 솜씨가 일품인 작곡가 등 우리네 이웃 풍경이 고스란히 사내의 눈에 들어온다.

그러던 어느 날 사내는 부인을 돌보는 남자의 이상한 행동을 목격한다. 좀 더 자세히 보기 위해 쌍안경을 꺼내든다. 하지만 그도 성이 안 차는지 사진 전문가답게 대포라고 불릴 만한 망원렌즈까지 달고 남자의 일거수일투족을 관찰한다.

긴 칼과 톱이 보이고 밧줄로 장롱을 묶고 아내의 귀금속을 챙기는 모습이 고스란히 파인더에 잡힌다. 사내는 살인사건이라고 단정 짓고 형사인 친구 도일(웬델 코리)에게 연락한다. 압수수색을 하면 모든 것이 다 드러날 텐데 형사는 수색영장 등 이런저런 법적인 이유를 들어 친구의 요구를 묵살한다.

이런 와중에 남자는 목욕탕을 청소하는 등 사건 처리를 마무리하고 곧 떠날 채비를 한다. 제프는 애가 탄다. 그는 참 아름다운 여자친구 리사(그레이스 켈리)와 간지러운 사랑싸움으로 옥신각신하는데 리사가 사건 현장으로 뛰어 들면서 두 사람의 애정전선이 동지의식으로 뜨겁게 달아오른다. 그를 간호해 주는 한 성질하는 늙은 여자 스텔라(델마 리터)도 두 사람과 함께 사건 해결에 적극적으로 나선다.

아끼던 강아지가 죽자 늙은 부인은 히스테리 발작이라도 난 듯 고래고래 소리를 지르고 그 장면을 모든 아파트 주민들이 지켜본다. 그러나 단 한 곳, 그 남자의 집은 불이 꺼져 있다. 제프리스의 확신은 굳어진다. 화단을 다시 파보기도 하고 우편물의 내용과 수취인을 확인하기도 한다.

그러나 치밀한 남자는 꼬리를 잡히지 않는다. 관객들의 답답증은 더해만 간다. 마침내 리사는 남자를 유인한 제프의 계략으로 남자의 빈 집에 들어가 죽은 부인이 남긴 결혼반지를 증거로 확보한다. 이제 모든 것이 드러났다. 하지만 클라이맥스는 이제부터다.

자신을 엿본 사내의 정체를 확인한 살인범이 제프의 집에 들이닥친다. 휠체어를 탄 제프는 카메라 플래시를 터트리며 저항해 보지만 속수무책이다. 살인자는 제프를 창으로 밀어 붙이고 창 아래로 떨어뜨리려고 한다. 이때 경찰들이 달려오지만 제프는 떨어져 나머지 성한 다리마저 깁스를 한다.

살인범과의 심리대결, 시간이 지나면서 점차 고조되는 공포 , 사건이 묻힐 뻔한 아슬아슬한 순간, 남녀의 애정다툼 등 알프레드 히치콕 감독은 〈이창〉에서 그가 왜 공포물의 거장인지 명확히 증명한다. 짜증나고 불쾌지수가 높아지는 여름에는 이 영화를 보면서 서늘한 공포를 체험해 보는 것도 한 방법이겠다.

은퇴 지전 보여주는 그레이스 켈리의 놀랍도록 요염하고 생기 넘치는 키스신을 보는 것은 덤 그 이상이다. 남녀의 사랑이 살인사건을 해결하면서 결합되는 과정도 물 흐르듯 자연스럽다.

제프는 숨어서 늘 남을 훔쳐봤는데 영화 마지막에서는 아파트의 모든 사람들이 그를 쳐다본다. 역시 히치콕이다.

잃어버린 주말
The Lost Weekend, 1949

MOVIE

국가 | 미국
감독 | 빌리 와일더
출연 | 레이 밀랜드, 제인 와이먼, 필립 테리

마주친 눈은 조금 떨렸지만 이내 선한 눈빛으로 돌아왔다. 오후의 햇살이 열린 문틈을 통해 얼굴을 비추었고 나는 비로소 남자의 손에 들린 소주병을 보았다. 놀라지도 그렇다고 기분 좋지도 않은 표정으로 그가 안방에서 나와 자기 집으로 돌아가기를 기다렸다. 미안하면서도 만족스런 모습으로 술병을 들고 사라지는 뒷모습은 그저 그랬다.

그는 한 사람이 아니었고 두 사람이었는데 둘 다 두어 번 나에게 들켰다. 그때마다 그들은 예의 똑같은 표정, 미안해하면서 기쁜 얼굴을 했는데 나는 그 미묘한 얼굴의 변화를 알아챘다.

40여 년의 세월이 지나 나는 그들이 알코올 중독자였을지도 모른다는 생각을 했다. 빌리 와일더 감독의 〈잃어버린 주말〉를 보면서 나는 내내 어린 시절 우리 집 안방에서 술병을 들고 행복해 했던 이웃 남자의 기억나지 않는 얼굴을 떠올리려고 애썼다.

8살쯤이었던 나는 그때 어른들이 '술병이 났다'는 말을 했다는 것을 기억해 냈다. 알코올 중독에 대한 나의 기억은 말하자면 아주 오래전부터 있어 왔던 것이다.

영화의 주인공 돈 버넴(레이 밀랜드) 역시 당시 나에게 들킨 어른들과 마찬가지로 술병을 들면 행복했고 술병이 없으면 불안했다.

화면은 뉴욕의 고층빌딩을 배경으로 어느 빌라의 열린 창문으로 향하는데 창밖에는 술병이 대롱대롱 매달려 있다. 돈은 자신을 돌보는 동생 윅 버냄(필립 테리)과 주말 동안 시골농장에 가기로 했지만 정신은 온통 창밖의 술병에 가있다.

몰래 가방에 술을 담기 위해 동생을 속이려 하지만 들키고 만다. 그 모습을 애인 헬렌(제인 와이먼)이 지켜본다. 그가 시골농장에 가지 않고 술집에 있을 거라는 것은 짐작한 대로다.

3시 15분 기차 대신 6시 30분 차를 타기로 하고, 남는 시간 동안 그는 동네의 바에서 술을 마신다. 이후 영화는 술을 마시기 위해 사력을 다하는 돈과 그를 말리려는 윅과 헬렌의 눈물겨운 사투로 채워진다.

술을 마시기 위해서라면 돈은 자신의 모든 것을 버린다. 여자의 지갑을 훔치고 거짓말을 밥 먹듯이 하고 사랑하지도 않는 여자에게 돈을 꿔달라고 애원하기도 한다.

그가 그렇게 해서 원하는 술을 마실 수 있을 때 그는 행복하다. 코넬대 시절에는 천재 소리를 들었고 그래서 학교도 때려 치고 걸작을 쓰기 위해 소설가의 길을 가려고 했을 때 그의 길은 탄탄대로였다.

하지만 어머니가 사준 타자기를 저당 잡혀 술을 마시려고 먼 거리를 걸어서 먼지 나는 3번가를 헤매는 모습에서 관객들은 소름 끼치는 알코올 중독의 폐해에 주인공처럼 몸부림친다.

죽기로 작정한 그는 권총을 사지만 그 권총마저 저당 잡히고 술을 마신다. 정신병동을 탈출한 그는 정말 죽을 결심을 한다.

헬렌의 옷을 맡기고, 그걸로 맡겼던 총을 찾아온다. 그리고 자살을 하려는데 헬렌이 그에게 술을 권한다. 반전이다. 늘 말리기만 했는데 이제는 말리는 것이 소용없다는 것을 안 것이다. 죽는 것보다는 술 취하는 게 낫다고 이제는 먹으라고 애원한다.

돈은 술을 마시는 대신 담배꽁초를 술잔에 던진다. 멋진 결말이다. 그는 알코올 중독에서 벗어나 멋진 소설을 쓰고 서점에는 그의 책이 산더미처럼 쌓일 것이다(이런 생각을 하면서 극장을 빠져 나오는 관객들은 중독자의 고통에서 해방된다).

그러나 반대로 이내 꽁초를 꺼내고 술을 마시는 돈의 모습을 그려내는 관객도 그만큼 있을 것이다(이런 관객은 소설 제목으로 'The Bottle'이라고 써 놓고 더 이상 다음 문장을 잇지 못해 괴로워 하다가 다시 술을 찾는 돈의 모습에 고통스러울 것이다).

넘친 술이 잔의 모양을 따라 멋진 원을 그리고 원들이 모여 오륜마크를 그려낼 때 돈은 행복하다. 회전목마를 타면 멈출 때까지 못 내리는 것처럼 돈은 목숨이 끊어져서야 술을 끊을 수 있는 것이다.

감독은 당시에 있었던 윤리적인 제제로 어쩔 수 없이 좋은 결말을 그려냈다. 당시 주류업계의 반발이 엄청났다고 한다. 지금 봐도 이 영화는 무섭고 처절하다. 벽을 뚫고 나오는 생쥐와 생쥐를 잡기 위해 날아다니는 검은 박쥐의 환각에 시달리는 금단증상은 소름끼친다.

술과 관련된 이전의 영화는 대개 코미디 소재로 쓰였거나 웃음이나 행복을 주는 요소였을 뿐이다. 〈잃어버린 오후〉 이후에 나온 모든 알코올 중독에 관한 영화는 이 영화의 영향에서 벗어날 수 없었다.

흥행과 비평에서 모두 성공한 영화로 기록된다. 아카데미 작품상, 감독상, 극본상, 남우주연상을 받았다.

자유부인

Madame Freedom, 1956

MOVIE

국가 | 한국
감독 | 한형모
출연 | 박암, 김정림, 이민

세련됐다거나 현대적이라는 말은 적합하지 않다. 도시적이거나 선진적이라는 말도 조금 부족해 보인다. '모던'이라는 영어가 딱 들어맞는다. 한형모 프로덕션(자막에는 '푸로덕숀'이라고 나온다.)이 만든 한형모 감독의 〈자유부인〉은 한마디로 모던한 영화다.

색깔로 치면 원색이기보다는 무채색에 가깝고 계절로 치면 여름도 아니고 봄이나 가을도 아닌 초겨울이 제격이다. 다소 차갑고 간결하다.

이런 영화가 1956년에 만들어졌다. 그것도 프랑스나 이탈리아가 아닌 한국에서 말이다. 실로 모던하지 않은가.

한국전쟁의 상흔이 가시지 않고 살기 위해 몸부림치는 처절한 시기. 목구멍에 풀칠하기도 어려운 때에 춤바람 난 가정주부가 남편과 자식을 배신하고 하나가 아닌 여러 남성의 가슴에 안겨있다.

이 광경을 어두운 영화관에서 지켜보는 관객들은 침을 꼴깍 삼키면서 다리를 꼬았을까. 아니면 저런 처 죽일 년 하면서 이를 갈았을까.

대학교수(박암) 부인 선영(김정림)은 집에 있는 것이 갑갑하다. 남편을 졸라 양품점에 취직한다. 한복을 입고 다림질하던 아줌마는 이제 도시를 활보하는 마담이 됐다.

친구(영화에서는 동무라는 호칭을 쓴다.) 윤주(노경희)를 만나 화교회에 나간다. 2차는 댄스파티다.

뭐든지 처음 한 번이 어렵다. 망설이다 참석한 댄스파티가 인생을 확 바꾼다. 두 번째부터는 거리낌이 없다. 남자 품에 안겨 스텝을 밟는 폼이 근사하다.

옆집 대학생 춘호(이민)를 꼬드겨 본격적으로 춤을 배운다. 춘호는 외국으로 나가려는 선영의 조카 명옥(고선애)과 그렇고 그런 사이고 이를 알고 있는 선영은 그러거나 말거나 아랑곳하지 않는다. 둘 사이를 질투하기도 한다.

한글학자인 교수는 미국회사에 다니는 타이피스트 은미(양미희)에 애틋한 감정이 있다. 은미를 만나면 마음이 평온해지고 행복이 몰려오고 더 젊어지는 기분을 느낀다.

두 사람은 한글을 배우면서 가까워진다. 은미는 교수를 사모하고 교수는 은미에게 연애할 수도 있다고 환한 웃음을 짓는다.

윤주는 더 대담하다. 무역상 사장(주선태)과 온양온천으로 밀월여행을 다녀오고 사업을 확장하기 위해 선영에게 돈을 꾸기도 한다.

춘호에게 제대로 춤을 배운 선영은 가게 사장(김동원)과 춤추는 것에 만족하지 못하고 동경호텔에 투숙한다. 막 두 사람이 쓰러지는데 사장 부인(고향미)이 들이닥친다.

밖으로 쫓겨 난 은미는 겨울눈이 내리는 밤거리를 지나 집으로 돌아온다. 이때 교수는 사장부인이 보낸 은밀한 편지 내용을 통해 아내의 부정을 알고 문을 닫아 버린다.

돈을 떼인 윤주는 약을 먹고 춤추다 자살하고 춘호는 선영을 버린다.

지금 봐도 춤바람 난 아내의 외도가 아찔하다. 한데 1956년이라니. 사회는 발칵 뒤집혔다.

당시 법무부장관은 '중공군 2개 사단에 필적할 만큼 사회에 위험한 요소'라고 했으며 이승만은 나는 새도 떨어트린다는 특무대를 시켜 감독을 취조하기도 했다고 한다.

원작자인 정비석은 남한을 음란, 퇴폐로 몰아 적화하려는 친북인사로 매도됐다. 위스키를 마시고 담배 피우고 춤추고 외도하고 명품 찾는 행태를 자신들 말고 다른 사람이 하는 것에 심통이 났을 것이다.

1954년 1월부터 그해 8월까지 서울신문에 연재됐는데 가판에서만 4만 부가, 단행본으로 나온 상권만 10만 부가 팔렸다고 한다. 한마디로 『자유부인』은 한국인에게 '컬처 쇼크'를 안겨준 대단한 명작이다.

앞서간 감독의 발자국은 깊고 컸다.

자전거 도둑
The Bicycle Thief, 1948

MOVIE

국가 | 이탈리아
감독 | 비토리오 데 시카
출연 | 람베르토 마지오라니, 엔조 스타이올라

한국영화의 보석 같은 존재인 이준익 감독은 〈왕의 남자〉(2005)로 1,000만 관객의 대기록을 세웠다. 열광이 얼마나 엄청났던지 '왕남 폐인'이라는 말이 나올 정도로 영화관에서만 10번 이상 봤다는 관객도 생겨났다.

좋은 영화는 누가 말려도 이렇게 보기 마련이다. 비토리오 데 시카 감독의 〈자전거 도둑〉도 또 다른 폐인을 많이 양산했다.

34살의 나이에 요절한 작기 김소진 역시 〈자전거 도둑〉의 왕팬이었던 모양이다. 그는 동명의 단편소설 「자전거 도둑」에서 그의 자전거를 훔친 도둑인 멋진 에어로빅 강사와 "한두 번 본 것도 아닌" 〈자전거 도둑〉을 같이 보는 장면을 묘사했다(이 소설 역시 〈자전거 도둑〉만큼이나 아리다).

영화는 2차 세계대전 패전국 이탈리아 로마가 배경이다. 전쟁에서 졌으니 살기가 여간 팍팍하지 않다.

실직자 안토니오(람베르토 마지오라니)는 어렵게 영화 포스터를 붙이는 직업을 얻는다. 그런데 조건은 자전거가 있어야 한다.

아내 마리아(리아넬라 카렐)는 결혼할 때 가져온 애지중지 아끼던 흰 침대보를 전당포에 맡긴다. 침대보는 사라졌지만 자전거가 안토니오의 수중에 들어온다. 칙칙하던 분위기는 가장의 취업으로 활기를 띠고 아들 브루노(엔조 스타이올라)는 신이 나서 출근 첫 날 아빠를 따라 나선다. 무언가 해낼 수 있다는 자신감에 브루노의 눈은 광채로 빛난다.

희망은 여기까지다. 안토니오가 벽보를 붙이는 사이 누군가 자전거를 훔쳐간 것이다. 삶의 전부인 자전거를 잃어버린 아버지와 아들은 잃어버린 자전거를 찾아 로마거리를 하염없이 헤맨다. 하늘은 흐리고 비까지 온다. 비에 젖은 거리는 지저분하고 매춘과 빈부격차는 적나라하다. 한 떼의 사람들은 축구경기에 열광한다.

카메라는 경기장 앞에 줄지어 늘어선 자전거를 클로즈업하고 자전거를 보는 아빠의 눈은 심하게 흔들린다. 아들 브루노 역시 아빠가 어떤 결심을 했는지 아는 눈치다.

오죽했으면, 얼마나 구석에 몰렸으면 아들을 전차로 떠밀듯이 보내고 자전거를 훔쳤을까 하는 동정은 이 영화가 바라는 바가 아니다.

전후 이탈리아의 피폐한 상황을 보여 주기만 하는 것이다. 판단은 관객의 몫이다.

이 영화는 스튜디오 촬영이 없고 모두 거리에서 찍었다. 그래서 이 영화를 네오리얼리즘(neorealism; 사실주의, 신자유주의, 사회성 짙은 고발주의)의 대표적 영화라 부른다. 영화비평의 선구자 앙드레 바쟁은 순수영화의 첫 작품이라 높이 평했다. 혹자는 공산주의 영화라고 하기도 한다.

자식 앞에서 당장 죽을 것 같은 표정으로 눈물을 흘리는 아버지, 그 아버지를 보는 아들 역시 커다란 눈에 눈물이 가득하다. 자전거를 찾다가 아들 따귀를 때리기도 했던 못난 아버지는 아들 때문에 경찰서 신세를 면하지만 그의 꿈과 아들의 꿈은 사라진 지 오래다.

자전거를 찾다가 자전거 도둑이 되는 비극. 아들은 아버지의 손을 잡는다. 이해한다는 의미일까, 아버지와 같은 아버지는 되지 않겠다는 다짐이었을까. 그도 아니라면 다시 시작해보자는 희망의 메시지였을까. 영화는 군중 속으로 처량하게 사라지는 이들 부자의 뒷모습을 비춰준다.

그리고 끝이다. 이 장면에서 김소진의 「자전거 도둑」의 주인공인 신문기자처럼 그 주인공이 좋아했던 발렌타인 17년산을 찾지 않을 수 없다. 술 없이 어찌 맨 정신으로 영화를 마무리할 수 있을까.

(아버지와 아들로 나온 배우의 연기가 볼만하다. 그런데 이들은 이 영화에 출연하기 전에는 어떤 영화도 찍어보지 않은 평범한 사람, 즉 공장 노동자였고 거리의 부랑아였다고 한다.)

참고로 비정규직 문제를 정면에서 다룬 영화 〈카트〉(2014)의 부지영 감독은 이 영화를 보고 영화감독이 되겠다는 결심을 했다고 최근 한 신문과의 인터뷰에서 밝혔다. 사실 부 감독 말고도 〈자전거 도둑〉을 처음 영화로 접하고 영화와 인연을 맺은 감독이나 배우는 부지기수로 많다. 그만큼 이 영화가 세계 영화사는 물론 한국 영화계에 미친 영향은 크다.

저수지의 개들

Reservoir Dogs, 1992

MOVIE

국가 | 미국
감독 | 쿠엔틴 타란티노
출연 | 팀 로스, 하비 케이텔, 스티브 부세미

무리의 우두머리는 뭔가 달라도 다르다. 절체절명의 위기 상황에서는 더욱 그렇다. 갱의 세계에서는 더 말할 필요가 없다.

한 순간의 실수로 자신은 물론 자식까지 황천길로 가는 쿠엔틴 타란티노 감독의 〈저수지의 개들〉은 뛰어난 감을 가진 한 두목 조(로렌스 티에니)와 여러 명의 졸개들에 관한 이야기다.

그런데 보스는 평소에 잘 해오다 마지막 순간의 실수로 돌이킬 수 없는 상황을 만든다. 후회는 항상 늦듯 그가 사태를 직감했을 때 조직원은 그 대신 스파이를 더 신뢰한다.

100% 확신해야 하고 100% 확신이 없을 때는 점검했어야 했다. 본능을 무시하면 안 되고, 본능이 가리킬 때는 증거가 필요 없다는 사실을 누구보다도 잘 알았지만 갈 때가 됐는지 보스는 그러지 못했다. 결과는 예상한 대로 개죽음이다.

시작은 우습다.

커피숍에 모인 갱들은 전설적인 팝가수 마돈나의 'Like a Virgin'에 관한 음담패설로 와자지껄하다. 밝히는 여자 이야기라고 하기도 하고 경험 있는 여자가 몸을 함부로 굴려 남자를 만나는 노래라고도 하고 흑인 남자를 만나는 백인 여자의 섹스머신에 관한 이야기라고도 한다.

술자리에서 한번쯤 해볼 만한 평이한 이런 이야기가 타란티노 감독의 손을 거치면 장치가 되고 배경이 되고 캐릭터가 되고 예술로 되살아난다. 팁을 내느니 마느니 하며 다투기도 하고 커피 리필은 한 시간에 3번이 아닌 적어도 6번은 해야 하고 세금폐지 이야기가 화제가 되기도 한다.

그리고 갑자기 화면은 급하게 달리는 차 안으로 바뀌어 배에 선혈이 낭자한 한 남자가 살려달라고 절규하고 운전하는 일당은 조금만 참아 보자고 위로한다. 이들이 도착한 곳은 교외의 한적한 창고.

다이아몬드 보석상을 턴 이들은 누군가의 배신으로 경찰의 추격을 받고 피신해 있다. 두 사람이 생과 사의 갈림길에서 서로 관심을 가질 시간이 지날 즈음 또 다른 갱들이 속속 도착하면서 갈등은 고조된다.

서로를 믿지 못하는 가운데 이어지는 개그맨 뺨치고 남을 코믹한 대화, 섬세한 연기, 섬뜩한 폭행과 음악에 맞춰 춤추는 장면들은 타란티노가 왜 90년대 나타난 가장 위대한 감독 중 한 명인지 증명해 준다.

경찰관 생활 8개월인 애송이 경찰은 의자에 묶여 고문당하고 귀까지 잘리고 마침내 휘발유를 온 몸에 뒤집어쓰고 화형 당할 처지에 이른다. 외곽에 있는 경찰(물론 보이지는 않는다.)은 이런 상황을 짐작은 하지만 보스를 잡기 위해 진입을 유예하고 마침내 조가 나타난다.

조와 아들은 리허설까지 하면서 그들을 속이고 갱단에 합류한 LA경찰인 오렌지(팀로스)를 배신자로 지목하지만 화이트(하비 케이텔)는 아니라고 하면서 조에게 권총을 겨눈다. 여기서 "본능이 가리킬 때는 증거가 필요 없다."는 조의 그 유명한 대사가 나온다. 그리고 세 사람은 동시에 방아쇠를 당기고 모두 죽는다.

탈출 과정에서 여자 운전사(아마도 이 영화에서 여자가 등장하는 것은 처음인 것 같다.)의 총격으로 복부부상을 입은 오렌지는 죽으면서 "오, 미안해요, 난 경찰이에요." 하면서 자신의 신분을 고백하고, 뒤늦게 이를 안 화이트는 분에 못 이겨 그의 머리에 권총을 겨누지만 대기하고 있던 경찰의 총격에 죽는다.

죽는 장면은 나오지 않지만 콩 볶는 듯한 총소리는 두 사람이 모두 죽었다는 것을 암시한다. 발각되어도 밀고할 수 없도록 본명을 숨기고 색깔별로 이름을 붙여주는 감독의 센스는 이름대로 성격과 역할이 딱딱 맞아 떨어지면서 관객들을 침묵 속으로 몰고 간다.

한 번쯤 나올 법한 창녀와의 섹스도 없고 가장 활기차야 할 보석을 터는 장면이 없는데도 끝까지 손에 땀을 쥐는 것은 '죽이는' 감독 타란티노의 힘이다(이 영화의 제목 〈저수지의 개들〉은 비디오가게 점원이었던 감독이 어느 날 단골이었던 손님이 루이 말 감독의 〈굿바이 칠드런〉을 보고 '저수지의 개' 영화라고 표현한 데서 따왔다고 한다).

자신이 직접 갱단의 일원으로 출연한 타란티노는 이 영화 제작 2년 후 〈펄프픽션〉(1994)을 만들어 세계적 명성을 더욱 굳힌다.

적과 백

The Red and the White, 1967

MOVIE

국가 | 헝가리, 러시아
감독 | 미클로스 안초
출연 | 안드라스 코작, 조셉 마다라스

노려본다고 죽음을 면할 수는 없다. 당황해서 권총의 방아쇠를 당기지 못할 거라는 생각은 틀렸다. 전쟁에서 인간성은 필요 없다. 헝가리의 아름다운 고향마을로 돌아가기를 바라는 러시아 혁명군에 가담한 의용군들의 꿈은 확인사살로 무너진다.

죽음에는 고통이 따르기 마련이지만 미클로시 얀초 감독의 〈적과 백〉에서는 죽기 직전의 고통은 크게 부각되지 않는다. 부상으로 팔 다리가 잘리고 선혈이 낭자하는 장면은 나오지 않는다. 심지어 외마디 비명소리조차 없다. 방아쇠를 당기고 탕 하는 소리가 나면 적군이든 백군이든 쓰러지고 더 이상 움직임이 없다.

카메라는 총 맞은 자를 더 이상 비추지 않는다. 한 발의 총알에 정확히 한 명이 죽는다. '원 샷, 원 킬'이다. 조금 전까지 근육을 자랑하던 젊은이들이 푹 고꾸라지면서 죽는데 이상하리만치 삶과 죽음에 대한 경계가 뚜렷하지 않다.

롱테이크 화면은 건조하지만 생명력이 있다. 영화는 러시아 혁명 직후, 그러니까 '피의 일요일'로 시작된 혁명이 일어난 1917년에서 2년이 경과한 시점을 시대적 배경으로 한다.

무대는 첨탑이 아름다운 성당과 부상병동을 중심으로 백군이 우월한 전투력을 보이는 가운데 진행된다. 백군은 정부군이며 적군은 헝가리, 그루지야 등 주변국의 의용군이 가세한 혁명군이다.

백군은 마치 나폴레옹처럼 말에 앉아 칭기즈칸처럼 칼을 높이 치켜들고 흙먼지를 날리며 달려온다. 칼을 일자로 세우고 내달리는 장면은 전쟁의 참혹함을 상징적으로 보여준다. 그러나 정작 그 칼로 사람을 죽이지는 않는다(칼은 죽은 볼셰비키 혁명군에 대한 예를 표할 때 사용된다).

러시아 혁명 50주년을 기념해 만든 영화이지만 정작 혁명을 찬양하거나 미화하지 않는다. 대신 전쟁의 아픔이 선명하게 도드라진다. 헝가리 포로가 죽기 직전 부르는 노래는 민족주의 냄새가 물씬 풍긴다(러시아에서는 한때 상영금지됐다).

성당을 점령한 정부군은 포로로 잡은 적군들에게 15분간 탈출 시간을 주고 토끼사냥 하듯 포로들을 사냥한다.

강물로 밀어 넣고 배를 젓는 노로 찔러 죽인다. 여자의 옷을 모두 벗기고 희롱한다고 해서 정부군을 욕할 필요는 없다. 적군을 지목하지 않는 간호사를 죽여도 이상할 것이 없다. 자작나무 숲으로 간호사들을 끌고 가서는 군악대의 음악에 맞춰 신나는 왈츠를 추게 한다고 해서 놀랄 필요도 없다.

전쟁은 그런 것이다. 인간성의 괴이함을 탓해서는 안 된다. 착검한 칼로 배를 포함한 신체의 어느 부분이든 쑤시지 않는 것을 다행으로 여겨야 한다.

흰 옷 입은 포로들을 일렬로 뉘어 놓고 권총으로 한 명씩 죽이는 장면에서 반전(反戰)을 생각하면 영화는 소기의 목적을 달성한 것이다.

대평원에서 무수히 많은 정부군을 상대로 무모하게 도전하는 혁명군은 전멸한다. 영화는 죽는 것이 끝나고 나서야 막을 내린다. 반전영화 중 흑백영화로는 최고의 작품으로 찬양할 만하다.

전함 포템킨
The Battleship Potemkin, 1925

MOVIE

국가 | 러시아
감독 | 세르게이 에이젠슈타인
출연 | 알렉산드르 안토노브, 블라드미르 바르스키

말이 필요 없다. 그저 고개만 끄덕이면 된다. 좋은 것은 굳이 말하지 않아도 된다. 러시아의 세르게이 에이젠슈타인 감독의 〈전함 포템킨〉을 보고 나면 할 말을 잃는다(사실 이 영화는 말이 없다. 무성영화다).

사람들은 〈전함 포템킨〉을 두고 모든 영화는 이 영화에 빚을 졌다고 평한다. 나온 지 100년이 다 된 빛바랜 무성영화를 '영화의 아버지'라고 부른다. '영화의 교과서'라는 말은 더 이상 찬사가 아니다.

이 영화는 러시아 볼셰비키 혁명 20주년을 기념해 만들어졌다(의도를 갖고 만들었다는 말이다).

방파제를 향해 다가오는 거대한 파도의 포말은 뭔가 숨길 수 없는 분위기가 분출되는 모양새다. 영화는 이렇게 시작된다.

전함에 근무하는 러시아 수병들의 상황은 열악하다. 특히 먹는 것이 그렇다. 썩은 고기에 구더기가 들끓는다. 함정의 군의관은 "이것들은 기생충이다. 그것은 질 좋은 고기로 소금에 씻어 먹으면 된다."고 거들먹거린다. 수병들은 동요한다. 개도 안 먹는다. 러시아 포로인 일본군도 이보다는 낫게 먹는다는 불만이 퍼진다. 불만은 눈빛으로 눈빛은 귓속말로 귓속말은 봉기로 이어진다.

함장이 나선다. 함상에 모인 수병들에게 함장은 국이 좋다고 생각하는 자들은 앞으로 나오라고 명령한다. 장교들과 수병 몇 명이 앞으로 나온다. 나머지는 요지부동이다. 함장은 분노로 얼굴이 일그러진다. 나오지 않는 놈들은 돛대에 매달아 버린다고 고함을 지른다.

실제로 돛대에 말려진 수병들이 총살의 위기에 직면한다. 하지만 때가 온 것을 직감한 수병들은 "형제들이여, 누구에게 총을 쏘려 하는가!" 외치면서 사격 명령을 거부하고 함정을 장악한다. 이 와중에 봉기에 앞장선 주도자가 장교의 총에 맞아 사망한다. 함정의 반란은 오데사 항구 주민들에게도 알려진다.

밤바다에 가득한 안개를 뚫고 전함은 빠른 속도로 질주한다. 주민들은 하나 둘 모여 수병들을 응원한다. 국 한 그릇 때문에 죽은 사람을 추모하는 발길이 이어진다. 조문은 분노로 분노는 봉기로 봉기는 혁명을 향해 노도와 같은 불길로 치솟는다.

수많은 사람들이 어깨를 모으고 "이 땅은 우리 것이다, 미래는 우리 것이다!" 외치며 계단으로 모여든다. 작은 배를 몰고 함정으로 합류한다. 이때 차르의 코사르 군대가 착검을 하고 일렬로 다가선다. 잘 조직된 군대는 총을 겨누고 조준사격을 한다. 수많은 사람들이 붉은 피를 흘린다.

아이도 총을 맞고 낙엽처럼 쓰러지고 쓰러진 몸을 밟고 사람들은 죽음을 피해 아래로 아래로 내달린다. 분노한 어미는 총을 쏘지 말라고 외치는데 그 어미의 심장에도 총알이 박힌다.

유모차를 미는 어미도 총에 맞아 고꾸라지고 위태롭던 유모차는 숨진 어미를 지탱하지 못하고 나 홀로 계단을 타고 아래로 굴러 떨어진다. 기병대까지 나타나 쓰러진 자들을 확인사살하고 가차 없이 위에서 아래로 내려찍으니 시위대는 순식간에 제압당한다.

　전함의 수병들은 대학살에 절규한다. 차르의 본거지인 오데사 극장을 격파하는 것으로 보복을 감행한다. 오데사 주민들은 해방군을 기다린다. 전함이 상륙하면 군대가 합세할 것이지만 전함은 해군 때문에 상륙하지 못하는데 또 다른 흑해 함대가 포템킨을 향해 다가온다.

　비상이 걸렸다. 포탄을 점검하고 일전불사를 외친다. 수병들의 상기된 얼굴과 좁은 함정 안에서의 빠른 움직임이 긴장의 도를 더한다. 그러나 다가오는 함정은 적함이 아니다. 수병들은 모자를 바다로 던지며 환호한다.

　영화를 사랑하든 안 하든 이 영화는 보는 것이 좋다. 사실을 바탕으로 한 영화라고는 하지만 혁명의 실패라는 사실 여부와 상관없이 구조와 상징과 몽타주와 시퀀스(시작부터 끝까지를 묘사하는 영상의 한 단락을 말한다. 시퀀스는 몇 개의 신으로 이루어지고 쇼트는 한 개 이상이 모여 신이 된다.)가 정교하고 장엄하다.

　'혁명'이라는 정치적 의도에 의해 만들어졌다 해도 억압을 딛고 자유를 향해 싸우는 장면은 '인간의 원초적 본능'을 깨우고 있다(미국, 영국, 프랑스 등 세계 여러 국가에서 오랫동안 상영이 금지됐다).

　빈 국그릇이 흔들릴 때마다 고개를 따라 흔드는 장교의 몸짓과 계단의 학살 장면, 죽은 사자의 석상이 살아 일어나서 포효하는 모습은 시간이 지나도 잊을 수 없다.

지난해 마리앙바드에서

L'Année Dernière à Marienbad, 1961

MOVIE

국가 | 프랑스/이탈리아
감독 | 알랭 레네
출연 | 조르지오 알베르타찌, 델핀 세리그, 사샤 피토엘프

일반 관객이라면 굳이 이런 영화를 볼 필요가 있을까. 솔직히 시간이 아깝기도 하지만 설사 킬링타임용이라고 해도 도대체 무슨 이야기를 하는지 알 길이 없으니 왜 만들었느냐고 입을 삐죽일 수도 있겠다.

언젠가 감독은 "사고의 복잡성과 그 기제들을 포착해 보려고 한 조악하고 원시적인 시도"라고 말한 바 있으니(물론 겸손의 표현이긴 하겠지만) 궁금한 사람들은 말의 의미를 참고해 보면 된다.

영화를 만든 사람의 표현이 이 정도이니 알랭 레네 감독의 〈지난해 마리앙바드에서〉는 난해하고 복잡하고 잘 설명이 되지 않는 작품이라는 것쯤은 짐작할 만하다. '이런 영화도 있구나' 하는 표현에서는 기존의 영화와는 다른, 다시 말해 일반적인 영화의 작법과는 너무나 다른 시공간을 뛰어넘는 시제의 구성 등이 이 영화의 특징이라면 특징이겠다.

그런데 이 작품은 누벨바그의 걸작이며 모더니즘 영화의 선구자이고 전후 프랑스 영화의 시금석이라고 평가하고 있으니 일반 관객과 전문가들이 느끼는 시각은 다른가 보다.

어쨌든 영화는 바로크풍의 거대한 성과 그 성을 둘러싸고 있는 공원을 중심으로 과거와 현재가 왔다 갔다 하면서 관객들에게 좀처럼 이해의 실마리를 제공하지 않는다.

일단 큰 줄거리를 살펴보면 X라고 불리는 잘생기고 언변이 좋고 떠벌이며 집요한 한 남자(조르지오 알베르타찌)와 조각 같은 미모와 세련된 옷차림 그리고 귀걸이와 목걸이 등 장식구가 잘 어울리는 A라는 여자(델핀 세리그) 그리고 전형적인 하인의 표정으로 강한 흡인력을 자랑하는 여자의 남편 M(사샤 피토엘프)의 관계가 중심축이다.

남자는 여자에게 우리가 언젠가 만난 적이 있는, 그러니 오늘의 만남이 처음이 아니라는 매우 상투적인 방법으로 접근하는데, 나중에는 서로 사랑했고 다시 만나기로 약속했으며 데리러 오기로 했다는 사실을 끈질기게 강조한다.

여자는 아니라고 부인하고 그런 남자와 여자의 뒤를 따라다니는 남편의 로봇 같은 언행이 기괴한 음악과 웅장한 성과 일직선의 공원을 배경으로 되풀이되고 이어졌다가는 끊어지고 다시 이어지기를 반복한다. 인물의 컷은 벽에 달라붙어 있는 그림이나 사진처럼 움직임이 없는데 그렇다고 생동감이 없는 것도 아니다.

끝까지 봐도 해답이 없을 거라는 답답함 때문에 이제 그만 봐야지 할 무렵 러닝타임 94분의 영화는 끝난다. 한없이 지루하고 심오한 수도승의 설법처럼 모호하고 난해하지만 이처럼 자신도 모르게 영화를 끝까지 보게 만드는 묘한 매력이 있다.

1959년에 만든 알랭 레네의 〈히로시마 내 사랑〉을 재미있게 봤으니 이 영화도 볼 만하겠지 하고 덤벼들다가는 큰코다치기 십상이다. 유럽 철학에 미친 실존주의나 베르그송의 철학이론 혹은 당시 프랑스의 사회와 정치적 혁신에 대한 개념이 있어야 된다나, 나 원 참. 그렇다고 지레 포기할 일은 아니다. 보고 나서 '이런 영화도 있다' 하는 정도만 얻었어도 큰 수확이겠다.

찐득이처럼 달라붙어 함께 가자고 여자를 설득하는 조르지오의 목소리에서 마치 깊은 산속에서 나직이 울려 퍼지는 득도한 노스님의 목탁에 섞인 독경소리를 연상했다면 수준 있는 관객이다(사족: 세련된 옷차림, 맵시를 더해주는 디자인 솜씨는 부럽다).

시인 박정대는 영화를 보지 않고도 〈지난해 마리앙바드에서〉라는 시를 지었다고 한다(대단한 시인이다. 영화를 이해하는 데 도움이 될 것 같진 않지만…).

지난해 마리앙바드에서 나는 사랑했네
겨울 내내 도마뱀의 꼬리처럼 툭, 툭
끊어지며 눈이 내렸네 추억은
지난해 마리앙바드에서부터 생겨나네
나는 개들과 함께 그녀의 집으로 가는 길을 아네
그녀의 방은 그녀의 기억 속에 희미한 낮달처럼 꽂혀있었네
그녀의 문을 열면 아주 어두운 대낮이었네
지난해 마리앙바드에서 그녀는 떠나갔네
그녀는 하나의 숲과 하나의 바다를 가지고 떠나가버렸네

- 박정대, 〈지난해 마리앙바드에서〉 중에서

지상에서 영원으로

From Here to Eternity, 1953

MOVIE

국가 | 미국
감독 | 프레드 진네만
출연 | 버트 랭커스터, 몽고메리 클리프트, 데보라 카, 도나 리드

요즘은 하도 막장 드라마가 유행이라 상사의 부인을 유혹하는 부하의 이야기는 얘깃거리도 안 된다. 하지만 1941년 하와이 주둔 미군부대에서 일어난 일이라면 말은 달라진다.

중대장은 부대 지휘보다는 영외로 나가 술을 마시고 외도하는 일에 정신이 팔려 있다. 이대로 가면 부대는 엉망이 되겠지만 영리한 참모 중사 워든(버트 랭커스터)이 일을 척척 처리하니 문제될 것이 없다.

어느 날 오른쪽 어깨에 M1 소총을 매고 구령에 맞춰 제식훈련을 하는 연병장에 더블백을 맨 신참 부대원이 도착한다. 이 신참 사병인 프루이트(몽고메리 클리프트)에게 마지오(프랭크 시네트라)는 최악의 부대에 배치됐다고 걱정한다.

신참은 스파링을 하다 동료의 눈을 멀게 한 죄책감에 시달리고 있다. 중대장은 사기진작에는 권투만한 것이 없다며 재능 있는 그가 미들급 선수로 부대 대항에 출전하기를 원한다. 하지만 신참은 이 제의를 일언지하에 거절한다.

이 모습을 지켜보는 중사(버트 랭카스터)는 처음부터 그를 마음에 들어 한다. 남자답고 군인답고 잘생긴 그에게 호감을 보인다. 군대생활이 꼬이겠다는 것은 더 안 봐도 알겠다. 부대는 집요하게 선수로 출전할 것을 강요하고 이를 거부하는 그에게 갖은 악행이 가해진다.

제식훈련을 따로 시키는가 하면 포복 훈련 중에는 진흙탕 물을 튀기고 총기결합을 제일 먼저 했음에도 트집을 잡아 완전군장으로 연병장을 돌게 하고 청소하는 와중에 물을 끼얹기도 한다. 그래도 그는 끝까지 고집을 부린다.

영화는 갈수록 긴장감이 팽팽하다. 그러던 어느 날 부대로 뚜껑이 열린 흰색 스포츠카를 몰고 육감적인 여인(데보라 카)이 온다. 이를 지켜보는 중사의 눈이 예사롭지 않다. 가까이 다가온 부인의 눈에도 스파크가 인다.

불륜으로 직행하는 일만 남았다. 하지만 감독은 관객의 애간장을 조금 더 녹인다. 집으로 돌아온 부인은 남편인 중대장과 옥신각신한다. 흔한 레퍼토리다. 집에서는 짜증을 내고 밖에서는 환호하는 외도의 전형적인 모습이다.

프루이트는 권투를 하라는 압력을 더 세게 받는다. 동료들은 저렇게 좋은 놈이 당하는 것이 안타깝다고 하면서도 어떻게 도와줄 수 있는 방법이 없다. 훈련의 강도는 더하고 타깃은 그에게 집중된다.

괴로운 군대생활이 남의 일 같지 않다. 군대를 다녀온 이 땅의 모든 남자들은 거의 대부분 지옥에서 온 악당 같은 고참 때문에 이유 같지 않은 이유로 고통을 받은 경험이 있다. 그래서 그런지 프루이트가 더 측은하다. 하지만 그가 꺾인다면 영화는 싱겁다.

권투를 해라, 못 한다, 옥신각신 하는 사이 감독은 중대장 부인과 그의 부하 중사를 한 장소에 몰아넣는다. 비가 억수같이 퍼붓는다. 흠뻑 젖은 남자가 문을 두드린다. 반바지 차림의 여자가 문을 연다. 창밖의 야자수 잎은 작은 바람에도 흔들린다.

남편은 시내에 나가고 없다. 불장난하기에 딱 좋은 조건이다. 키스는 본격적으로 전개될 외도의 전주곡에 지나지 않는다. 해변에서 두 사람은 영화사에 남을 멋진 키스를 한다. 파도가 흰 포말을 뿌리는데 그 속에서 입을 맞춘 남녀의 얼굴은 욕정에 들떠있다.

물에 젖은 여자의 모습이 고혹적이다. 키스를 끝낸 여자는 사지를 뻗고 모래사장에 벌렁 눕는다. 다시 입과 입이 겹쳐진다. 두 사람의 사랑이 깊어가지만 갈등이 없는 것은 아니다.

쩨쩨한 중사는 여자의 남성편력을 따진다. 여자는 마지못해 자신이 이제는 아기도 가질 수 없게 된 구질구질한 과거의 사연을 말한다. 그제서야 남자는 여자를 이해한다.

그러는 사이 직업군인들이 제일 좋아하는 월급날이 온다. 친구 마지오와 프루이트는 시내로 나가 진탕 마신다.

거기서 프루이트는 술집여자 로렌을 만난다. 이들도 첫눈에 반한다. 하지만 사랑은 중사 커플처럼 쉽게 이뤄지지 않는다. 프루이트가 사랑에 괴로워하는 사이 마지오는 뚱보라는 별명을 가진 괴팍스런 영창근무 하사(어네스트 보그나인)가 치는 피아노 소리를 못마땅해 한다.

두 사람의 갈등이 또 다른 줄거리를 만들어 낸다. 보초를 서다 부대를 이탈해 술집에 온 마지오는 순찰을 도는 헌병을 때리다 잡혀 6개월 형을 받는다. 그곳에서 영창하사를 만나 죽사발이 된다. 발로 배를 차이고 주먹으로 얼굴과 배를 밥먹듯이 얻어맞는다. 침을 뱉는 것으로 분풀이를 하던 마지오는 어느 날 영창을 탈출해 프루이트를 찾아온다. 그리고 그의 품에 안겨 죽는다.

모두가 잠든 고용한 밤. 진혼나팔이 울린다. 1등 나팔수였던 프루이트가 그를 위해 나팔을 분다. 중사도 복도로 나오고 모든 사병이 자다 일어나 그의 애절한 나팔 소리를 듣는다. 나팔병의 두 눈에 눈물방울이 흐른다. 그는 동료의 복수를 결심한다.

가게에서 나오는 영창하사와 잭나이프로 결투를 벌여 그를 살해한다.

살해 와중에 상처를 입은 그는 여자친구 로렌 집에 피신한다. 탈영 3일째지만 중사는 모른 채 넘어간다. 술에 젖어 살고 있는 어느 날 라디오 방송은 일본군의 진주만 습격을 다급하게 보도한다. 군대는 당신을 싫어한다며 말리는 로렌을 두고 프루이트는 귀대하다 순찰을 도는 병사의 총에 맞아 죽는다.

중대장은 부대소홀의 책임을 물어 해임되고 여자는 장교가 돼서 같이 미국 본토로 가자는 제의를 거부한 중사와 헤어져 귀국선을 탄다. 배에는 나팔 피스를 들고 있는 프루이트의 애인도 함께 있다.

프레드 진네만 감독의 〈지상에서 영원으로〉는 개봉 당시 간통과 부패, 약자를 괴롭히는 치부를 적나라하게 그려 일대 센세이션을 일으켰다. 오스카 작품상 등 8개 부분 상을 석권했다.

덤: 한국에서도 1956년 개봉됐다. 영창하사로 악역을 맡았던 성격파 배우 어네스트 보그나인이 2012년 7월 8일 95세의 일기로 사망했다고 외신은 일제히 보도했다. 나팔병에게는 개인화기와도 같은 마우스피스로 부는 몽고메리의 나팔소리가 일품이다.

지옥의 묵시록

Apocalypse Now, 1979

MOVIE

국가 | 미국
감독 | 프란시스 포드 코폴라
출연 | 마틴 쉰, 말론 브란도, 로버트 듀발

이준익 감독의 〈님은 먼곳에〉(2008)의 여주인공 수애는 베트남 전장에서 C.C.R의 '수지 큐'를 멋들어지게 불렀다(그 전에 작고한 코미디 황제 이주일 버전의 '수지 큐'도 흥미롭다).

프란시스 포드 코폴라 감독의 〈지옥의 묵시록〉에서는 플레이보이 걸들이 밀림의 무대에서 M16 소총을 가랑이에 끼고 역시 '수지 큐'를 부른다. 당연한 이야기지만 나온 연대순으로 보면 'M16 수지 큐'가 오리지널이다.

무대를 난장판으로 만들면서 성에 굶주린 젊은 남성의 욕망을 여지없이 표현한 이 장면을 보면 〈님은 먼곳에〉와 자연스럽게 겹친다. 생명이 파리 목숨인 전쟁터에서는 미군이든 한국군이든 찰나적 욕망에 대한 본능은 대동소이하다.

애초 이 영화는 5시간 분량으로 촬영됐는데 자르고 잘라 153분으로 상영됐다. 그러나 감독은 나머지 49분을 살린 202분짜리 '리덕스 필름'을 2001년 칸영화제에서 공개했다.

살린 부분은 프랑스 농장의 가족과 전쟁에 대한 새로운 시각에 대해 이야기하는 조금 길고 지루한 장면과 윌라드 대위(마틴 쉰)가 아편을 함께하며 젊은 미망인과 밤을 지새우는 장면, 부서진 헬기 안에서 기름 두통과 바꾸고 플레이보이 걸과 묶인 시체 옆에서 섹스를 벌이는 장면 등이 포함됐다.

커츠(말론 브란도)가 윌라드에게 타임지에 실린 내용을 읽어 주는 장면은 전쟁의 진실에 대해 이야기한다. 위문공연 이후 플레이보이 걸과의 재회 장면은, 이런 내용 없이 〈지옥의 묵시록〉을 이야기할 수 있을까 할 만큼 중요한 대목이다.

영화는 귀국했으나 아내와 이혼한 후 다시 베트남에 온 윌라드 대위와 킬고어 중령(로버트 듀발), 커츠 대령 세 명을 중심축으로 전개된다.

1주일간 사이공의 한 호텔에서 무료한 나날을 보내던 윌라드는 새로운 임무를 받는다. 부대를 이탈해 캄보디아 국경근처에서 자신만의 왕국을 건설한 커츠 대령을 살해하라는 명령이 그것이다. 명령에 죽고 명령에 사는 것이 군대고 군인인데 명령을 거부했으니 당연히 제거 이유가 된다.

윌라드는 병사 4명과 함께 전투가 가능한 수송선을 타고 베트남 북부로 스며든다. 이 과정에서 킬고어를 만나는데 그는 한마디로 전쟁광이며 전쟁을 무슨 스포츠게임처럼 즐기는 무지막지한 인물이다.

공격용 헬기 안에 바그너의 '발퀘레의 기행'을 크게 틀어 놓고 베트콩이든 주민이든 여자든 어린애든 가리지 않고 교통신호 딱지떼듯 살해하는 전쟁 놀음을 즐긴다. 서핑광이기도 한 그는 폭탄이 난무하는 해변에서 부하들의 손에 보드를 들게 할 만큼 반미치광이다. 전투기 지원을 받아 주황색 네이팜탄(고엽제)으로 마을 전체를 쓸어버리고 나서는 "언덕 전체에 가솔린 냄새가 진동한다. 그 냄새는 승리의 냄새다."라고 떠벌인다.

연료를 채우고 윌라드 일행은 다시 밀림의 강을 따라 북으로, 북으로 이동하다 한 가족이 탄 남베트남 목선을 수색을 이유로 정지시키고 그 과정에서 일가족을 몰살시킨다. 아직 살아 있는 여자를 권총으로 확인 사살한 윌라드를 보고 대원들은 살인이 가져온 공포에 전율한다.

만 14살에 영화에 출연한 어린 소년병(로렌스 피시번; 후에 〈매트릭스〉에 나왔다. 코폴라 감독은 실제로 월남전에서 16살의 소년이 참전한 사실을 확인하고 소년병을 일부러 윌라드 일행에 넣었다고 한다.) 뉴올리언스에서 온 주방장, 함장, 유명한 서핑 선수 출신의 병사들은 이제 모든 가치가 상실된 베트남 전쟁의 한복판에서 서게 된다.

망고를 따러 정글로 들어갔다가 호랑이의 습격도 받는다. 병사들은 지쳤고 그들의 영혼은 점차 황폐화되는데 윌라드는 이동 중에 틈틈이 그가 제거해야 할 커츠의 경력에 대한 보고서를 읽는다.

육사를 수석 졸업한 미 육군이 낳은 최고의 군인이 왜 명령을 어겨 살해 대상이 됐는지, 이제는 미쳤다고 판단을 내린 미 육군의 결정은 옳은 것인지 혼란에 빠진다.

수송선은 캄보디아 국경에 이른다. 상관이 누구냐고 묻는 윌라드에게 당신이 상관 아니냐고 되묻는 고립무원에 빠진 부대를 뒤로 두고 그들은 드디어 커츠 일행이 숨어 있는 곳까지 도달한다.

보트에서 윌라드는 자신이 파견되기 이전에 다른 특수부대원이 커츠를 제거하기 위해 떠났다가 이제는 그의 부하가 됐다는 새로운 보고서를 읽으면서 커츠에 대한 또 다른 호기심이 작동한다.

나무에 시체가 매달려 있고 주변에는 오래된 해골들이 뒹군다. 떠버리 종군 사진기자의 안내로 커츠를 만난 윌라드는 시를 외우고 개똥

철학을 설파하는 그에게 묘한 감정을 느낀다.

죽음의 한복판에 선 거대한 석불의 미소, 소년병의 죽음과 녹음기에서 흘러나오는 어머니의 음성, 창 맞아 죽는 함장의 고통은 전쟁의 공포, 공포, 공포를 말해준다.

산 들소를 장검으로 내리쳐 죽이는 장면과 윌라드가 커츠를 살해하는 장면이 오버랩된다. 베트남 전쟁의 추악함을 정면으로 다뤘다는 점에서 영화의 진실이 더욱 빛을 발한다.

지중해
Mediterraneo, 1991

MOVIE

국가 | 이탈리아
감독 | 가브리엘 살바토레
출연 | 클라우디오 비가글리, 디에고 아바탄투오노, 쥬세페 세데르나

한 무리의 패잔병 같은 병사들이 함정에서 내린다. 한 눈에 척 봐도 잘 훈련된 해병대는 아니다. 그런데 소총으로 무장하고 제법 사주경계도 하는 것이 섬에 막 상륙한 군인들이 으레 그렇듯 겁을 먹고 있다.

지휘관인 몬티니(클라우디오 비가글리) 중위는 어리벙벙하고, 2인자인 로루소(디에고 아바탄투오노) 상사는 떠버리에 성격이 급하다. 이런 상관을 둔 병사들이 오합지졸인 것은 안 봐도 안다. 지중해에 연한 이 섬에는 군대도 없고 따라서 전투도 없다. 8명의 군인들이 좌충우돌 원주민과 어울리면서 시간을 보낸다. 그 시간이 무려 3년이다. 무전기는 박살이 나고 배는 없고 외부로 연락할 방법은 차단된다.

때는 2차 세계대전 막바지, 살육의 시대, 살아남아서 꿈꿀 수 있는 도피처로 이보다 더 안성맞춤인 장소가 있을까. 독일군이 떠난 섬에는 아이도 있고 노인도 있고 여자도 있다. 창녀 바실리사(바나 바르나)도 있다.

심심하고 할 일 없는 군인들에게 사업이야기라며 바실리사가 먼저 접근한다. 마다할 이유가 없다. 순번을 정하고 쉬는 요일이 결정되자 바실리사의 집에는 군인들이 들락거린다.

그런데 파리나(쥬세페 세데르나)만은 바실리사와 잠자리를 거부한다. 그녀는 묻는다. "왜 나랑 안 해?" 그는 대답한다. "해본 적이 없다."고.

그리고 왜 창녀가 됐느냐고 되묻는다(이런 질문 꼭 해야 하나). 할머니도
창녀였고 어머니도 창녀였고 언니도 창녀였다는 대답이 나온다.

파리나는 그녀를 사랑한다. 사랑하였으므로 다른 남자에게 그녀를
줄 수 없다. 정해진 순서에 따라 파란색 집으로 접근하는 동료에게 위
협사격을 한다. 상관에게도 쏜다. 그는 말한다. "이 여자를 사랑해요.
그러니 중위님이라고 해도 이 여자와 잠을 잘 수 없다"고.

세상에서 가장 아름다운 것은 어린이지만 사랑이 더 아름답다는 것
을 보여주는 멋진 코미디 장면이 아닌가. 더 이상 도피할 곳이 없는
막다른 골목에서 파리나의 사랑은 신파조라고 해도 이상할 것이 없
다. 당연히 여자는 그 사람을 덥석 문다.

시간은 흐른다. 망각의 섬에서 군인들은 좋다는 것은 다 금지한 무
솔리니의 파시즘을 피해 아이들과 축구도 하고 책도 읽고 글도 쓰고
춤도 추고 교회 성화도 그리고 수영도 하고 사진도 찍으며 그곳 생활
에 푹 빠져든다.

이들에게 시간은 그저 흐르는 것 외에 아무것도 아니다. 아내를 그
리워하는 병사는 수많은 편지를 쓰지만 끝내 탈출에 실패하고 어느
날 불시착한 영국 경비행기의 조종사는 전쟁이 끝났다는 것을 알린다.

조국이 나를 버렸지만 전쟁의 참화를 겪은 조국을 위해 무언가를
하자고 군인들은 서둘러 짐을 꾸린다. 나귀도 챙긴다. 하지만 그녀와
결혼한 파리나는 남는다. 얼마나 시간이 흘렀을까.

늙은 중위는 다시 그 섬으로 돌아와 자신이 그린 빛바랜 성당의 벽
화를 본다. 그리고 식당을 차리고 지금도 성업 중인 바실리사의 레스
토랑 간판을 본다(바실리사는 죽었다). 파리나 옆에는 상사도 있다. 세 사

람은 회한에 젖는다.

　방학이 끝나고 학교에 온 기분이 이럴까. 세상이 바뀌었는데 이들은 바뀐 세상보다는 그 전의 세상을 찾아 다시 원래의 위치로 왔다. 가브리엘 살바토레 감독은 〈지중해〉로 이 세상에서 가장 아름다운 도피처를 만들었다.

천국이 허락한 모든 것
All that Heaven Allows, 1955

MOVIE

국가 | 미국
감독 | 더글라스 서크 감독
출연 | 제인 와이먼, 록 허드슨

스토리와 등장인물이 단순하고 주인공의 갈등이 시간순으로 진행돼 내용파악이 쉬운 영화가 있다. 이런 영화는 대개 색채는 화려하고 촬영은 현란해 보는 이의 눈을 즐겁게 한다. 하지만 오래 묵은 포도주처럼 묵직한 바디감은 떨어진다.

쉽게 만들어 돈 좀 만져보자는 제작사가 감독과 손잡고 쓰는 이런 방법은 멜로에 흔하고 과거에 유행했지만 스릴러나 오늘날에도 간혹 나와 삼류를 그리워하는 관객들의 구미를 당긴다.

더글라스 서크 감독의 〈천국이 허락한 모든 것〉은 전형적인 멜로이면서 눈요기에 좋은 컬러가 볼만하다. 그렇다고 이 영화를 삼류에 넣어야 한다고 주장하는 사람은 없다.

60년 전에 나왔지만 손수건으로 눈물을 찍어내야 할 만큼 순정이 겹겹이 쌓여 있고 나이차를 뛰어 넘는 남녀의 사랑이 지고지순하게 표현됐다.

해피엔딩으로 끝나지만 천박하지 않고, 보고 나서 고개를 끄덕이게 만드는 것은 이 영화가 단순한 스토리를 마지막까지 긴장감을 유지하면서 짜임새 있게 끌고 가는 데 성공했기 때문이다.

가을의 단풍과 겨울의 흰 눈은 보기에 아름다우니 당시 나온 테크니컬 컬러 영화의 최고봉으로 평가해도 손색이 없다.

캐리(제인 와이먼)는 상류층 언저리에 있는 과부로, 프린스턴대학(할리우드 고전영화에 나오는 주인공이나 자식들은 대개 명문대에 다니는 것으로 묘사된다.)에 다니는 다 자란 아들과 딸이 있다.

무료한 여자들이 대부분 그렇듯이 텔레비전이나 보면서 외로움을 달랜다면 캐리는 마을 사람들의 눈총을 받을 일도 없고 자식들의 원망을 들을 필요도 없다. 추파를 던지는 또래의 늙은 남자들에게 간혹 몸을 맡긴다면 캐리의 인생은 그럭저럭 볼만 할 것이다. 하지만 캐리는 정숙한 여자다. 함부로 몸은커녕 입도 허락하지 않는데 이런 정숙한 부인 앞에 나무의 가지나 치는 정원사 론 커비(록 허드슨)가 나타난다.

두 사람은 출연진 전체를 통틀어 돋보이는 용모를 가졌다(캐리의 친구로 나오는 배우들은 캐리에 비해 너무 늙었고 외모도 뒤쳐진다. 론의 친구 역시 비교가 되지 않는다. 감독은 그런 설정을 일부러 한 것 같다).

캐리는 비록 젊지는 않지만 앞가슴이 깊게 파인 옷을 입고 세 줄의 큼직한 진주목걸이를 걸면 충분히 인생을 즐길 만하며 커비는 누가 봐도 잘생겼다. 몸도 근육질이고 쓰는 말투도 정원사치고는 점잖은데 (극 중에서는 성공한 상류층보다 더 지적인 인물로 나온다.) 여성을 대하는 태도는 한 술 더 뜬다.

남자는 여자를 이렇게 대해야 한다는 전형을 보여주는데 그런 커비에게 캐리가 끌리지 않는다면 문제가 있는 것이다. 하지만 커비에게는 결정적인 단점이 있는데 그것은 캐리와 어울리기에는 지나치게 젊다는 점이다.

더군다나 마을 사람들과 떨어져서 산속에서 동물처럼 살고 있다. 그럴 수는 있다고 하지만 상식적으로는 이상하게 보일 수 있는 곳에서 커비는 장작불을 때고 헨리 데이비드 소로의 『월든』을 읽는다(법정스님이 추천한 바로 그 책이다).

이런 남자에게 여자는 빠져 들어야 한다. 예상대로 캐리는 물레방아가 도는 그의 집에서 커비와 한 몸이 되고 결혼을 약속한다.

순탄할 것 같은 두 사람은 치명적인 문제를 안고 있다. 앞서 말한 대로 나이차 때문이다. 커비는 극중 외모로 보면 그렇게 문제될 것 같지 않지만 내용상으로는 캐리의 아들뻘 정도로 설정돼 있기 때문이다.

요즘이야 연하의 남자가 좋다고 대놓고 떠들어대도 누구 하나 손가락질은커녕 '능력녀'로 추앙받고 있지만 영화가 나온 1955년은 아무리 미국이라고 해도 입방아에 오를 만하다.

특히 장성한 자식들은 엄마의 사랑에 쐐기를 박는다. 아들은 집을 떠나고 딸은 아버지가 생존해 있을 때도 둘이 그렇고 그런 사이였다는 소문에 울고불고 난리다.

엄마의 마음이 오죽하겠는가. 잘 그을린 피부, 울퉁불퉁한 근육질 몸을 보고 혹했다는 수군거림도 견딘 캐리였지만 이 대목에서 무너지고 만다. 결국 캐리는 동네사람들의 입방아와 자식들의 반대로 결혼을 포기한다. 계절은 가을을 지나 뿔 달린 사슴이 먹이는 구하는 겨울이다.

졸업한 아들은 신세계를 그리며 신나 있고 18살 딸은 결혼한다고 마냥 행복하다. 대대로 물려받은 집을 팔아서는 안 된다던 아들은 이제는 쓸모없는 집을 팔라며 성화고, 딸은 진정으로 사랑하지 않았기 때문에 커비와 결혼을 포기한 것 아니냐며 힐난한다. 무력해진 캐리의 눈은 수심에 가득 차 있고 두통은 가시질 않는다.

캐리는 마음이 움직이는 대로 진실을 찾는 것이 자신의 길이라는 사실을 깨닫는다. 눈길을 헤치고 커비의 오두막 앞에 선 캐리. 자신의 인생을 다른 사람이 결정하게 한 것을 돌려놓기까지 캐리는 이런 어려움을 겪었다.

1974년에 나온 라이너 베르너 파스빈더 감독의 〈불안은 영혼을 잠식한다〉에 영감을 준 영화로 거론된다(〈불안은 영혼을 잠식한다〉는 젊은 남자와 늙은 여자의 사랑이라는 점에서는 비슷한데 종교와 인종 문제 등이 복잡하게 얽혀 있어 〈천국이 허락한 모든 것〉보다는 좀 더 심란하다).

초원의 빛

Splendor in the Grass, 1961

MOVIE

국가 | 미국
감독 | 엘리아 카잔
출연 | 워렌 비티, 나탈리 우드

547

〈007〉, 〈스타워즈〉, 〈해리 포터〉, 〈반지의 제왕〉은 시리즈물도 잘만 만들면 드라마 아닌 영화라도 대성공한다는 것을 보여준 좋은 예다.

그러나 이들 영화는 모두 비교적 최근에 제작된 것들이다. 1961년에 나온 엘리아 카잔 감독의 〈초원의 빛〉을 시리즈물로 만들었다면 관객들은 어떤 반응을 보였을지 궁금증이 인다.

'서로 사랑하지만 어쩔 수 없는 현실 때문에 전편에서 헤어진 두 연인이 우연히 만나는 것'으로 2편이 시작된다. 아니 두 사람 중 누군가가 먼저 만나기를 청할 수 있다. 기다렸다는 듯이 이들은 서로 사랑했던 순간보다 더 열렬히 사랑한다. 불륜이지만 로맨스로 부르고 싶을 만큼 두 사람의 사랑은 아름답다. 이 같은 결말이라면 영화의 후속작은 성공할 수 있을까. 질문 아닌 질문을 던져 보는 것은 이루어질 수 없는 사랑을 그린 〈초원의 빛〉이 너무 애간장을 녹이기 때문이다.

맺어지지 못한 버드(워렌 비티; 이 영화가 첫 영화출연작이다.)와 윌마 디니(나탈리 우드)는 서로 첫사랑이다(참고로 이용주 감독이 만들고 엄태웅, 한가인이 주연한 우리나라 영화 〈건축학 개론〉(2012)도 첫사랑을 다뤄 큰 인기를 끌었다).

영화의 첫 장면은 '마치 영화 장면 같다'는 표현이 어울리는 멋진 풍경을 자랑하는 폭포수 주변이다. 차 안에서 버드는 윌마를 넘어뜨리고 거친 키스를 한다. 버드는 넘치는 정욕을 억제하기 힘들어 그다음

단계인 섹스를 원한다. 그러나 윌마는 "안 돼, 제발 이러지 마." 하면서 거절한다. 정숙한 여자는 결혼 전에는 섹스를 해서는 안 된다는 엄마의 가르침이 결정적인 순간에 그야말로 빛을 발한다.

두 사람은 어긋난다. 예리한 관객이라면 이들의 섹스가 쉽게 이루어지지 못할 거라는 짐작을 하게 된다. 예상대로 두 사람은 영화가 끝날 때까지 합쳐지지 못한다.

물론 기회도 있었다. 버드와 윌마는 빈 집에서 정상위 체위로 섹스 직전까지 간다. 그때 외출한 엄마가 돌아온다. 두 사람은 피아노를 치는 흉내를 내면서 아쉽게도 다음 기회로 미룬다. 파티에서 두 사람은 또 한 번의 기회를 맞지만 이번에도 뜻을 이루지 못한다.

버드는 신경질적이다. 욕망을 분출하지 못한 남자의 전형적인 행동이다. 윌마와 섹스를 못한 버드는 꼭 그래서라기보다는 어쨌든 윌마의 여고 동기생과 섹스를 한다.

이를 눈치 챈 학생들이 윌마를 보고 수군거린다.

수업시간이다. 윌마는 딴 짓을 하다 선생님으로부터 워즈워드의 시 〈초원의 빛〉을 낭송하라는 지적을 받는다. 시를 읊던 윌마는 울면서 뛰쳐나간다. 그리고 얼마 후 두 사람은 다시 만난다. 어색하기는 하지만 완전히 끊어진 건 아니다.

예전처럼 손잡고 껴안고 키스하는 것은 데이트할 때마다 가능하다. 그러나 더 이상은 안 된다. 어머니는 그렇고 그런 관계까지 갔느냐는 말로 짜증을 부채질하고 아버지는 주식이 오르는 것만큼 딸의 애정사업에 관심을 기울이지 않는다.

두 사람은 어긋난다. 버드의 아버지는 자식에게 모든 것을 걸고 있

다. 석유사업을 물려주려고 한다. 그래서 예일대학에 입학하기를 바라
지만 버드는 2년제 농경대학을 희망한다.

버드는 농구 경기 중 쓰러져 입원하고 월마는 이를 애처롭게 지켜본
다. 버드가 낫자 이번에는 월마가 아프다. 그는 정신병원에 1년 6개월
간 입원한다. 집에 돌아온 월마는 버드가 결혼해 옛 농장에서 일하고
있다는 사실을 아버지에게 듣는다.

월마는 여전히 그를 사랑하고 있음을 느낀다. 버드도 마찬가지. 하
지만 버드는 웨이트리스와 결혼해 아이를 둔 남의 남자다. 월마는 버
드의 아들을 안아준다. 그리고 결혼 사실을 알리고 떠난다.

워즈워드의 시 〈초원의 빛〉 시구가 어른거린다.

"여기 적힌 먹빛이 희미해질수록 그대를 향한 마음 희미해진다면 이
먹빛이 하얗게 마르는 날 나는 그대를 잊을 수 있겠습니다. 초원의 빛
이여, 꽃의 영광이여, 다시는 돌아갈 수 없다 해도 서러워 말지어다.
차라리 그 속 깊이 간직한 오묘한 세월을 잊으소서. 초원의 빛이여 그
빛 빛날 때 그대 영광 빛을 얻으소서. 한때는 그토록 찬란했던 빛이었
건만 이제는 덧없이 사라져 돌이킬 수 없는 초원의 빛이여 꽃의 영광
이여 다시는 찾을 길 없더라도 결코 서러워 마라 우리는 여기 남아 굳
세게 살리라. 존재의 영원함을 티 없는 가슴에 품고 인간의 고뇌를 사
색으로 달래며 죽음의 눈빛으로 부수듯 티 없는 믿음으로 세월 속에
남으리라."

헤어질 때 두 사람이 굿바이 키스라도 했으면 아쉬움이 덜했을 텐
데 이마저도 없다. 관객은 이들을 떼어 놓은 감독이 얄밉다. 그래서
누군가가 후속작을 만들어 주기를 기대하는 것은 아닐까. 겨우 이마

에 피가 마른 상태로 출연한 워렌 비티와 나탈리 우드의 애송이적 모습을 보는 것은 덤이다.

전체적으로 짜임새가 떨어지고 산만한 느낌이 들지만 계층 간의 격차, 1928년 캔자스 주의 사회모순, 기독교적 억압, 여성의 순결, 부모 자식 간의 세대차이, 출세와 경기불황 등은 지금도 여전히 풀어야 할 숙제라는 점에서 이 영화가 시사하는 바는 결코 적지 않다.

버드의 누이로 나와 아무 남자와 자는 지니(바바라 로든)의 역할은 윌마와 대조를 보인다.

카사블랑카

Casablanca, 1942

◄MOVIE

국가 | 미국

감독 | 마이클 커티즈스

출연 | 잉그리드 버그만 , 험프리 보가트, 폴 헨레이드, 클로드 레인스

한 시대를 풍미했던 '오동잎', '가을비 우산 속에'의 가수 최헌은 버티 히긴스가 1981년 부른 '카사블랑카'를 번안한 노래를 불러 빅히트를 친다.

목젖이 튀어나올 정도로 아랫배에 힘을 주고 부르는 애절한 음색에 영화 〈카사블랑카〉를 몰랐던 관객들도 이 노래에 흠뻑 빠져들었다. 노랫말은 대충 이렇다.

"그대와 같이 본 영화 카사블랑카 사랑을 깨우쳐 준 영화 카사블랑카 우리의 마음을 슬프게 하네. 서러운 이별 슬프지만 우리 사랑만큼은 변할 수 없어요. 상처는 남지 않을 거예요. 오! 잊지 못할 영화 카사블랑카 아픈 이별의 입맞춤이 얼룩져 있는 카사블랑카."

가사만 음미해도 영화가 어떻게 흘러가는지 짐작할 만하다.

사랑하는 두 남녀가 있다. 둘은 죽도록 사랑하지만 사랑하였으므로 헤어진다. 간단해 보이는 도식이지만 영화는 그렇게 만만하지 않다.

2차 세계대전 당시 프랑스령 모로코의 카사블랑카. 나치의 힘이 지배하는 이곳에 자유의 나라 미국으로 가기 위한 저항세력이 모여든다. 여기에 체코의 애국자 빅터 라즐로(폴 헌레이드)와 아내 일사(잉그리드 버그만)도 함께 피신해 온다.

낭만적 감상주의자 릭(험프리 보가트)은 카사블랑카에서 제일 유명한

카페의 주인이다. 과거 연인이었던 릭과 일사의 운명적 만남. 릭은 일사를 다그친다. 왜 함께 가자고 하고 기차역으로 나오지 않았는지, 왜 영원히 함께 있자 해놓고서 다른 남자와 불쑥 나타났는지 화를 낸다. 하지만 진짜 화를 내는 것은 아니다.

기꺼이 목숨과도 바꿀 연인 일사를 죽기 전에 본 것만으로도 릭은 만족한다. 굳이 가슴에 품지 않아도 손으로 만지지 않아도 그 사랑 충만하다. 일사를 순간적으로 혹은 영원히 차지 할 수 있지만 그는 반대의 길을 간다.

생사를 가르는 비자를 손에 쥔 릭은 결국 두 사람을 미국으로 가는 기착지인 리스본행 비행기에 태워 보낸다. 일사의 사랑을 확인했으나 자신보다는 라즐로에게 더 필요하다는 사실을 깨닫고 '파리에서의 추억'을 음미하면서 떠나보내는 릭은 사랑을 아는 남자의 화신이다.

전쟁, 부패, 자유, 투쟁, 의리, 정의, 불륜이 총망라된 이 사랑영화는 영화판 언저리를 기웃거렸던 사람이나 영화와 무관한 대중들도 보고 나서 뭐라고 한마디 하지 않을 수 없게 만든다.

덧붙이면 사족이라는 것을 알면서도 이 영화는 '사랑영화의 왕이라고 감히 한마디 더하고 싶은 마음은 어쩔 수 없다. 잉그리드 버그만의 애수 어린 눈빛, 그 눈빛을 보며 건배를 하는 릭은 지금 이 순간, 죽어도 좋을 만큼 행복했다.

한 순간만이라도 이렇게 절절한 사랑을 하고 싶다면, 그런 사랑을 느끼고 싶다면 지금 당장, 마이클 커티즈 감독의 〈카사블랑카〉를 봐야 한다. 버티 히긴스의 노래를 들으며 혹은 최헌의 번안곡이라도 좋다. 카사블랑카~ 흥얼거리며. 주제곡 '사랑이 가면(As Time Goes By)'을 듣는 재미도 쏠쏠하다.

최고의 조연을 펼친 천하의 잡놈, 프랑스 경찰서장 르노(클로드 레인스)가 한 "멋진 우정의 시작"이라는 뒷말을 기억한다면 영화를 제대로 본 것이다.

할리우드 영화 100년 역사상 최고의 남녀배우인 험프리 보가트의 터프하고 감성적인 모습 그리고 잉그리드 버그만의 청순가련한 모습은 10번을 봐도 질리지 않는다.

캬바레

Cabaret, 1972

🎥 **MOVIE**

국가 | 미국
감독 | 밥 포시
출연 | 라이자 미넬리, 조엘 그레이

기괴한 분장, 익살스런 표정, 멋진 멘트, 화려한 율동 그리고 감동적인 노래. 이 모든 것을 보고 듣고 즐기고 싶다면 '카바레'로 오면 된다. 동네에 널린 그런 카바레 말고 1930년 동독 베를린의 킷캣 클럽으로.

이곳에 와야만 빼빼 마른 익살꾼이며 음흉하고 노련한 사회자(조엘 그레이)와 클럽의 귀염둥이 샐리 보울즈(라이자 미넬리)을 만날 수 있기 때문이다.

요염하며 순진하고 백치미를 뽐내는 샐리는 첫인상과는 달리 노래와 춤이 아주 볼만하다. 거기다 섹스에도 자신감이 붙어 있으니 뭇 남성들은 그의 노리개로 적합하다. 조만간 누군가 그와 한바탕 뜨거운 시간을 보내지 않으면 이상한 분위기다.

아니나 다를까. 흰 연기를 뿜는 기차에서 내린 한 젊은 금발의 남자 브라이언(마이클 요크)이 샐리의 마수에 걸려든다. 두 개의 갈색가방을 든 그는 영국의 케임브리지 출신으로 영어 과외로 돈을 벌고 샐리는 그와 애인사이가 된다.

샐리는 노래를 부르고 그는 과외수업을 하는데 노래와 수업만 하면 관객은 따분하다. 그래서 밥 포시 감독은 오직 섹스가 주업이라고 할 만한 인물 막시밀리언 폰 호니(헬머 그리엄)를 등장시킨다.

그는 샐리도 꼬시고 브라이언도 구워삶아 두 사람과 잠자리를 한다.

여자도 남자도 마다않는 양성애자인 것이다.

여기에 샐리의 친구 나탈리까지 등장하고 그의 남자친구와 사랑이 더해지니 이만하면 제대로 얼개를 갖춘 셈이다. 그런데 두 사람은 유대인이다. 배경이 1930년 베를린인 것을 보면 나치의 전성기가 떠오른다.

감독은 무엇이든 허용되는 베를린의 복잡한 섹스문화와 나치의 등장을 〈카바레〉를 통해 절묘하게 묘사하는 데 성공했다.

남자와 잠을 잤으니 샐리는 임신을 한다. 그런데 누구의 아기인지는 자유로운 그녀의 섹스 관념으로 볼 때 알아내기가 참으로 어렵다. 하지만 브라이언은 누구의 아기가 됐든 키우자고 한다. 하지만 샐리는 약간의 죄책감은 있지만, 카바레에서 계속 일하고 싶고 궁극적으로는 훌륭한 영화배우가 되고 싶어서 모피코트를 판 돈으로 낙태를 한다.

두 사람이 헤어질 요건은 갖춘 셈이다. 브라이언은 영국으로 돌아가고 샐리는 등 뒤로 손을 들어 작별인사를 한다. 카바레로 돌아온 샐리는 몸을 흔들고 입을 벌리고 노래를 한다. 슬프면서도 애잔하고 그러면서도 기쁨으로 충만한 그녀의 목소리는 관객을 들었다 놨다 하면서 밀폐된 공간을 압도한다.

인생은 길지 않으니 방에 있지 말고 카바레로 와서 음악을 들으라고 재촉한다. 여기서는 인생이 아름답고 여자도 예쁘고 오케스트라도 멋지다. 인생 뭐 있나~ '인생은 카바레 아닌가' 하고 절규하듯 노래 부른다.

흐릿한 배경 사이로 기세등등한 나치와 틀이 잡힌 히틀러의 모습이 중첩되면서 영화는 막을 내린다. 즐거운 시간이 끝나는 순간이다.

명작 〈올 댓 재즈〉(1979)의 감독 밥 포시의 〈카바레〉는 그해 프란시스 포드 코폴라 감독의 걸작 〈대부〉를 제치고 아카데미 감독상은 물론 여우주연상 등 8개 부분을 수상했다. 시중에 DVD가 나와 있으니 구해서 보는 데 지장이 없다.

가장 음흉하고 애잔하고 슬프고 기쁘고 웃기는 뮤지컬 영화다.

크라잉 게임
The Crying Game, 1992

MOVIE

국가 | 아일랜드
감독 | 닐 조던
출연 | 포레스트 휘태커, 제이 데이비슨, 스티븐 레아

누군가와 함께 영화를 보고 나면 누군가는 다른 누군가에게 '어떤 장면이 제일 죽이더냐'는 질문을 하게 마련이다.

만약 닐 조던 감독의 〈크라잉 게임〉을 보고 서로 이런 대화를 나눴다고 치자. 그러면 대개는 여자의 벗은 몸이라는 대답을 할 것이고 나 역시 그 장면이 가장 기억에 남는다고 맞장구쳤을 것이다.

여자의 벗은 몸은 흔하고 흔하지만 여기서 여자의 몸은 여자가 아니고 남자다. 그 충격은, 반전을 뛰어넘는 놀라움이다. 누구도, 심지어 감독 자신도 깜박 속았을 여장 남자의 성기 노출은 수많은 컷 중 단연 압권이다.

초반 영화는 빠른 속도로 진행된다. 금발의 여자 주드(미란다 리쳐드 슨)에게 유혹당한 건장한 흑인 남성 조디(포레스트 휘태커)는 아일랜드 독립 지하조직인 IRA에 납치된다.

조직은 영국군인 조디와 조직원의 석방을 내걸고 만약 성사되지 않을 경우 3일 후 처형한다는 사실을 알린다. 조디를 감시할 임무를 맡은 퍼거스(스티븐 레아)는 조디의 딱한 사정을 이해해주고 두건을 벗겨주는 등 인정을 베풀고 서로 친근해 진다.

약속한 시간이 지나고 석방은 무산된다. 조직의 보스는 사살을 명령하고 퍼거스가 고민하는 사이 조디는 도망치다 마침 은신처를 급습하기 위해 돌진하던 영국군 차량에 치어 숨진다. 조직을 탈출한 퍼거스는 조디가 죽기 전에 준 애인 사진을 들고 그녀를 찾아간다.

미용사이며 술집 가수로 활동 중인 딜(제이 데이비슨)과 퍼거스는 만남이 잦아지면서 서로 사랑하는 사이가 된다. 마침내 사랑하므로 섹스하기 위해 딜의 옷을 벗기는 퍼거스의 눈앞에 그녀의 하체가 드러난다. 그 이후 상황은 앞서 말한 대로다.

누구도 예상하지 못한 이 엄청난 반전 앞에 퍼거스는 구토하는데 관객은 '이제 둘의 관계는 끝났다, 그것도 완전히 끝난' 것으로 판단한다.

하지만 영화는 그렇지 않다. 두 사람은 그 이후에도 끝없이 만남을 이어가는데 퍼거스가 게이인 딜을 사랑하는 것도 아니다. 그렇다고 아닌 것도 아니고, 하여튼 요상하게 영화는 전반부와는 다른 후반부를 보여준다.

큰 얼개는 영국군과 IRA의 대결이지만 얼개를 구성하는 또 다른 핵심은 처연하리만치 아름다운 딜과 자신도 모르게 동성애에 빠져드는 퍼거스의 사랑 아닌 사랑일 것이다.

딜은 과거 연인인 조디를 유혹해 죽게 만든 주드를 권총으로 사살하고 퍼거스는 딜 대신 감옥에 간다. 여기서 '전갈과 개구리' 이야기가 나오고 인간의 천성에 대한 언급도 이어진다.

영화 초반과 후반에 나오는 노래 'Stand By Your Man'도 영화와 잘 어울린다(흑인 병사로 나오는 조디의 동성애 상황은 영화가 끝난 후도 누구도 눈치채기 어렵다. 딜과 동성 애인이라는 사실은 연상되지만 그가 동성애와 연관된 어떤 행동도 하는 장면이 없기 때문이다. 여장 남자의 벗은 몸과 같은 반전과 비견될 만한 '숨김'이라고 할 수 있다. 국내에는 1993년 개봉됐다).

킬 빌 1, 2
Kill BILL, 2003, 2004

 MOVIE

국가 | 미국
감독 | 쿠엔틴 타란티노
출연 | 우마 서먼, 데이빗 캐러딘, 루시 리우, 대릴 한나

세상이 야속할 때는 화끈한 영화로 마음을 달래는 것도 괜찮은 방법이다. 실현 불가능한 미지의 세계에서 뛰놀다 보면 어느새 그런대로 세상은 살아볼 만하구나 하는 생각이 들기도 한다. 아직 살아 있고, 팔다리가 잘려 피가 분수처럼 솟구치지 않으며, 목이 책상 위에서 뒹굴지 않으니 얼마나 다행인가.

　〈저수지의 개들〉(1992), 〈펄프 픽션〉(1994)의 쿠엔틴 타란티노 감독의 〈킬 빌 1, 2〉는 한마디로 죽이는 영화다. 제목에서 벌써 죽이지 않는가?

　주인공은 다섯 명을 죽이는 것이 목적인데 그 다섯 명을 죽이기 위해 백여 명을 죽인다. 대단하지 않은가. 이렇게 많이 죽이려면 핵폭탄이나 미사일 혹은 기관총 정도는 있어야 하는데 사용하는 무기라고는 자신의 손, 발이고 기껏해야 칼이다.

　대개는 사무라이 장검으로 길가의 불개미새끼 죽이듯 죽이는데 마치 무협소설을 보는 것처럼, 이순신 장군의 시처럼 큰 칼 한 번 바람을 가르니 목이 댕강, 허리가 두 동강 난다.

　장군도 아니고 그렇다고 기골이 장대한 남자도 아닌 여자가 대단한 칼솜씨로 가을 날 벼이삭 베듯 사람을 쓸어버리니 일단 눈요기로는 그만이다. 또 이 여자, 금발이고 예쁘고 육감적이니 금상첨화가 따로 없다(동양인도 아니고 서양인이 칼을 쓰고 무술을 한다는 설정도 흥미 있다).

머리에 총알을 맞고 4년 만에 깨어난 여자 '브라이드'(우마 서먼)는 복수심에 불타 한때 자신과 함께 일했던 동료들을 상대로 무자비한 살육전을 전개한다. 대개의 복수극이 잔챙이들을 먼저 죽인 후 두목을 죽이듯이 이 영화도 그런 공식을 따르고 있다.

그러나 예전의 동료들은 결코 잔챙이가 아니다. 월척이다. 그러니 싸움은 고난도다. 예상을 뛰어넘는다. 하지만 승자는 언제나 주인공이라는 것은 길게 이야기하지 않아도 알겠다.

죽고 죽이는 영화라면 많고도 많다. 굳이 내 생애 최고의 영화로 꼽지 않아도 된다. 그런데 이 영화는 죽이는데도 다른 영화와는 방법이 다르다. 표현이 다르고 색감이 다르고 지르는 고통 소리가 다르고 내뱉는 대사가 다르고 싸우는 수준이 다르다.

아이 앞에서 엄마의 심장에 칼을 박고 88:1로 야쿠자를 물리치고 두목 오렌 이시이(루시 리우)의 붉은 피를 흰 눈 위에 뿌리고 애꾸눈 킬러(대릴 한나)의 나머지 눈까지 빼서 밟아버리는 장면에서는 그저 어안이 벙벙할 뿐이다.

이런 여전사가 겨우 알코올 중독자에게 죽는 것이 말이 안 되듯이 손발이 묶인 채 생매장되지만 뚫고 나와 기어코 빌(데이빗 캐러딘)을 죽인다. 빌이 죽었으니 영화도 끝이다.

한때 최고로 사랑했다가 목숨까지 앗아가는 잔인함에, 그것도 내 아이가 살아 있다는 것을 확인한 후에도 이렇게까지 복수해야 하는가 하는 의문을 가질 필요는 없다. 살인자로 타고난 여자에게 지나친 살인을 한다고 혀를 내두르면 영화의 재미는 떨어진다.

신파조로 흐를 때면 B급 영화인 것 같다가 다시 짜임새 있는 스토리가 묵직하게 전개되면 A급으로 오르고 코미디처럼 장난을 칠 때면 C급으로 추락하는 듯하다가 다시 최고의 영화 반열에 오르는 이 기이한 영화는, "왜 쿠엔틴 타란티노인가?" 하는 질문을 던지게 하고 스스로 답하게 한다.

그가 만들면 C급도 A급이 된다. 장면마다 어울리는 적절한 음악은 또 얼마나 죽이는가. 산타 에스메랄다의 빠른 라틴풍의 노래 'Don't Let Me Be Misunderstood'(이 노래는 요절한 둘째 형이 즐겨 들었다. 나이브하기만 했던 그가 이따금 보고 싶다.)가 나올 때면 절로 엉덩이가 실룩거리면서 세상 뭐 있나, 살만하지 않은가 하는 안이한 생각까지 하게 된다. 1절만 옮겨 보면 다음과 같다.

Baby, do you understand me now

Sometimes I feel a little bad

Don't you know that no one alive

can always be an angel

When things get bad

I seem a little mad

But I'm just a soul

whose intentions are good

Oh Lord, please

don't let me be misunderstood

이제 날 이해하나요

나도 때로는 화가 나요

사람 중에 언제나

천사인 사람이 있나요

일이 안 풀리면

내가 조금 화가 난 것처럼 보일 거예요

그러나 나는

선량한 사람일 뿐이에요

그러니 제발 날 오해하지 말아요

타인의 삶
The Lives of Others, 2006

국가 | 독일
감독 | 플로리안 헨켈 폰 도너스마르크
출연 | 울리히 뮤흐, 세바스티안 코치, 울리히 터커, 마르티나 게덱

어느 날 누군가가 자신의 집에 도청장치를 단다. 누군가는, 모른다고 생각하는 누군가의 대화를 엿듣고 매일매일 시간대별로 보고서를 쓴다.

현재는 이런 일이 없으리라고 믿고 있는 사람이 많지만 과거에는 '어린 꼬마도 알 수 있을 정도'로 흔히 있는 일이었다. 민주국가에서도 일어났으니 독재국가에서는 더 말할 필요가 없다. 엿보고 몰래 듣고 그 결과물로 협박하고 회유하는 일은 정권 유지에 있어 필수적이라고 플로리안 헨켈 폰 도너스마르크 감독은 데뷔작 〈타인의 삶〉에서 고발한다.

이 영화는 분단된 독일이 통일되기 5년 전인 1984년 동베를린을 배경으로 하고 있다. 국가보위부에서 근무하는 비즐러 경감(울리히 뮤흐)은 유명한 극작가인 드라이만(세바스티안 코치)을 도청하라는 지시를 받는다.

드라이만은 호네커 서기장 부인과도 친분이 있을 만큼 문화예술계에 능력이 있는 인물이다. 하지만 문화부장관 햄프(토마스 티에메)가 그의 여자 친구인 크리스타(마르티나 게덱)에 흑심을 품자 도청은 일사천리로 진행된다. 장관은 크리스타를 차 안에서 겁탈하고 따로 만나기를 강요한다.

한편 도청이 거듭되는 와중에 비즐러는 드라이만과 친구들의 반국가적 행위를 명확히 파악하지만 마음 깊은 곳에서 우러나오는 양심의 호소에 봐주기로 작정한다.

드라이만은 문제인물로 낙인찍혀 7년간 예술 활동이 금지된 동료의 자살을 계기로 동독의 자살률에 관한 진실을 서독의 시사 잡지 슈피겔에 몰래 발표한다. 당국은 발칵 뒤집혔고 장관은 기고자 찾기에 혈안이 된다. 비즐러의 상관인 그루비츠(울리히 터커)는 드라이만을 의심하지만 물증이 없다.

장관은 자신을 만나주지 않는 크리스타를 파멸로 이끌기 위해 그녀가 금지된 약물의 중독자임을 그루비츠에게 알려주고 경찰은 이를 미끼로 그녀를 협박해 드라이만이 기고자인 것을 증명하려 한다.

크리스타는 배우 생활이 끝난다는 위협에 밀려 드라이만을 배신하고 타자기 숨긴 곳을 알려 준다. 하지만 비즐러는 비밀경찰에 앞서 타자기를 치운다. 이 사실을 모르는 여자는 죄책감에 밖으로 뛰어가다 차에 치어 숨진다.

이 영화는 여전히 분단인 채로 남아 있는 우리에게 많은 것을 시사해 준다. 통일이 된다면 별 의미도 없을 이념 때문에 개인이 철저히 파괴되고 권력자는 국가라는 이름으로 타인의 삶을 마구 억압하는 현실이 남의 일 같지 않기 때문이다.

영화는 하나 된 독일의 모습도 비춘다. 연출활동을 시작한 드라이만은 장관을 다시 만나고 그에게서 자신이 '강력한 도청 대상자'였다는 것을 처음 알게 된다. 그는 자신을 감시했지만 보호해준 비즐러의 존재를 알고는 그에게 바치는 책을 쓰고, 우편배달부로 일하는 비즐러는 드라이만의 헌사를 읽으며 희미한 미소를 짓는다. "포장은 필요 없어요, 이것은 나를 위한 책이니까요."라는 엔딩 멘트가 길고 긴 여운을 남긴다.

누구나 잘못을 할 수 있다. 그러나 그 잘못을 깨닫고 사과하고 용서를 비는 사람은 많지 않다. 타인의 삶을 장악했지만 끝내는 타인의 삶을 온전히 타인에게 돌려준 비즐러의 용기에 박수갈채를 보내는 것은 아무나 할 수 없는 그의 용기가 가상해서다. 평자들은 이 영화를 독일 영화가 낳은 가장 중요한 작품 중 하나로 꼽는 데 주저하지 않는다.

택시 드라이버
Taxi Driver, 1976

MOVIE

국가 | 미국
감독 | 마틴 스콜세지
출연 | 로버트 드 니로, 조디 포스터

뉴욕의 밤거리는 영롱하다. 취객과 사랑하는 남녀들이 넘쳐나고 네온사인은 화려하다. 마치 마약에 취한 듯 행인들은 휘청인다. 여기, 이 거리에 스스로 "마음이 백옥 같다."고 표현하는 아주 편협한 택시운전사가 있다.

　운전사는 이 모든 것이 싫다. 아니, 싫은 정도가 아니다. 다 쓸어버리고 싶다. 살인을 앞둔 자처럼 안광이 섬뜩하다. 부족한 인간의 잘못된 신념이 가져올 파멸은 끔찍하다.

　마틴 스콜세지 감독의 〈택시 드라이버〉는 정상적으로 적응하지 못하는 사회의 주변인이라고 할 수 있는 트래비스(로버트 드 니로; 그는 이 영화에서 처음으로 주연을 맡았다.)를 통해 어긋난 확신이 어떻게 극단으로 치닫는지를 잘 보여준다.

　월남전 참전용사로 해병대 근무 경험이 있는 트래비스는 "불면증이 있어 12시간 일을 해도 졸리지 않다."는 이유로 택시운전사가 된다. 그는 야간운전을 하면서 마주치는 매춘부, 마약중독자, 술주정뱅이, 게이들이 활보하는 '비열한 거리'에 금방 싫증을 느낀다.

　"쓰레기 같은 뉴욕에서 흰옷을 입고 천사처럼 나타난" 금발의 미녀 선거운동원인 벳시(시빌 셰퍼드)를 꼬셔 보기도 하지만 실패하고 어린 창녀 아이리스(조디 포스터)를 돕겠다고 나서지만 이도 뜻대로 되지 않는다.

포르노 영화를 보면서 무료한 시간을 보내기도 하는 별 볼일 없는 트래비스는 일기를 쓰면서 각오를 새롭게 다진다. 그리고 어느 날 흑인과 놀아나는 아내의 불륜에 괴로워하는 승객(마틴 스콜세지 감독이 직접 출연했다.)을 보면서 이제는 '밤에 내리는 쓰레기'를 처리해야 할 때라고 판단한다.

그는 총신이 길어 차도 한 방에 날리는 매그넘, 이 총에 비하면 다른 총은 장난감에 불과한 38구경, 탄창에 6발, 약실에 1발이 들어가는 콜트 25구경, 8개의 탄환을 삽입할 수 있는 월서 P38 등 네 정의 권총을 구입하고 탄두의 끝부분에 열십자를 내면서 살인을 위한 리허설을 벌인다. 촛불을 이용해 가죽구두의 불광을 내는 장면(군대 있을 때 나도 많이 해봤다.)은 그가 전직 군인이었다는 것을 말이 아닌 행동으로 보여준다. 그리고 마침내 아이리스의 포주 스포트(하비 케이틀)와 또 다른 인간쓰레기를 잔인하게 살해한다.

결말은 조금 웃기다. 총기면허도 없는 살인자에게(그는 연쇄살인 이전에 슈퍼에 들어온 어린 흑인 남성을 뒤에서 무참하게 죽인다.) 언론은 영웅 대접을 하고 그런 트래비스에게 아이리스의 부모는 감사 편지를 쓴다.

벳시는 부상을 치료하고 돌아와 다시 택시운전사가 된 트래비스의 택시를 기다린다. 그녀는 〈스웨덴 부부의 성 이야기〉 등의 영화를 보는 것은 물론 싸구려 모텔이라도 그가 가자고만 하면 군말 없이 따라갈 의향이 있을 것 같은 표정을 짓는다(한때 벳시는 트래비스를 혐오해 그가 보낸 꽃다발을 돌려보내기도 했다). 하지만 그는 애써 외면한다.

백미러 사이로 보이는 비오는 맨해튼의 밤거리는 살인 후에도 여전

히 휘황찬란하다. 변한 게 없다. 보이는 것이 아는 것의 전부인 트래비
스의 눈에 비친 창밖은 어쩌면 "냄새가 너무 심해 화장실 물을 내리
듯" 쓸어버려야 할 쓰레기가 아니고 평범한 인간 군상들이 살아가는
데 반드시 필요한 작은 악 정도에 불과한 것인지도 모른다.

그 역시 편협한 다른 누군가의 시선으로 보면 흑인을 비하하고 만
나주지 않는 여자의 사무실로 찾아가 행패를 부리고 불법으로 권총
을 사고 여자에게 집적대고 정치인을 암살하려고 하는 쓰레기인지도
모른다. 진정한 쓰레기가 다른 쓰레기를 와이퍼로 닦아내듯 없애 버리
겠다고 설치는 광경은 신파극 같기도 하고 처연하기도 하다.

그래서 그가 영웅시되는 결말 장면은 웃긴 것이다(그렇다고 그가 진짜
영웅이 된 것은 아니다).

〈비열한 거리〉(1973), 〈분노의 주먹〉(1980) 등 걸작을 남긴 감독의 심
술인지, 아니면 한 정신병자가 살인을 통해 영혼의 구원을 얻은 것인
지 관객들은 아리송하다. 월남전 이후 미국 사회가 겪는 혼란한 상황
에 계몽적 성격을 더해야 한다는 감독의 조급증이 있지 않았나 하는
생각을 해보게 된다.

특전 유보트

Das Boot, 1981

MOVIE

국가 | 독일
감독 | 볼프강 페터젠
출연 | 주겐 프로크노, 허버트 그로네메이어

새벽안개를 뚫고 해수면에 무언가 소리 없이 올라온다. 입이 날카로운 상어 같기도 하고 숨을 쉬기 위해 올라오는 거대한 고래 같기도 하다. 비스듬히 머리부터 올라오는데 좀 더 올라오자 공격용 기관단총이 보인다.

　잠수함이다. 연합군을 공포로 몰아넣었던 특전 유보트다. 소리 없이 다가와 어뢰를 발사하고 깊은 바다 속으로 잠수해 들어가는 바다의 제왕.

　볼프강 페터젠 감독의 〈특전 유보트〉는 2차 세계대전 당시 독일군의 잠수함에 관한 영화이다. 좁은 공간에서 수십 명의 건장한 사내들이 죽음과 마주하면서 벌이는 공포와 살기 위해 발버둥치는 군인들의 이야기다.

　전쟁 상황이니 당연히 싸움이 있고 죽고 죽이는 잔학행위가 펼쳐진다. 하지만 노골적이지 않다. 영화는 그저 잔잔한 파도처럼 앞으로 나아갈 뿐이다. 간혹 파도가 일면 격하게 반응하기도 하지만 전체 흐름은 조용하다.

　그것이 관객을 더욱 긴장하게 만든다. 조용하니 언젠가는 소음이 일 것이고 그 소음의 강도와 결과에 대해 미리 움츠러들게 되는 것이다. 감독은 이런 관객의 기대를 저버리지 않는다.

대서양의 망망대해. 지루한 대기 시간 끝에 영국해군과 첫 교전이 벌어진다. 비상, 비상. 좁은 선실에 긴장감이 흐른다. 잠망경으로 수면을 관찰하던 선장(주겐 프로크노)은 상승을 명령한다.

잠수함은 다시 지상으로 떠오른다. 수송선이 촘촘히 떠 있는데 이를 호위하는 구축함은 보이지 않는다. 선장은 유보트를 최대한 접근시켜 어뢰를 발사한다. 명중이다. 첫 전투를 승리로 마감한 유보트는 추격을 피해 깊은 바다 속으로 잠수한다. 90미터인 한계치를 넘어 수압을 감당할 수 없는 280미터까지 내려가기도 한다.

땀을 흘리는 병사들의 시선은 승리의 환호보다는 닥쳐올 수중폭뢰에 대한 공포로 일그러지고 죽어서 나라를 지킨다는 애국심보다는 살아서 가족의 품에 안기고 싶은 인간적인 모습을 보인다.

간혹 상층부를 비난하는 말도 한다. "우리 군 수뇌부는 처칠의 새 별명을 찾는 데만 골몰한다. 술 취한 돼지, 뚱보, 중증 환자. 그런데 환자가 싸움은 잘 한다."고 허탈해 한다.

전쟁은 계속된다. 상부의 명령은 반복되고 병사들은 죽어서야 고향에 갈 수 있는 것 아닌가 하는 극도의 피로를 느낀다. 수중폭뢰가 떨어지고 파편을 맞은 잠수함은 고장을 일으킨다.

상황은 점차 악화되고 잠수함에 물이 차는 절체절명의 순간이 다가오고 있다. 햇빛을 보지 못한 날이 보름이 되고 나침반도 고장 나 정확한 위치도 모른다. 다행히 잠수함은 수리를 마치고 제 기능을 찾는다.

선장은 해치를 열고 밖으로 나온다. 깊고 푸른 밤이다. 아니 붉은 밤이다. 어뢰를 맞은 수송선은 활활 타오르고 있다. 뱃전에 남아있던 영국군들이 불에 탄 채 바다로 떨어진다. 일부는 잠수함을 향해 수영해 오지만 선장은 뒤로 물린다. 승리의 기쁨보다 참혹한 죽음에 대한, 전쟁에 대한 깊은 회한이 몰려온다.

유보트는 스페인의 '비고'에 정박해 물품을 챙기라는 상부의 명령을 받는다. 잠시 이들은 푸짐한 음식과 술로 위안을 삼는다. 하지만 곧 영국 함대의 근거지인 지브롤터로 이동하라는 명령을 받는다.

아내가 아픈 병사와, 종군기자로 참여했던 중위는 집으로 돌아가도 좋다는 명령이 취소된다. 크리스마스를 목전에 두고 이들은 다시 바다로 나온다. 전투함이 가득한 지중해는 바늘구멍처럼 통과하기가 어렵다.

명령이니 수행해야 하고 그것이 군인이 해야 할 일이니 죽기에 딱 좋다는 자조 섞인 말밖에는 달리 할 말이 없다. 해류를 따라 이동해 적의 음파탐지기를 피하기 위한 함장의 작전은 생각처럼 먹히지 않는다.

잠수함은 고장을 일으켜 침몰 직전이다. 물이 들이차고 산소는 부족하고 모두 죽음을 눈앞에 두고 있는데 군기를 어겨 군법회의에 회부될 위기에 처한 병사와 합심한 선원들은 잠수함의 물구멍을 막는 데 성공한다.

절망과 희망, 죽음과 삶이 순간 교차한다. 수면 위로 떠올라 금붕어처럼 모여서 숨을 쉰다. 공기를 마시고 달콤한 음악을 듣는다. 살아서 돌아갈 수 있다는 마음에 다들 들떠 있다.

환영인파가 부두에 나와 있다. 꽃이 있고 나치 깃발이 선명하다. 안도의 웃음소리가 가득하다. 그때 비상 사이렌이 울린다. 전투기가 환영인파에 기총소사를 한다. 폭탄이 떨어진다. 부두는 일순 아수라장이 된다. 함장이 죽는다.

동료병사들의 가슴에 구멍이 뚫린다. 피를 흘린다. 눈을 감는 선장의 시야에 잠수하는 잠수함이 보인다. 축제는 가고 죽음은 남았다. 극적인 반전에 느슨했던 공포감은 분노로 바뀐다.

유보트를 응원했던 관객들은 허망함으로 머리를 두 손으로 감쌀 수밖에 없다. 〈특전 유보트〉는 이래서 위대한 영화의 목록에 이름을 남겼다.

"하이 히틀러!"를 외치는 우스꽝스러운 모습이나 조국을 위해 몸 바치는 뻔한 애국심은 없고 밀실에 갇힌 인간의 삶과 전쟁반대가 영화를 지배하기 때문이다.

티파니에서 아침을
Breakfast at Tiffany's, 1961

MOVIE

국가 | 미국
감독 | 블레이크 에드워드
출연 | 오드리 헵번, 조지 페파드

남자를 등쳐먹는 여자나 여자를 이용하는 남자는 어디에나 있다.
또 언제나 있어왔다. 블레이크 에드워드 감독의 〈티파니에서 아침을〉
에서는 남녀 주인공이 속된말로 '찌질남'에 '된장녀'다.

　홀리(오드리 헵번)는 늙은 죄수를 일주일에 한 번 면회하는 대가로
100달러라는 거액을 받고 화장실에 갈 때마다 남자에게 50달러를 받
는 것을 자랑스러워한다. 폴(조지 페파드)은 유부녀(페트리샤 닐)와 하룻밤
자주고 300달러를 받는 기둥서방이다. 이들이 서로 만났으니 나누는
대화나 관심 있는 분야는 이미 정해져 있다.

　영화는 홀리가 뉴욕의 보석상 '티파니' 앞을 어슬렁거리면서 김이 모
락모락 나는 흰 봉지에 든 빵을 먹고 '테이크아웃'한 커피를 마시는 것
으로 시작한다.

　등이 대각선으로 깊게 파인 드레스를 입고 커다란 네 줄의 진주목
걸이와 아침햇살에 반짝이는 주먹만한 귀걸이를 한 홀리는 세련된 여
자들이 득시글한 뉴욕에서도 단연 돋보인다. 쇼윈도를 보는 것이 목적
이니 급할 게 없고 여유 그 자체다.

　홀리가 걸을 때는 검은 옷에 감춰진 엉덩이가 좌우로 크게 실룩이
는데 척 보면 눈을 가린 선글라스가 아니더라도 '거리의 여자'로 착각
할 수도 있다(하지만 영화에서는 어떤 이유에서인지 창녀로 묘사되지는 않는다).

어느 날 아파트 위층에 폴이 이사를 온다. 작가로 소개했지만 글로 먹고 살기보다는 잘 생긴 얼굴과 근육질의 몸매를 무기로 여자를 홀리기에 적합한 타입이다.

두 사람이 위아래 층에 사니 억지 설정을 하지 않더라도 오가는 길에 한 번 만나게 되고 만나다 보니 서로 호감을 갖게 되는 것은 인지상정이다. 둘이 궁합이 맞을 것 같은 예감이 든다.

더구나 홀리가 어떤 여자인가. 첫 장면에서 익히 보아온 대로 여자는 여유를 무기로 또는 미모와 몸매를 앞세워 천방지축 제멋대로이니 순진한 척 하는 남자가 보기에 작업을 걸기에 딱 좋다(원래는 마릴린 먼로가 홀리 역으로 결정됐었다고 한다). 열쇠를 잊어버리기 일쑤이고 하는 행동은 즉흥적이다. 이제 막 섹스를 끝내고 돈을 받고 담배를 피면서 잠시 쉬고 있는 남자의 품에 안겨 잠을 자는 골은 비고 마음은 태평한 여자다.

그녀는 말한다. "나는 티파니가 너무 좋다. 어느 날 갑자기 우울하거나 슬퍼질 때, 살이 쪘거나 비가 내릴 때면 아주 비참해진다. 이유 없이 두려워지는 그런 날, 택시를 잡아타고 티파니에 간다. 그럼 기분이 금방 회복된다. 그곳엔 평안함과 고고함이 있다. 그곳에서는 나쁜 일이 생기지 않는다."

아파트라는 공동생활에는 아랑곳없이 이제 막 목욕을 끝낸 것 같은 편한 차림으로(머리를 뒤로 말아 올리고 흰 수건으로 감싼) 창가에 앉아 기타를 치며 'Moon River'를 부르거나(영화에서 첫 장면과 함께 아주 유명한 장면으로 자주 언급된다.) 경찰이 출동하는 요란한 파티를 열기도 한다. 한마디로 구제불능이다.

하지만 이런 여자, 좋아하는 쥐새끼들(생쥐는 물론 왕쥐도 포함)이 있다. 아니, 널려 있다. 폴도 그중 한 명이다. 홀리는 다른 여자가 부양하는 남자, 여자한테 돈 받는 데 익숙한 남자인 폴에게 돈을 주는 추태까지 부린다. 그리고 쫓아낸다.

그리고 다음날 아무렇지도 않은 듯이 사과하고 한 번도 안 해 본 것을 해보자며 뉴욕의 거리를 헤매기도 한다.

티파니 보석가게(마치 종로 3가의 보석상을 보는 듯하다. 작은 가게들이 빼곡히 들어차 있다.)에 들러 아이쇼핑을 하고 과자봉지에서 나온 경품 반지에 글씨를 새기기도 한다.

다이아몬드를 제외한 보석에는 관심이 없는 듯이 티파니를 나와 도서관에 가서 책을 읽기도 한다. 가게에 들러 생쥐 마스크를 쓰고 그냥 나오기도 하는 등 그들만의 멋진 데이트를 한다.

폴은 이제 홀리에게 빠져 있는 자신을 발견한다. 1,000달러의 유급 휴가를 주는 유부녀와 결별하고 그녀를 사랑한다. 그 사이 늙은 죄수의 돈을 받던 홀리는 마약상과 연관돼 경찰의 조사를 받는 등 곤욕을 치르지만 여전히 브라질의 거부와 결혼할 생각에 빠져서 4,000개의 불규칙동사가 있는 포르투갈어를 배우기도 한다.

그러나 돈 많은 브라질 남자는 그녀를 찬다. 그러자 홀리는 당신은 내 이상형이 아니라고 된장녀다운 허세를 부린다. "네루나 슈바이처 혹은 번스타인이라면 몰라도."

비가 억수로 쏟아지는 택시 안에서 폴은 사랑을 고백하지만 여자는 외면한다. 데리고 있던 고양이마저 빗속에 던진다. "사랑은 소유할 수 없고 아무도 날 우리 속에 가둘 수 없다."는 그럴듯한 말을 하면서. 그런데 두 눈에는 눈물이 글썽인다. 갑자기 깨달음이라도 얻었나.

경품 반지를 왼손 약지 손가락에 낀 홀리의 눈에 더 굵은 눈물이 흐르고 여자는 택시에서 내린다. 달려가 나무처럼 서서 비를 맞는 남자와 격한 키스를 한다. 그리고 이름도 없는 가엾은 고양이를 찾아 품는다.

명성에 비해 대단하지는 않으니 너무 큰 기대를 갖지 않는 것이 좋다.

파고

Fargo, 1996

MOVIE

국가 | 미국, 영국
감독 | 조엘 코엔
출연 | 윌리엄 H. 머시 ,스티브 부세미, 프란시스 맥도맨드, 피터 스토메어

살인사건 탐문수사에 나선 형사 마지 군더슨(프란시스 맥도맨드; 감독 조엘 코엔의 아내)은 범인과 하룻밤을 보낸 여성에게 범인의 인상착의를 묻는다. 보통사람보다 웃기게 생겼다는 답변이 나온다. 정말 범인 중 한 명은 웃기게 생겼다(웃기게 생긴 인상이 어떤 얼굴인지는 영화를 보면 안다. 얼굴 생김새로 그 사람의 인격을 평가하려는 것은 절대 아니니 오해 마시라). 하지만 조엘 코엔 감독의 〈파고〉는 웃기기만 하는 것은 아니다.

이 영화는 "사실이다."라는 말로 시작된다. 자동차 세일즈맨 제리 룬더가드(윌리엄 H. 머시)는 아내 진(크리스틴 러드러드)을 납치해 줄 것을 악당에게 제의한다. 부유한 장인으로부터 납치대금 8만 달러를 받아 범인과 반반으로 나눠 갖기 위해서다. 그런데 단순 납치사건이 계속 꼬여 간다.

팬케이크를 좋아하는, "대화라는 것을 할 줄 모르는" 정신병자 기질의 그림스러드(피터 스토메어)와 상황을 통제하기는커녕 걸핏하면 흥분하는 실수투성이의 쇼월터(스티브 부셰미)는 눈 덮인 도로에서 불심검문하는 경찰관을 살해한다.

마침 현장을 지나던 차량은 재수 없게 걸려들었다. 전복된 차량의 남녀 역시 잔인하게 죽는다. 이 장면에서 관객들은 어, 어 하는 외마디 소리를 속으로 내지른다. 시작부터 입이 벌어지기 시작하는 것이다.

1987년 미국의 작은 도시 미네소타(코엔 형제의 고향)에서 벌어진 이 끔찍한 삼중살해 사건의 해결을 위해 만삭의 형사 마지 군더슨은 예리한 관찰력과 과학적 추리를 통해 범인을 압박해 간다.

　한편 사위를 믿지 못하는 장인은 직접 100만 달러(사위는 납치대금을 부풀렸다.)를 준비해 범인과 접촉했으나 어설픈 고집을 피우다 살해당한다.

　쇼월터는 얼굴에 총상을 입는다. 피 흘리는 얼굴 사이로 번뜩이는 시선. 생사의 기로에 선 와중에도 돈에 대한 집착. 감독은 인간의 본성을 날 것 그대로 보여주는 데 성공한다.

　결국 범인은 그 많은 돈을 써보지도 못하고 또 다른 공범인 냉혹한 킬러 그림스러드에게 도끼로 살해된 뒤 분쇄기에 갈리는 비참한 최후를 맞는다(이 장면은 전 중앙정보부장 김형욱의 살해 장면을 떠올리게 한다. 사실 여부와 상관없이).

　절제된 제스처, 별 이유 없이 화를 내는 광기, 빠지면 이상한 의미 없는 것 같은 잡담, 몸을 오싹하게 만드는 스릴러 등이 웃다가 갑자기 오그라들게 만드는, 참을 수 없이 잔인한 이 영화는 끝나고 나서도 두근거림이 좀체 가라앉지 않는다. 반전과 반전, 공포와 공포 그 사이에 숨겨진 희비극의 교차는 코엔 형제의 실력이 정점에 달했음을 보여준다. 1980년대 미국 영화계에서 가장 중요한 감독임을 코엔 형제는 〈파고〉로 확실히 입증했다.

　"이렇게 아름다운 날에 그까짓 돈 때문에…."라는 마지의 중얼거림이 긴 여운을 남긴다.

파리에서의 마지막 탱고
Last Tango in Paris, 1972

MOVIE

국가 | 프랑스, 이탈리아
감독 | 베르나르도 베르톨루치
출연 | 말론 브란도, 마리아 슈나이더

복사본인지 정품인지 기억할 순 없지만 1980년대 초반 나는 베르나르도 베르톨루치 감독의 〈파리에서의 마지막 탱고〉를 비디오테이프로 봤다(보기 전에 빌려준 누군가는 꼭 혼자서 문 잠그고 보라고 했다. 그래서 그렇게 한 것 같다).

　당연히 기억하고 있어야 할 그 당시의 굵직한 사건들도 잘 기억하지 못하는 내가 영화를 본 것을 확실히 기억하는 것은 어떤 한 장면 때문이다.

　나이는 들었지만 아직 노쇠하지 않은 거친 남자(말론 브란도)가 배를 깔고 엎드린 젊은 여자(마리아 슈나이더)의 뒤에서 하는 장면이었는데 단순히 하기만 했다면 또렷한 영상으로 남아 있지 않았을 것이다.

　여자 등에 올라 있는 남자는 오른쪽 발끝으로 무언가를 끌고 온다. 그리고 끌고 온 무언가를 열고 오른손에 듬뿍 바른다(아마 마요네즈였던 것 같다). 그리고 한다. 고개를 옆으로 돌린 여자는 입을 벌리고 다물지 못한다. 그 장면, 30여 년이 흐른 지금 다시 봐도 충격적이다. 어떤 상황에서도 잊혀지기 어렵겠구나 하는 생각이 들었다.

　그런데 영화를 또 한 번 자세히 보니 충격적인 장면은 쉴 새 없이 나왔다. 당시 20살이었던(브란도는 48살) 슈나이더의 정면 헤어누드가 카메라에 자주 잡혔다.

얼마나 장면이 노골적이었는지 감독의 나라 이탈리아에서조차 개봉 4일 만에 상영금지는 물론 감독이 구속되고 여배우가 과다노출로 법정에 서는 등 떠들썩했다. 우리나라에서는 1996년에서야 겨우 개봉됐으니 영화의 파격은 상상 이상이다. 그런데 이 영화는 묘한 매력이 있다.

단지 예쁜 여배우가 벗거나 여러 죽이는 자세로 자주 하거나 자살이나 타살 등 죽음에 관한 영화로 끝났다면 한때의 소란에 지나지 않았을 것이다. 그런데 지금 이 영화는 세계 영화사에 걸작의 이름으로 당당히 올라 있다. 단순히 하기만 하는 영화가 아니라는 말이다. 나온지 오래됐고 논란도 많아 한다 하는 평론가들은 다 한마디씩 했으니 내가 한마디 더하면 사족이 되겠다. 그럼에도 불구하고 아직 보지 못한 관객의 이해를 돕기 위해 몇 마디 덧붙이면 이런 내용이 되겠다.

아내가 자살하고 절망에 빠진 남자의 외로운 영혼에 관한 이야기거나 아예 영혼이 분열돼 죽음으로 가는 광기의 스케치, 혹은 인생의 공허와 허무, 환멸, 위선에 대한 이야기쯤으로 정리할 만하다.

아파트를 보러 온 남자와 여자가 을씨년스러운 공간에서 섹스를 한다. 여자는 영화 일을 하는 약혼자가 있는데도 외간남자와 섹스에 열을 올리고 남자는 사랑하지 않으면서도 여자와 몸을 섞는다. 이들은 애무 없이도 쉽게 절정에 오른다.

광기의 만남은 탱고장에서 절정에 이른다. 남자는 엉덩이를 까고 관객을 조롱하고 여자는 도망간다. 뒤쫓는 남자의 상처 입은 맹수와 같은 절규는 또 하나의 볼거리다.

서로 어디서 무엇을 하고 이름이 무엇인지 알고 싶지도, 알려고 하지도 않는 기이한 관계는 여자가 남자를 권총으로 사살하는 장면에 이르러서야 비로소 끝난다. 남자를 살해한 여자는 독백처럼 "나는 저 사람을 몰라, 거리에서 쫓아왔어. 날 겁탈 하려 했어. 난 모르는 사람이야, 미친 사람인가 봐." 하고 말한다.

정말 몰라서 모른다고 했을 수도 있고 죄를 피하기 위한 본능적 자기방어일 수도 있고 이제는 비이성의 세계에서 이성의 세계로 돌아온 여자의 자기합리화일 수 있다. 어떤 식의 해석이든 그것은 관객의 마음이다.

2011년 58세의 나이로 슈나이더가 사망하자 프랑스 미테랑 문화부 장관은 "40년 가까운 세월이 흘렀지만 슈나이더는 여전히 브란도를 유혹하는 순진한 여성으로 남아있다. 그녀는 프랑스 영화의 아이콘이었고 앞으로도 현대 여성의 강력한 이미지로 남아 있을 것이다"라고 헌사했다.

슈나이더는 브란도와 달리 아쉽게도 이 영화 이후 어떠한 걸작 영화에도 출연하지 못했다.

파리 텍사스

Paris Texas, 1984

MOVIE

국가 | 독일, 프랑스, 영국, 미국
감독 | 빔 벤더스
출연 | 해리 딘 스탠튼, 딘 스톡웰 , 나스타샤 킨스키

마음을 비우지 못하면 상처받는다는 말을 들었을 때 '기대하는 것이 왜 나쁘지?' 반문한 적이 있다. 그런데 빔 벤더스 감독의 〈파리 텍사스〉를 보면서 버리지 못한 작은 새가슴이 원망스러웠다.

　　이제 좀 뭔가 나오겠지 하는 조바심은 실망의 연속이고 대사는 영 마음에 들지 않으니 보다가 한 시간 후에 다시 보고 아예 이틀을 보지 않고 그래도 후반부에는 뭐가 나오겠지 하는 생각에 또 다시 보고 그렇게 해서 영화 한 편 보는 데 3일이 걸렸다.

　　출발은 아주 좋다. 황색의 사막은 세월의 흔적이 남긴 압도적인 풍광을 자랑하고 늘어진 기타 줄을 세게 위로 뜯으면서 내는 소리는 '어, 제대로 골랐어!' 하는 흡족한 마음을 들게 한다. 하지만 갈수록 줄은 느려 터지고 경치랄 것도 없는 자연은 마냥 왜소하다.

　　어쨌든 누구나 사막이라는 것을 알 수 있는 공간으로 한 남자가 걸어가는 것으로 영화는 시작된다. 목적지가 있는 것 같기도 하고 없는 것 같기도 한데 비틀거리는 것이 조만간 사고를 칠 것 같다. 예상한 대로 다음 장면에서 남자는 얼음덩어리를 먹고 쓰러진다.

　　이 영화에서 역설이나 반전은 없다. 그냥 누구나 예상하는 대로 이어진다. 그러니 머리를 쓸 일도 없고 잠시 한눈을 팔다 봐도 손해 볼 일이 없다.

사막의 남자는 트래비스(해리 딘 스탠튼)로, 4년간 정처 없이 떠돌이 생활을 하다 어렵게 찾아온 LA에서 광고 일을 하는 동생 월트(딘 스톡웰)를 만난다. 말도 않고 기억상실증에 걸린 것처럼 보이는 트래비스는 동생의 집에서 자신의 아들 헌터(헌터 카슨)를 만나고 서서히 이야기를 하면서 지난 과거를 회상한다.

정신을 차린 트래비스는 아들과 함께 엄마를 찾으러 가고 자다 깬 아들은 붉은 차에 탄 여자를 엄마라고 여겨 아빠와 함께 뒤쫓아 간다. 그곳은 유리벽을 사이에 두고 남자 손님들과 전화 통화를 하는 곳이다. 남자를 상대하면서 여자는 스웨터를 벗을 수는 있지만 몸을 팔지는 않는다. 트래비스와 아내가 신뢰를 회복할 수 있는 결정적 암시다(여자는 밖에서 고객을 만나는 것은 금지라는 말을 강조한다).

그곳에서 여자는 남자를 볼 수 없지만 남자는 여자를 볼 수 있다. 트래비스는 아내 제인(나스타샤 킨스키)과 대화하며 3인칭 화법으로 자신이 남편임을 알린다. 너무나 사랑해 한시도 떨어져 있지 못해 직장까지 그만둔 남편을 외면한 아내는 어느 날 생활하던 트레일러가 불이 나자 아들과 함께 종적을 감춘다. 비극적인 가족 해체의 시작이다.

트래비스는 마구 걷기만 한다. 그동안의 생활을 전하는 트래비스의 두 뺨에 눈물이 흐르고 듣는 여자의 얼굴도 상기된다.

여기서부터 영화는 생명력을 얻는다. 포기하지 않고 끝까지 본 보람이 있다. 아내는 아들이 묵고 있는 호텔로 찾아온다. 엄마와 아들은 감격의 포옹을 한다. 트래비스는 떠난다.

왜 어렵게 찾은 행복을 뒤로 하고 떠나느냐고 시비하고 싶지는 않다. 떠날 수도 있고 남을 수도 있지만 떠날 것을 예상했으니까.

595

퍼니 게임

Funny Games, 1997

MOVIE

국가 | 오스트리아
감독 | 미카엘 하네케
출연 | 울리히 뮤흐, 수잔느 로다, 아르노 프리쉬, 프랑크 지에링

내일 아침 9시까지 이 사람들 살 수 있을까요? 질문이라기보다는 내기다. 여러분은 어디에 걸겠는가? 화면을 정면에서 응시하면서 사느냐, 죽느냐 내기하자고 하는 이 흉악한 범인은 전형적인 사이코 스타일이다.

미카엘 하네케 감독의 〈퍼니 게임〉은 말 그대로 살인을 즐기는 미치광이들의 연쇄살인에 대한 이야기다.

별장으로 휴가를 온 가족은 폴(아르노 프리쉬)과 피터(프랑크 지에링)에 의해 잔인한 최후를 맞는데 그것은 이 가족만이 아니다. 영화를 보는 관객들 역시 이들에 의해 서서히 죽음을 당하는데 그것은 영화가 끝날 때까지 혹 한 명이라도 살지 않을까 하는 일말의 기대가 무참히 무너져 내리기 때문이다.

결론을 미리 말하는 것은 이 영화를 볼 것인가 말 것인가 하는 선택의 기회를 독자들에게 주려는 의도가 있다. 그만큼 이 영화는 보고 나서도 한동안 가슴이 찜찜하다. '영화는 영화다'라고 곱씹어 보지만 꼭 그렇게까지 잔인해야 하는가 하는 물음은 떠나지 않는다.

회색의 사륜구동 랜드로버에 보트를 싣고 온 게오르그(울리히 뮤흐)는 호수에 배를 띄우기 위해 아들과 함께 분주하다. 아내 안나(수잔느 로다)는 음식 준비에 바쁜데 피터라는 청년이 달걀 4개를 빌려 달라고 찾아온다.

달걀을 빌렸으면 갈 것이지 전화기를 싱크대에 빠트리고 달걀을 떨어트리고 영 행동이 굼뜨면서 어딘지 시비를 거는 듯한 모양새다. 뒤이어 들어온 폴은 무례하게도 골프를 쳐보자고 반 강압적인 부탁을 하고 두 사람의 행동에 심기가 불편한 안나는 나가 달라고 말한다.

게오르그와 아들이 돌아오지만 두 사람은 이들을 간단하게 제압한다. 골프채로 게오르그의 다리를 작살냈으니 게임은 시작하나 마나다. 이때부터 범인은 말도 안 되는 질문과 답변을 유도하고 가족들은 무기력하다. 아들은 도망갔다 잡혀 와서 칼이 아닌 장총으로 살해당하고 게오르그 역시 같은 운명을 겪는다.

단순히 돈 때문에 하는 짓이 아니라는 것을 알았을 때는 돌이킬 수 없는 상황이 벌어지고 난 뒤다.

범인들이 자리를 비운 사이 간신히 탈출에 성공한 안나는 처음 오는 차는 피하고 두 번째 오는 차에 도움을 청했다가 다시 잡혀 집으로 끌려온다. 다음날 아침 8시 두 명의 잔인한 인간들은 게오르그의 보트를 타고 이웃집으로 달걀을 빌리러 간다.

아무리 잔인한 영화라도 아이들은 대개 살아남기 마련인데 여기서는 가차 없다. 아이 앞에서 안나에게 옷을 벗으라고 명령하는 그들이니 두말하면 잔소리다.

긴 시간 동안 범인들은 질문과 답변을 하는 게임을 즐긴다. 리더 격인 폴은 피터에게 뚱보라고 자주 불러 피터의 화를 돋운다.

관객들은 두 사람이 갈등을 일으키고 그 틈을 타 전세가 역전되는 상황을 그려볼 수 있다(잠시 반전이 있기는 하지만 범인들은 재빨리 리모컨으로 되돌리기를 한 후 상황을 원래대로 만들어 놓는다). 그러나 아무리 놀려도 피터는 이성을 잃지 않고 폴 역시 적당한 때에 멈춘다.

애도 죽이고 범인들의 갈등도 없으니 이 영화는 갈 데까지 갈 수밖에 없다. 미카엘 하네케 감독은 대단한 애정을 이기지 못해 자신이 만든 이 영화를 2007년 리메이크하는 열성을 보였다.

영화 초반 높은 곳에서 카메라가 휴양지로 이동하는 차량을 뒤쫓는 장면은 이웃집의 문을 두드리는 마지막 장면과 함께 매우 인상적이다. 물에 빠진 전화기를 말리다가 빵조각을 먹거나 짐승처럼 엎어져 흐느끼는 장면은 보기에 거북하다. 무릎을 꿇고 간절하게 살려달라고 기도하라고 다그치는 장면에서는 신의 존재에 대한 의문을 품게 한다.

2부가 있다면 날씬한 안나와 달리 풍만한 이웃집 여인을 어떻게 조롱하고 죽일지 상상해 보면 오싹한 공포는 배가된다. 차마 보기 힘든 관객들은 아이처럼 옷에 오줌을 지릴 수밖에 없다.

플래툰

Platoon, 1986

MOVIE

국가 | 미국
감독 | 올리버 스톤
출연 | 찰리 쉰, 톰 베린저, 윌렘 대포

역사에서 우리가 배우는 것은 정의만이 아니다. 악을 숭상하고 추종하는 이웃들은 여전히 세상 속에서 살아간다. 선과 악은 항상 과거 속에서 혹은 현재나 미래에서 공생한다. 이것이 슬프지만 받아들여야 할 우리의 인생이다.

"전쟁에서 살아남은 자는 그 전쟁을 상기해야 할 의무가 있으며 우리가 배운 것을 남들에게 가르쳐 주고 우리의 남은 생명을 다 바쳐 생명의 존귀함과 참의미를 발견해야 할 의무가 있다."

올리버 스톤 감독은 〈플래툰〉에서 생명의 존귀함을 강조했지만 여전히 생명과는 거리가 먼 전쟁이 지구촌 곳곳에서 자행되고 있다. 때로는 역사의 이름으로 때로는 정의의 이름으로 혹은 신의 이름으로 죽고 죽이는 싸움이 계속되고 있는 것이다.

역사에서 우리가 배우는 것은 선뿐만이 아니라는 것이 증명되고 있다. 아무리 문명이 발달해도 비열한 이웃의 행동은 때로는 선으로 치장돼 본받아야 될 화려한 경력이 되고 있다.

"젊은이여 네 청춘을 즐겨라." (전도서 중에서)

가난뱅이와 흑인들이 오는 전쟁터에 가방끈이 긴 먹물 출신의 잘 생긴 백인 크리스 테일러(찰리 쉰)가 다른 신참들과 함께 월남의 한 전투 비행장에 내린다. 청춘을 즐기러 온 그에게 월남은 황색 먼지가 자욱

하고 비닐에 쌓인 시체가 즐비한 살육의 현장이다. 아차! 싶었지만 이미 늦었다. 허둥대는 눈빛, 조롱하는 고참들의 싸늘한 시선. 전쟁의 모습은 이런 것이다.

브라보 중대에 배치된 크리스는 캄보디아 국경 근처에서 수색 작전 중 첫 전투에서 동료를 잃는다. 베트콩의 시체, 밀림의 개미, 뱀, 그리고 각종 벌레에 시달리면서 풋내기 크리스는 전투병으로 거듭난다.

하지만 중위 울프(마크 모시스)를 대신해 소대를 실질적으로 이끌고 있는 중사 밥 반스(톰 베린저)나 분대장 엘리어스(윌렘 대포)에 비할 바가 못 된다. 크고 작은 전투가 계속되면서 매복에 걸리거나 적의 기습 공격으로 크리스 소대원의 죽음 행렬도 이어진다.

어느 날 마을을 급습한 소대는 떠든다는 이유로 촌장의 부인을 죽이는 반스와 이를 말리는 엘리어스의 격투가 벌어지고 두 사람의 갈등이 최고조에 이른다. 강간과 방화와 파괴의 한바탕 살풀이가 끝난 뒤 마을은 잿더미가 되고 크리스는 심한 죄책감을 느낀다. 엘리어스는 중대장에게 반스의 범죄행위에 대해 군법회의 회부를 주장하지만 군법회의 때문에 전투를 미룰 수는 없다.

미군도 나쁜 짓을 할 수 있다는 것을 그린 감독의 커다란 용기는 어디서 왔을까. 올리버 스톤 감독은 적어도 역사는 사실의 기록이어야 한다는 것을 믿는 것 같다.

한편 소대는 반스파와 엘리어스파로 나뉘어 대립과 반목을 지속한다.

이런 가운데 월맹군의 구정 대공세에 크리스 소대는 위험에 처한다. 이때 엘리어스는 적진을 돌파하기 위해 홀로 진격하고 15발들이 탄창을 교체하면서 그를 뒤쫓아간 반스는 엘리어스를 사살한다.

크리스는 반스의 눈빛에서 그가 동료를 살해했다는 것을 직감한다. 하지만 7발의 총알을 맞고도 살아난 반스를 해치울 수는 없다. 분풀이로 주먹을 날리지만 오히려 반스의 칼에 얼굴을 찔리는 상처를 입는다. 잠시 병사들은 후방에서 마약을 하고 술을 마시고 춤을 추고 기분전환을 한다.

다시 전선에 투입된 크리스의 중대는 중대 전체가 적의 포위에 걸려 전멸 직전이다. 참호에서 겨우 살아난 크리스는 부상당해 위생병을 찾는 반스를 죽인다.

그가 잡은 총은 미군의 M16이 아니라 적의 AK 소총이다. 상관인 아군을 차마 M16으로 죽일 수는 없다는 감독의 세심한 배려가 느껴진다. 헬기가 오고 부상당한 크리스는 이송된다. 그는 말한다.

"이제 다시금 돌이켜보면 우린 적군과 싸우고 있었던 것이 아니라, 우리끼리 싸우고 있었다. 결국 적은 자신의 내부에 있었다. 이제 나에게 전쟁은 끝이 났으나 남은 평생 동안 내 속에 남아있다. 그리고 엘리어스도 반스와 싸우며 내 영혼을 사로잡을 것이다. 가끔씩 내가 그 둘을 아버지로 하여 태어난 아이 같은 느낌도 든다."

피아니스트

The Pianist, 2002

MOVIE

국가 | 독일, 프랑스, 영국, 폴란드, 네덜란드
감독 | 로만 폴란스키
출연 | 애드리언 브로디

지금 당장 닭똥 같은 눈물이 줄줄 흐른다 해도 하나도 이상할 것이 없는 우수에 젖은 깊고 굵은 눈, 커다란 키, 마른 몸매.

로만 폴란스키 감독은 〈피아니스트〉의 주인공 스필만을 연기한 애드리언 브로디를 찾기 위해 영국은 물론 미국 전역에서 수많은 오디션을 봤다고 한다. 그리고 마침내 미국인이지만 유대인 역할에 적합한 브로디를 발견하고 크게 만족했다. 피아니스트에 어울리는 길고 가는 손가락까지 가졌으니 이 영화의 주인공으로 제대로 낙점을 찍은 셈이다.

실제로 브로디는 150분 영화 내내 거의 한 차례도 빠지지 않고 등장하면서 예술인의 고독과 쫓기는 도망자와 소극적으로 저항하는 나약한 예술인의 모습까지 제대로 소화해 냈다(아카데미는 감독상과 함께 남우주연상도 수여했다).

영화의 배경은 1939년 폴란드 바르샤바. 점령군 독일은 전황이 불리할수록 유대인에 대한 박해의 강도를 높인다. 방송국에서 피아노 연주를 하던 스필만은 포격으로 이마에 상처를 입고 쫓기듯이 집으로 돌아온다.

오는 와중에 친구의 여동생 도로타(에밀리아 폭스)를 만나 훗날을 기약한다. 집은 새 방어선 너머로 피난 가려고 분주하다.

나치는 유대인이 일정 금액 이상의 현금을 소유하지 못하게 하고 식당은 물론 공원도 출입금지시켰으며 인도 보행조차 못하게 한다. 오른쪽 팔뚝에는 흰 천에 파란색의 별을 그려 넣은 완장을 차야 한다. 이제 유대인은 숨어 있지 않는 한 유대인이라는 사실을 감출 수 없다.

일을 할 수 없는 가족은 먹고 사는 것조차 힘겹다. 마침내 아끼는 피아노까지 팔아야 할 지경에 이른다. 설상가상으로 유대인들은 모두 집단 거주지로 옮겨가야 한다. 양손에 가방을 들고 이주하는 행렬은 남루하고 마침내 도착한 곳은 생지옥이다.

발 빠른 사람들은 유대인 경찰이 돼서 호위호식한다. 스필만에게도 경찰밴드에서 연주할 수 있다는 친구의 제의가 들어온다. 하지만 그는 거절한다. 스필만의 남동생은 동포를 때려잡는 독일놈의 앞잡이가 되라는 거냐며 흥분한다.

기분이 상한 친구는 나가 버리고 이후 상황은 악화일로다. 트럭에서 내린 한 무리의 독일군은 집안을 수색하더니 노인을 휠체어와 함께 아래로 집어 던지고 끌려 나온 유대인들을 도망치도록 하고 뒤에서 기관총을 난사한다.

죽은 시체를 깔아뭉개며 트럭은 왔던 길로 가고 그 모습을 지켜 본 스필만 가족은 서로 부둥켜안고 오열한다.

이제 죽음은 울리는 사이렌처럼 시도 때도 없이 찾아온다. 힘없는 노인이라고, 임산부라고, 어린아이라고 봐주지 않는다. 세워 놓고 죽이고 엎어놓고 죽이고 물어본다고 죽이고 도망간다고 죽인다. 죽는 방법만 다를 뿐 죽는 것은 같다.

경찰에 들킬까봐 아이의 입을 틀어막아 죽인 엄마는 내가 왜 그랬느냐는 말만 되풀이 하는 실성한 여자가 됐고 일단의 군인들은 이런 저런 꼴 보기 싫어 아예 기차에 무더기로 유대인들을 몰아넣는다.

죽음으로 가는 기차에서 친구였던 유대인 경찰의 도움으로 살아남은 스필만은 극도의 공포감에 휩싸인다. 가족과는 이제 살아서는 더 볼 수 없다. 50만 명이었던 유대인은 다 죽고 이제 6만 명 정도만 남았다.

남은 자들은 감자 자루 속에 권총을 숨겨 넣으면서 저항의 불씨를 살리려고 안간힘이고 이 해의 마지막을 기념하기 위해 채찍질을 휘두르는 독일군은 조급하다.

영화도 막바지이니 조금만 더 견디면 살아날 수 있다는 작은 희망이 인다.

임신한 도로타를 만나 목숨을 부지한 스필만은 포탄으로 부서진 어느 낡은 건물의 옥상을 아시트로 삼고 있다. 러시아군은 바로 강 건너까지 왔고 나치는 서둘러 철수준비를 한다. 그때 독일군 장교가 스필만을 발견하고 그에게 피아노 연주를 명령한다.

곧 죽을 것 같은 앙상한 몸의 스필만은 혼신을 다해 건반을 두드린다. 마치 피아노 건반이 음식이 되고 물이 되고 가족이 되는 것처럼 마지막 혼을 뿜어낸다. 구부러졌던 손가락은 펴지고 콧김은 들어오는 햇살에 선명하며 쌓였던 먼지는 눈처럼 휘날린다.

독일군의 만행과 유대인의 피해라는 새로울 것이 없는 소재를 택했어도 이 영화는 힘이 있고 울림이 있다. 이런 류의 영화는 마치 처음 보는 것처럼 신선한 기분이 드는 것은 로만 폴란스키 감독 스타일을 벗어난 할리우드의 정석을 따른 영화이기 때문인지도 모른다.

하녀

The Housemaid, 1960

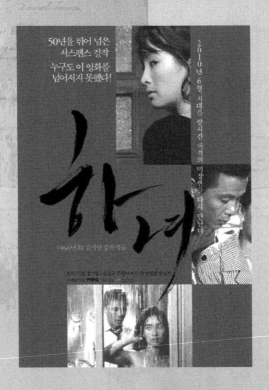

MOVIE

국가 | 한국
감독 | 김기영
출연 | 김진규, 이은심

우리나라뿐만 아니라 외국에서도 최고로 쳐주는 영화가 있다. 바로 김기영 감독의 〈하녀〉다.

전부터 보고 싶었던 영화인데 영 기회가 닿지 않다가 한국영상자료원에서 DVD로 복원해 오랜 꿈이 이루어졌다. 시작도 하기 전에 작은 흥분이 일었고 보는 내내 기대했던 것만큼 대단한 영화구나, 절로 감탄이 나왔다.

대사의 억양이 좀 우스꽝스럽고 흑백이 주는 세월의 흐름이 촌스럽다고 느껴지는 장면도 있었지만 오늘날 한국영화의 저력이 이런 토대 위에서 싹텄다는 것을 알고는 숙연해지는 마음도 일었다.

피아노를 잘 치는 방직공장의 음악선생(김진규)은 유부남인데도 어떤 이유 때문인지 여공들에게 인기가 높다. 어느 날 선생은 여공의 연애편지를 받게 되는데 선생은 그릇이 작은 좀팽이여서인지 이 사실을 사감에게 알린다.

편지를 쓴 여공은 공장을 그만두고 얼마 후 부음 소식이 전해진다. 선생은 나중에 연애편지의 주인공은 죽은 여공이 아니라 여공을 부추긴 조경희(엄앵란)라는 사실을 알게 되고 조경희는 레슨을 핑계로 선생의 집을 들락거린다.

셋집을 전전하다 새집으로 이사 온 선생 부인은 부지런해 재봉질로 살림을 보태는데, 몸이 쇠약해져 선생이 스스로 밥을 챙기는 일이 생기게 되자 하녀가 필요하다는 데 생각이 미친다. 선생은 경희에게 하녀를 소개해줄 것을 부탁하고, 하녀(이은심)가 집으로 온 이후 선생과 경희, 하녀 그리고 부인의 관계가 묘하게 꼬이기 시작한다.

경희는 선생에게 사랑을 고백하지만 거절당하자 수모를 갚기 위해 스스로 윗옷을 찢고 성폭행범으로 몰려는 수작도 부린다. 하지만 끝내 선생의 사랑을 얻는 데 실패한다. 이런 와중에 하녀는 선생과 경희의 관계를 몰래 훔쳐보고 그 역시 선생을 사랑하는 연정의 기회를 노린다.

마침내 부인이 친정으로 애들을 데리고 잠시 출타하자 선생과 육체적 교접을 갖는 데 성공한다. 한 번의 섹스로 하녀는 임신을 하고 이를 눈치 챈 부인은 낙태를 유도해 결국 성공한다.

하녀는 자신의 자식이 죽은 것에 괴로워하면서 부인과 노골적인 대립관계를 보이고 이런 둘 사이에 끼인 선생은 뚜렷한 해결책을 찾지 못하고 묘한 동거생활이 시작된다.

하녀는 점점 더 성격이 사악해져 자신의 아들을 죽인 부인에게 복수하기 위해 부인의 아들(안성기)을 죽이고 이런 사실을 공장에 알려 가족을 파멸시키겠다고 위협한다. 아내는 남편과 딸을 지키기 위해 하녀를 남편과 함께 자도록 한다.

영화는 이후 선생과 하녀가 동시에 음독해 가는 과정을 소름끼치도록 긴장감 있게 끌고 간다. 쥐약을 먹고 죽어가는 선생은 육체는 주었지만 영혼은 줄 수 없다며 아내 옆에서 숨진다.

〈괴물〉(2006)을 만든 봉준호 감독은 〈하녀〉를 두고 한국영화계의

〈시민 케인〉(1941) 같은 작품이라고 존경을 표하고 있다. 임상수 감독은 2010년 전도연, 이정재 주연으로 리메이크작 〈하녀〉를 만들어 호평을 받았다.

하이 눈

High Noon, 1952

MOVIE

국가 | 미국
감독 | 프레드 진네만
출연 | 게리 쿠퍼, 그레이스 켈리

인문학적 소양이 풍부한 지도자를 갖는 국민은 행복하다. 보편적 국민을 행복의 나라로 이끌 가치 있는 자기철학이 있기 때문이다.

어느 책을 감명 깊게 읽고 어느 영화를 추천하고 싶다고 말을 한다면 그 나라 국민은 행복을 향해 두어 발 앞으로 나아갔다고 볼 수 있다.

아이젠하워, 지미 카터, 빌 클린턴 등 미국의 역대 대통령들은 프레드 진네만 감독의 〈하이 눈〉을 여러 번 봤다고 한다. 대통령이, 그것도 미국 대통령이 자주 본 영화라면 국가를 위해 막무가내로 개인을 희생하고 그것을 미화하는 낮은 수준의 애국심 같은 것을 연상할 수 있다. 그러나 〈하이 눈〉은 그런 것과는 조금 거리가 있다.

보안관 윌 케인(게리 쿠퍼)은 결혼식 날, 자신이 체포한 살인범 밀러(이안 맥도널드)가 석방됐다는 소식을 듣게 된다. 살인범은 정오 열차를 타고 마을로 오는데 정오까지 한 시간여 동안의 상황이 이 영화의 시간적 배경이다(당연히 정오가 지나면 영화도 종결된다). 케인은 막 결혼한 신부 에이미(그레이스 켈리; 후에 모나코 왕비가 됨)가 떠나자고 간청하는데도 마차를 돌려 마을로 온다. 그리고 결전을 위해 동지들을 규합한다.

그러나 친한 친구, 과거의 보안관, 현재의 보안관 보조 등 누구 하나 그에게 협조하는 사람이 없다. 심지어 사형을 언도한 판사조차도 벽에 걸린 성조기를 떼고 마을을 떠난다.

고립무원의 케인은 교회를 찾는다. 그러나 목사는 교회에 자주 나오지도 않고 결혼식도 교회에서 치르지 않은 것을 타박하면서 신은 살인을 하지 말라고 했다는 '예수님 말씀'을 설교하면서 뒤로 빠진다. 절망한 케인은 죽을 결심을 하고 악당과 홀로 맞선다. 결과는 짐작한 대로다.

케인은 밀러의 인질이었던 아내의 도움으로 놈들을 해치운다. 상황이 종료되자 마을사람들은 이들 부부를 에워싼다. 케인은 자기 목숨보다도 소중하게 다뤘던, 국가, 애국, 정의, 권위, 진실을 상징하는 보안관 배지를 내동댕이치고 에이미와 함께 마차를 타고 떠난다. 만약^{(가정}^{이 우습지만)} 배지를 떼지 않고 소중히 여기면서 마을에 남는 것으로 끝났다면 이 영화가 이처럼 오랫동안 사랑받았을까. 영화의 결말이 얼마나 중요한지 보여주는 대목이다.

영화음악도 빼놓을 수 없다. 이 영화를 만든 유대인 프레드 진네만 감독은 개봉 전 실패하면 어쩌나 하는 압박을 받고 있었는데 당시 인기 절정의 컨트리송 가수 텍스 리터가 부른 영화 주제가 '님이여 나를 버리지 말아 주세요(Do Not Forsake Me, Oh! My Darling)'가 개봉 전부터 큰 인기를 얻자 안도의 한숨을 쉬었다고 한다.

중요한 순간마다 나와 애간장을 녹이는 이 음악은 영화의 격을 한 단계 높여줬다는 평가를 받고 있다. 이 주제가는 영화음악 하면 으레 거론되는 영화음악의 전설이 되었다.

"우리의 결혼식 날에 기다려주오 나는 어떤 숙명이 나를 기다리고

있는지 모른다오 내가 아는 건 다만 용감해야 한다는 것 그리고 나를
증오하는 어떤 사나이와 맞서야 한다는 것."

사족: 게리 쿠퍼는 당시 나이 50세가 넘었고 그레이스 켈리는 20대 초반이어서 영화
속 주연배우의 나이차가 꽤 난다. 영화를 보는 내내 중늙은이와 소녀의 '철부지 사랑'이
라는 생각이 떠나지 않았다.

하인

The Servant, 1963

MOVIE

국가 | 영국
감독 | 조셉 로지
출연 | 더크 보거드, 제임스 폭스

여자 말을 들었어야 했다. 여자의 눈은 때로는 남자보다 예리할 때가 있는 법이다. 하지만 토니(제임스 폭스)는 약혼녀 수잔(웬디 크레이그)의 말을 듣지 않았다. 그만한 하인을 구하기도 힘들다는 것이 이유였다. 결과는 파멸이다.

　앙상한 플라타너스 나뭇가지에 열매가 주렁주렁 매달린 것을 보니 늦가을이나 초겨울쯤 되겠다. 양복을 잘 차려입고 모자를 쓰고 우산을 챙겨든 단정한 남자가 거리를 가로질러 어느 멋진 집으로 들어선다.

　조셉 로지 감독의 〈하인〉은 바렛(더크 보거드)이 하인 면접을 보는 장면으로부터 시작한다.

　토니는 의자에 길게 누워 잠이 들어있다. 방문객이 찾아와도 느끼지 못하는 것은 전날 많은 양의 맥주를 먹었기 때문이다. 곱상하게 생긴 주인은 상류층의 독신남이다. 밥을 해주고 집안일을 전반적으로 도와줄 하인이 필요하다.

　그는 벌써 두 명을 면접했으나 바렛이 딱 마음에 든다. 페인트를 칠하고 가구를 정리하고 저택은 새롭게 단장된다. 토니는 거대한 도시 3개를 건설할 계획이다.

　그러나 구체적인 내용은 없고 떠버리처럼 브라질이니 정글이니 수

백만 달러니 하는 추상적인 말을 뱉는다. 수잔과 사랑하면서도 결혼을 서두르지도 않는다.

왠지 모를 우유부단함이 느껴지는데 하인은 매사에 딱 부러진다. 13년간 군대생활을 하면서 '파쇼 교관'이라는 별명을 얻을 정도로 엄격한 규율이 몸에 뱄기 때문이다.

수잔은 그가 못마땅하다. 말 그대로 하인 부리듯이 대한다. 인종차별적인 발언도 한다. 두 사람의 관계는 수잔과 토니가 정사를 벌이는데 노크도 없이 들어서는 장면에서 절정에 이른다.

"저 사람을 해고해."

"당신이 내 판단력을 믿지 못하는 것 같아 화가 난다."

토니는 하인을 내쫓기는커녕 오히려 두둔한다.

어느 날 바렛은 여동생 베라(사라 마일즈)를 하녀로 불러들인다. 하녀는 짧은 치마를 입고 토니를 유혹한다. 두 사람은 관계를 맺고 그 사실을 바렛은 알고 있다. 같은 배(비속어로 구명동서)를 탄 사실을 주인에게 당당하게 말한다. 여동생이 아니라 애인이었던 것이다.

이때부터 상황은 묘하게 흘러간다. 늦은 밤 수잔과 집에 돌아온 토니는 바렛과 베라의 사랑 놀음에 크게 화를 낸다. 두 사람은 콧노래를 부르며 집을 나간다.

토니는 사업보다는 술집에 있는 시간이 더 많다. 혼자 술을 마시는데 바렛이 들어온다. 자신의 잘못을 사과하고 다시 하인으로 돌아가고 싶다고 간청한다. 다시 받아들이는 토니.

이후 상황은 심각해진다. 하인과 주인의 관계가 역전되는 상황이 벌어진 것이다. 말을 놓기도 하고 심부름을 시키기도 하고 토니의 면전에서 큰소리치는 바렛은 더 이상 하인이 아니다. 심지어 "나는 신사이고 너는 신사가 아니"라고까지 말한다. 수잔이 찾아오지만 하인은 문전박대하고 얼굴에 담배연기를 뿜기도 한다.

토니는 점차 알코올 중독에 빠져 들고 바렛 없이는 아무것도 할 수 없는 지경에 이른다. 집에서는 밤마다 파티가 열린다. 바렛은 수잔에게 키스하고 수잔은 바렛의 따귀를 갈긴다.

수잔이 쫓기듯 나온 밖에는 눈이 내린다. 오싹하다. 하지만 좀 더 오싹했으면 좋겠다는 아쉬움이 남는다. 몹시 무서워지려고 마음먹는 순간 영화는 끝난다.

순간적으로 히죽 웃고 다시 근엄한 표정을 짓는 바렛 역의 더크 보거드의 연기가 일품이다. 마치 알프레드 히치콕 감독의 〈싸이코〉에 나오는 남자 주인공 안소니 피킨스를 연상시킨다.

주인 없는 집에서 종이 주인 노릇하는 모습은 아이러니 그 자체다. 애잔한 주제곡 'He was Beautiful'은 후에 〈디어 헌터〉에도 나왔다. 계단과 그림자가 반복되는 장면은 정교하고 치밀한 화면구성이라는 찬사를 받고 있다.

조셉 로지 감독은 미국인이지만 매카시 광풍을 피해 (의회 증언을 거부하고) 영국으로 건너와 10여 년 만에 이 영화를 만들어 세계 영화사에 족적을 남겼다.

학생부군신위

Farewell My Darling, 1996

MOVIE

국가 | 한국
감독 | 박철수
출연 | 권성덕, 김일우, 방은진

시는 영화가 되고 영화는 시가 된다. 황지우 시인의 〈여정〉이라는 시는 박철수 감독의 〈학생부군신위〉의 모티브가 됐다. 시는 이렇게 시작된다.

"할아버지가 돌아가셨다. 완도 무선국에서 걸려온 시외전화를 받고 허둥지둥 새벽길을 나섰다."

이후 시는 여기저기 흩어져 있는 자식들이 모여들고 장례절차의 시작과 끝나는 과정들이 진솔하게 그려진다.

영화도 시와 얼추 얼개가 비슷하다. 시아버지(최성)가 외출하는데 착한 둘째 며느리(방은진)는 용돈을 쥐어주고 시어머니(문정숙)는 다방에만 있지 말고 자전거 페달부터 고치라고 한다.

큰아들(박철수)은 영화감독이다. 바쁜 촬영현장에 전화가 걸려온다. 아버지가 돌아가셨다. 이제부터 5일장이 시작된다. 검은 옷을 입은 여동생이 큰소리로 울부짖으며 마을길로 들어선다.

이승을 떠난 망자는 칠성판에 뉘어져 몸이 묶이고 붉은 이불을 덮고 조용히 누워 있다. 콧구멍은 솜으로 틀어막았다. 전화연락은 계속된다. 술집에 있는 막내딸(추귀정)에게도, LA에 있는 셋째 아들에게도 연락이 닿는다. 큰아들은 말한다. 남은 것은 영혼과 분리된 아버지와 독특하고 까다로운 장례절차라고.

마을 스피커에서 노인의 사망소식을 전한다. 안내방송은 뒤이어 들려오는 아이고, 아이고 하는 곡소리에 묻혀 버린다. 이어 꼬마가 등장해 망자에게 바치는 음식을 들고 쏜살같이 뒷문으로 사라진다. 음식을 돼지에게 준다.

마을 김노인(권성덕)은 공손히 무릎 꿇고 앉아 있는 상주들 앞에서 손님접대 문제 등 장례 준비에 대해 세세한 지시를 내린다.

그 와중에 "만득아!" 하는 곡소리와 함께 망자를 막아 놓은 병풍이 쓰러질 정도로 흔들며 노인이 상갓집으로 들이닥친다. "젊은 놈이 먼저가고 늙은 놈이 나중에 간다."고 통곡한다.

밖에서는 돼지를 잡는다. 잔칫날 기분이다. 도끼로 머리를 내리쳐 반죽음 시켜놓은 상태에서 멱에 잘 벼린 칼날이 들어가고 이어 검붉은 피가 파란색 그릇에 쏟아진다. 죽기 직전의 돼지 멱따는 소리가 고스란히 전해진다.

뜨거운 물을 뒤집어 쓴 돼지는 사내들의 거친 손길에 털이 뽑히고 칼질에 살점들이 이리저리 떨어져 나간다. 김이 모락모락 나는 간은 그 즉시 썰어져 소주와 함께 안주로 산 자들의 입으로 들어간다. 그런 모습을 본 꼬마가 돌을 던져 화풀이한다. 죽은 자를 위해 산 돼지가 죽었다.

조화가 실린 트럭이며 소주와 맥주 박스가 안마당에 쌓이고 천막 안에는 지짐이를 부치는 아낙들의 손길이 분주하다.

망자가 있는 방에는 많은 문상객들이 들락거리고 그때마다 상주들은 아랫배에 힘을 주고 "아이고, 아이고." 곡을 한다. 곡소리가 마치 음악처럼 일정한 운율이 있다. 흰색 '마르샤'를 타고 젊은 여자와 중절모를 쓴 중년의 남성이 차에서 내린다.

사내는 뒷좌석에서 공기총을 꺼내 사냥 흉내를 내기도 하는 등 성공한 사업가 모습이 역력하다. 팔봉(김일우)이다. 팔봉 역시 망자 앞에서 심하게 흐느끼며 이복동생이라고 아무도 안 보는데 피붙이라고 형님이 챙겨 줬다며 대성통곡한다.

마을 어른이 예를 지키라고 하지만 내 식으로 한다고 막무가내로 절을 하고 울고불고 한바탕 소동을 벌인다. 제멋대로인 팔봉처럼 그의 젊은 처는 사람들을 모아놓고 사진을 찍어 주기에 바쁘다. 그때 큰며느리가 검정색 구형 그랜저를 타고 내린다.

청바지를 벗고 검은 상복으로 갈아입는 폼이 인정머리 없는 사나운 큰며느리에 진배없다. 곡을 안 한다고 타박하자 격식보다 마음이 중요하다고 맞받아칠 만큼 전형적인 서울내기다.

한바탕 소동이 끝난 후 여동생은 보험영업에 열을 올리고 꼬마는 맥주병을 들고 뛰어다니고 팔봉이의 처는 마을 앞에서 그네를 타고 논다. 만삭의 둘째 며느리는 혼자 분주한 가운데 아낙들이 연속극을 보자고 일은 제쳐놓고 방으로 몰려든다.

그때 남정네 하나가 뉴스채널로 돌리자 TV는 전두환 전 대통령이 측근들을 모아놓고 백담사 유배에 반발하는 모습을 전한다. 공교롭게도 영화의 배경도 합천이고 전두환의 고향도 합천이다.

문상객들이 돌아간 늦은 저녁 상주들은 모여 조의금을 정리하고 붓으로 쓰면 하루 걸리네 마네 하면서도 격식을 지키자는 데 의견이 모아진다.

미국 갔던 셋째 아들도 오고 장례절차는 이제 막바지로 치닫는다.

수의도 마련됐고 염과 입관을 하고 발인 절차만 남았다. 미국 아들은 곡소리 대신 성경을 읽고 상여꾼들은 분주하다. 국회의원, 조합장, 지서장 등 마을 유지들이 찾아오고 여야로 갈려 싸우다 조화를 서로 발로 차 부수기도 하는 등 난장판을 만든다.

사진 찍히는 것을 좋아하는 팔봉이 처는 영화를 찍는 감독과 덤불속에서 섹스를 하고 평소 단골손님이었던 망자를 위해 로터리다방 아가씨들도 문상을 온다.

다방 아가씨들은 빈 맥주 박스 위에 올라가 '비 내리는 호남선' 등 유행가를 부르고 밤새 떠들고 웃고 논다. 잔칫집이 따로 없다. 큰며느리는 땅 문제로 다투다 차를 타고 서울로 먼저 간다.

장례 마지막 절차로 분주한 상갓집에 사이렌이 울리며 민방위훈련 소식이 들리기도 하고 고기가 부족해 돼지를 한 마리 더 잡기도 한다. 도망 다니는 돼지를 사냥총으로 잡은 팔봉에게 복수하듯 꼬마는 차에 불을 지르고 꼬마를 패려는 팔봉을 말리며 어머니는 그 애도 이 집 아들이라고 눈물을 흘리며 통곡한다. 망자를 힘들게 하고 도망쳤던 윤 기사는 두 개의 돈 가방을 놓고 사죄한다.

상여가 나간다. 꽃상여에 올라탄 상주를 앞세우고 "이제 가면 언제 오나~" 상여꾼들의 구성진 만가가 우렁차다.

장례절차의 하이라이트다. 발인이다. 이 집안의 액을 모두 가져가라고 바가지를 깨고 상여가 대문을 통과한다. 당산나무를 지나고 들판을 지나고 언덕을 올라 가파른 산으로 향한다. 마당에는 눈보다도 더 흰 기저귀가 바람에 펄럭인다. 둘째 며느리는 아기를 순산하고 큰아들의 컷 하는 목소리와 함께 엔딩 크레디트가 오른다.

〈학생부군신위〉는 지극히 한국적인 영화다. 완성도가 높다. 망자를 통해 산 자들의 이해다툼이 해결된다. 잘 만든 한 편의 영화를 보고 나면 가슴이 후련하다. 마치 "다 끝났어. 나 지금 서울 올라가." 하고 영화감독으로 나오는 맏아들의 말처럼 홀가분한 마음이다.

황지우 시인의 시는 이렇게 끝난다. "섬의 부족한 흙으로 할아버지를 묻고 사람들은 돌아갔다. 통통배로 직행버스로 고속버스로 택시로 혹은 비행기로 모두들 일이 밀렸다고 목포로 광주로 부산으로 서울로 혹은 엘에이로.

학이 난다

Letyat Zhuravli, 1957

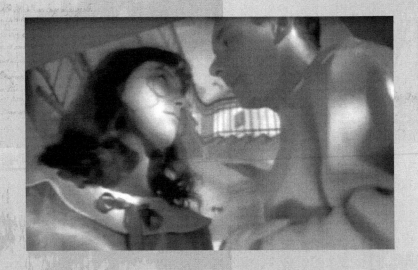

MOVIE

국가 | 러시아
감독 | 미하일 칼라토조프
출연 | 티티아나 사모일로바, 알렉세이 바달로프

사랑하는 남녀는 늦은 밤 살금살금 집에 들어온다. 가족들은 자고 있는 것처럼 모르는 체 하지만 다 알고 있다. 남녀는 멋지게 따돌렸다고 생각하고 방에 들어와서는 침대를 향해 점프한다.

　감기와 함께 속일 수 없는 두 가지 중 하나는 바로 사랑이다. 사랑하는 남녀는 날아가는 깃털처럼 자유롭고 비온 뒤의 발자국처럼 흔적을 남긴다. 사랑은 나라마다 차별두지 않는데 러시아라고 해서 다를 게 없다.

　미하일 칼라토조프 감독의 〈학이 난다〉는 이런 남녀의 사랑이야기다. 흔하고 흔한 게 사랑이고 이별이지만 〈학이 난다〉는 지금 세상에 이런 사랑이 가능할까 하는 진짜 사랑이야기를 담고 있다.

　때는 제2차 세계대전 당시 러시아. 보리스(알렉세이 바달로프)는 결혼을 약속한 애인 베로니카(티티아나 사모일로바)를 남겨두고 자원입대한다.

　그때부터 베로니카의 시름이 시작되고 설상가상으로 베로니카는 폭격으로 부모를 잃고 고아가 된다. 베로니카는 보리스의 집에서 함께 사는데 잘생긴 사촌이 흑심을 품는다.

　사촌은 폭탄 파편으로 유리창이 깨지고 생명의 위협마저 느끼는 절체절명의 순간, 베로니카를 안고 키스를 퍼붓는다. 베로니카는 영화 역사상 여자가 남자에게 갈기는 따귀로는 아마도 가장 많을 것 같은 따귀를 쉬지 않고 때린다.

때리고 또 때리고 그리고 때리다 지친다. 그때를 노려 사촌은 베로니카를 껴안는다. 깨진 유리조각을 밟고 어디론가 베로니카를 들고 가는 사촌은 그녀를 갖는다. 이 순간 보리스는 전장의 진흙땅을 헤매다가 쓰러진다(대비가 절묘하다).

해는 구름 속으로 사라지고 표피가 하얀 자작나무 사이로 숨바꼭질하던 행복했던 순간은 바로 그 나무를 부여잡고 사라지는 비극과 겹쳐진다.

베로니카는 비록 몸은 빼앗겼지만 마음까지 준 것은 아니다. 결혼을 하고 사는데 사랑이 없으니 그녀의 얼굴은 생기 대신 수심이 가득하다. 이제나 저제나 보리스가 보낸 편지만을 기다리지만 오지 않는 편지는 그가 전사했음을 암시한다.

대신 보리스가 주고 간 다람쥐 인형 사이에 있는 "나의 하나뿐인 그대, 언젠가 행복하게 살자."는 내용의 편지를 읽고 가슴이 찢어지는 고통에 괴로워한다.

돈으로 입대 면제를 받은 사촌은 다른 여자에게 정신이 팔려 있고 결국 큰아버지 집을 떠난다.

베로니카는 살고 싶지 않다며 죽기를 결심하고 기차에 뛰어들려 하는데 마침 차에 치일 것 같은 아이를 구해 집으로 데려온다. 아이의 이름이 보리스다. 그녀는 보리스를 친 아들처럼 키운다.

시작이 있으면 끝이 있는 법. 전쟁은 끝났다. 환영인파가 광장에 모이고 그곳에 베로니카도 있다. 하지만 그가 찾는 보리스는 없다. 손에 쥔 꽃다발을 다른 사람에게 나눠주는 베로니카의 시선에 하늘을 나는 학 떼가 보인다.

누군가 외친다. "학이 난다."

영화 첫머리에 편대비행을 하는 희고 검은 학 떼가 지나갔고 마지막에 또 학이 날아가고 있다. 희망이 절망으로 절망이 희망으로 바뀌는 순간이다. 구소련 영화이지만 이념 대신 사랑과 용기를 주고 있다.

장면 전개가 기가 막히고 흐름이 너무나 자연스러워 마치 많은 양의 물이 바다로 흘러가는 것과 같다. 현란한 카메라 워크는 누가 보더라도 찬탄을 금할 수 없다.

러시아 영화의 힘과 저력이 확연히 느껴진다. 다시는 전쟁으로 이별이 없어야 한다는 말은 사상의 강요보다는 사랑의 외침으로 긴 여운을 남긴다.

스탈린 시대 사라졌던 소련 영화가 부활하게 된 상징적인 작품으로 평가받고 있다.

한나와 그 자매들

Hannah and Her Sisters, 1986

MOVIE

국가 | 미국
감독 | 우디 앨런
출연 | 미아 패로우, 바바라 허쉬, 다이안 위스트

사는 것도 문제없고 지식도 좀 있으니 이제 할 일은 사랑이겠다. 그 것도 시시한 사랑은 말고 음, 아무래도 처제와의 사랑 정도는 돼야 사랑했다고 말할 수 있지 않을까.

이 정도 설정이면 우리의 막장드라마로 손색이 없겠지만 배경은 서울의 강남 졸부가 아니고 미국 맨해튼의 전문직 정도 되겠다.

한국계 입양아 순이와 결혼해 우리에게 친숙한 우디 앨런의 〈한나와 그 자매들〉은 형부와 처제의 얽히고설킨 지저분한 관계가 영화의 핵심이다.

막내 처제 리(바바라 허쉬)의 육감적인 몸매에 군침을 흘리는 큰 형부 엘리엇(마이클 케인)은 속된말로 처제를 '따먹을' 기회만 엿본다(속된말을 쓴 걸 이해하시라. 영화를 보시면 이 표현 말고 다른 적절한 표현을 찾기 힘들다는 것을 알게 될 것이다). 그는 생각한다.

'너무 예쁜 우리 처제, 저 아름다운 눈망울, 스웨터 속의 섹시한 몸매, 스쳐 지나갈 때 났던 향수 냄새, 아~ 미치겠어. 사랑을 고백하고 하루 빨리 내 것으로 만들어야지.'

처제에 대한 육욕 앞에 인류는 무시된다. 영화의 목적은 사랑의 번뇌나 고민이 아닌 그냥 재미나 보고 한 번뿐인 인생을 즐기자는 것 아닌가? (너무 나갔나.)

시집을 사주기도 하면서 기회를 엿보던 형부는 미술을 하는 잘난 체 하는 것으로 지식을 자랑하는 것이 취미인 처제의 동거인이 그림을 설명하기 위해 잠시 자리를 비운 사이 처제와 기습 키스를 하는 데 성공한다.

리는 "형부, 안 돼!" 하고 반항하지만 반항이라고 표현하기에는 저항의 정도가 약하다. 시집의 내용처럼 처제의 눈길에서 피어나는 형부를 가슴속 깊이 느끼는 처제는 이제 더 이상 가족이 아니다.

"언니와의 관계는 거의 끝났다."고, "언니는 나를 사랑하지만 나는 아니"라고 애원하는 형부를 리가 외면한다면 영화는 시시하다. 영악한 감독이 이를 모를 리 없다. 그러니 당연히 받아 줘야지.

집에 돌아온 형부는 괜한 짓을 했나 걱정하지만 리의 "하루가 지나고 나니 더 친숙해진 것 같다."는 전화로 고민은 한방에 해결된다.

시내 호텔에서 형부와 처제가 한 몸으로 엉켜있는데 두 사람은 죄의식보다는 서로 섹스를 하면서 느꼈던 좋았던 감정을 표현하기에 정신이 없다.

리는 말한다. "정말 좋았어. 이제 딴 남자와는 못자겠다." 형부도 질세라 "언니와는 비교도 할 수 없이 열정적"이라고 맞장구친다.

언니는 아는지 모르는지 태평하다고 할 수는 없지만 눈치를 채지는 못한다.

둘째 홀리(다이안 위스트) 역시 형부의 사랑으로 삶에 활력을 얻는다. 텔레비전 프로듀서로 나오는 미키(우디 앨런)는 첫째 한나(미아 패로우)의 첫 남편이지만 이혼하고 홀리와 사랑에 빠진다. 지나친 건강염려증 망상에 사로잡힌 그는 청력 이상을 뇌경색 등으로 확대해석하면서 병원을 제집 드나들듯이 활보한다.

한나 역시 남자 없이 살기는 어렵다. 미키와 이혼 후 록스타 매니저인 엘리엇과 결혼했으나 결혼생활이 순탄한 것만은 아니다. 언니라는 이유로 동생들에게 관심을 쏟지만 동생들은 그런 언니를 기분 좋게 배신한다.

리는 형부와 불륜을 이어가고 홀리는 드라마 작가의 첫 작품으로 언니 부부의 일상생활을 그대로 옮겨 분노를 산다.

참새가 방앗간을 그냥 지나치지 못하듯 작은 일에도 끊임없이 조잘대는 말꼬리 잡기식의 수다를 뉴욕의 식자층들은 좋아하나 보다.

영화가 끝나갈 무렵 미키는 알다가도 모르는 게 사람의 감정이라며 평생 한나와 살 줄 알았는데 처제와 결혼한 사실을 언급하며 인생은 살만한 가치가 있다고 밀한다. 그러면서 끝은 어떻게 될까 대본 하나 써보라고 처제였던 아내를 애무하며 말한다. 아마도 영화에 속편이 있다면 미키는 둘째 홀리와 이혼하고 셋째 리와 사랑에 빠지지 않을까.

이 영화는 아카데미 각본상 등 많은 상을 수상했다.

할로윈

Halloween, 1978

MOVIE

국가 | 미국
감독 | 존 카펜터
출연 | 제이미 리 커티스, 도널드 플레젠스

덥다고 말하는 것도 더운 요즘이다. 장마에 습도까지 더해지니 불쾌지수는 팍팍 올라가고 짜증은 더해진다. 이런 때 가슴이 쪼그라드는 공포영화 한 편 보는 것도 괜찮은 방법이다.

웃는 사람을 보고 재미삼아 치어 죽이는 세상인데 정신병자가 칼로 찌르는 것이 어디 대수겠는가. 존 카펜터 감독의 〈할로윈〉은 공포영화의 입문서 같은 영화다. 슬래셔 무비(잔혹한 유혈극이 많은 영화)의 교본이라고 하는데 보고나면 왜 그런 평이 대세인지 고개가 끄덕여진다.

인과관계도 없이 무턱대고 죽이는 하고 많은 영화들과는 질적으로 격을 달리하는 〈할로윈〉은 보고 나서도 한참동안 범인이 내지르는 격한 숨소리 때문에 얼음을 먹지 않아도 오싹해진 등골이 여전히 펴지지 않는다.

비바람과 천둥과 번개가 요란한 어느 날, 범인이 정신병원을 탈출한다. 악마가 탈출했으니 잡아야 한다고 그를 치료했던 박사(도널드 플레전스)는 마음이 초조하고 불안하여 어찌할 줄 모른다.

잘 꾸며진 도로와 커다란 나무, 목조 건물의 2층 집이 줄지어 있는 마을은 평화 그 자체라고 해도 과언이 아니다. 이런 평화로운 마을에 할로윈 축제까지 겹쳤으니 아이들은 들뜨고 섹스에 목마른 10대들은 부모가 외출할 기회만을 노린다. 노리는 것은 이들 뿐만이 아니다. 가면을 쓴 악마는 어린이보다는 섹스에 환장한 10대의 목숨을 노린다.

로리(제이미 리 커티스)와 친구는 남자들과 맥주를 마시고 마리화나를 피우면서 섹스를 위한 만반의 준비를 한다. 부모들은 외출을 하고 착한 로리는 동생을 돌보고 바람난 친구는 소파에서 섹스를 한다. 이 모습을 지켜보는 검은 그림자.

소파의 남녀는 분위기가 무르익자 2층 침실로 향한다. 그 뒤를 '숨소리'가 뒤따른다. 남자의 어깨가 들썩이고 여자는 코맹맹이 소리를 하고 이불속의 다리는 서로 얽혀 있다.

문틈 사이로 얼굴을 감춘 남자가 그 모습을 지켜본다. 심장이 쿵쾅거리고 당장이라도 손에 잡은 식칼을 위에서 아래로 내리꽂을 것 같지만 이 남자, 의외로 침착하다.

만족스런 섹스가 끝나고 맥주를 찾으러 갈 때까지 기다릴 줄 안다. 여자가 벗은 젖가슴을 남자친구에게 자랑하고 나서야 목을 조르고 칼을 쓴다. 양심적인 살인자인가. 아니다. 관음증까지 더한 기괴한 살인자일 뿐이다. 자신을 놀린 로리의 또 다른 친구도 차 안에서 죽였으니 범인은 이제 살인이 익숙하다.

세 번째 차례는 로리다. 하지만 주인공 로리는 죽지 않는다. 보지 않아도 다 아는 사실이다. 하지만 로리는 죽을 고비를 여러 차례 넘긴다. 젓가락 같이 긴 것으로 범인의 목을 찌르고 옷장 속의 옷걸이로 눈을 공격하고 범인이 떨어트린 칼로 배를 쑤시면서 그야말로 사투를 벌인다.

로리가 쉽게 죽지 않는 것처럼 범인도 쉽게 죽지 않는다. 빨리 도망가는 로리, 천천히 계단을 내려오는 범인. 하찮은 짝퉁 영화들과 다른 점은 이런 것이다. 느릿한 범인의 움직임에 관객들은 더 조바심을 낸다.

차라리 로리보다 더 빨리 달려 그녀를 단박에 죽인다면 덜 오그라들겠다. 그만큼 감독의 수완은 관객보다 저만치 앞에 있다. 심장이, 잘린 팔다리처럼 너덜거릴 때야 비로소 영화는 끝나고 더위는 사라진다.

그래도 덥다고? 그러면 뒤돌아보시라. 나의 등 뒤에, 정원의 담장에, 문짝 옆에, 침대 앞에 흰 가면을 쓴 범인이 보일 것이다. 쌕쌕거리는 거친 숨을 내쉬면서.

흑백텔레비전, 아랫단이 넓은 나팔바지, 단추 하나를 풀어헤친 웃옷, 다이얼을 돌리는 전화기 등이 향수를 자극한다.

카펜터 감독은 〈싸이코〉(1960)의 알프레드 히치콕 감독을 존경한 나머지 〈싸이코〉에서 목욕하다 죽는 여배우의 딸인 제이미 리 커티스를 주인공으로 썼다.

해변의 여인

Woman On The Beach, 2006

MOVIE

국가 | 한국
감독 | 홍상수
출연 | 김승우, 고현정

〈동경이야기〉(1953)의 일본인 오즈 야스지로 감독이나 〈붉은 수수밭〉
(1998)의 중국인 장예모 감독과 같은 거장의 반열에 오를 만한 한국 감
독으로 〈해변의 여인〉을 만든 홍상수 감독을 꼽는다면?

　뭐 어려울 것도 없고 불가능한 일도 아니다. 홍상수 감독은 데뷔작
인 〈돼지가 우물에 빠진 날〉(1996), 〈강원도의 힘〉(1998)을 통해 위대한
감독 반열에 한 발 들여 놓았으며 〈해변의 여인〉으로 그 가능성을 재
확인했다.

　중래(김승우)는 후배 창욱(김태우)과 함께 해안사구로 유명한 충남 신두
리 해변으로 여행을 떠난다. 시나리오 작업이 잘 안 된다는 핑계였다.

　창욱은 애인이라고 부르는 문숙(고현정)과 동행한다. 중래와 문숙은
첫눈에 반한다. 삼각관계의 형성이다. 순진한 척 하는 중래는 노련한
솜씨로 작업을 하고 문숙은 그런 중래의 수작에 박자를 척척 맞추면
서 두 사람은 급속히 가까워진다.

　감독님 대신 중래 씨라는 호칭의 변화가 오고 해변에서, 보기에 아
름다운 키스를 한 두 사람은 마침내 창욱을 따돌리고 정사에 성공한
다. "정말 갖고 싶다."고 말하는 중래의 조급함과 "그럼 해, 몸 보시도
하는데."라고 받아치는 문숙의 진지함 앞에서 관객은 숨죽인다.

　너무 평범하고 일상적이어서 새로울 것이 없는 남녀의 대화에 이렇

게 몰입할 수 있는 것은 평범한 것을 비범하게 바꿔 놓는 감독의 센스 때문이다.

김승우와 고현정은 지금도 그렇지만 당시에도 최고 배우로 상품성이 높았다. 그런 배우들이 시나리오도 보지 않고 덜컥 출연을 결정했다. 특히 자존심 강한 고현정이 첫 스크린 복귀작으로 〈해변의 여인〉을 택했으니 홍상수 감독에 대한 신뢰와 믿음이 얼마나 큰지 짐작할 수 있다.

영화잡지 《씨네 21》은 그 해에 나온 최고의 영화로 〈해변의 여인〉을 선정했다. 1,000만 관객을 동원한 이준익 감독의 〈왕의 남자〉⁽²⁰⁰⁵⁾의 기록을 1년 만에 1,300만으로 갈아치운 봉준호 감독의 〈괴물〉 대신 〈해변의 여인〉을 뽑은 것은 그만큼 영화적 완성도를 높게 평가한 때문이었다.

문숙과 정사 후에 서울로 갔다 다시 신두리로 내려온 중래는 인터뷰를 핑계로 만난 선희(송선미)와 잠자리를 하고 문숙은 이를 확인하는 과정에서 두 사람이 방문을 열고 나갔는지 예민하게 반응한다.

나를 넘고 갔는지의 여부를 울고 짜면서 집요하게 묻는 장면은 독일 남성 1~2명을 사귈 만큼 개방적인 평소 문숙의 태도에 비춰 볼 때 여자는 역시 질투의 화신이라는 것을 새삼 느끼게 한다(없어도 좋을 장면이라는 생각이 든다. 영화 전체를 통틀어 가장 아쉬운 대목이다). 문숙이 쿨하게 대했다면 어땠을까.

〈해변의 여인〉은 파도가 없는 잔잔한 '봄날의 해변'과 같은 영화다. 관객을 불편하게도 하지 않고 무엇을 하라고 강요하지도 않으며 그냥 편하게 내버려 둔다.

할리우드 액션영화처럼 보고 나서 후련하지도 않다. 그렇지만 3년 후쯤 다시 한 번 봤으면 하는 미련을 남기는 것은 삶과 인생 그리고 남녀에 대한 우리 모두의 이야기이기 때문이다.

A급 제작비를 들이고도 C급 영화를 만들고 질보다는 마케팅으로 한몫 보려는 풍토에서 〈해변의 여인〉 같은 영화는 왜소해 보인다.

하지만 어떤 영화가 오랜 시간이 지나도 빛이 바래지 않을지는 굳이 설명할 필요가 없다. 뉴욕에서 개봉돼 지금까지 나온 홍상수 영화 중 제일 낫다는 호평을 받기도 했다.

사족: 나훈아의 '해변의 여인'을 흥얼거리면서 문숙을 생각하면 느낌이 새롭다.

햄릿

Hamlet, 1948

MOVIE

국가 | 영국
감독 | 로렌스 올리비에
출연 | 로렌스 올리비에, 배질 시드니, 진 시몬스

품위를 잃어버린 시대에 우리는 살고 있다. 지성인의 말에 맥이 없고 정치인의 언어가 시정잡배의 그것과 다를 바 없다. 철학자 하이데거는 '언어는 존재의 집'이라고 했거늘 오늘날의 언어는 집밖을 나와 뒷골목을 헤매고 있다. 거친 말이 난무하니 세상은 험난하고 다툼은 끊임이 없다.

햄릿처럼 독백하고 햄릿처럼 멋진 말을 쓴다면 지금보다는 좀 더 여유 있고 평화롭고 행복한 세상이 올까.

셰익스피어의 원작을 바탕으로 만든 로렌스 올리비에 감독의 〈햄릿〉은 햄릿의 멋진 독백만 들어도 손해 보지 않는 영화다. 물론 상상을 하면서 책을 읽어도 좋지만 잘 생긴 배우들의 활짝 벌린 입, 혹은 반쯤 다문 입을 보면서 듣는 대사는 한 편의 시이며 자연이고 강물이다. 가령 이런 말을 보자.

"그대가 말을 할 수 있으면 나에게 말하라. 이 견고한 몸뚱이 녹고 녹아 이슬이 되어 다오. 약한 자여 그대 이름은 여자이니라. 슬픔을 타고 오는 배편이 있거든 소식이나 전해다오. 돛이 바람을 가득 안고 너를 기다리고 있다. 사자의 힘줄처럼 온몸의 핏줄에서 기운이 솟아난다. 다른 기억 모두 지우고 당신이 명령한 말만 기억하겠다. 내가 기이한 행동을 하면 자네들은 우리는 알지 혹은 말 못할 것도 없지 같은 애매한 말로 무언가 알고 있는 듯이 말하지 말라. 어째서 밤은 밤이고 낮은 낮인지 따지는 것은 아까운 시간을 낭비하는 것이다. 설혹 진리는 의심할지라도 내 사랑은 의심하지 마라. 다 맞는 말이지만 일일이 열거하니 점잖지 못하다. 보낸 분의 마음이 변하면 그 선물도 초라해진다. 여자들은 분을 처발라 신이 주신 얼굴을 딴판으로 만들고 간드러지게 걸으면서 음탕한 짓을 하고도 딱 잡아뗀다.

결혼을 하려거든 바보와 하라, 현명한 남자는 결혼하면 괴물이 된다. 이미 결혼한 사람은 한 쌍만 빼놓고 살려 둬야지. 사느냐 죽느냐 이것이 문제로다. 조심성 때문에 우린 모두 겁쟁이가 되고 혈기 왕성하던 결심에도 창백한 병색이 드리워진다. 배우들은 시대의 척도요, 짧은 연대기다. 묘비명이야 어떻게 되든 생전에 구설에 오르지 않는 것이 상책이다. 받을 자격이 모자랄수록 선심이 빛난다. 예나 지금이나 연극의 목적은 자연을 거울에 비춰보는 것이다. 그들의 비난은 수많은 관객의 칭찬보다 몇 배 더 중요하다. 저게 서문인가, 정말 짧군, 여자의 사랑처럼. 살인으로 얻은 이득을 아직도 움켜쥐고 있다. 천당을 발뒤꿈치로 걷어차고 시커먼 지옥으로 굴러 떨어진다. 황후이며 시동생의 아내 그리고 내 어머니.

손만 쥐어짜지 말라, 가슴을 쥐어짜 주겠다. 오늘 밤 참으면 내일 밤 참는 것도 쉬워진다, 모레는 더 쉬워진다. 오늘 일은 알아도 내일 일은 모른다. 네가 큰소리치면 나도 큰소리친다. 육감은 안 믿어, 운명은 정해져 있다."

인용한 말들을 읽다보면 화낼 일도 참게 된다. 원전에 충실했으니 영화의 내용도 수준작이다. 왕관과 형수가 탐나 친형을 독살하고 왕이 된 왕(배질 시드니)과 왕의 조카 햄릿(로렌스 올리비에)에 대한 이야기가 고성을 배경으로 장엄하게 펼쳐진다. 성이라는 한정된 공간에서 벌어지는 연극 같은 영화가 마치 고요한 절간에서 책을 읽는 것처럼 눈에 속속 들어온다.

아버지를 죽이고 엄마와 결혼한 삼촌에 대한 복수, 햄릿과 오필리아(진 시몬스)의 사랑, 오필리아의 아버지인 왕의 고문관(펠릭스 아일머)을 죽인 햄릿과 그로 인해 자살하는 오필리아. 오필리아 오빠 레어티스(테렌스 모건)와 햄릿의 결투.

끝내 왕과 레어티스를 죽이고 엄마마저 죽는 비극. 상대의 계략 때문에 독이 묻은 칼에 죽는 햄릿(햄릿과 레어티스의 결투장면은 펜싱 올림픽 결승장면보다도 더 박진감이 넘친다).

이 같은 비극이 또 있을까. 감독, 제작, 배우 등 1인 3역을 한 로렌스 올리비에 감독의 〈햄릿〉은 영화로 나온 햄릿 가운데 처음이며 러닝타임이 155분으로 가장 길다. 아카데미 작품상, 남우주연상 등 상도 여러 개 받았고 이후 수많은 동명의 영화들이 봇물처럼 쏟아져 나왔다.

흰 파도의 포말이 아스라이 보이는 성의 꼭대기에 오른 햄릿은 작은 단도를 꺼내들고 이렇게 중얼거린다.

"사느냐, 죽느냐 그것이 문제로다. 가혹한 화살의 운명을 맞고도 거친 파도처럼 밀려드는 재앙과 싸워 물리치는 것이 옳은 일인가. (죽으려고 한다. 그러다가 잠시 생각하더니) 죽는 건 단지 잠드는 것. (그러다 다시 생각하더니) 잠들면 깨어나는데 그게 걸리고 영원히 잠들 때 꾸게 되는 꿈이 걸린다. (자살을 미룬다.)"

그러다가 문득 폭군의 횡포, 세도가의 오만, 좌절당한 실연의 고통,

지연되는 재판, 소인배들의 불손을 누가 참겠느냐며 다시 칼을 가슴에 겨눈다. 하지만 이내 한 번 떠나면 다시 돌아올 수 없는 그 미지의 세상이 망설여져 차라리 이 세상의 고통을 견디게 마련이라며 칼을 낭떠러지로 떨어뜨린다.

앞선 장면에서는 또 이런 대목도 나온다.

"참회하는 왕의 등 뒤에서 칼을 내리꽂을 찰나, 지금 죽이면 천당에 가니 취해 잠을 자는 시간, 전혀 구원을 받을 희망이 없는 못된 짓을 하고 있을 때 해치우자"며 칼을 거두기도 한다(기도할 때 죽이면 더러운 영혼을 깨끗이 씻고 천국에 간다고 믿었나).

흔히 햄릿형 인간이라고 한다. 결단력이 부족하고 우유부단한 경우로, 행동이 먼저 앞서는 '돈키호테'와 비교된다. 가장 유명한 대사라고 할 수 있는 "사느냐, 죽느냐 그것이 문제로다"의 독백 장면은 햄릿의 결단력 부족을 여실히 보여준다.

현기증

Vertigo, 1958

MOVIE

국가 | 미국
감독 | 알프레드 히치콕
출연 | 제임스 스튜어트, 킴 노박

얼마 전 타개한 로저 에버트(영화평론가로는 처음으로 퓰리처상을 받았다.)는 알프레드 히치콕 감독의 〈현기증〉에 대해 엄지손가락을 추켜올리면서(그는 좋은 영화는 위로, 그렇지 않은 영화는 아래로 내리는 제스처로 영화를 평했다.) 이런 평을 내놓았다.

"히치콕 생애 최고의 영화 두세 편에 꼽히는 〈현기증〉은 그의 예술 세계를 관통했던 주제를 직설적으로 풀어낸 영화로 히치콕이 고해성 사를 하는 것과 같은 작품이다. 현기증은 히치콕이 여성을 어떻게 활용했으며 얼마나 여성을 두려워했는지 그리고 얼마만큼이나 여성을 통제하려고 했는지를 보여주는 영화다."

과연 그런가.

영화는 조선업을 하는 친구 개빈(톰 헬모어)이 스코티(제임스 스튜어트)에게 부인 매들린(킴 노박)을 미행해 달라는 주문을 하면서 시작된다. 전직 경찰이면서 고소공포증 때문에 동료를 잃고 사임한 스코티는 매들린을 미행하면서 유령과도 같은 그녀에게 사랑을 느낀다.

어떤 집으로 들어가고 가게에서 꽃을 사고 교회에 들르고 묘지에 가고 미술관에 앉아있고 호텔에 들어갔다 나오는 여인의 뒤에는 언제나 스코티가 있다. 이제 그녀도 그를 사랑한다.

하지만 그녀는 사고로 죽고 만다. 상심에 빠진 스코티 앞에 우연히 매들린을 닮은 여인이 나타난다. 그는 집요하게 그녀의 옷과 화장, 머리모양을 매들린 스타일로 바꾸게 하고 또다시 사랑한다.

여인도 그를 사랑한다. 그런데 그는 목걸이를 걸어주면서 사건의 실체를 파악한다. 친구가 아내를 죽이기 위해 그녀를 고용해 매들린의 대행을 시킨 것이다. 모든 것을 알아차린 스코티는 그녀를 교회 종탑으로 데려간다.

다시 로저 에버트의 평을 옮겨 본다.

"히치콕은 자신의 작품 속에서 여성 캐릭터들을 직접적으로나 간접적으로나 진흙탕 속으로 밀어넣는 데서 쾌감을 느꼈다. 그는 여성 캐릭터들에게 모욕을 줬다. 여성들을 가혹하게 대하는 것이 그의 페티시나 되는 것처럼 여성들의 헤어스타일과 의상을 망가트렸다."

(킴 노박의 의상과 헤어스타일은 눈여겨볼 만하다. 히치콕의 다른 작품에 나오는 여주인공에 비해 육감적이기는 하지만 미모에서 조금 부족해 보이는 킴 노박은 의상과 헤어스타일 덕을 조금 본 것 같다.)

낮잠도 자고 말짱한 머리로 영화를 봤는데 여자가 종탑을 향해 올라가고 그 뒤를 남자가 뒤따르는 마지막 장면에서는 머리가 흔들리는 아찔한 '현기증'이 느껴졌다. 알프레드 히치콕 감독의 〈현기증〉은 한마디로 군더더기 없는 깔끔한 영화다.

황야의 결투
My Darling Clementine, 1946

MOVIE

국가 | 미국
감독 | 존 포드
출연 | 헨리 폰다, 린다 다넬, 빅터 마츄어, 캐시 다운즈

인생이 시들해지면 잘 만든 서부극 한 편으로 시름을 달래도 좋다. 정의가 강물처럼 흐르고 힘이 세상을 지배할 때면 처진 어깨가 들썩이고 사라진 양심이 꿈틀거린다.

존 포드 감독의 〈황야의 결투〉를 보고 나면 그래도 삶은 살만하지 않은가 하는 안도의 한숨을 쉬게 되는 것은 악당을 단숨에 무찔러서도 아니고 남녀 간의 애틋한 사랑이 여운이 남아서도 아니다.

적어도 이 영화에서만큼은 현실에서는 이루기 힘든 피비린내 나는 복수가 제대로 실현되고 있기 때문이다. 피곤한 인생을 살아가는 이들에게 먹는 즉시 기운이 솟는 비타민 같다고나 할까.

목축업자 와이어트(헨리 폰다)와 형제들은 압도적인 풍광을 자랑하는 톰스톤 마을에 들르고 여기서 술이 취해 소란을 피우는 인디언을 제압한다. 마을 사람들은 누구도 나서지 않는 상황에서 용감한 행동을 한 와이어트에게 보안관을 맡아달라고 하지만 그는 거절한다.

하지만 소들을 도둑맞고 20살도 안 된 막냇동생이 죽자 형제들은 별이 빛나는 배지를 가슴에 달고 살인자를 잡기 위해 마을에 남는다.

마을에는 잘생긴 건달 닥 할러데이(빅터 마츄어)가 어깨에 힘을 주고 사는데 그는 폐병에 걸린 한때는 잘나갔던 외과의사다. 볼륨이 상당한 술집여자 치와와(린다 다넬)와 연인 사이지만 죽고 못 사는 관계는 아니다.

어느 날 천박한 치와와와 비교될 만한 교양과 학식이 넘쳐나는 예쁘고 젊은 여자 클레멘타인(캐시 다운즈)이 닥을 찾아온다. 그 모습을 와이어트가 유심히 지켜보고 가방을 들어 주는 친절을 베푸는데, 이들이 시간이 지나면서 연인이 되리라는 것은 영화를 제법 본 사람들은 짐작할 수 있다.

닥은 찾아온 클레멘타인을 외면하고 자신을 잊고 동부로 돌아갈 것을 요구한다. 닥은 신사도가 부족한지 두 명의 여자 모두에게 살가운 애정을 보여주지 못한다. 자신이 '가야 할 길'이 여자를 사랑하기보다는 술을 마시고 각혈을 하고 싸우다 죽는 운명이라는 것을 알고 있기 때문이다.

치와와의 목걸이가 죽은 동생의 것이라는 것을 안 와이어트는 멕시코로 떠나는 닥을 뒤쫓아 마을로 데려오는 데 성공한다. 6마리의 말이 끄는 마차를 탄 닥의 질주와 두 마리 종마를 타고 따라가는 와이어트의 엄청난 질주는 마치 〈벤허〉의 전차 경주 장면을 연상시키리만큼 볼만하다.

거짓말이 들통 난 치와와는 닥이 아닌 진짜 범인의 이름을 대다 방안에 있던 악당 무리의 총을 맞고 쓰러진다. 닥의 정성 어린 치료에도 불구하고 치와와는 숨을 거두고 와이어트 일행은 OK목장에서 광란하는 말을 앞에 두고 살인자들과 한판 승부를 벌인다(결과를 말할 필요가 있나).

마을에 처음으로 교회가 들어서고 학교가 세워지자 클레멘타인은 선생님으로 남고, 와이어트는 아버지에게 복수극의 전말을 전한 후 소를 사서 다시 톰스톤 마을에 돌아오기로 한다.

와이어트의 볼 키스는 (애들 장난도 아니고) 아쉽기는 하지만 그래도 안 하는 것보다는 나았기 때문에 엔딩 장면으로 봐줄 만하다.

고비마다, 중요한 장면마다 흘러나오는 노래 '나의 사랑 클레멘타인'은 구슬프기도 했다가 생기를 돋우고 미소 짓게 만드는 등 영화의 완성도를 높이는 데 한몫 단단히 한다.

어릴 적 아무 의미도 없이 부르면서 시간을 보냈던 그 시절, 그 노래를 흥얼거리면서 영화를 보는 재미도 괜찮다.

흑과 백

The Defiant Ones, 1958

MOVIE

국가 | 미국
감독 | 스탠리 크레이머
출연 | 토니 커티스, 시드니 포이티어

외로운 여자는 겁이 없다. 남자가 그리운 여자는 수갑을 찬 범죄자라도 쉽게 사랑한다. 남자 없이 살 수 없는 여자는 어린 아들이 사랑의 방해자일 뿐이다.

스탠리 크레이머 감독의 〈흑과 백〉은 두 남자에 대한 이야기다(여자는 그저 양념으로 들어가는 곁다리일 뿐이다).

빌리 와일더 감독의 〈뜨거운 것이 좋아〉(1959)에서 여장 남자로 화려한 연기를 펼쳤던 토니 커티스가 백인 주인공 잭슨 역을 맡았다. 노만 주이슨 감독의 〈밤의 열기 속으로〉(1967)에서 열연한 시드니 포이티어가 흑인 주인공 컬렌으로 나온다. 대놓고 "나 외로운 여자"라고 잭슨을 꼬시는 여자는 한창 물이 올라 꽃망울처럼 곧 터져도 하나도 이상할 것이 없는 카라 윌리엄스다.

도피자금으로 400달러라는 거액도 있고 부족하면 농장도 팔 결심까지 하면서 매달리는 여자를 잭슨이 밀쳐내는 것은 아무리 영화라고 해도 도저히 이해할 수 없는 장면이다(잡히면 적어도 20년은 감옥에 있어야 한다).

그것도 흑인 죄수를 살려내기 위한 이유라면 말이다. 하지만 영화를 처음부터 찬찬히 본 사람이라면 잭슨의 심정도 어느 정도 이해할 만하다.

비바람이 몰아치는 야심한 밤, 호송차 안에서 구슬픈 노래 소리가 들린다. 가수는 흑인 죄수이고 앞자리에 탄 경찰이나 동료들은 연탄을 연탄이라고 부르듯 흑인을 "이 검둥이 자식, 이제 노래 그쳐!" 라고 화를 내도 흐느끼는 듯한 곡조는 계속된다.

분위기는 험악하고 그때 맞은편에서 다가오는 차의 서치라이트는 눈이 부시고 운전수는 이를 피하다 트럭은 전복한다.

나머지 죄수들은 다 있는데 한 묶음으로 묶여 있던 백인과 흑인은 보이지 않는다. 두 사람이 탈출하고 추격대가 조직된다.

쇠사슬에 굴비처럼 묶여 있으니 이들은 언제나 같은 방향으로 나아가야 한다. 남부로 가려는 잭슨과 북부로 가자고 주장하는 컬렌이 마찰한다.

둘은 의견이 맞지 않아 서로 싸우고 주먹질한다. 불어난 물을 건너고 빠진 구덩이에서 나오면서 두 사람은 서로를 조금씩 이해한다. 도망가기를 멈추고 쉴 때면 어김없이 과거를 회상하거나 백만장자의 꿈을 이야기한다. 그리고 담배를 나눠 피운다.

보안관과 자발적 추격자와 그들이 데려온 사냥개가 이들의 뒤를 바짝 쫓는다. 죽을 고비를 여러 번 넘긴 흑과 백은 어느 마을에 도착한다. 그리고 밤이 깊기를 기다려 지붕을 통해 집으로 침입하다 발각되고 마을 주민들에 의해 잡힌다.

교수형 위기에서 자신들처럼 손에 수갑자국이 선명한 사람의 도움으로 탈출에 성공한 그들은 어린 아들과 홀로 살고 있는 외로운 여인의 집으로 들어간다(앞에서 언급한 바로 그 외로운 여자 카라 윌리엄스가 두 남자를 맞는다).

사랑에 굶주린 여자는 흑인에게는 관심이 없고 무시한다(영화의 중간 중간에 흑인을 비하하는 대목이 선명한 것처럼).

여자는 백인의 상처를 치료해 주고 그날 밤을 함께한다. 날이 밝았고 여자는 씻는 남자에게 남편의 옷을 주면서 남편과 체형이 같다고 환하게 웃는다.

여자는 높은 건물이 하늘까지 닿는 대도시를 선호한다. 이곳을 떠나자고 남자를 조른다. 창고에는 마침 고장 난 차도 있다. 차 수리공 출신의 잭슨은 금세 시동을 걸고 둘은 도망칠 궁리로 들떠 있는 그때 흑인 컬렌이 두 사람 앞에 선다. 잭슨은 미안한 마음에 "너한테도 같은 기회가 올 거야."라고 위로한다.

컬렌은 기차를 타기 위해 산 속으로 들어가고 두 사람은 마냥 행복한데 잭슨은 여자에게 묻는다. 컬렌이 잡히면 어떻게 될지 아느냐고. 이 질문 하나가 영화의 극적인 반전을 이끈다.

"못 잡는다. 늪지대를 거쳐서 살아난 사람이 없다."

왜 사실대로 말하지 않았느냐고 남자가 화를 내고 여자는 만약 흑인이 잡혔을 경우를 대비했다는 말을 한다. 잭슨은 여자를 밀친다. 버림받을 위기에 처했던 아들은 엽총을 발사한다.

빗맞은 몸으로 잭슨은 컬렌이 갔던 방향으로 사라진다. 재회한 두 사람은 숲속 늪지대를 통과해 기차가 속도를 줄이는 언덕으로 달려간다. 컬렌이 먼저 차에 오르고 잭슨이 뒤따라오지만 올라타지 못한다.

두 사람은 같이 아래로 굴러 떨어진다. 잭슨을 가슴으로 안은 컬렌은 노래를 부른다. 호송차 안에서 그리고 마을 주민에 잡혀 포승줄에 묶여 있을 때 불렀던 바로 그 노래를 애잔하게 부른다. 사냥개가 오고 권총을 겨눈 보안관 앞에서도 컬렌의 가슴 저미는 리듬은 멈추지 않는다.

이 영화는 흑인과 백인 두 죄수를 앞세워 인종갈등을 정면에서 다뤘다. 언제나 고개를 숙이고 "땡큐"를 연발해야만 생존할 수 있는 흑인과 그 흑인을 부려 먹으면서 사는 백인의 우월주의가 영화 곳곳에 스며있다.

영화가 나온 지 꼭 5년 후 흑인 인권운동가 마틴 루터 킹 목사는 "나에게는 꿈이 있다."는 명연설을 한다. 내 아이들이 피부색을 기준으로 사람을 평가하지 않고 인격을 기준으로 평가하는 나라에서 살게 되는 그런 꿈 말이다(50년이 넘게 흐른 지금 그 꿈은 이루어졌을까).

ENDING

교양이 영화를 보는 데 필수조건은 아니다. 하지만 어떤 영화는 그
것이 있어야 더 잘 보이는 경우가 있다. 가령 〈닥터 지바고〉는 러시아
혁명사에 대한 사전 정보가 있다면 재미있게 보는 데 도움이 된다. 어
떤 영화는 인내심을 요구하기도 하는데, 예를 들어 〈지난해 마리앙바
드에서〉 같은 경우다. 자막이 올라가는 그 순간까지 참아내는 의지를
갖춘 사람이 얼마나 될까. 〈스크림〉 같은 경우는 강심장이 중요하다.
튀는 피를 보기 억겨워 한다면 제대로 감상하는 데 어려움을 겪는다.
〈게임의 규칙〉은 등장인물이 많고 역할이 비슷해 주인공이 누구인지
헷갈리고 인물들의 생김새도 고만고만한 데다 이름도 한 사람이 여러
개를 쓰고 있다. 기억력이 비상한 사람이 아니라면 이런 영화를 제대
로 감상하기가 벅차다.

그러고 보니 영화를 보는 것도 쉬운 일이 아니다. 무장해제하고 그
냥 두 눈을 뜨기만 하면 되는 것이 '영화보기'인 줄 알았는데 아닐 수
도 있나보다. 대신 골라 보면 된다.

요즘은 어떤 영화는 보고 보지 말아야 할지 선택하는 것이 참으로
편하다. 인터넷에서 검색 한 방이면 끝난다. 블로그 몇 개나 기사 몇
줄 읽어 보면 이 영화가 내 취향에 맞는지 쉽게 알 수 있다. 참으로 영
화보기 좋은 세상이다. 그런 세상이니 평을 쓰기도 어렵지 않다. 제작

국가와 감독과 출연진 정도는 눈 깜짝 할 순간에 알아낼 수 있다. 영화를 구하기도 쉽다. 푼돈을 내면 내려 받을 수 있고 그보다 조금 더 투자하면 소장할 수 있는 기쁨도 누릴 수 있다.

나는 내려 받기 대신 소장을 택했다. 적어도 평을 쓰는 사람이라면 소장을 해야 한다는 그럴듯한 핑계가 작용했다. 어떤 영화는 저작권 사용이 70년이 지나 단돈 3,000원에 구입할 수도 있다. 원하는 영화를 그 가격에 샀을 때는 한마디로 기분이 째진다. 시대정신이 녹아 있는 위대한 영화의 값치고는 너무 저렴하지 않은가. 감개무량한 나머지 나는 집에 오자마자 근사한 표지의 주인공 얼굴을 보면서 천천히 아주 천천히 비닐 코팅을 뜯는다.

가벼운 떨림이 일고 닫혀 있던 화학냄새가 코를 자극하면 감독과 출연진과 시나리오와 OST는 순전히 내 것이 된다. 내 인생은 영화관에서 시작되지 않았지만 시들한 인생의 전환점은 분명 영화였다.

어떤 때는 영화에 너무 몰입한 나머지 현실과 가상의 세계를 혼동하기까지 했다(고등학교 시절 동시상영관의 추억은 학교 선도부에 잡히지 않기 위해 제일 먼저 비상구를 확보해 두는 것이었고 청년기 비디오테이프의 기억은 유행을 타기 시작한 빨간 영화와 친숙했다).

DVD 시대인 지금 마침내 나는 영화다운 영화에 빠져들었다. 중학생, 심지어 초등학생 때 영화를 알았다는 사람에 비하면 나의 영화사랑은 늦바람이고 늦바람이 더 무서운 것은 굳이 말하지 않아도 다들 알 것이다. 눈에 콩깍지가 씌었으니 명감독과 대배우 그리고 싹이 보이는 신인 앞에서 나는 주눅이 들었고 무릎을 꿇었으며 연신 머리를 조아리는 것으로 그들에게 경의를 표했다. 내 인생의 깊이를 무한대로 끌어올린 그들에게 이 정도는 최소한 지켜야 할 예의에 지나지 않았다.

좋은 영화가 많이 나왔던 1960년대에 태어나고 한국 영화의 암흑기인 1980년대에 학창시절을 보내고 부흥기에는 불혹을 지나 오십 줄에 접어든 것이 어쩌면 행운인지도 모른다. 영화관은커녕 텔레비전도 없던 시절, 밤하늘의 별이 유일한 상상거리였던 그 시절이 전성기가 아닌 것이 얼마나 다행인지 모른다. 청년기와 노년기가 아닌 중년기에 당연히 거쳐야 하는 통과의례처럼 나는 내 인생의 최고 영화를 만났던 것이다.

이제 영화이야기만 나오면 우리 집의 '기쁨이'처럼 내 두 눈은 반짝인다. 주제가 영화라면 생전 처음 보는 사람과도 몇 시간씩 이야기를 나눌 수 있을 것 같고 그래서 낯가림이 심하다는 말은 다 헛소리라고 말해주고 싶다. 영화는 모르는 이와 나를 연결하는 끈이며 도구이며 동질체인 것이다.

인간은 흔히 좋은 사람과 나쁜 사람 두 종류가 있다고 하는데, 나는 인간은 '영화를 아는 사람'과 '영화를 모르는 사람' 두 종류로 분류하고 싶다. 영화로 인해 의욕이 생기고 영화로 인해 삶이 뒤바뀌는 순간을 경험한 사람은 영화를 아는 사람이다. 나는 기왕이면 그런 사람들과 만나고 싶다.

매장에서 구입하는 DVD는 가격이 좀 비싸다. 하지만 물건을 사면서 전혀 아깝지 않다고 생각하는 순간이 있다면 바로 이때다. 'ㄱ'에서 시작해 'ㅎ'까지 오면서 하나하나 내가 찾는 영화가 있는지 두 눈을 부릅뜬다. 커버가 두껍거나 제목이 잘 보이지 않으면 집어 들어 자세히 들여다보기도 한다. 어떤 때는 그냥 지나친 경우가 있는지 두 번을 거듭 훑기도 한다. 그렇게 하다보면 한두 개는 건진다. 교보문고(강남과 광화문 교보에서 수집 성과가 좋았다.) 내에 있는 음반·DVD매장 순례를 초기에는 한 달에 두 번 이상 한 적도 있다.

나보다 먼저 와서 진지한 표정으로 고르는 손길을 보면 혹시 내가 원하는 것을 먼저 사갈지 모른다는 불안감에 'ㄱ'에서 시작하던 순서를 뛰어 넘어 역순으로 찾기도 했다. 이런 조바심을 내는 횟수가 거듭될수록 모이는 DVD는 늘어나 얼추 따져보니 330장이 훌쩍 넘었다.

두 번 이상 본 것도 있고 아직도 포장지를 뜯지 못한 것도 있다. 어떤 때는 구입한 것을 잊고 같은 것을 두 개 이상 산 적도 있다. 제목이 같지만 원하던 것이 아닌 것도 있었다. 소위 짝퉁에 손을 댄 것이다.

감독과 배우를 확인하기도 전에 과한 욕심으로 수집에 열을 올린 결과다. 지난번에 산 것을 알면서도 거듭 카드를 내민 적도 있다. 하지만 이때는 바가지 썼을 때나 속아서 무언가를 샀을 때 뒤늦게 찾아오는 열패감 같은 기분은 들지 않는다. 쟁여 놨다 정말로 영화를 알고 사랑하는 사람을 만나면 군말 없이 주고 싶다.

내 손에 들어왔다 다른 사람 손으로 건네지는 순간의 허전함 같은 것이 조금도 없다면 거짓말이지만 그래도 소중한 것이 떠나는데도 안면에 웃음을 지을 수 있는 것은 내 마음속에 같은 것이 여분으로 있기 때문이다.

우디 앨런의 〈애니 홀〉을 '발견'했을 때는 설마 '애니의 구멍이야기'는 아니겠지 하면서 대단히 떨리기도 했다. 내가 무엇을 사면서 이렇게 기분 좋았던 적이 별로 없었다.

천성적으로 소비를 싫어하는 나는 소비의 기쁨이 이런 것이구나 하는 마음에 심지어 명품에 홀린 '된장남녀'를 이해한다고까지 생각했다. 나는 지금도 생생히 기억하고 있다. 원하던 DVD를 골랐을 때의 느낌을. 그것은 마치 깊은 산속에서 베테랑 심마니가 30년 만에 130년도 더 묵은 토종 산삼을 발견했을 때와 같은 것과 흡사했다. 나는 작고 앙증맞은 플라스틱판을 들고 속으로 그러나 힘차게 외치곤 했다.

'심봤다. 심봤다. 심봤다.'

세 번을 외치고 숨고르기를 한 후 다시 고르기 시작했다. 어떤 날은 '심봤다'를 9번 이상 외치기도 했고 어떤 날은 단 한 번도 소리쳐 보지 못하고 다음을 기약하고 힘없이 발걸음을 돌려야 했다. 아홉 번을 외친 날은 내 몸에서 어떤 강한 기운이 끓어올라 하늘로 날았고 발걸음을 돌린 날은 거꾸로 땅으로 내려가는 의기소침을 확실히 감지했다. 이런 순간은 영화가 내 인생의 어느 부분으로 제대로 치고 들어왔음을 새삼 다시 깨닫는 순간이기도 했다.

손에 든 이 영화가 과연 아카데미에 빛나는 그런 작품성이 정말 있는지, 내노라 하는 평자들이 한결같이 극찬한 그런 괄목한 만한 성과를 냈는지 직접 내 눈으로 귀로 온몸의 오감으로 확인하고 싶었던 것이다.

일을 끝내고 나는 늦은 밤 홀로 영화를 본다. 일을 시작하기 전 이른 아침 나는 조용히 그러나 조금 긴장된 기분으로 컴퓨터를 켠다. 목욕재개는 아니더라도 세수 정도는 정갈하게 했으니 이제 모니터 앞에 앉아도 된다. 컴퓨터가 부팅되는 시간에 맞춰 A4용지 이면지를 한 100장쯤 쌓아 놓고 새 볼펜을 준비한다. 적을 게 많아서 용지가 부족하면 즉시 수급할 수 있도록 이면지로 한 칸을 채운 책꽂이를 한 번 확인하고 볼펜심이 떨어지면 바로 쓸 수 있도록 새로운 펜이 있는 자리를 눈여겨 두는 것도 잊지 않는다.

자, 이쯤 되면 영화 볼 자격은 있지 않은가. 준비를 마치기 무섭게 화면에서는 어서 플레이를 누르라고 재촉이다. 이어폰을 끼는 순간은 이때다. 조심스럽게 귀에 맞게 너무 깊이 들어가 소리가 울리지 않도록, 너무 얕아 빠지지 않도록 수위를 조절하고 드디어 옆으로 삐쭉 나온 삼각형을 클릭한다. 무한대의 우주공간으로 빨려 들듯 나는 '영화 속으로' 들어간다. 대개 10분 이내에 결판이 난다. 과연 그런지, 너무 기대가 컸는지 말이다.

과연 그런 경우 나는 볼펜 쥔 오른손을 시합에 나가기 전 권투선수처럼 원을 그리며 세게 움켜잡는다. 탁월한 내 선택에 만족하면서 대사를 적어가는 손이 가볍다. 기대가 큰 경우는 실망하기에는 이르다면서, 여러 곳에서 교차 검색했기 때문에 이제나 저제나 기다린 보람이 있다는 만족을 얻기 위해 무심하게 화면을 응시한다. 오른손의 볼펜은 학창시절 때처럼 쓰기보다는 돌리는 데 열중한다. 실망이다. 이 허탈한 기분이 두 시간 내내 이어지면 나는 시간이 아까운 것보다 영화를 보는 내 수준의 깊이 없음을 한탄한다. 왜 나는 어떤 사람이 괜찮다고 여긴 영화가 꽂히지 않는지 이는 순전히 나의 교양 없음 때문이라고 자위하고 힘없이 DVD를 꺼낸다. 언젠가 다시 한 번 더 볼까 말까 고민하면서.

하지만 대개 이런 실망은 드물다. 정도의 차이가 있을 뿐이지 본 영화는 대개 평을 올릴만한 수준이었고 너무 늦지 않게, 이 기분이 사라지기 전에 자판을 두드린다. 평을 쓰다 간혹 삼천포로 향하기도 했다.

광화문 DVD 노점상은 눈 많은 겨울에 넘어지지는 않았는지, 오뉴월에는 개도 안 걸린다는 감기에 걸려 고생하는지 그야말로 기우를 한다. 내 걱정은 정작 그 분의 건강이 아니라 그 분이 못나와 좌판의 DVD를 더 이상 구할 수 없을지 모른다는 이기적 우려 때문이었는지도 모른다. 좌판에서 나는 〈월하의 공동묘지〉와 〈학생부군신위〉를 찾았으며 〈현기증〉과 〈오명〉을 사기도 했다.

어느 날은 동네 구멍가게에서 중고 DVD를 판다는 광고지를 보고 하루 두 차례나 가보기도 했다. 중고 책과 함께 벽면의 한쪽에서 나는 〈와호장룡〉과 〈다이하드〉를 샀는데 나중에 알고 보니 주인의 말과 달리 정품보다 더 비싸게 구입했다. 말하자면 바가지를 쓴 건데 주인은 싸게 사는 거라고 연신 손해 봤다는 웃을 듯 말 듯한 표정을 지었고 그 표정을 나는 지금도 기억하고 있다. 이 DVD는 'ㅇㅇ비디오 가게, 대여기간 1박2일' 등의 스티커가 붙어 있었는데 가게가 망하고 인수하는 과정에서 흘러나오는 것이라고 중고가게 주인은 말했었다.

나는 더 많은 제품을 갖다 놓으라고 덕담까지 했는데 두어 달 뒤 그 가게는 문을 닫았다. 어디서 또 선량한 영화팬에게 '정말 싸다'는 말로 유혹하겠지만 그래도 가게가 없어지자 아쉬운 마음이 들었다. 차를 타고 지나가면서 폐문 대신 '중고 비디오 대량 입하'라는 글귀를 보고 싶다는 생각이 들었다. 상술의 달인이라고 가게 주인을 흉봤지만 없어지자 아쉬웠다.

유명 영화가 절판된 경우는 그 정도가 심했다. 대여도 구입도 다운도 받을 수 없을 때는 그저 '시간이 약이다'라는 생각으로 기다리고 있다. 언제 들어오느냐고 점원에게 물어봤을 때 잘 모른다는 대답만 돌아올 때면 준비하지 않은 시험을 앞둔 수험생처럼 가슴이 먹먹하다.

이런 하소연을 지인에게 한 적이 있다. 꼭 보고 싶은 영화인데 구할 수가 없다고. 그러자 그가 걱정 말라는 투로 자신만만하게 우리나라에는 몇 없는, 세상의 모든 영화를 소장하고 있는 사람이 자신이 아는 사람이라고 했다.

그는 선뜻 정품을 빌려 주겠다는 약속을 했다. 나는 안타까운 나의 마음을 달래려는 흰소리로 받아 들였는데 실제로 그는 3~4일 후 택배로 그 영화를 보내왔던 것이다. 택배의 발신인을 확인한 순간 나는 사람을 믿지 않는 것이 얼마나 나쁜 짓인지, 그래서 다음부터는 의심의 마음을 거두리라 다짐까지 하고 나서야 택배를 뜯었다.

그 영화가 맞기는 맞았다. 헌데 정품은 아니었다. 불빛에 비춰보니 노란색 분위기 대신 가벼운 푸른빛이 감돌았다. 중고가게 주인은 푸른빛이 돌면 복사판이라고 정품과 구별법을 말해줬었다. 식은 죽이라도 배고픈 사람에게는 사양은 미덕이 아니다. 영화를 보면서 복사판으로 봐야 한다는 사실에 화질이 다르겠지, 어디 빼먹은 곳은 없나 하는 원초적 질문을 해봤으나 끝나고 나서 그런 차이는 구별하지 못했다. 복사의 정교함이라니. 후에 고마움을 표했지만 나는 그를 만나도 다시는 구하기 어려운 영화에 대해 이야기하지 않았다. 복사판의 흔적은 그것으로 족했다. 불법 판매 제품을 용산에서 은밀히 구입했을 때 느꼈던 비루함을 더는 느끼고 싶지 않았던 것이다.

아무런 소리도 들리지 않는 무성영화와 하염없이 오는 비처럼 지글거리는 선명도가 떨어지는 화면, 거친 입자가 두드러지고 어느 순간 목소리가 들리지 않거나 흑백화면이 끊어졌다 이어지고 있다는 사실을 누구나 알 수 있을 정도로 어색한 장면이 한동안 지속되면 '내가 왜 이런 생고생을 하지?' 하는 물음보다는 지금 내가 세계 영화사로 깊숙이 들어가고 있다는 자부심의 기억이 더 새롭게 다가온다.

2014년이 가면서 오랜만에 나는 다시 'DVD 구하기'에 나섰다. 그런데 웬일인지 코너는 축소됐고 가짓수도 전보다 훨씬 줄어 있었다. 고전 명화나 걸작은 거의 없고 대신 최신작이나 흥행 위주의 작품이 칸막이를 채우고 있었다. 찍어 내도 팔리지 않기 때문에 제작에 나서지 않는 것인지 아니면 찍는 족족 나가는 것인지 물량조절을 위해 판권을 소유한 회사의 시기조절인지 알지 못했지만 어쨌든 DVD 코너의 왜소함은 우는 아이 소리만큼이나 나를 슬프게 했다.

보고 싶어도 구할 수 없는 숱한 영화목록을 나는 여전히 간직하고 있다. 손때가 묻어 잉크가 지워져 흐릿하지만 〈문스트럭〉, 〈아푸〉 삼부작, 〈차이나타운〉, 〈페르소나〉, 〈패튼 대전차 군단〉, 〈금지된 사랑〉, 〈아귀레: 신의 분노〉, 〈흩어진 꽃잎〉 같은 앞으로 꼭 봐야 할 목록을 나는 기억하고 있다.

반가운 것은 손에 잡히는 핸드폰으로 영화를 보는 인구가 늘어났다는 점이다. 나는 아직 그러하지 못했지만 주변만 봐도 '핸드폰 영화팬'을 쉽게 만날 수 있다. 처음에는 컴퓨터 화면으로 보는 것도 영화에 대한 예의가 아니라는 생각을 했으나 그것은 양반이었다. 그 작은 화면으로도 두어 시간 동안 자세를 바꿔 가면서 영화를 볼 수 있다는 것이 〈아바타〉를 처음 봤을 때처럼 그저 놀라울 뿐이다.

누워서 보고, 엎어져서 보고, 앉아서 보고, 옆으로 보고, 자유자재의 자세로 영화보기가 가능하다는 것이 핸드폰으로 영화를 보는 것의 큰 장점이다. 어떤 때는 이불을 뒤집어쓰고 볼 수도 있으니 온전히 나만의 세상에서 영화에 몰입할 수 있다는 점에서는 영화관보다 차라리 핸드폰이 나을지도 모르겠다. 셋까지는 어렵더라도 둘이서 볼 수도 있으니 세상은 참으로 영화보기에 좋은 환경이다.

후기를 마치면서 나는 우리나라 영화의 재발견에, 그동안 한 수 아래로 봤던 그래서 한때 방화라고 불렸던 한국영화에 대한 애정이 깊어지고 심지어 사랑하게 된 것에 고마움을 느낀다. 내가 연재를 하지 않았다면 여전히 나는 한국영화를 계속 잘 만들지는 못하고 어쩌다 괜찮은 영화가 나오기는 하지만 세계수준과는 좁혀야 할 거리가 있다는 고정관념에서 벗어나지 못했을 것이다.

〈하녀〉, 〈오발탄〉, 〈자유부인〉, 〈바보 선언〉 등을 보고 나서 나는 1960년대 한국영화의 전성기가 현재 한국 영화의 원천이라는 사실에 전적으로 동의한다. 아쉬운 점도 있다. 어두운 시절의 암흑기를 피했다면 그래서 그 힘을 그대로 1970~1980년대도 이어 받았다면 나의 영화보기는 더 풍족했을 것이고 흡족한 기운이 넘쳤을 텐데.

영화인들이 지레 겁먹어 자체검열에 빠져들거나 용감하게 시도했으나 번번이 좌절된 사례는 부지기수로 많다. 상상의 자유를 그대로 현실로 옮겼다고 가정하면 지금보다 얼마나 한국영화가 풍요로웠을까 부질없는 상상을 해보는 것은 돌이킬 수 없어 채울 수 없는 한국영화의 비수기가 너무 안타깝기 때문이다. 이제 그런 시대는 올수도 없고 다시 와서는 안 된다는 주문을 걸면서 영화를 사랑했고 사랑하고 사랑할 모든 세계 시민과 함께 이 초라한 엔딩신을 올린다.

혹 내 영화취향을 강요했거나 한쪽으로 치우친 시각을 보였다면 다 나의 무지의 소산이다. 부디 그런 경우는 적었으면 하는 바람이며 여기에 소개한 155편의 영화를 보고 한 사람이라도 나와 같은 감동과 느낌을 받기를 소원한다. 그래서 좋은 영화를 고르는 선구안이 늘어 꿈의 9할9푼9리의 타자가 됐으면 한다. 영화와 첫사랑을 맺는 사람이라면 그 사랑이 오래가고 그래서 골인으로 이어지기를 진심으로 바라 마지않는다.

무수한 영화제에 수십 년간 한 번밖에 가보지 않고 영화감독은 물론 영화배우들을 두어 번 정도 밖에 만나지도 않았으면서도 심지어 각종 영화제의 심사위원 근처에는 명함도 내밀어 보지 못하고 화제작의 시사회에 초대장 같은 것은 구경도 못하고 영화를 전공도 하지 않은 주제에 감히 영화평이라고 떠벌인 것을 용서하시라.

다만 어렵고 전문적이고 그래서 일반 대중이 영화평은 영화전문가들이나 보는 것이라는 편견은 깨고 싶었다. 쉽고 간결하고 주제가 확 드러나도록 노력한 점은 가상하게 여겨 주기를 바란다. 저자 자신도 무슨 말을 쓰고 있는지조차 모르는 애매한 문구나 결론도 없고 결론이 무엇지도 모르는 끝맺기는 사양했다. 그래서 좋은 영화는 메시지가 분명하고 말하고자 하는 철학이 드러나야 하고 기교나 잔재주보다는 동시대와 함께하는 그런 영화가 생애 최고의 영화라고 선정한 것이다. 정지와 재생을 반복하면서 나는 '위대한 영화를 보는 우리 모두는 위대한 사람'일 거라는 확신이 섰다. 흥행과 비평에 모두 성공한 영화는 그야말로 위대하다. 허나 흥행에는 실패했으나 비평에는 성공한 영화도 있다. 흥행에 성공했다고 반드시 위대한 영화가 아니다. 영화의 질은 관객동원 숫자와 큰 연관이 없다. 흥행보다는 비평에, 눈치나 보면서 하는 남의 소리보다는 나의 내면의 소리에 귀 기울이면서 나만의 시각으로 영화를 본다면 영화 사랑의 첫발은 내디딘 셈이다. 부디 내디딘 그 첫발이 생의 밑거름이나 충전재가 되기를 바란다.

당신이 몰랐던 영화가 내게로 왔다